SCHLACHTPLÄNE DES LUFTKRIEGES

Kriegsgeschichte
WK II

SCHLACHTPLÄNE DES LUFTKRIEGES

CHRIS McNAB

Brandenburgisches Verlagshaus

Impressum

Mathias Lempertz GmbH
Brandenburgisches Verlagshaus
Hauptstr. 354
53639 Königswinter
Tel.: 02223 / 900036
Fax: 02223 / 900038
info@edition-lempertz.de

This translation of Order of Battle: German Luftwaffe in WWII first published in 2010 is published by arrangement with Amber Books Ltd.

Deutsche Übersetzung: Christoph Birnbaum

Umschlagentwurf: Ralph Handmann

Satz und Layout: Hilga Pauli

Printed and bound in Slovakia

ISBN: 978-3-941557-34-5

www.edition-lempertz.de

Inhalt

Die Luftwaffe der Vorkriegszeit

Der Versailler Friedensvertrag untersagte Deutschland den Aufbau einer militärischen Luftstreitmacht. Aber bis zum Jahr 1939 war es Hitler gelungen, den Aufbau einer taktischen Luftwaffe abzuschließen, die allerdings auf lange Sicht deutliche Schwächen aufwies.

Die Produktion von He 111 und He 115: Die He 111 sollte der deutsche Standard-Mittelstreckenbomber im Zweiten Weltkrieg werden

In der Rückschau wird nur allzu deutlich, wie hoch der Blutzoll unter den Piloten, Soldaten und Zivilisten in den Jahren von 1939 bis 1945 durch die Fehler beim Aufbau der Luftwaffe zwischen 1933 und 1939 war. In den Jahren nach dem Versailler Friedensvertrag sah sich die Führung der Nationalsozialisten mit grundsätzlichen Überlegungen konfrontiert, wie die militärische Luftfahrt wieder aufgebaut werden könnte. Sie hatte zu entscheiden, ob sie eine taktische Luftwaffe aufbauen wollte, die Kurz- oder Mittelstreckenoperationen zur Unterstützung von Landstreitkräften durchführen konnte, oder aber eine strategische Luftwaffe errichten sollte, die dazu bestimmt war, Langstreckenoperationen gegen Infrastruktureinrichtungen eines weit entfernten Gegners durchzuführen. Wie wir in diesem Buch zeigen werden, war die Luftwaffe in kürzester Zeit auf geradezu brillante Weise entstanden. Die Ausbildung der Piloten und die Qualität der Maschinen nötigten den Alliierten den allerhöchsten Respekt ab. Langfristig – und das wurde bereits im Herbst 1940 ersichtlich – wäre die Luftwaffe aber nie in der Lage gewesen, die strategische Bedeutung zu erlangen, die das britische Bomber Command oder etwa die amerikanische 8. Air Force einnehmen konnte, die das Herz eines mehr oder minder wehrlosen Deutschlands in den letzten Jahren des Zweiten Weltkriegs schonungslos bombardierten.

Die Geschichte der Luftwaffe liest sich in etwa so wie die eines Helden in einer klassischen griechischen Tragödie. Am Anfang steht das Wachstum zu ungeahnter Größe. Als die Luftwaffe 1939 Polen angriff und dann große Teile Westeuropas im Jahr 1940 war sie den anderen Luftwaffen in Europa meilenweit überlegen. Andere, weniger gut ausgerüstete Luftstreitkräfte wurden in Grund und Boden bombardiert; feindliche Bodentruppen wurden durch hoch professionelle Angriffe aus der Luft angegriffen. All das führte zu einer Überschätzung der Fähigkeiten der Luftwaffe, zumindest bei Hermann Göring, dem Chef der Luftwaffe. Diese Hybris sollte ihre ersten Kratzer in der Niederlage bei der Schlacht um England erleiden und allmählich weiteren Schaden dadurch nehmen, dass die Luftwaffe immer weniger in der Lage war, die Lufthoheit gegen die britischen, russischen und amerikanischen Flugzeuge aufrechtzuerhalten, je weiter der Krieg fortschritt.

Dann kam der Niedergang. Die Alliierten boten ein derartig immenses Flugzeug-Arsenal in den letzten Monaten des Kriegs gegen die Luftwaffe auf, dass jeder Widerstand sozusagen den schleichenden Selbstmord nach sich zog. Dieses Buch zeichnet die Fakten und Figuren nach, die den langen Weg der Luftwaffe von einer alles überragenden Streitmacht zu einer dem Untergang geweihten Truppe beschreiben. Als Individuen haben die Piloten der Luftwaffe dabei im Einsatz zur Verteidigung ihres Landes ungeheuren Mut und großes Können bewiesen.

DIE ORGANISATION DER WEHRMACHT (1938)

OBERKOMMANDO DER WEHRMACHT (OKW)
(Gen der Art Keitel)

- **Oberkommando des Heeres (OKH)** (Gen-Ob von Brauchitsch)
- **Oberkommando der Luftwaffe (OKL)** (Gen FM Göring)
  - **Luftkreis I** (HQ: Königsberg)
  - **Luftkreis II** (HQ: Berlin)
  - **Luftkreis III** (HQ: Dresden)
  - **Luftkreis IV** (HQ: Münster)
  - **Luftkreis V** (HQ: München)
  - **Luftkreis VI** (HQ: Kiel)
  - **Luftkreis VII** (HQ: Braunschweig)
  - **Luftkreis VIII** (HQ: Wien)
- **Oberkommando der Marine (OKM)** (Gen-Adm Raeder)

HQ = Hauptquartier

Der Ausbau der Luftwaffe

Seit 1933 waren alle Teilstreitkräfte in Hitlers Armee durch große Ausbau- und Ausbildungsprogramme im Aufbau begriffen. Die Luftstreitkräfte waren dabei keine Ausnahme, obwohl die wirtschaftliche Entwicklung ihrer Einsatzfähigkeit und ihrer Schlagkraft doch enge Grenzen setzte.

Die ursprüngliche Schwierigkeit beim Aufbau einer deutschen, bewaffneten Luftstreitmacht war der Versailler Friedensvertrag nach dem Ersten Weltkrieg. Obwohl der Vertrag Deutschland das Recht einräumte, eine kleiner Verteidigungsarmee und auch eine kleine Marine zu unterhalten, die als *Reichswehr* bezeichnet wurde, war der Aufbau einer Luftwaffe den Deutschen untersagt worden. Deshalb war auch die Kaiserliche Luftwaffe aufgelöst worden. Die Flugzeuge waren zerstört worden, die Ausbildung von Piloten verboten und der Bau neuer Flugzeuge untersagt.

Heimliche Programme

Obwohl der Versailler Friedensvertrag sehr harte Klauseln hatte, wurde er doch nur sehr unzureichend kontrolliert. Darüber hinaus gelang es der Weimarer Regierung, die Ausbildung von Piloten als zivile Trainingsmaßnahmen zu tarnen. Fliegerclubs boten eine Grundausbildung auf Segelflugzeugen und kleinen Sportmaschinen an und die Piloten konnten darauf aufbauen und größere zivile Transportmaschinen für Fluglinien fliegen. Die bedeutendste war die *Deutsche Lufthansa Aktiengesellschaft*, die am 26. Januar 1926 ins Leben gerufen wurde. Die *Lufthansa*, der Name wurde 1933 übernommen, baute schon bald Fluglinien zwischen Deutschland und Spanien, dem Fernen Osten und auch Amerika auf. Dadurch wurden nicht nur viele neue Flugverbindungen hergestellt, sondern die Piloten machten auch jede Menge Erfahrung auf einem der wichtigsten Luftwaffen-Flugzeugtypen, der Junkers Ju 52 und der Ju 86, der Heinkel He 111 und der Focke-Wulf Condor. Weitaus mehr militärisches Training bekamen die Piloten auf einer geheimen Luftwaffen-Basis in Lipetsk, Russland. So baute Deutschland still und heimlich seine Luftstreitkräfte auf.

Die Geburt der Luftwaffe

Die deutsche Luftwaffe stellte sich offiziell im Mai 1935 vor. Zu diesem Zeitpunkt existierte sie bereits komplett, bis auf den Namen. Ihr stand seit 1933 der Luftfahrtminister Hermann Göring vor. Am Ende wurde sie in acht *Luftkreise*

DIE ORGANISATION DER WEHRMACHT (1938)

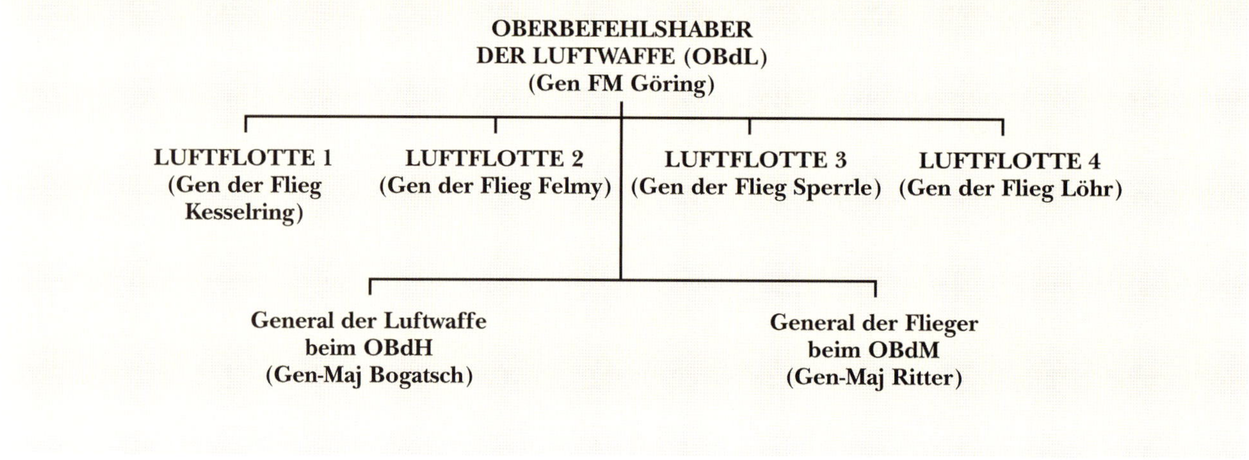

DIE BEFEHLSKETTE (1938)

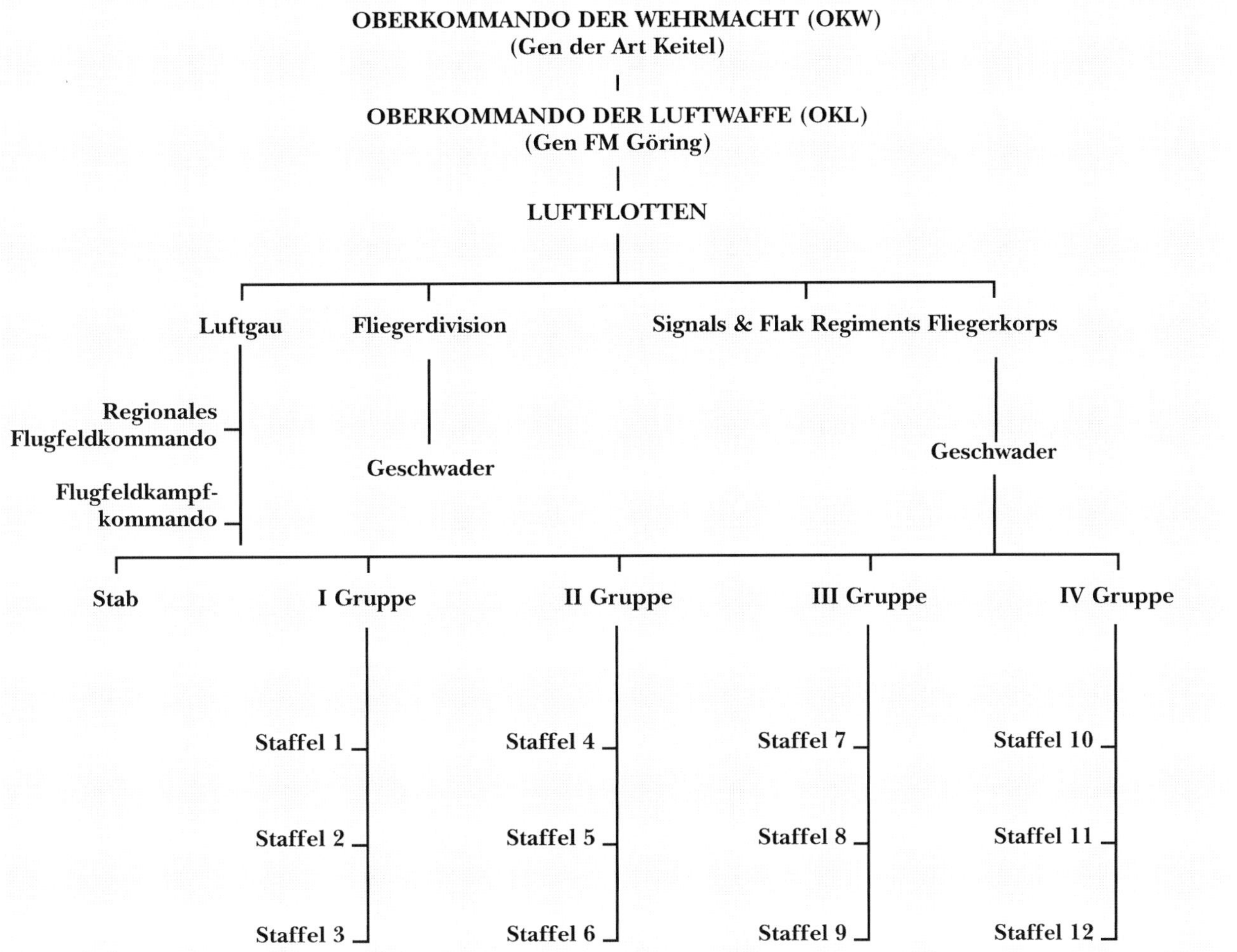

unterteilt, dem das *Oberkommando der Luftwaffe* vorstand. Göring, ein Schlachtenflieger aus dem Ersten Weltkrieg, war dafür bekannt, dass er weitaus mehr in taktischen, als in strategischen Kategorien dachte und sah so alle Probleme in erster Linie aus der Sicht eines Kampfpiloten, als aus der Perspektive und Logik eines Oberkommandeurs.

Was Göring jedoch gelang, war die Bereitstellung der nötigen Gelder für den Aufbau seiner *Luftwaffe* selbst dann noch, als alle anderen Teilstreitkräfte ebenfalls um jede Art von Unterstützung rangen. Seit 1935, als Deutschland seine Wiederaufrüstungspläne angesichts einer im Großen und Ganzen untätigen und auch desinteressierten westlichen Welt öffentlich machte, war Göring als einer der Schlüsselfiguren um Hitler herum ein wichtiger Mann, der viele Ressourcen für *seine* Luftwaffe abzuzweigen verstand. Nichtsdestoweniger wird bei der Geschichte der Vorkriegs-Luftwaffe immer auch übersehen, dass der Aufbau der Luftwaffe sehr stark durch den Mangel an wichtigen Rohstoffen behindert wurde. Das Land hatte Kohle genug, aber Gummi, die meisten Metalle und vor allem Treibstoff waren teure Waren, die importiert werden mussten. Viele Historiker haben deshalb zu Recht darauf verwiesen, dass die *Luftwaffe* es versäumte, ihre strategische Komponente in gleichem Ausmaß wie ihre taktische Fähigkeit aufzubauen. Doch es bleibt eine Tatsache, dass eine strategische Ausrichtung der *Luftwaffe* einfach wirtschaftlich nicht zu stemmen gewesen war. So setzten die Deutschen bei ihren Plänen für einen Krieg jenseits der deutschen Grenzen einzig und allein auf den schnellen Erfolg. Trotz der wirtschaftlichen Beschränkungen stiegen deshalb die Fertigungsraten von Schlüssel-Typen wie der Messerschmitt Bf 109 und Bf 110, der Junkers Ju 87, der Dornier Do 17 und der Heinkel He 111 in beachtlichem Umfang an. Im Mai 1935 verfügte die *Luftwaffe* über rund 2.000 Flugzeuge und es sollten in den nächsten vier Jahren noch Tausende dazu kommen.

Der Oberbefehl der *Luftwaffe*

Göring stand der *Luftwaffe* als Oberbefehlshaber und Luftfahrtminister vor. Er wurde in seiner Rolle als Oberbefehlshaber von drei Schlüsselfiguren unterstützt. Seit 1933 war Erhard Milch Staatssekretär im Luftfahrtministerium. Als früherer *Lufthansa*-Direktor war er jetzt dafür verantwortlich, die Flugzeugproduktion anzukurbeln. Hans Jeschonnek wurde im Februar 1939 Chef des Generalstabs der *Luftwaffe* und war vor allem für operationelle Fragen zuständig. Jeschonnek war fasziniert von der Sturzkampfbomber-Technik und ein vehementer Gegner einer in großen Höhen operierenden strategischen Bomberflotte. Der Direktor der technischen Abteilungen war Ernst Udet, ebenfalls ein Kampfflieger aus dem Ersten Weltkrieg. Er war verantwortlich für die Ausrüstung der *Luftwaffe* und die Entwicklung und Produktion neuer Flugzeugtypen. Als Folge der schweren Belastungen, die auf ihnen und ihren Ämtern bei der *Luftwaffe* lagen, erschossen sie sich beide – Udet im Jahr 1941 und Jeschonnek im Jahr 1943.

Kriegsvorbereitungen

In der zweiten Hälfte der 30er Jahre fing die neue deutsche Luftwaffe mit ihren Vorbereitungen für einen Krieg an. In diesen Jahren bekam sie darüber hinaus auch die ersten praktischen Einsatzerfahrungen - noch vor dem ersten großen Einsatz in Polen im September 1939.

In den vier Jahren seit 1935, als die *Luftwaffe* in Deutschland an die Öffentlichkeit und aus dem Schatten des Versailler Friedensvertrages trat bis zu dem Moment, wo die Deutschen in Polen einmarschierten, verwandelte sich die *Luftwaffe* in die führende Luftstreitkraft der Welt. Allein schon die Produktionszahlen deuteten an, dass Deutschland eine sich schnell militarisierende Nation war: Im Jahr 1938 produzierten deutsche Fabriken 5.235 Flugzeuge, von denen 3.350 Kampfflugzeuge waren. Im folgenden Jahr wurden bereits 8.295 Maschinen produziert, 4.733 davon waren Kampfflugzeuge. Schon bald würde die *Luftwaffe* kampfbereit sein.

Krieg und Kriegslehre

Als die *Luftwaffe* so zu ihrer Stärke heranwuchs, tauchte eine entscheidende Frage auf: Was für eine Luftwaffe wollte die *Luftwaffe* sein? Wir haben bereits einige der Zwiespalte gesehen zwischen jenen, die der Idee anhingen, die *Luftwaffe* zu einer strategischen Streitkraft zu machen und jenen, die aus ihr eine taktisch einsetzbare Teilstreitkraft machen wollten. Dieser Zwiespalt wurde in der zweiten Hälfte der 30er Jahre immer schärfer. Er wurde auf praktische, aber nicht sehr zufrieden stellende Art und Weise gelöst. Zu den *Strategen* gehörten Leute wie Dr. Robert Knauss und General Walther Wever. Im Jahr 1933 veröffentlichte Knauss, ein früherer *Luftwaffen*-General, der dann bei der *Lufthansa* beschäftigt war, einen hoch angesehenen Bericht, der sich für den Bau einer starken, viermotorigen Bomberflotte als Herz der neuen deutschen *Luftwaffe* aussprach. Er argumentierte, dass die Fähigkeit, tief in das industrielle Herzland möglicher Feinde wie Polen und Frankreich aus der Luft vorzustoßen, Deutschland langfristig ein Höchstmaß an Sicherheit bringen würde. Wever, der erste Generalstabschef der *Luftwaffe*, fügte 1935 dieser Debatte einen eigenen Bericht hinzu. Er war ausgewo-

OPERATIONSGEBIETE DER LUFTFLOTTEN

September 1939

Unmittelbar vor dem Einmarsch in Polen war die *Luftwaffe* in vier *Luftflotten* organisiert, der jeweils ein General der Flieger vorstand – das Gegenstück zu einem RAF-Luftmarschall oder einem Generalleutnant in der USAAF. Jede *Luftflotte* besaß eine breite Ausstattung an Jägern, Bodenunterstützungsflugzeugen, Bombern sowie Aufklärungs- und Transportflugzeugen und sein Aufgabengebiet umfasste ein vorgegebenes Einsatzzielgebiet.

gener als Knauss' Papier, weil er die Notwendigkeit anerkannte, dass die *Luftwaffe* als Unterstützung für das Heer dienen sollte. Auch merkte er an, dass jedes strategische Bombardement immer auch gewisse Risiken barg. Knauss' Argumentation wurde aber nie unter Offizieren mehrheitsfähig und Wevers Einfluss schwand mit seinem frühen Tod im Jahr 1936.

Die Karte hier zeigt die Gebiete von den *Luftflotten 1-4* vor der Ausdehnung der Luftregionen nach dem Einmarsch in Polen und in Westeuropa. *Luftflotte 1* und *Luftflotte 2* kontrollierten den Nordosten und Nordwesten Deutschlands, während die *Luftflotte 3* und die *Luftflotte 4* den Südwesten und den Südosten des Landes unter sich hatten. Die *Luftflotte 4* wurde auch über Österreich und der Tschechoslowakei eingesetzt.

Eine Mischung aus Problemen bei der industriellen Fertigstellung von ausreichend schweren Flugzeugmotoren und beim Design neuer Bomber ließen die Argumente für eine strategische Bomberflotte mit der Zeit zudem immer mehr in den Hintergrund treten. Noch mehr: Es gab zunehmend auch einflussreichere Stimmen, die sich für den Aufbau einer taktischen Luftwaffe einsetzten. Hans Jeschonnek war hier jemand, der nur mehr den schnellen Erfolg im Blick hatte, während Ernst Udet die Auffassung vertrat, dass alle Bomber auch sturzkampffähig sein sollten, um das Heer entsprechend unterstützen zu können. Darüber hinaus testeten die *taktischen Denker* ihre Theorien ab dem Jahr 1936 im praktischen Einsatz, denn zwischen 1936 und 1939 verlegte die *Luftwaffe* etliche größere Einheiten nach Spanien, die auf der Seite der Nationalisten im spanischen Bürger-

DER SCHWARM

Der *Schwarm* war die zentrale taktische Formation der deutschen Jäger und hatte erhebliche Vorteile gegenüber angreifenden feindlichen Jägern, besonders britischen Flugzeugen, die in der veralteten *y*-Formation anflogen, die bei den Deutschen als *die Kette* bezeichnet wurde. Im *Schwarm* flogen vier Maschinen jeweils zu zweit, jedes Paar hatte einen Flügelmann und einen Anführer. Der Pilot der *Anführer*-Maschine hielt nach vor ihm fliegenden Flugzeugen Ausschau, während der *Flügelmann* zurück blickte. Das Flugzeug im zweiten Paar, das dem ersten folgte, flog höhenversetzt, so dass zumindest ein Flugzeug auch auf Angriffe aus der Sonne heraus vorbereitet war. Der *Schwarm* machte das Fliegen in einem loseren Verbund möglich, der sich auf vielerlei Angriffe besser einstellen konnte. Wenn er richtig ablief, ermöglichte der *Schwarm* den Piloten mehr Ausschau nach feindlichen Flugzeugen zu halten, als auf die Flugformation.

krieg kämpften. Obwohl der Konflikt auch zeigte, wie wichtig es war, strategische Angriffe gegen Städte zu fliegen, blieben die *Luftwaffen*-Offiziere der Meinung, dass das Treffen von industriellen Zielen aus großer Höhe und dadurch das Brechen der zivilen Moral extrem schwierig sei, wohingegen Flugzeuge wie die He 111, Bf 109, Do 17 und Ju 87 sich als zielsichere Flugzeuge für die Nahkampfunterstützung von Bodentruppen erwiesen hatten.

Der Spanische Bürgerkrieg gab den Ausschlag für die Befürworter einer taktischen Luftwaffe. Man muss dabei berücksichtigen, dass die *Luftwaffe* in erster Linie als eine Angriffs-*Luftwaffe* geplant war. Da Deutschland darauf aus war, zusätzliches Territorium durch Eroberungen einzunehmen, war eine taktisch operierende Luftwaffe sehr viel angebrachter, zumindest auf kurze Sicht. Strategische Bombardierungen waren jedoch für die Alliierten wichtiger, weil es für lange Zeit die einzige Möglichkeit war, Deutschland auf seinem eigenen Territorium zu treffen.

Auf den Krieg vorbereitet

In den Jahren unmittelbar vor dem Ausbruch des Krieges war die *Luftwaffe* im September 1939 in vier *Luftflotten* aufgeteilt. Jede hatte ihre eigenen Einsatzpläne. Die *Luftflotten* waren wiederum in *Fliegerkorps* oder *Fliegerdivisionen* aufgeteilt, diese wiederum in *Geschwader* (in der USAAF war dies ein *Wing*, in der RAF eine *Gruppe*). Jedes *Geschwader* war wiederum unterteilt in drei *Gruppen*, diese wiederum in drei oder vier *Staffeln*, das Gegenstück zu den alliierten *Squadrons*. Jede dieser Staffeln besaß rund neun bis sechzehn Flugzeuge.

Die verschiedenen Einheiten

Auf der Operationsebene gab es zu Beginn des Krieges vier verschiedene Arten von Kampf-*Geschwadern*. Das *Kampfgeschwader* (KG) bestand aus Mittelstreckenbomber, das *Stukageschwader* (StG) benutzte Sturzkampfbomber (Ju 87), das *Zerstörergeschwader* (ZG) flog vorwiegend zweimotorige Angriffsflugzeuge und das *Jagdgeschwader* (JG) benutzte einsitzige Jäger. Jede *Luftflotte* verfügte über eine große Bandbreite an Flugzeugen – vom Jäger bis zur Transportmaschine. Dank ihrer guten Ausbildung und den ersten Kampfeinsätzen ging die *Luftwaffe* mit sehr viel Zuversicht in den heraufziehenden Krieg.

DIE GEFECHTSBEREITSCHAFT (AUGUST 1938)

Im August 1938 hatte die *Luftwaffe* insgesamt 3.714 Besatzungen. Wie immer bei militärischen Zahlenangaben müssen die Zahlen interpretiert werden. Die Zahl der Auszubildenden blieb nämlich hinter den operativen Anforderungen zurück, so dass nur mehr 1.432 Besatzungen am Ende voll einsatzfähig waren, 1.145 waren nur bedingt einsatzbereit. Nichtsdestoweniger waren die Besatzungen von Jägern und Mittelstreckenbombern diejenigen, die am besten ausgestattet waren.

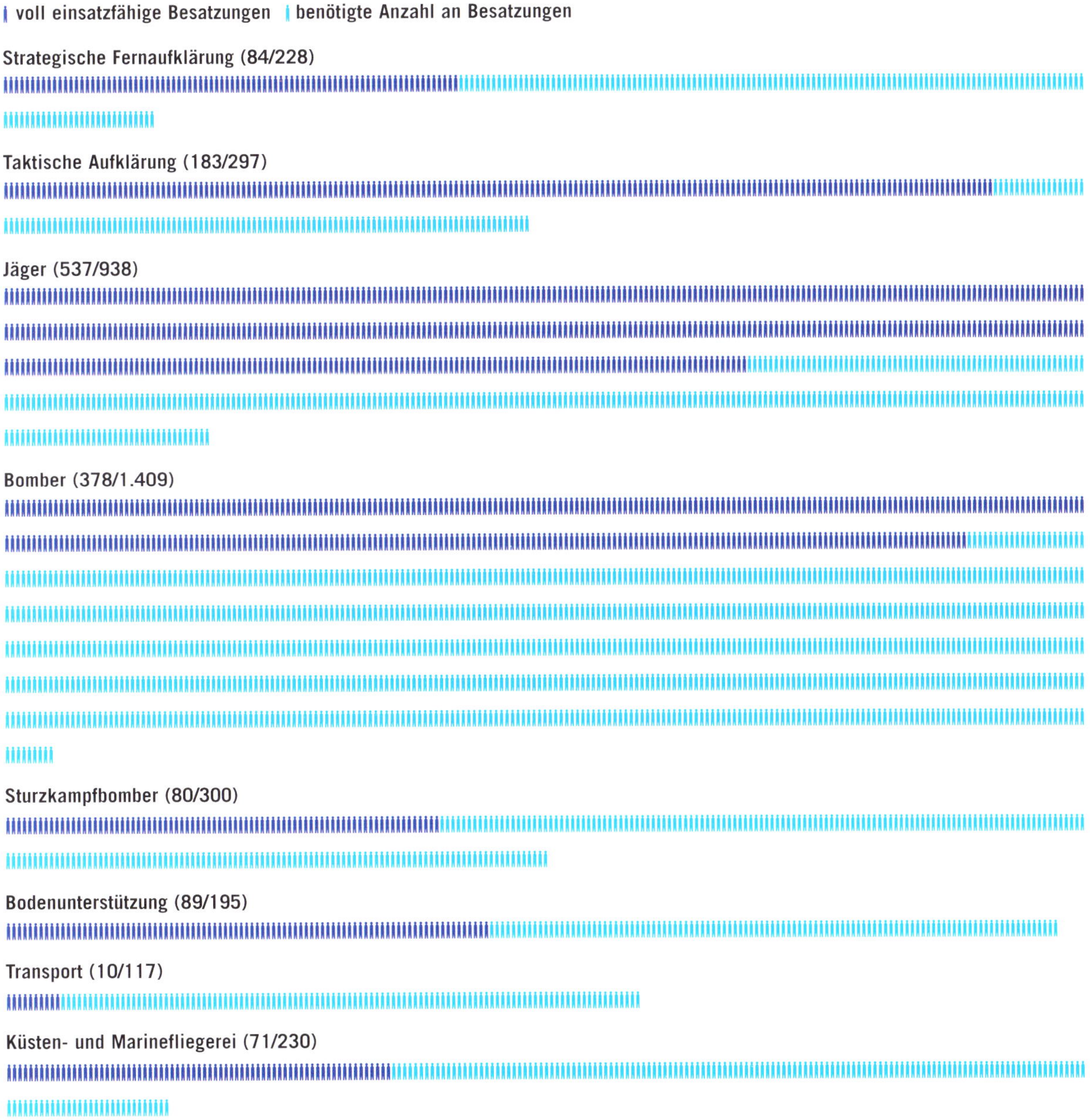

GESCHWADER, GRUPPE UND STAFFEL (SEPTEMBER 1939)

Die Organisation der *Luftwaffe* drehte sich am Ende immer um das *Geschwader*, das zu Beginn des Krieges über 94 Maschinen verfügte. Vier dieser Flugzeuge gehörten zum Stab (HQ), die übrigen teilten sich in drei *Gruppen* mit jeweils 30 Maschinen auf. Die *Gruppen* waren wiederum in drei *Staffeln* aufgeteilt und jede *Staffel* hatte neun Flugzeuge. Der Gruppenstab von drei Flugzeugen machte die 30 komplett. Die Staffel als kleinste Einheit der *Luftwaffe* war die Angriffsspitze. Zu jeder Zeit des Krieges und ganz besonders, als der Krieg immer weiter voranschritt, wurde die Differenz zwischen der theoretischen und aktuellen Sollstärke einer Einheit zunehmend größer. Darüber hinaus weitete sich die *Geschwader*-Stärke oftmals aus und schloss noch eine vierte *Gruppe* mit ein.

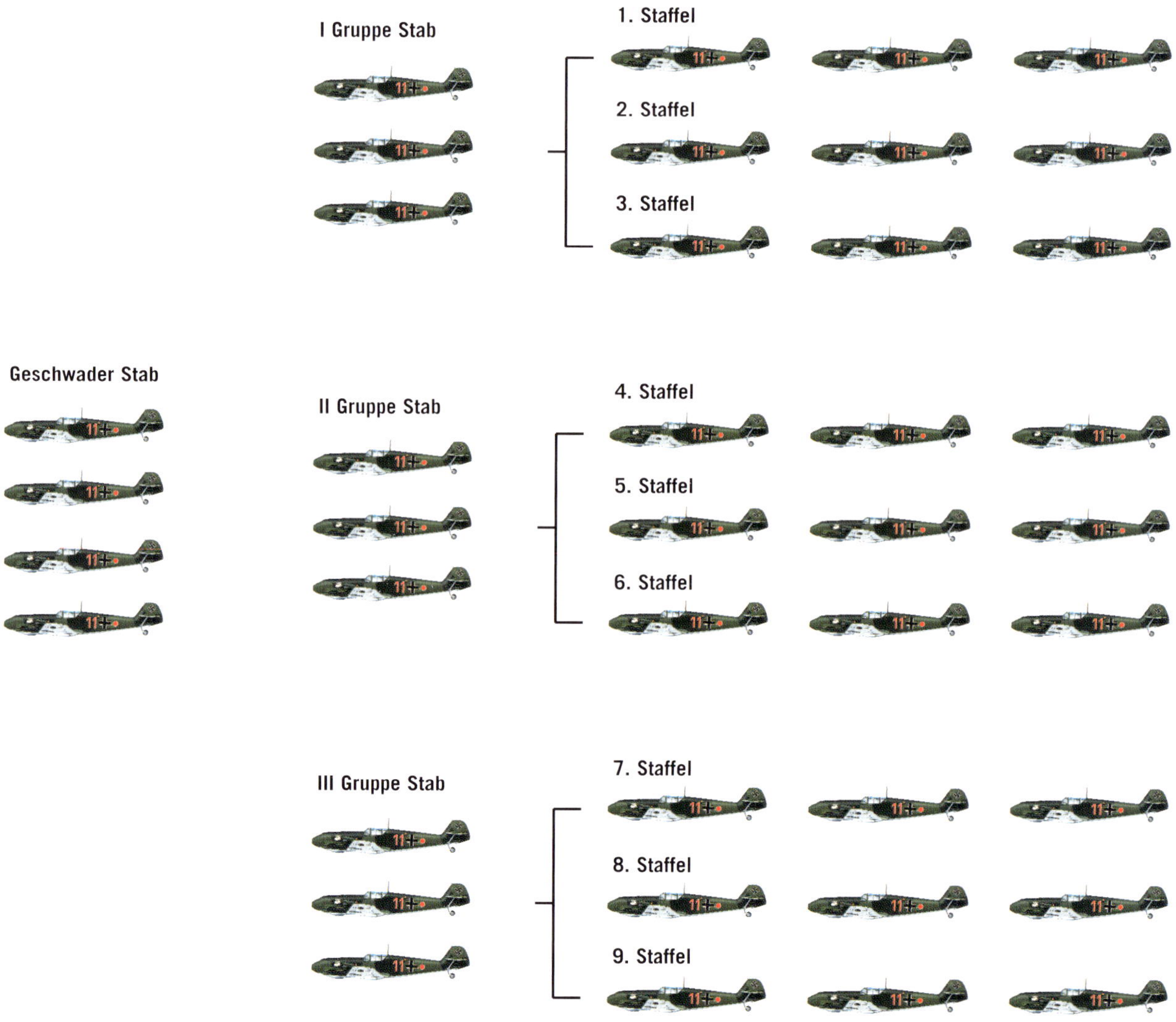

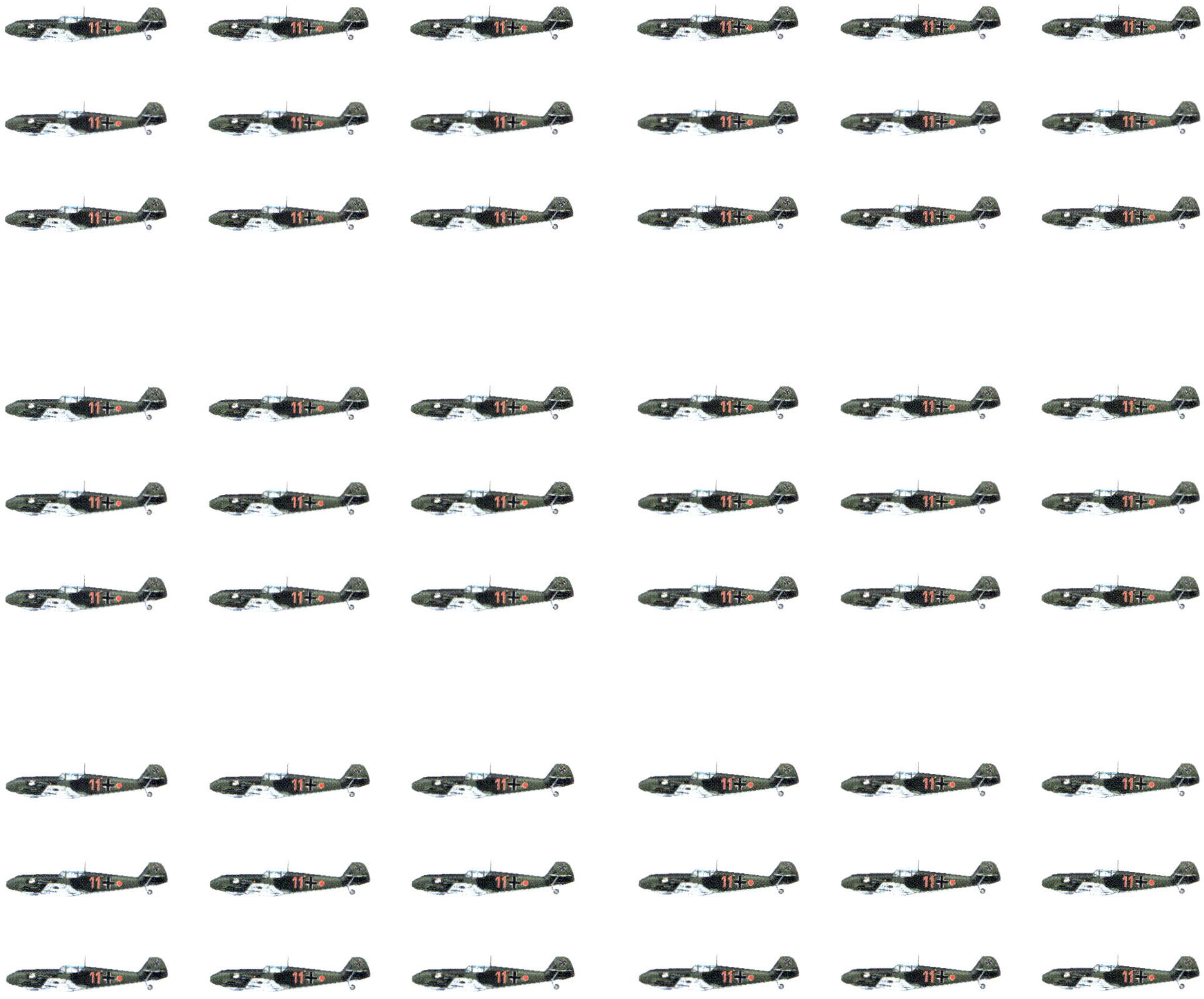

Die Invasion Polens: 1939

Die deutsche Invasion in Polen war ein Paradebeispiel für eine neue Art der Kriegsführung – den *Blitzkrieg*. Er bestärkte Hitler und etliche Nazi-Größen auch in der Annahme, dass die deutsche Luftwaffe die beste der Welt sei.

Die Schnelligkeit, mit der die Deutschen Polen besiegten, ließ den gesamten Rest der Welt den Atem anhalten. Als die Deutschen die polnische Grenze am 1. September 1939 überschritten, brauchten sie nicht weniger als 28 Tage, um das Land in die Knie zu zwingen und dem Reich den ersten größeren Territorialgewinn zuzufügen.

Der Vormarsch auf dem Land ereignete sich wie folgt: Die Heeresgruppe Nord griff aus Norddeutschland und Ostpreußen an. Sie bestand aus der 4. Armee unter General von Kluge und der 3. Armee unter General von Küchler. Diese beiden Armeen formierten sich zu einer großen Zangenbewegung von Norden aus, die in Richtung Süden nach Warschau und darüber hinaus entlang der Weichsel dem

Drei Ju 87 Stuka-Bomber fliegen im Formationsflug. In Polen erwiesen sie sich als akkurate Bodenunterstützungsflugzeuge.

Bug vorstieß. Aus dem Westen griff die Heeresgruppe Süd an, die von von Rundstedt befehligt wurde und aus der 8. Armee (Blaskowitz), der 10. Armee (Reichenau) und der 14. Armee (List) bestand. Die Heeresgruppe Süd marschierte in einem breiten Sichelschnitt westwärts und schloss Warschau zusammen mit der Heeresgruppe Nord ein. Gleichzeitig wurden dabei verschiedene größere polnische Heeresverbände entlang der deutsch-polnischen Grenze eingeschlossen. Das ganze war eine brillant ausgeführte militärische Operation, die vor allem auf zwei Faktoren setzte: Die Schnelligkeit beim Vorrücken und die technische und taktische Überlegenheit der deutschen Streitkräfte.

Der Testfall für die Luftwaffe

Die Bodenoffensive verlief perfekt. Die gepanzerten Verbände und die Infanterieeinheiten rückten mit großer Geschwindigkeit im Land vor und bekämpften, bzw. umgangen die größeren polnischen Verteidigungsanlagen. Am 8. September standen die deutschen Verbände bereits vor Warschau, während etliche polnische Heeresteile umzingelt oder bereits gefangen genommen oder zerstört worden waren. Am 17. September griffen zudem die Russen in das Geschehen ein und überschritten die polnische Ostgrenze, während die polnische Regierung ins Ausland floh. Obwohl sich die Regierung bereits abgesetzt hatte, gab es auf Seiten der Polen erbitterten Widerstand in Warschau bis zum 27. September. An diesem Tag brach der gesamte Abwehrkampf der Polen zusammen. Polen wurde zur Besetzung durch Deutschland und Russland in zwei Teile aufgeteilt. Der Einmarsch in Polen war ein Paradebeispiel für das Zusammenwirken verschiedener bewaffneter Verbände auf deutscher Seite. Der Polen-Feldzug festigte auch das frühe Bild der *Luftwaffe* als beste taktische Unterstützungsstreitmacht der Welt. Wenn irgendetwas die Erfolge der *Luftwaffe* in Polen unterstrich, dann war es die Argumentation der Befürworter einer taktischen Luftwaffe aus den Vorkriegsjahren. Sie hatten augenscheinlich richtig gelegen. Die polnischen Luftstreitkräfte wurden innerhalb weniger Tage vernichtet. Ihre offensichtliche veraltete Ansammlung von zweimotorigen Flugzeugen und anderen Flugzeugveteranen waren der Messerschmitt Bf 109 nicht gewachsen. Die Flugzeuge, die nicht in der Luft zerstört wurden, wurden auf dem Boden zerstört – entweder wurden sie dort zusammengeschossen, oder aber durch Dorniers, Heinkels und Stukas zusammengebombt. Durch eine gut funktionierende Kommunikation war die *Luftwaffe* auch in der Lage, den Boden für die vorrückenden deutschen Heeresverbände vorzubereiten.

Künftige Illusionen

Man kann die Brillanz der Operationen der *Luftwaffe* im Jahr 1939 nicht von der Hand weisen. Die *Luftwaffe* hatte eine neue Art der gefechtsfeldnahen Kriegsführung, der taktischen Luft-Bodenunterstützung, kreiert und so eine enge Zusammenarbeit zwischen der Luft- und Bodenkriegsführung geschaffen. Damit hatte sie an entscheidender Stelle mitgeholfen, ein Land in weniger als einem Monat in die Knie zu zwingen.

Aus der Rückschau gab es jedoch einige Gründe vorsichtiger zu sein, bzw. etliche Fragen blieben unbeantwortet. Denn man muss immer berücksichtigen, dass es den Deutschen nur gelang, die Lufthoheit gegenüber einer klar unterlegenen Luftwaffe auf polnischer Seite herzustellen. Der polnischen Luftwaffe fehlten vor allem Jagdflugzeuge. Das gab vor allem den deutschen Mittelstrecken- und Sturzkampfbombern die nötige Sicherheit, um über dem Feind zu triumphieren. In späteren Jahren und auf anderen Kriegsschauplätzen, als die Frage der Luftüberlegenheit entweder ungeklärt oder aber zugunsten der Alliierten ausging, wurden die Bomber zunehmend verwundbar und es gab große Verluste, besonders dann, als die deutschen Jäger sich in erster Linie um ihren eigenen Schutz kümmern mussten. Selbst in Polen war der Erfolg der *Luftwaffe* also kein Selbstläufer. Obwohl die polnischen Luftstreitkräfte technisch klar unterlegen waren, mobilisierten die polnischen Piloten doch alle Kräfte, um ihr Heimatland zu verteidigen. Obwohl der Ausgang des ungleichen Kampfes eigentlich von vornherein feststand, kam es zu erbitterten Luftkämpfen.

Die ersten Schüsse

Natürlich hatte der Polen-Feldzug weitaus größere Nachwirkungen. Deutschland fand sich auf einmal in einer europäischen, später in einem weltweiten Kriegsgeschehen wieder – einem Konflikt, in dem das kurzfristige Denken in Bezug auf die *Luftwaffe* sich noch als fatal erweisen sollte. Aber im Moment, im Jahr 1939 und bis zur Mitte des Jahres 1940 war die *Luftwaffe* führend am Himmel über Europa.

Fertig zum Kampf

Zu Beginn des Polenfeldzugs schickte die Luftwaffe rund 4.161 Flugzeuge aller Typen in den Kampf. Sie wurden gegen die polnischen Luftstreitkräfte eingesetzt, deren rund 800 Flugzeuge zum großen Teil veraltet waren. Die *Luftwaffe* war bereit zum Kampf – jedoch in erster Linie gegen einen Feind, der keine Kraft hatte, ein ernsthafter Gegner zu werden.

LUFTFLOTTE 1 (2 SEPTEMBER 1939)

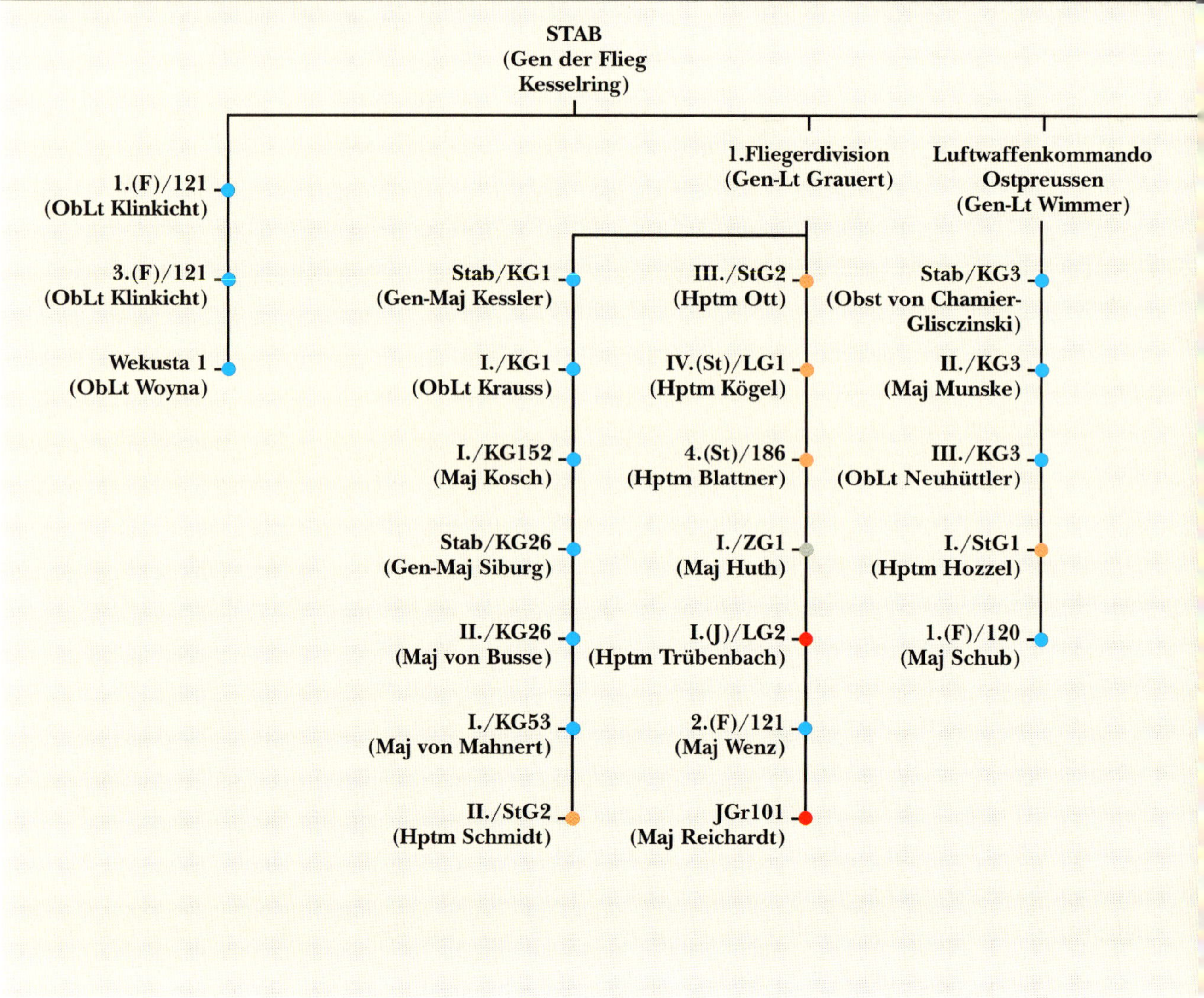

Die *Luftwaffe* griff in die Kämpfe in Polen im Jahr 1939 mit mehr als 4.000 Flugzeugen ein, die sich auf Jagdmaschinen und Bombern aufteilten. Knapp 1.200 dieser Flugzeuge waren Jagdmaschinen – Bf 109 – um die nötige Lufthoheit herzustellen. Ungefähr gleich viele Maschinen waren Mittelstreckenbomber vom Typ He 111 und Do 17. Es gab darüber hinaus rund 366 Sturzkampfbomber der beiden Typen Ju 87A und Ju 87B, die sich in neun *Geschwader* aufteilten. Die Junkers Ju 87B hatte einen weitaus stärkeren Junkers Jumo 211 Motor als die Ju 87A mit ihrem Jumo 210 G. Die relativ geringe Anzahl an Sturzkampfbombern kann verwundern, wenn man sich in Erinnerung ruft, welche schreckliche Wirkung die Stukas sowohl auf die polnischen Streitkräfte aber auch auf die gesamte Weltöffentlichkeit hatten.

Ihnen stand auf dem Papier eine polnische Luftstreitkraft von 800 Flugzeugen gegenüber, von denen allerdings nur

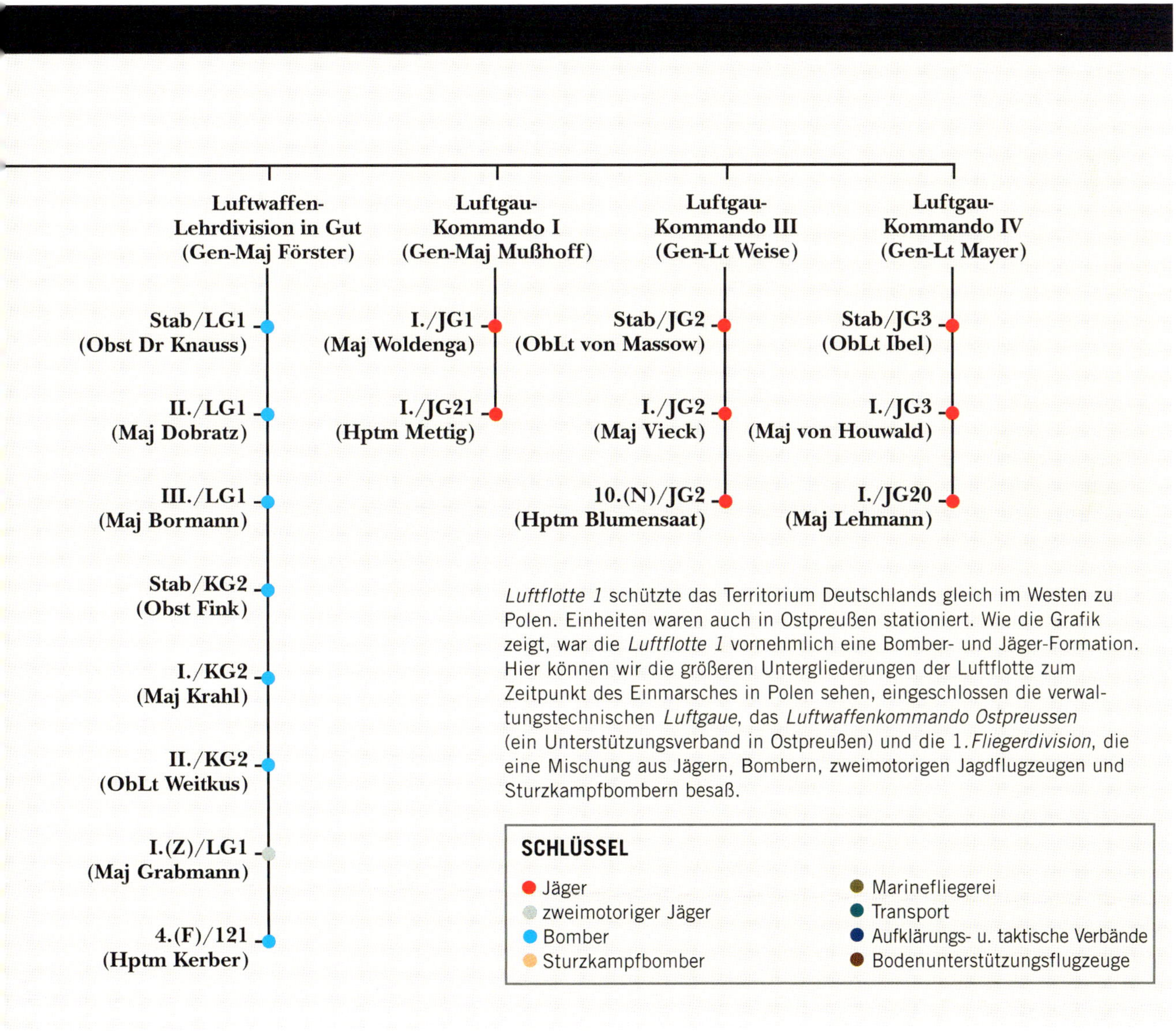

Luftflotte 1 schützte das Territorium Deutschlands gleich im Westen zu Polen. Einheiten waren auch in Ostpreußen stationiert. Wie die Grafik zeigt, war die *Luftflotte 1* vornehmlich eine Bomber- und Jäger-Formation. Hier können wir die größeren Untergliederungen der Luftflotte zum Zeitpunkt des Einmarsches in Polen sehen, eingeschlossen die verwaltungstechnischen *Luftgaue*, das *Luftwaffenkommando Ostpreussen* (ein Unterstützungsverband in Ostpreußen) und die 1.*Fliegerdivision*, die eine Mischung aus Jägern, Bombern, zweimotorigen Jagdflugzeugen und Sturzkampfbombern besaß.

DIE STÄRKE DER EINHEITEN – *LUFTFLOTTE* 1 (SEPTEMBER 1939)

Luftwaffen-Einheit	Basis	Typ	Str*	Op*
LUFTFLOTTE 1				
1.(F)/121	Stargard-Klützow	Do 17P/F	12	10
3.(F)/121	Stargard-Klützow	Do 17P/F	12	7
Wekusta 1	Stargard-Klützow	He 111J	3	3
1.FLIEGERDIVISION				
Stab/KG1	Kolberg	He 111H	9	9
I./KG1	Kolberg	He 111H	38	34
I./KG152	Pinnow-Plathe	He 111H	37	34
Stab/KG26	Gabbert	He 111H	6	5
II./KG26	Gabbert	He 111H	35	31
I./KG53	Schönfeld-Crössinsee	He 111H	31	31
II./StG2	Stolp-Reitz	Do 17P Ju 87B	3 35	3 34
III./StG2	Stolp-Reitz	Do 17P Ju 87B	3 36	3 34
IV.(St)/LG1	Stolp-Reitz	Do 17P Ju 87B	3 39	3 37
4.(St)/186	Stolp-West	Ju 87B	12	12
I./ZG1	Mühlen I	Bf 110C	34	27
I.(J)/LG2	Malzkow/Lottin	Bf 109E	42	33
2.(F)/121	Schönfeld-Crössinsee	Do 17P/F	11	10
JGr101	Lichtenau	Bf 109E	48	48
LUFTWAFFENKOMMANDO OSTPREUSSEN				
Stab/KG3	Elbing	Do 17Z	9	7
II./KG3	Heiligenbeil	Do 17Z	38	36
III./KG3	Heiligenbeil	Do 17Z	39	30
I./StG1	Elbing	Do 17P Ju 87B	3 38	2 38
1.(F)/120	Neuhausen	Do 17P	12	11

***Str = Stärke auf dem Papier *Op = Operationelle Stärke**

400 Maschinen einsatzbereit waren. Als Jagdflugzeug flogen die Polen zumeist die PZL P.11 und P.7A, die sich beide nicht im Geringsten mit der Bf 109 messen konnten.

Auf der operationellen Ebene war der Luftkrieg gegen Polen in erster Linie in der Hand der *Luftflotte 1* und *Luftflotte 4* und einigen Einheiten der *Luftflotten 2 und 3*, die ebenfalls für den

DIE STÄRKE DER EINHEITEN – *LUFTFLOTTE* 1 (SEPTEMBER 1939)

Luftwaffen-Einheit	Basis	Typ	Str*	Op*
LUFTWAFFEN-LEHRDIVISION				
Stab/LG1	Neuhausen	He 111H	9	8
II./LG1	Powunden	He 111H	39	34
III./LG1	Prowehren	He 111H	39	32
Stab/KG2	Jesau	Do 17Z	9	9
I./KG2	Gerdauen	Do 17M	36	33
II./KG2	Schippenbeil	Do 17Z	39	37
I.(Z)/LG1	Jesau	Bf 110C	33	32
4.(F)/121	Jesau	Do 17P/F	12	11
LUFTGAU-KOMMANDO I				
I./JG1	Gutenfeld	Bf 109E	46	46
I./JG21	Gutenfeld	Bf 109D	39	37
LUFTGAU-KOMMANDO III				
Stab/JG2	Döberitz	Bf 109E	3	3
I./JG2	Döberitz	Bf 109E	41	40
10.(N)/JG2	Straussberg	Bf 109D	9	9
LUFTGAU-KOMMANDO IV				
Stab/JG3	Zerbst	Bf 109E	3	3
I./JG3	Brandis	Bf 109E	44	38
I./JG20	Sprottau	Bf 109E	37	36

***Str = Stärke auf dem Papier *Op = Operationelle Stärke**

Feldzug abgezogen worden waren. (Auf der gegenüberliegenden Seite sind die verschiedenen *Luftflotten* verzeichnet.) Dazu kam die *Lehrdivision* – eine taktische Erprobungseinheit, in der alle verschiedenen Typen von Kampfflugzeugen, vom Bomber bis zum Stuka, geflogen wurden.

Bodenunterstützung

Obwohl die Jagdmaschinen von großer Bedeutung für die Gewinnung der Lufthoheit beim Polenfeldzug waren, waren die Flugzeuge zur unmittelbaren Bodenunterstützung von ausschlaggebender Wichtigkeit. Insgesamt brachte die deutsche *Luftwaffe* rund 20 *Kampfgeschwader* mit He 111's und Do 17's, sowie ein Kontingent von Stuka-Bombern, die in fünf *Stukageschwadern* aufgeteilt waren, zum Einsatz. Messerschmitt Bf 109's und Bf 110's wurden auch bei der Bodenunterstützung eingesetzt. Beide Flugzeugtypen hatten 20mm (0,78in) Kanonen als Teil ihrer Bewaffnung an Bord. Diese Kanonen sollten sich als ideal herausstellen, um leicht gepanzerte Ziele

LUFTFLOTTEN 1 & 4 – OPERATIONSGEBIETE

2. September 1939

Zu Beginn des Zweiten Weltkriegs war die *Luftwaffe* in vier *Luftflotten* eingeteilt. Jede hatte ein genau umrissenes Einsatzgebiet über dem Reich und benachbarten Ländern. Die Einsätze gegen Polen im September 1939 wurden vornehmlich durch die *Luftflotten 1 & 4* unter den *Generälen* Kesselring und Löhr ausgeführt. Die erstere Formation (braun) operierte aus Nordostdeutschland heraus und aus Ostpreussen. Die letztere (orange) aus dem Südosten des Landes.

Die *Luftflotte 2* (grün) und die *Luftflotte 3* (lila) spiegelte die Aufgaben der *Luftflotten 1 & 4* über der westlichen Hälfte des Reichs. Diese Einteilungen in Zuständigkeitsbereiche sollte sich während der kommenden Jahre dramatisch verändern und vor allem ausweiten, als sich auch die Grenzen durch die Eroberungen Deutschlands immer weiter verschoben, nur um sich am Ende wieder zusammenzuziehen, als die Alliierten allmählich immer weiter ins Reich vorrückten.

oder aber exponierte Truppenansammlungen zu bekämpfen. Besonders viel erhoffte man sich durch die Stuka-Kampfverbände.

Die Treffsicherheit bei Angriffen von Mittelstreckenbombern auf Städte konnte nur schwer vorhergesagt werden. Im Gegensatz dazu konnte ein Stuka-Bomber eine große Bombenlast sehr gezielt auf ein vorgegebenes Ziel mit großer Präzision abwerfen Die Ju 87B konnte 500 kg (1102lb) an Bomben transportieren plus vier 50 kg (1101lb) Bomben. Verschiedene Wellen solcher Stuka-Bomber konnten mithin eine Fläche von etlichen Hektar für die vorrückenden deutschen Bodenverbände *vorbereiten*. Diese Tragkraft der Stuka's war bemerkenswert, wenn man berücksichtig, dass die zweimotorige Do 17 eine Bombenlast von nur mehr 1.000 kg (2205lb) transportieren konnte. Die Bf 109E war ebenfalls in der Lage, vier 50kg (1101lb) Bomben oder eine 250kg-Bombe (551lb) zu tragen.

Jetzt sollte es an der Zeit sein, die Kampfkraft der *Luftwaffe* zu testen. Am 1. September starteten die zwei *Luftflotten* mit ihren Maschinen in Richtung Osten und lösten die ersten Schüsse aus.

I./KG1 (SEPTEMBER 1939)

Im September 1939 brachte das I./*KG1 der 1. Fliegerdivision, Luftflotte 1* 38 Heinkel He 111 für den Einsatz im Krieg auf. Wenn alle diese Flugzeuge zusammen in einem Einsatz flogen, waren sie in der Lage, 76.000 kg (167,428lb) an Bomben gegen Bodenziele abzuwerfen. KG1 wurde am 1. Mai 1939 ins Leben gerufen und sah sich im Kampfeinsatz vom Einmarsch in Polen bis zum Ende des Jahres 1944. In dieser ganzen Zeit war es an Kampfschauplätzen in Osteuropa eingesetzt. Bis zum September 1941 flog es die He 111, danach Ju 88A, um am Ende auf He 177 zwischen Juni und August 1944 zu wechseln.

Operationsstärke – 34 x He 111s

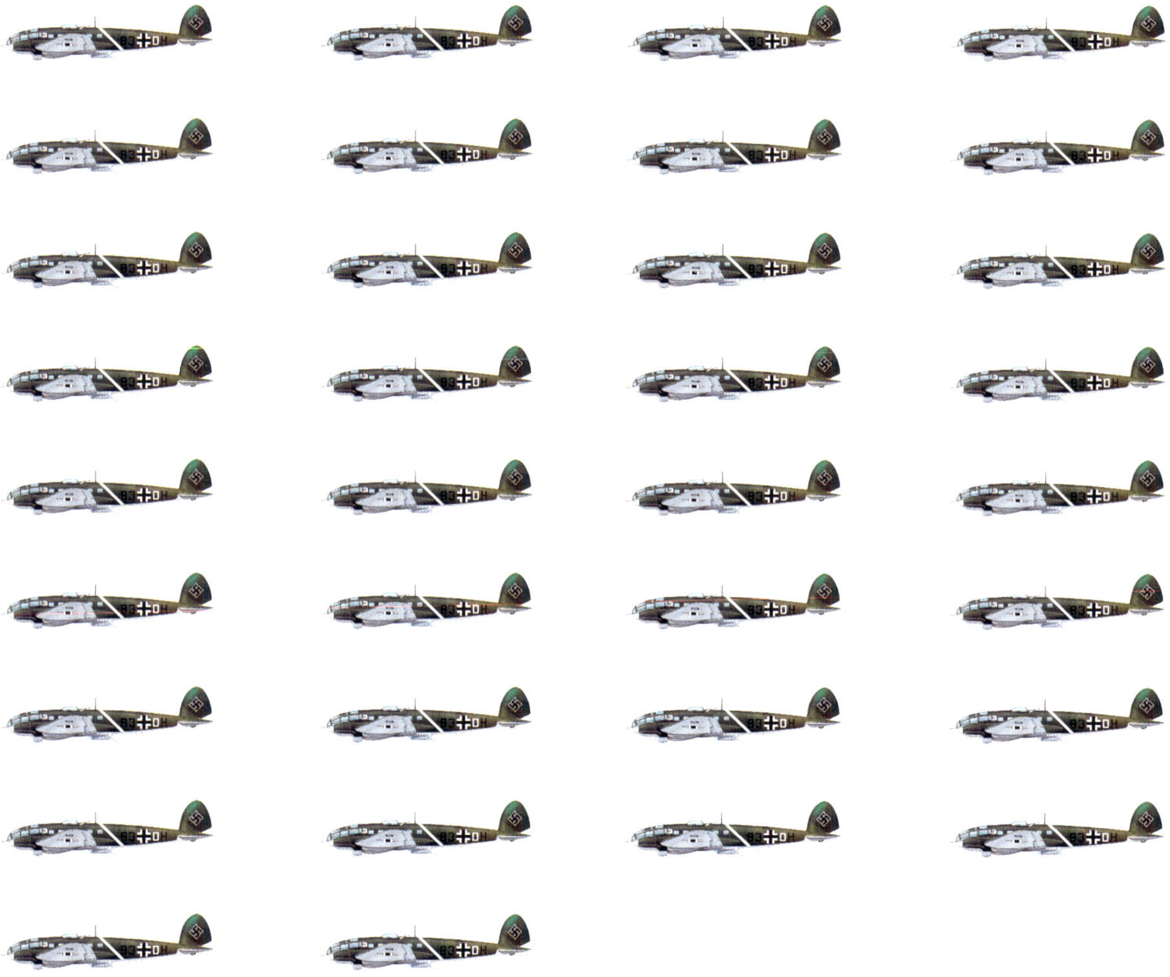

Taktische Ziele

Während deutsche Jagdflugzeuge die polnische Gegenwehr zurückdrängten, stießen die deutschen Bodentruppen in enger Abstimmung mit den gepanzerten Verbänden ins Landesinnere vor und griffen die feindlichen Verbände von allen Seiten aus an.

Als der deutsche Einmarsch in Polen am 1. September 1939 gestartet war, hatte die *Luftwaffe* zwei vorherrschende Aufgaben innerhalb der *Blitzkrieg*-Theorie der kombinierten Streitkräfteführung. Die erste Aufgabe war die komplette Luftüberlegenheit über dem Schlachtfeld zu erhalten und zu bewahren. Das war entscheidend für die zweite Aufgabe: Die notwendige Bodenunterstützung für die vorwärts marschierenden gepanzerten Einheiten und Infanterieverbände der Deutschen zu liefern.

In dieser Hinsicht agierte die *Luftwaffe* im Wesentlichen als eine erweiterte Artillerie, die sich Ziele auf dem Schlachtfeld aussuchte. Die Positionen wurden über Funk an sie gemeldet, um dann durch flächigen Beschuss, Bombardierung oder Sturzkampfabwürfe von Bomben auszuschalten. Größere Ziele umfassten dabei zum Beispiel Fernmeldeanlagen, Transporteinrichtungen wie Bahnhöfe, Flughäfen und Nachschubzentren.

Überlegene Taktik

Der *Blitzkrieg* hing im Wesentlichen auch von einer guten Kommunikation ab, die es ermöglichte, Angriffe direkt vor den vorrückenden Angriffslinien zu fliegen. *Luftwaffen* -Verbindungsoffiziere arbeiteten auf das engste mit den Bodentruppen zusammen. Sie fuhren dabei in leicht gepanzerten Fahrzeugen wie dem SdKfz 251 Halbketten-Fahrzeug, das als Funkfahrzeug umgerüstet werden konnte, um die Verbindung vom Boden in die Luft sicherzustellen. Die Zusammenarbeit war nicht immer perfekt – die Funkverbindungen waren oftmals gestört – und in solchen Situationen ging die *Luftwaffe* auf den Einzelkampf über. Darüber hinaus griffen die schweren Bomberverbände größere Städte an, um die Moral der Bevölkerung zu schwächen und die Infrastruktur des Landes zu zerstören.

DIE STÄRKE DER EINHEITEN – *LUFTFLOTTE* 2 (SEPTEMBER 1939)

Luftwaffen-Einheit	Basis	Typ	Str*	Op*
LUFTFLOTTE 2				
1.(F)/122	Goslar	Do 17P	12	10
2.(F)/122	Münster	He 111H	11	10
Wekusta 26	Braunschweig	Do 17P	6	6
3.FLIEGERDIVISION				
Stab/KG54	Fritzlar	He 111P	6	6
I./KG54	Fritzlar	He 111P	33	30
II./KG28	Gütersloh	He 111P	35	34
1./KG25	Jever	Ju 88A	12	12
4.FLIEGERDIVISION				
Stab/KG55	Wesendorf	He 111P	6	6
I./KG55	Dedelstorf	He 111P	33	25
II./KG55	Wesendorf	He 111P	29	25
I./KG26	Lübeck-Blankensee	He 111H	36	32
Stab/KG27	Hannover-Langenhagen	He 111P	6	5
I./KG27	Hannover-Langenhagen	He 111P	35	31
II./KG27	Wunstorf	He 111P	36	32
III./KG27	Delmenhorst	He 111P	36	33
LUFTGAU-KOMMANDO XI				
II./JG77	Nordholz	Bf 109E	33	33
II.(J)/186	Kiel-Holtenau	Bf 109B/E	23	23
Stab/ZG26	Varel	Bf 109D	3	1
I./ZG26	Varel	Bf 109D	43	39
JGr126	Neumünster	Bf 109D	46	41
LUFTGAU-KOMMANDO VI				
Stab/JG26	Odendorf	Bf 109E	3	2
I./JG26	Odendorf	Bf 109E	44	43
II./JG26	Bönninghardt	Bf 109E	38	38
11.(N)/LG2	Köln-Ostheim	Bf 109D	9	9
I./JG52	Bonn-Hangelar	Bf 109E	48	38
II./ZG26	Werl	Bf 109D	48	45

***Str = Stärke auf dem Papier *Op = Operationelle Stärke**

LUFTFLOTTE 2 (SEPTEMBER 1939)

STAB
(Gen der Flieg Felmy)

- **1.(F)/122 (Hptm Wappenhaus)**
- **2.(F)/122 (Hptm Wappenhaus)**
- **Wekusta 26 (ObLt von Rotberg)**

3.Fliegerdivision (Gen-Maj Putzier)

- **Stab/KG54 (Obst Lackner)**
- **I./KG54 (Maj Höhne)**
- **II./KG28 (Maj Koester)**
- **1./KG25 (Hptm Pohle)**

4.Fliegerdivision (Gen der Flieg Keller)

- **Stab/KG55 (Gen-Maj Süssmann)**
- **I./KG55 (Maj Heyna)**
- **II./KG55 (ObLt Lachemair)**
- **I./KG26 (Maj Loebel)**
- **Stab/KG27 (Obst Behrendt)**
- **I./KG27 (ObLt Graumnitz)**
- **II./KG27 (Maj de Salengre Drabbe)**
- **III./KG27 (Maj Nielsen)**

Luftgau-Kommando XI (Gen-Lt Wolff)

- **II./JG77 (Maj Schumacher)**
- **II.(J)/186 (Maj Hagen)**
- **Stab/ZG26 (Obst von Döring)**
- **I./ZG26 (Hptm Kaschka)**
- **JGr126 (Hptm Schalk)**

Luftgau-Kommando VI (Gen-Maj Schmidt)

- **Stab/JG26 (Obst von Schleich)**
- **I./JG26 (Maj Handrick)**
- **II./JG26 (Hptm Knüppel)**
- **11.(N)/LG2 (ObLt Bascilla)**
- **I./JG52 (Hptm von Pfeil und Ellguth)**
- **II./ZG26 (Maj Vollbracht)**

SCHLÜSSEL

- Jäger
- zweimotoriger Jäger
- Bomber
- Sturzkampfbomber
- Marinefliegerei
- Transport
- Aufklärungs- u. taktische Verbände
- Bodenunterstützungsflugzeuge

Die *Luftflotte 2* war nicht die größte Luftflotte beim Einmarsch in Polen. Sie bestand vornehmlich aus Heinkel He 111 Mittelstreckenbomber und Bf 109 Jägern. Die *Luftflotte 2* besaß darüber hinaus auch Aufklärungseinheiten – die Maschinen, die dazu benutzt wurden, waren Do 17, Hs 126, He 46 und He 45.

Der erste Blitzkrieg

Das erste Ziel der Luftwaffe war die polnischen Luftstreitkräfte auszuschalten und die Lufthoheit zu gewinnen. Das erreichte sie auch, aber es war alles andere als ein leichter Spaziergang.

Die deutschen Bodentruppen rollten über die polnische Grenze um 04:45 Uhr am Morgen des 1. September. Die *Luftwaffe* war von der ersten Minute an ihrer Seite. In der Summe flogen 219 Ju 87, 339 Bf 109, 370 He 111, 527 Do 17, 82 Bf 110 und über 400 Aufklärungs- und Transportflugzeuge in der ersten Angriffswelle mit. Ein vorläufiges Ziel waren die polnischen Flughäfen. Man hoffe, die polnischen Luftstreitkräfte bereits so am Boden zu zerstören.

Die polnischen Luftstreitkräfte waren zur Zeit des Einmarsches in zwei größere Brigaden organisiert: der *Verfolger-Brigade* (eine Jäger-Formation) und der Bomber-Brigade; dazu gab es noch etliche gemischte Jäger- und Aufklärungsverbände, die auf sieben Heereskommandanturen aufgeteilt waren. Die Flugzeuge, die die Polen besaßen, waren nicht allesamt veraltet. Sie hatten Bomber vom Typ PZL P.37 Los und PZL P.23 Karas, aber das waren nur wenige (36 und 50). Die Jäger-Formationen, auf die es ankam, waren jedoch veraltet und bestanden in der Hauptsache aus PZL P.11. Sie waren der Bf 109 klar unterlegen.

Historische Berichte über den Einmarsch in Polen behaupten fast immer, dass die polnischen Luftstreitkräfte mehrheitlich bereits am Boden durch Überraschungsangriffe der Deutschen zerstört wurden. Das war auch der Fall. Viele Flugzeuge wurden bereits auf den Flugplätzen zerbomt, aber es gelang den Polen doch, genügend Flugzeuge rechtzeitig in die Luft zu bringen, um der *Luftwaffe* etliche Probleme zu bereiten. Die polnischen Selbstverteidigungsstreitkräfte hatten ein ausgeklügeltes und gut funktionierendes Beobachtungssystem über das ganze Land verteilt, das als eine Art Frühwarnsystem für die Flugplätze und mögliche Ziele im Land selbst diente. Wenn ein Beobachter ein Flugzeug der *Luftwaffe* erkannte, gab er die Position und mögliche Ziele per Funk zur *Verfolger*-Brigade und ihrem Hauptquartier durch, die dann für Luftunterstützung zum Abfangen des Flugzeugs sorgte.

Ein weiteres hauptsächliches Ziel der *Luftwaffe* war natürlich auch die Hauptstadt des Landes, Warschau. Die ersten Bombenangriffe auf Warschau gab es bereits um 06:00 Uhr. Sie waren nur ein kleiner Vorgeschmack auf das, was Warschau noch weiterhin erleiden sollte. Aber die ersten Bombenangriffe mit He 111, die durch Bf 109 begleitet wurden, stießen auf härteren Widerstand als gedacht. Durch die Luftbeobachter vorgewarnt, gelang es der *Verfolger*-Brigade mehr als 50 Jäger aufsteigen zu lassen. Sie fielen wild entschlossen über die deutschen Bomber her. KG27 kam aus den Luftkämpfen arg gebeutelt heraus – es verlor sechs Maschinen.

Vergeltung

Die Deutschen hatten eine harte Lehre zu lernen – man darf den Gegner niemals unterschätzen. Bei der zweiten Bomberwelle, diesmal am späten Nachmittag, wurden die Bomber von Bf 109 und Bf 110 begleitet. Die polnischen Jäger waren relativ solide Flugzeuge, aber sie hatten der Bf 109 nichts entgegen zu setzen. Die PZL P.11, zum Beispiel, hatte eine Spitzengeschwindigkeit von 420 km/h (270mph), wohingegen die Bf 109 eine Höchstgeschwindigkeit von 570 km/h (354mph) erreichen und schneller aufsteigen und in den Sinkflug übergehen konnte. Selbst die zweimotorige Bf 110C hatte eine bessere Leistung und erreichte eine Höchstgeschwindigkeit von 560 km/h (349mph) und hatte als Bewaffnung zwei 20mm (0,78in) Kanonen und sechs 7,92 mm (0,31in) Maschinengewehre (zwei davon in einem nach hinten reichenden Drehturm). Die ältere PZL P.7 hatte noch weniger Leistung, war noch langsamer und hatte nur zwei Maschinengewehre. Der Unterschied in der Leistung und die gesteigerte Jägerbegleitung zeigten sich in den nachfolgenden Bomberangriffen. Vier P.7's und drei P.11's wurden abgeschossen, obwohl auch die Deutschen zwei Bf 109's verloren. Am Ende des ersten Kriegstages verloren die Deutschen drei Bf 109 in Polen.

Bodenunterstützung

Während sich die *Luftwaffe* über Warschau abmühte, leisteten die Flugzeuge zur unmittelbaren Bodenunterstützung bei der Offensive in Polen ganze Arbeit. Die *Wehrmacht* wusste bald nur zu gut, den Wert der unmittelbaren Frontunterstützung durch die *Luftwaffe* zu schätzen, ganz besonders wenn es darum ging, hartnäckigen Widerstand von einge-

DIE STÄRKE DER EINHEITEN – *LUFTFLOTTE* 4 (SEPTEMBER 1939)

Luftwaffen-Einheit	Basis	Typ	Str*	Op*
LUFTFLOTTE 4				
3.(F)/123	Schweidnitz	Do 17P	12	12
Wekusta 76	Schweidnitz	He 111J	3	3
2.FLIEGERDIVISION				
Stab/KG4	Oels	He 111P	6	6
I./KG4	Langenau	He 111P	27	27
II./KG4	Oels	He 111P	30	30
III./KG4	Langenau	He 111P	33	32
Stab/KG76	Breslau-Schöngarten	Do 17Z	9	9
I./KG76	Breslau-Schöngarten	Do 17Z	36	36
III./KG76	Rosenborn	Do 17Z	39	39
Stab/KG77	Grottkau	Do 17E/F	9	9
I./KG77	Brieg	Do 17E	37	37
II./KG77	Grottkau	Do 17E	39	39
III./KG77	Brieg	Do 17E	38	34
I./StG2	Nieder-Ellguth	Do 17P	3	3
		Ju 87B	38	37
I./ZG76	Ohlau	Bf 110C	35	31
3.(F)/122	Woisselsdorf	Do 17P	12	10
FLIEGERFÜHRER ZBV				
Stab/StG77	Neudorf	Ju 87B	3	3
I./StG77	Ottmuth	Do 17P	3	3
		Ju 87B	39	34
II./StG77	Neudorf	Do 17P	3	3
		Ju 87B	36	38
I./StG76	Nieder-Ellguth	Do 17P	3	3
		Ju 87B	36	28
JGr102	Groß-Stein	Bf 109D	45	45
Stab(J)/LG2	Nieder-Ellguth	Bf 109E	3	2
II.(S)/LG2	Altsiedel	Hs 123	39	39
1.(F)/124	Schloßwalden	Do 17P	11	10
LUFTGAU-KOMMANDO VIII				
I./JG76	Ottmütz	Bf 109E	51	45
I./JG77	Juliusburg-Nord	Bf 109E	48	43

***Str = Stärke auf dem Papier *Op = Operationelle Stärke**

schlossenen polnischen Verbänden zu treffen, ohne dass sie dazu ausreichende Artillerieunterstützung hatten. So sah sich zum Beispiel am 10. September die deutsche 10. Armee einer großen Herausforderung gegenüber, als sie sich plötzlich einem Gegenangriff durch eine schlagkräftige polnische Armeegruppe nahe dem Fluss Bzura gegenüber stand. Den Polen gelang es etliche Brückenköpfe am Ufer des Flusses zu halten und sogar die Nachschublinien der 10. Armee zu stören.

Luftbombardement

Angesichts einer drohenden Niederlage für die Deutschen lag nun alle Last auf den Schultern der *Luftwaffe*. Sie startete eine Rettungsaktion. Die *Luftwaffe* flog etliche Wellen von Luftangriffen auf die polnischen Brückenköpfe und Truppenkonzentrationen. Besonders kam hier die Ju 87 zum Einsatz. Während die Mittelstreckenbomber vor allem Flächenziele bombardierten, griffen die Ju 87's gezielt einzelne Ziele mit größter Präzision an. Obwohl der Erfolg der Sturzkampfbomber oftmals übertrieben wurde, kann es keinen Zweifel daran geben, dass die Ju 87 eine Bombe ziemlich akkurat zum Beispiel auf eine Pontonbrücke werfen konnte oder zwischen mehrere parkende Fahrzeuge. Die deutschen Piloten steigerten ihre Effektivität zudem dadurch, dass sie ihre Bomben unterhalb einer Höhe von 914m (3.000ft) abwarfen, die eigentlich als Sicherheitshöhe angegeben wurde, um nicht von der Druckwelle der eigenen Bombe in Mitleidenschaft gezogen zu werden.

Während die Stuka's so ihre Bomben abwarfen, beschossen die Bf 110 die feindlichen Truppenansammlungen. Die Dorniers und Heinkels bombardierten dabei auf herkömmliche Weise Flächenziele. Die Auswirkungen auf die polnischen Streitkräfte waren verheerend. Sie konnten keinerlei militärische Bewegungsfreiheit wiedergewinnen, die Opferzahlen stiegen gewaltig und die Pferde, die die Artillerie und den Nachschub ziehen sollten, gingen durch die pausenlosen Bombenexplosionen durch. Auf diese Weise wurde der polnische Gegenangriff in Grund und Boden gebombt und es gelang der 10. Armee sich mit der benachbarten 8. Armee wieder zu vereinigen und vorzurücken.

Von da an griff die *Luftwaffe* jede größere polnische Truppenansammlung an und trugen so zur Kapitulation von hunderttausenden von Soldaten bei. Den Flugzeugen der *Luftflotte 4* gelang es sogar durch ihre Luftüberlegenheit, dass sich eine ganze Armeedivision am Boden unter ihnen ergab. Die

LUFTFLOTTE 4 (SEPTEMBER 1939)

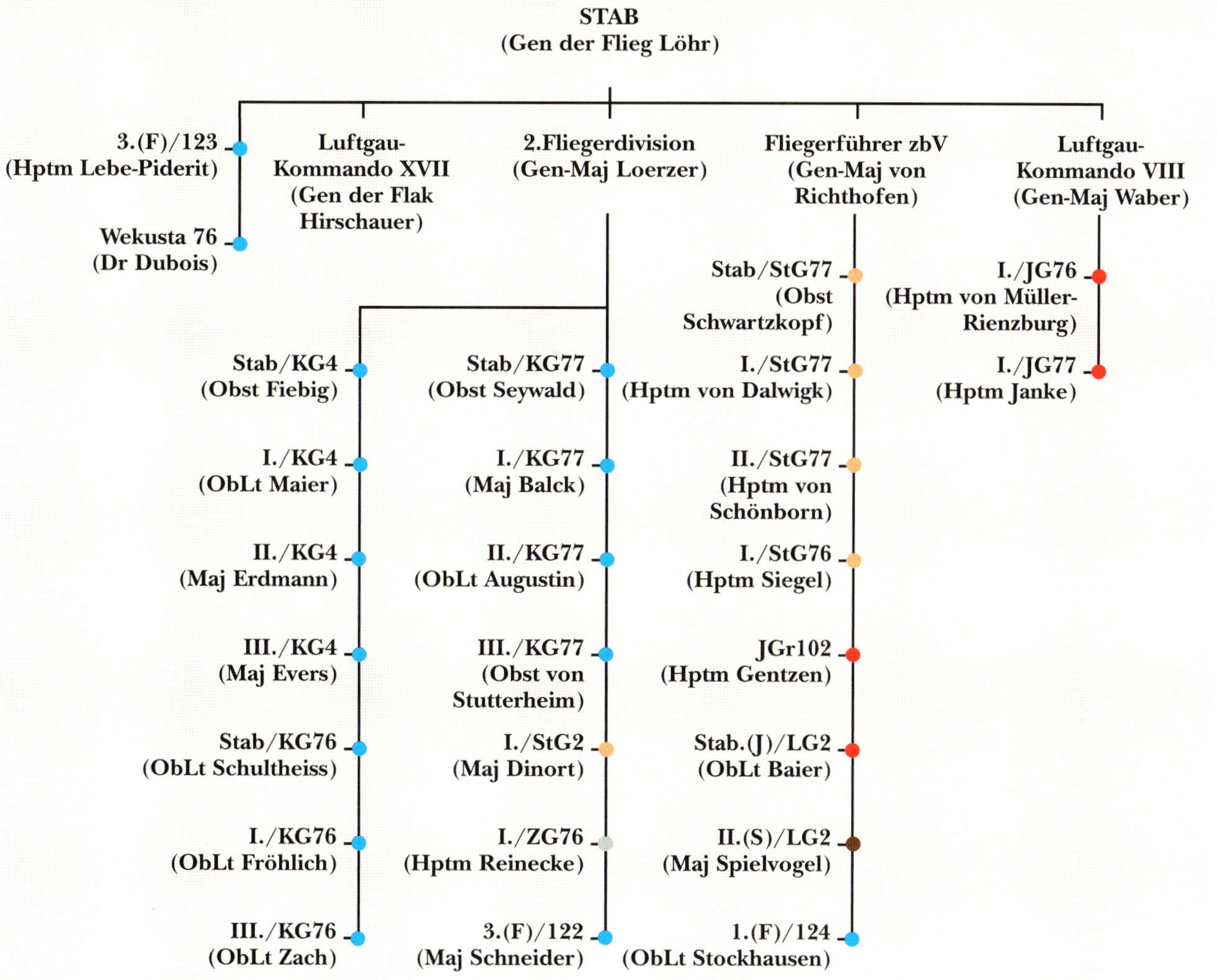

SCHLÜSSEL

- Jäger
- zweimotoriger Jäger
- Bomber
- Sturzkampfbomber
- Marinefliegerei
- Transport
- Aufklärungs- u. taktische Verbände
- Bodenunterstützungsflugzeuge

Die *Luneral der Flieger* Alexander Löhr, der die *Luftflotte 4* vom 18. März 1939 bis zum 20. Juli 1942 anführte. Die *Luftflotte 4* wurde am 18. März 1939 aufgestellt und bestand aus Einheiten des *Luftwaffenkommandos Österreich* in Wien. Sein Befehlshaber für den Einmarsch in Polen war der *General der Flieger* Alexander Löhr, der die *Luftflotte 4* vom 18. März 1939 bis zum 20. Juli 1942 anführte.

Der Einmarsch in Polen, 1.–28. September 1939

1. September 1939 – Deutsche Streitkräfte marschieren auf einer Länge von der östlichen bis zur südöstlichen Grenze in Polen ein. Die *Luftwaffe* beginnt mit ihren Angriffen um 06:00 Uhr. Sie greift Flugplätze und Ziele der polnischen Landstreitkräfte im gesamten Land an. Am 8. September haben deutsche Streitkräfte die Außenbezirke von Warschau erreicht und beginnen damit, die Stadt aus der Luft zu bombardieren und durch Artillerie zu beschießen. Am 17. September verschlimmerte sich die Situation der Polen noch einmal, als die Russen von Osten in Polen einmarschierten. Eingeschlossene polnische Streitkräfte bei Bzura ergaben sich am 19. September und 100.000 Männer wurden gefangen genommen. Der größte Teil der polnischen Luftwaffe war zu diesem Zeitpunkt bereits nach Rumänien geflohen. Die deutsche *Luftwaffe* hatte deshalb die komplette Luftherrschaft. Am 25. September bombardierte sie mit einem massiven Angriff Warschau. Das führte am Ende zur Kapitulation der Polen am 28. September.

bedauerliche Einheit war die 7. polnische Division, aber auch andere polnische Einheiten sollten sich schon bald angesichts der vielen deutschen Luftangriffe ergeben.

Das heißt übrigens nicht, dass die deutschen Bodenunterstützungsstreitkräfte tun konnten, was ihnen gefiel. Bodenunterstützungsflugzeuge sind dann besonders gefährdet, wenn sie aus ihrer Angriffsformation wieder nach oben aufsteigen, weil sie in dieser Zeit sehr stark an Geschwindigkeit verlieren und ein vortreffliches Angriffsziel für ein angreifendes Flugzeug bieten. Die polnische Armee und die *Verfolger* -Brigaden versuchten so oft wie möglich, diese Situationen auszunutzen, sobald sie die deutsche Jäger-Begleitung hinter sich gelassen hatten. In einem Fall zum Beispiel verloren die Deutschen allein sieben unbegleitete Flugzeuge bei den Angriffen der 142. *Eskadra*. Die Polen hatten bei diesem Angriff keinerlei Verlust.

Der Umgang mit den Bombern

Vom 1. bis zum 3. September waren die größten Feinde der Deutschen in der Luft die polnischen Jäger und die Bodenunterstützungsflugzeuge. Am 3. September begann die polnische Bomberbrigade mit ihren P.38 und P.37 ihre Angriffe auf die deutschen Linien. Die schwerfälligen polnischen Bomber waren natürlich ein leichtes Ziel für die deutschen Jäger, obwohl die ersten Angriffe ihre Wirkung nicht verfehlten und Verzögerungen und Verwundete bei den Deutschen bewirkten. Die deutschen Panzerkommandanten konnten solche Zeitverzögerungen nicht gebrauchen und so wurden Teile der deutschen Jägerstaffeln verlegt, um die Lufthoheit über den vorrückenden Verbänden sicherzustellen. Das war eine ermüdende, aber absolut notwendige Tätigkeit und sie zahlte sich aus – bis zum 17. September flogen nur mehr 19. Prozent der polnischen Bomberbrigade. Sie entkamen am Ende nach Rumänien. Die polnischen Luftstreitkräfte flogen auch die P.23 als Bodenunterstützungsflugzeug, obwohl sie eigentlich als Aufklärungsflugzeug entwickelt worden war. Bis zum 17. September waren nur mehr 25 Prozent dieser Flugzeuge im Einsatz und auch sie flohen sehr schnell nach Rumänien.

Lufthoheit

Bis Mitte September war sowohl den Deutschen als auch den Polen klar, dass die *Luftwaffe* die Luftherrschaft errungen hatte. Auch auf dem Boden nahm der Vormarsch der deutschen an Geschwindigkeit zu und steigerte damit die Ausweglosigkeit für die Polen. Am 19. September, als die Russen ebenfalls von Osten kommend vorrückten, wurden mehr als 100.000 polnische Soldaten an der Bzura eingeschlossen, überwältigt und in deutsche Kriegsgefangenschaft genommen. Drei Tage später nahmen die Russen Lvov (Lemberg) ein. Nur mehr Warschau hielt stand. Daraufhin ging die *Luftwaffe* zu einer gänzlich neuen Kriegsführung über.

Warschau hatte schon gleich von Beginn des Polen-Feldzugs an die Aufmerksamkeit der *Luftwaffe* gefunden. Aber am 25. September erreichten die Angriffe eine neue Dimension. An diesem Tag warfen mehr als 400 Flugzeuge tausende von Tonnen an Bomben über der Stadt ab. Die *Luftwaffe* gab an, vor allem militärische Ziele bombardiert zu haben, aber in Wirklichkeit ähnelte das Bombardement doch sehr einem Terrorangriff. Der Angriff hätte noch weitaus schlimmer werden können, hätte Göring nicht bereits große Teile der Bomberverbände an die Westfront beordert, weil er einen Angriff von Frankreich und England befürchtete. Stattdessen wurden vor allem Ju 52, die eigentlich als Transportflugzeuge genutzt wurden, mit Bomben beladen, die dann buchstäblich aus der Ladeluke von den Besatzungen heraus abgeworfen wurden. Das sah zwar sehr provisorisch aus, aber es verfehlte seine Wirkung nicht. Der Rauch von den Trümmern der Stadt stieg bis auf eine Höhe von 5.500 Metern (18.000ft) und die abschließende Kapitulation der Polen kam am 28. September.

Resümee

Der Einmarsch in Polen war zweifelsohne ein Erfolg für die *Luftwaffe*. Aber der Erfolg kostete seinen Preis. Die *Luftwaffe* verlor rund 230 Flugzeuge durch Angriffe der polnischen Luftstreitkräfte und durch Flugabwehrfeuer. 500 *Luftwaffen*-Piloten und Besatzungsmitglieder starben dabei, wurden vermisst oder (für eine kurze Zeit) gefangen genommen.

EINMARSCH IN POLEN

Dänemark und Norwegen: 1940

Beim Einmarsch in Dänemark und Norwegen bewies die *Luftwaffe* einmal mehr ihre Kampfkraft und ihre Fähigkeit, eine neue Art der Kriegsführung durchzuführen - Luftlandungen im großen Stil.

Blick aus der Bugkapsel einer Heinkel He 111 beim Überflug über die eisigen Landschaften Norwegens.

Nach dem relativ erfolgreichen Kampf über Polen konnte die *Luftwaffe* erst einmal einer Zeit relativer Ruhe entgegen sehen. Der so genannte *phoney war* oder aber auch *Sitzkrieg*, also die Zeitspanne zwischen Oktober 1939 und April 1940, sah erst einmal wenig militärische Bewegungen auf deutscher Seite, obwohl der russische Einmarsch in Finnland im November 1939 noch einmal für sehr viel Blutvergießen sorgte. Bis Ende März 1940 hatte Hitler sein Augenmerk jedoch auf zwei weitere Ziele gesetzt - Dänemark und Norwegen.

Eine deutsche Kontrolle über die nördlichen Territorien war aus Hitlers Sicht absolut notwendig, um den lebenswichtigen Import von Eisenerz über den Seehafen Narvik sicherzustellen, der durch die Präsenz der Royal Navy in diesen Gewässern immer gefährdet erschien. Überdies brachte die Kontrolle über beide Länder für Deutschland auch die Chance, dort neue U-Boot-Basen und *Luftwaffen*-Stützpunkte zu errichten. Vor allem mit Blick auf letztere hatte die *Luftwaffe* durch neue Flugplätze in Dänemark und Norwegen auch die Möglichkeit, über die Nordsee hinweg Ziele in Nordengland anzugreifen und durch die größere Reichweite eine bessere Ausgangsbasis beim Kampf gegen Ziele auf See zu haben.

Am Boden und in der Luft

Die Operationen der *Luftwaffe* über Dänemark und Norwegen sollten sich vom Einsatz in Polen sehr deutlich unterscheiden. Fragen der Lufthoheit sollten über Skandinavien von sehr viel geringerer Bedeutung sein als in Polen. Stattdessen hatte die *Luftwaffe* andere Schwerpunkte. Zum ersten Mal in der Militärgeschichte wurden Luftlandeoperationen von größter Bedeutung. Man sollte sich in diesem Zusammenhang immer daran erinnern, dass die *Luftwaffe* viel mehr war, als nur ihre fliegenden Verbände. Tausende von Soldaten taten auch ihren Dienst am Boden. Das galt für Flak-Besatzungen ebenso wie für die vielen Fallschirmjäger, die bei der *Luftwaffe* ihren Dienst taten. In der Zwischenkriegszeit waren sie zu einer Eliteeinheit des *Dritten Reiches* avanciert.

Operation *Weserübung*

Der Einsatz von Fallschirmjägern war zuerst von den Russen und Italienern in den 20er und 30er Jahren erprobt worden. Göring war selbst Zeuge bei solchen russischen Manövern gewesen und rief 1935 die ersten deutschen Einheiten ins Leben.

Von Anfang an war Göring scharf darauf, die *Fallschirmjäger* unter die Kontrolle der *Luftwaffe* zu bringen, obwohl auch das *Heer* auf sie ein Auge geworfen hatte, sowie die *Sturmabteilung* (SA) und die *Schutzstaffel* (SS). Im Oktober 1935 hatte er mit dem Aufbau eines Luftlanderegiments innerhalb der *Luftwaffe* begonnen und im Mai 1936 wurde das *Hermann-Göring-Fallschirmjägerbatallion* gegründet. Am 1. April wurde aus ihm das *1. Bataillon, Fallschirmjägerregiment 1* (I./FJR 1), und im Frühjahr 1939 bekam das Regiment ein zweites Bataillon, das unmittelbar vor Kriegsbeginn in Dienst trat. Auch im *Heer* gab es Luftlandeeinheiten, obwohl sie hauptsächlich für Flugzeug gestützte Landungen ausgebildet worden waren und keine eigentlichen Fallschirmjäger waren. Die Division, die für dieses Training vorgesehen war, war die *22. Infanterie-Division*. Alle Fallschirmjägerverbände kamen vom 1. Juli 1938 an unter den Befehl der *7. Fliegerdivision*, die von *Generalleut-*

STÄRKE DER LUFTWAFFE – OPERATION *WESERÜBUNG*

Luftwaffen-Einheiten	Typ	Str*
X.FLIEGERKORPS		
Jäger	Bf 109E	38
Bomber	He 111H	94
	He 111P	95
	Ju 88A	125
	Ju 88C-2	6
	Bf 110C	64
	He 115B/C	35
Stuka	Ju 87R	39
Marineflieger	Fw 200B/C	8
	Ju 52/See	13
Transport	Ju 52	536
	Ju 90	11
	Ju G-38	1

* Str = Stärke auf dem Papier

nant Kurt Student kommandiert wurde. Obwohl die Einheit im Wesentlichen eine bodengestützte Einheit war, blieb sie unter Aufsicht der *Luftwaffe*. Es waren diese Soldaten und Piloten, die sie unterstützten, die einen wichtigen Beitrag zu den anstehenden Feldzügen in Dänemark und Norwegen leisten sollten.

Luftunterstützung

Der Beitrag der *Luftwaffe* zum Einmarsch in Dänemark und Norwegen war beträchtlich. Alle Flugzeuge, die an diesen Operationen teilnahmen, standen unter dem Befehl des *X. Fliegerkorps*, das von *Generalleutnant* Hans Geisler kommandiert wurde. Die Streitkräfte umfassten rund 300 Bomber, 100 Jagdflugzeuge und 39 Sturzkampfbomber sowie mehr als 500 Transportflugzeuge (hauptsächlich Ju 52) für den Nachschub und Luftlandeoperationen.

Die beiden Angriffswellen verliefen gleichzeitig, aber um sie besser darstellen zu können, werden wir sie nacheinander abhandeln. Beide Operationen stützten sich darüber hinaus, anders als in Polen, auch auf den Einsatz von Marineverbänden, die nötig waren, um deutsche Streitkräfte in Schlüsselstellungen entlang der zerklüfteten skandinavischen Küstenlinie in Stellung zu bringen. Der *Luftwaffe* oblag es in erster Linie, für die nötige Lufthoheit zu sorgen, die deutschen Schiffe wo immer nötig und möglich zu schützen und Luftangriffe gegen wichtige militärische Ziele zu fliegen, um die deutschen Bodentruppen zu unterstützen.

Dänemark wird überrannt

Die *Luftwaffe* hatte keine ernsthafte Gegenwehr von Seiten der Dänen zu erwarten. Das Land hatte nur eine kleine und

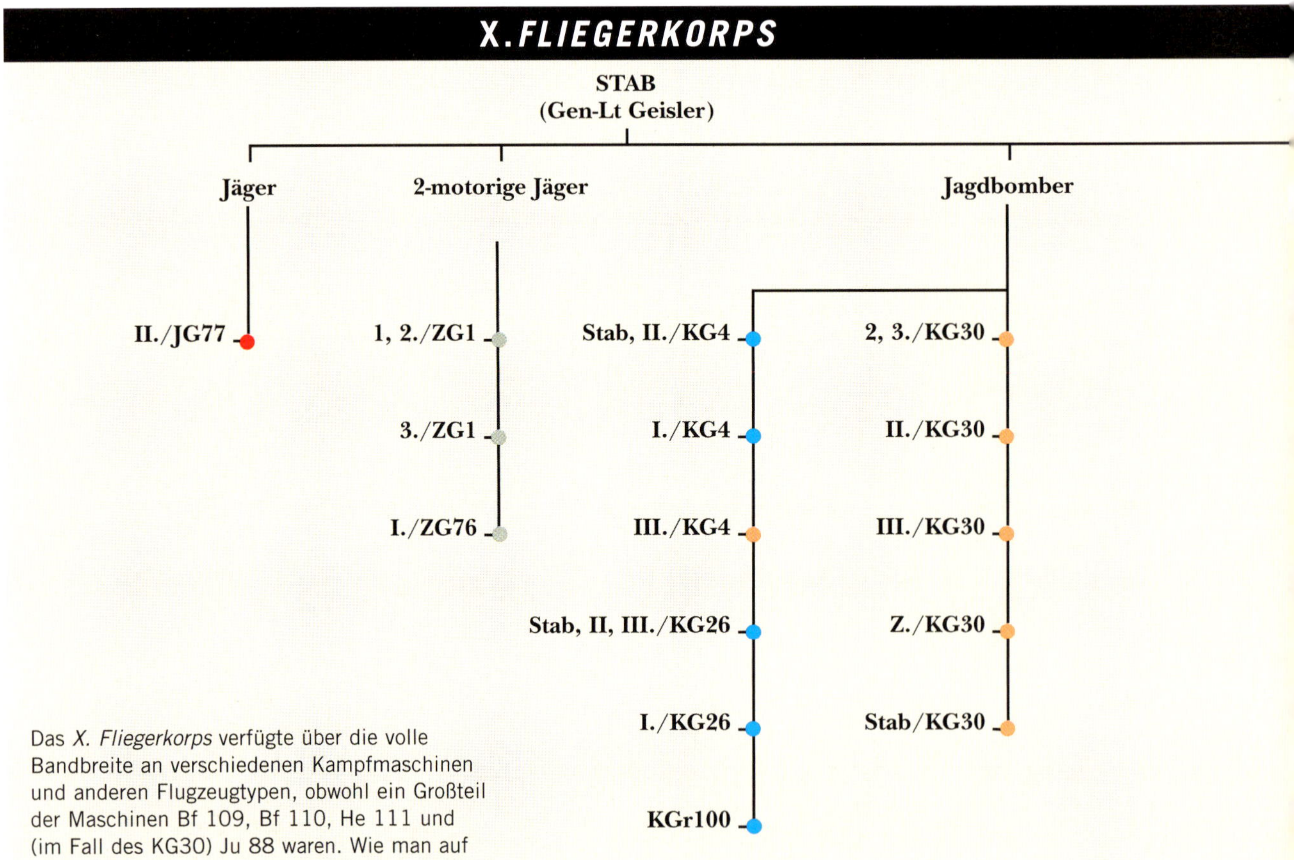

Das *X. Fliegerkorps* verfügte über die volle Bandbreite an verschiedenen Kampfmaschinen und anderen Flugzeugtypen, obwohl ein Großteil der Maschinen Bf 109, Bf 110, He 111 und (im Fall des KG30) Ju 88 waren. Wie man auf diesem Diagramm erkennen kann, überwogen bei diesem Korps die Transportmaschinen mit über 500 Ju-52.

veraltete Luftstreitkraft, die in Marineflieger, Heeresflieger und einer Fliegerausbildungseinheit unterteilt war. Der Einmarsch begann um 04:00 Uhr am 9. April und beim ersten Morgenlicht um 05:30 Uhr griffen die Bodenunterstützungskräfte der *Luftwaffe* in die Kämpfe ein. Zwei Geschwader mit Bf 110 zerstörten große Teile der dänischen Luftstreitkräfte bereits am Boden oder bei dem Versuch, vom Flugplatz von Vaerlose zu starten. Durch diesen Angriff ging ein Großteil der militärischen Schlagkraft der Dänen bereits in den ersten Stunden verloren und die Deutschen gewannen auf einen Schlag die Lufthoheit über Dänemark.

Der schnelle Erfolg in der Luft setzte sich auch bei den anschließenden Luftlandeunternehmen fort. Für beide Operationen in Norwegen und Dänemark war jedes Mal FJR 1 die Hauptangriffsstreitmacht. Die 4./FJR 1 war für Dänemark vorgesehen. Ihre Aufgabe war es, verschiedene militärische Ziele einzunehmen, darunter die Festung Masnedo und den Flugplatz von Aalbog. Dafür wurden Ju 52 eingesetzt, die in niedriger Höhe Fallschirmjäger ziemlich punktgenau über ihren Zielpunkten absetzten. Die Überraschung war jedes Mal so groß, dass sie ihre Ziele ohne einen Schuss abfeuern zu müssen, einnehmen konnten - die Dänen flohen entsetzt, als sie die Fallschirmjäger vom Himmel herunter regnen sahen. Danach brauchten die Fallschirmjäger auch nicht lange zu warten, bis die ersten deutschen Landstreitkräfte zu ihnen vorstießen. Mit dem Erreichen der Lufthoheit und dem Absetzen von Fallschirmjägern blieb eigentlich für die *Luftwaffe* nicht mehr viel in Dänemark zu tun. Einige Einheiten wurden noch gebraucht, um vereinzelten Widerstand von Dänen rund um Abild und Soelstad zu

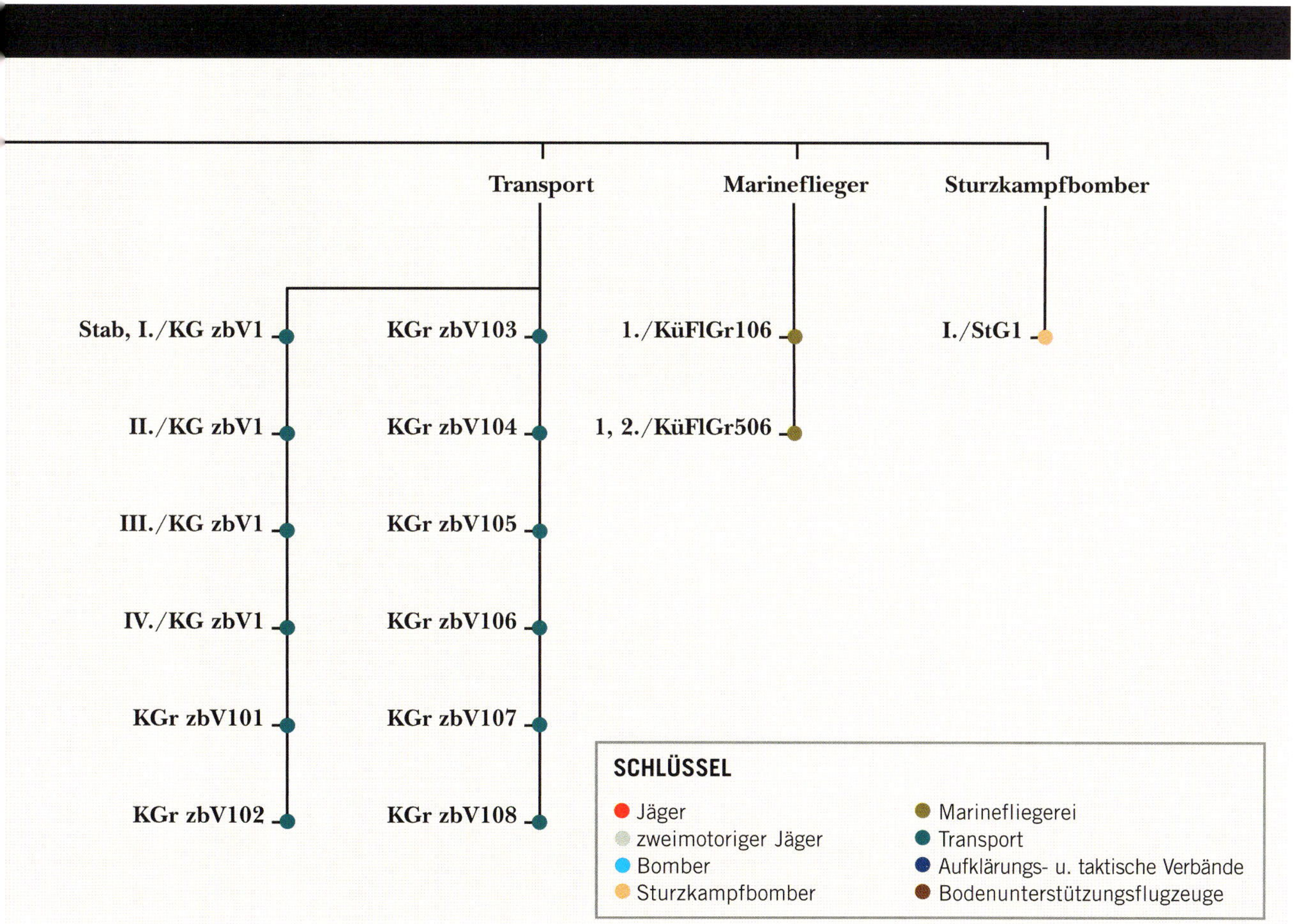

brechen, aber bereits am Ende des ersten Tages hatte sich ganz Dänemark ergeben.

Norwegen

Norwegen sollte sich als schwerere Nuss erweisen, die die Deutschen zu knacken hatten. Ein Schwerpunkt kam hierbei wieder der *Luftwaffe* zu, aber die eigentlichen harten Kämpfe fanden zwischen deutschen und britischen Marineverbänden zur See und zwischen den Streitkräften beider Länder an Land statt. Die Invasion begann am 9. April, indem verschiedene Marineverbände Streitkräfte entlang der norwegischen Küste absetzten. Ähnlich wie in Dänemark musste die *Luftwaffe* die notwendige Bodenunterstützung leisten. Aber diesmal ging alles nicht so glatt wie in Dänemark. Das Hauptquartier und die *2. Kompanie* der FJR 1 war damit beauftragt, den Flugplatz von Fornebu bei Oslo einzunehmen. Der Absprung von Fallschirmjägern wurde wegen schlechten Wetters verschoben und eine Jägerformation von norwegischen *Gladiator*-Flugzeugen aus Fornebu holte drei Heinkel He 111 und zwei Bf 110 bei nur einem einzigen eigenen Verlust herunter. Viele der übrigen Flugzeuge wurden allerdings durch Bf 110 anschließend am Boden zerstört. Dann wurden deutsche Luftlandesoldaten direkt auf dem Rollfeld angelandet, das bereits im Besitz von deutschen Fallschirmjägern war. Sie stießen auf energischen norwegischen Widerstand. Ein kritischer Moment wurde nur dadurch behoben, dass eine Bf 110, die nahezu keinen Treibstoff mehr hatte, auf dem Rollfeld niederging und ihre Bordkanonen im Einsatz gegen die Norweger benutzte. Am Ende des Tages war der Flugplatz eingenommen.

Eine andere Operation gegen einen Flugplatz in Sola-Stavanger ging glimpflicher ab. Die Fallschirmjäger der 3./FJR 1 besetzten das Flugfeld und das ermöglichte 250 Transportflugzeugen insgesamt 5.000 Soldaten einzufliegen. Außerhalb von Stavanger gelang es darüber hinaus deutschen Bombern, das norwegische Kriegsschiff *Aegir* zu versenken. Deutsche Luftangriffe entlang der norwegischen Küste machten überhaupt erst die amphibischen Landeoperationen der Streitkräfte möglich.

Und dabei war der Einmarsch in Norwegen doch erst der Anfang. Mittlerweile waren die Briten militärisch aktiv geworden und hatten eine große Landungsoperation in Namsos gestartet, um die deutschen Truppen in Narvik abzuschneiden. Eine Kompanie des FJR 1 sprang am 17. April ab, um zu verhindern, dass sich norwegische Truppen mit den Briten

STÄRKE DER EINHEITEN – X.*FLIEGERKORPS* (APRIL 1940)

Luftwaffen-Einheiten	Basis	Typ	Str*
X.FLIEGERKORPS			
II./JG77	Husum	Bf 109E	38
1, 2./ZG1	Barth	Bf 110C	22
3./ZG1	Westerland	Bf 110C	10
I./ZG76	Westerland	Bf 110C	32
Stab, II./KG4	Faßberg	He 111P	42
I./KG4	Perleberg	He 111P	36
III./KG4	Lüneburg	He 111P Ju 88A	17 20
Stab, II., III./ KG26	Lübeck-Blankensee	He 111H	67
I./KG26	Marx	He 111H	36
KGr100	Nordholz	He 111H	27
2., 3./KG30	Westerland	Ju 88A	25
II./KG30	Westerland	Ju 88A	30
III./KG30	Westerland	Ju 88A	13
Z./KG30	Westerland	Ju 88C-2	6
Stab/KG30	Westerland	Ju 88A	1
Stab, I./KG zbV1	Utersen	Ju 52	56
II./KG zbV1	Schleswig-Stade	Ju 52	53
III./KG zbV1	Utersen-Hagenow	Ju 52	53
IV./KG zbV1	Hagenow	Ju 52	53
KGr zbV101	Neumünster	Ju 52	53
KGr zbV102	Oldenburg	Ju 52	53
KGr zbV103	Schleswig	Ju 52	53
KGr zbV104	Stade	Ju 52	53
KGr zbV105	Holtenau	Fw 200B/C Ju 90 Ju G-38	8 11 1
KGr zbV106	Utersen	Ju 52	53
KGr zbV107	Fuhlsbüttel	Ju 52	53
KGr zbV108	Rantum-Hörnum	Ju 52/See He 59D	13 –
1./KüFlGr106	List/Sylt	He 115B/C	12
1., 2./KüFlGr506	List/Sylt	He 115B He 115C	11 12
I./StG1	Kiel-Holtenau	Ju 87R	39

***Str = Stärke auf dem Papier**

DÄNEMARK UND NORWEGEN

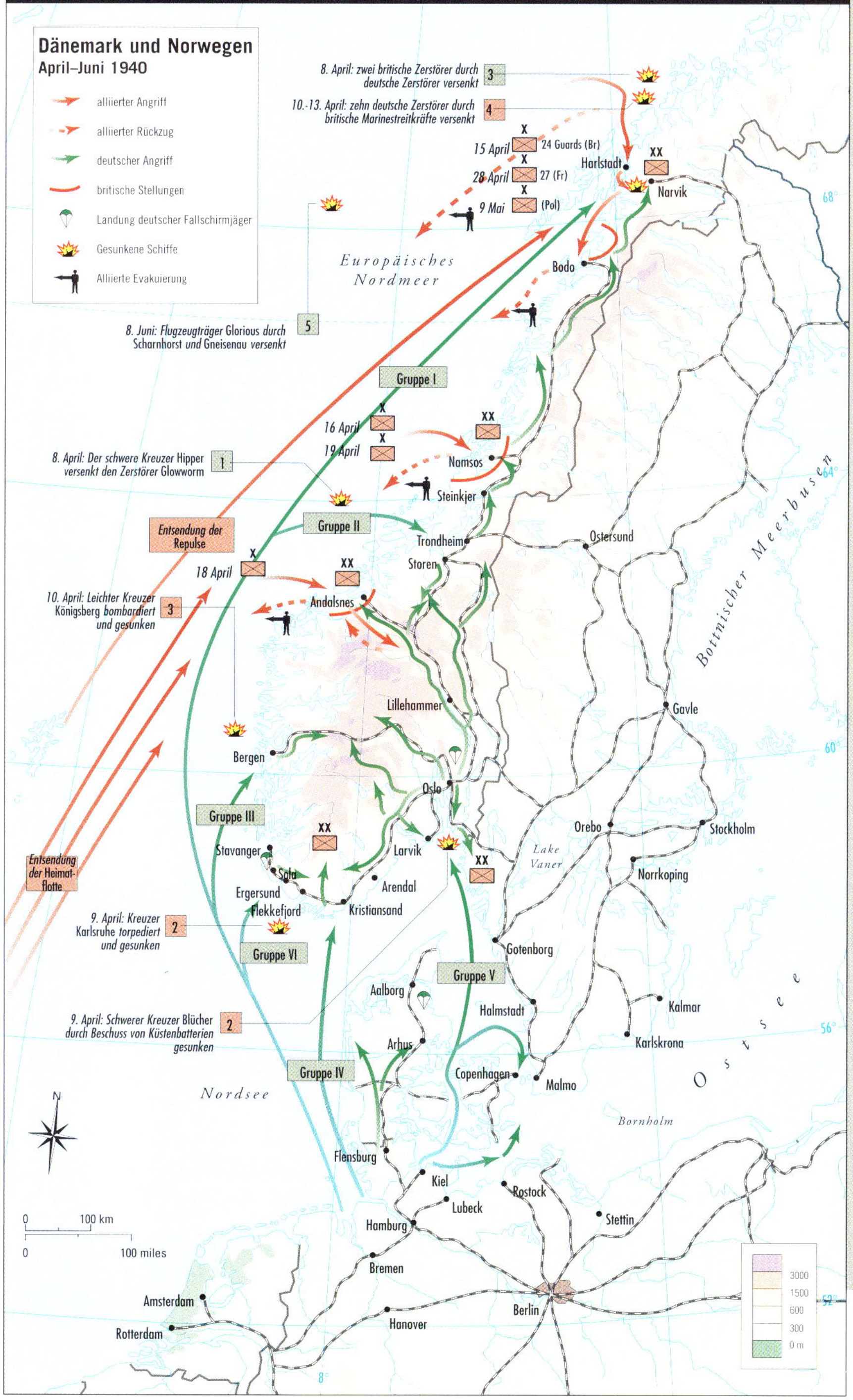

April–Juni 1940

Um 05:00 Uhr morgens am 9. April sprangen deutsche Fallschirmjäger über die unbesetzte Festung Masnedo in Dänemark und über den Flugplatz von Aalborg ab. Um 06:00 Uhr versuchte ein Battalion Infanterie, das sich auf einem Handelsschiff im Hafen von Kopenhagen versteckt gehalten hatte, den dänischen König und die Regierung festzusetzen.

Zwei Divisionen des deutschen XXI. Infanteriekorps überschritten die Grenze und marschierten in Jütland ein. Völlig überrascht leisteten die dänischen Streitkräfte so gut wie keinen Widerstand außer in Nordschleswig. Es kam auch zu einem kurzen Gefecht vor dem königlichen Palast in Kopenhagen.

Am Abend desselben Tages marschierten deutsche Truppen weiter nach Oslo, Bergen, Trondheim und sogar bis nach Narvik über 1.610 km (1.000 miles) vom deutschen Festland entfernt. Deutsche Fallschirmjäger nahmen den Flughafen von Sola in der Nähe von Stavanger ein und sprangen kurze Zeit später auch über dem Flughafen von Fornebu in der Nähe von Oslo ab. Während dessen brachte die deutsche *Kriegsmarine* deutsche Soldaten über den Skagerrak und den Kattegat.

Alliierte Landungen und Marine-aktionen im Norden rund um Narvik hielten den Erfolg der Deutschen kurze Zeit auf, aber die britischen und französischen Truppen wurden Ende Mai zurückgezogen, nachdem sie in Frankreich dringender gebraucht wurden.

I./ZG76

Zerstörergeschwader 76 steuerte die Bf 110 beim Einmarsch in Dänemark und Norwegen bei und war in Sola-Stavanger in Norwegen stationiert als Teil des *X. Fliegerkorps*, danach unter der neu ins Leben gerufenen *Luftflotte 5.* Bei voller Operationsstärke während des Einmarsches in Dänemark und Norwegen umfasste das I./ZG76 32 Bf 110. Dieses Flugzeug galt als schwerer Jäger, weil es zwei Bordkanonen 20mm (0,78 in), vier 7,92mm (0,31in) Maschinengewehre und eine 7,92mm (0,31in) Maschinenkanone im rückwärtigen Cockpit hatte. Die Bf 110 hatte eine Reichweite von 775km (482 miles).

Operationelle Stärke – 32 x Bf 110

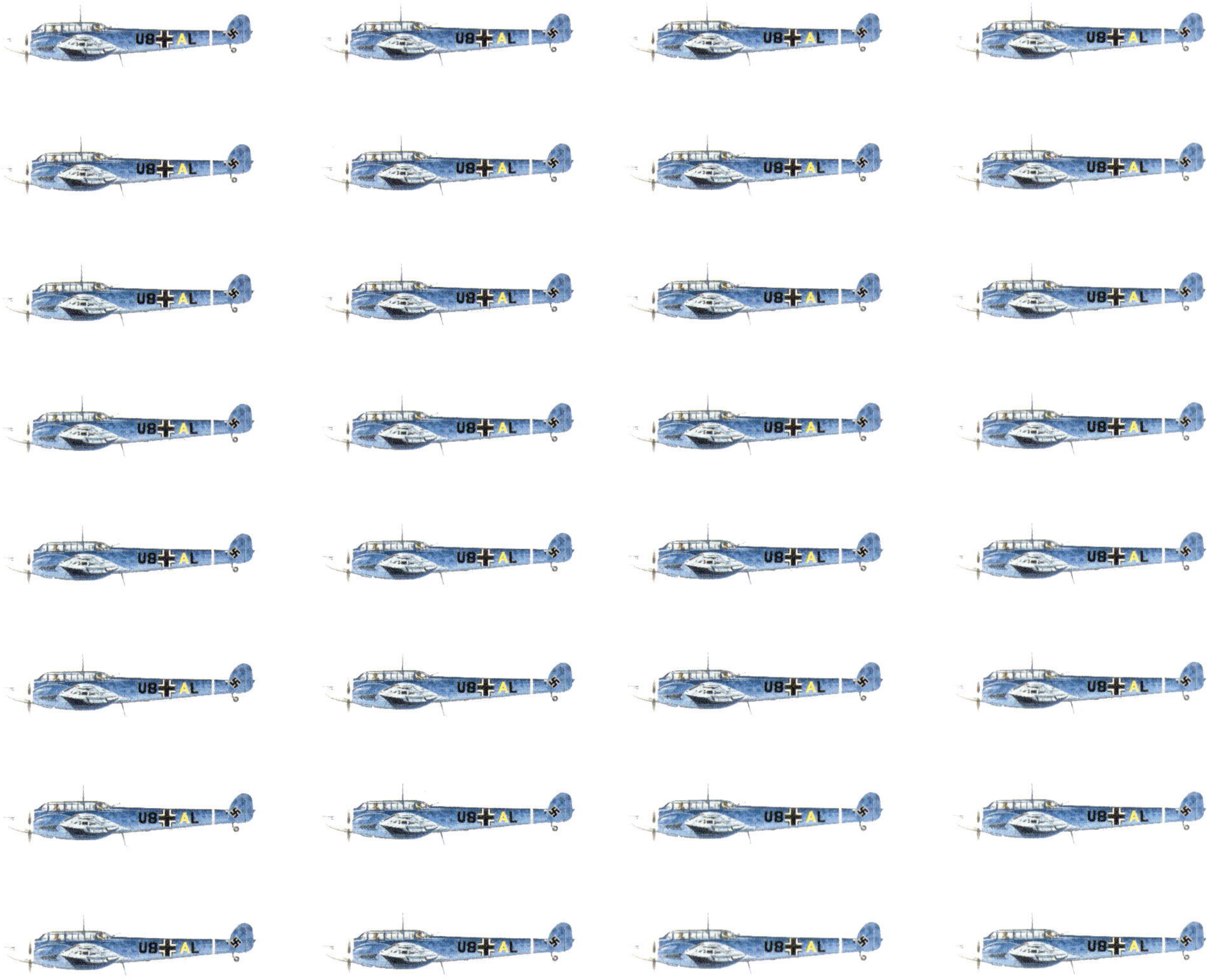

zusammenschließen konnten. Acht der 15 Ju 52 gingen dabei verloren oder wurden abgeschossen. Nur mehr 61 Soldaten blieben übrig, um den Einsatz durchzuführen. Sie hielten sich gegen einen überwältigenden Widerstand, bis sie sich nach vier Tagen ergeben mussten.
Über Narvik würden später noch mehr Fallschirmjäger abspringen. Am 15. Mai sprang die 1./FJR 1 über der Stadt ab, um die deutschen Streitkräfte dort zu verstärken, obwohl die Soldaten am Ende zwölf Tage brauchen sollten, um sich bis in die Stadt vorzukämpfen. Sie sollten dort so lange bleiben, bis sich die Alliierten am 9. Juni vollkommen zurückzogen. Die anfänglichen Kämpfe waren hart gewesen, aber der Kampf um Norwegen hatte den Wert von Luftlandeeinheiten erwiesen.

LUFTFLOTTE 5 (15 MAI 1940)

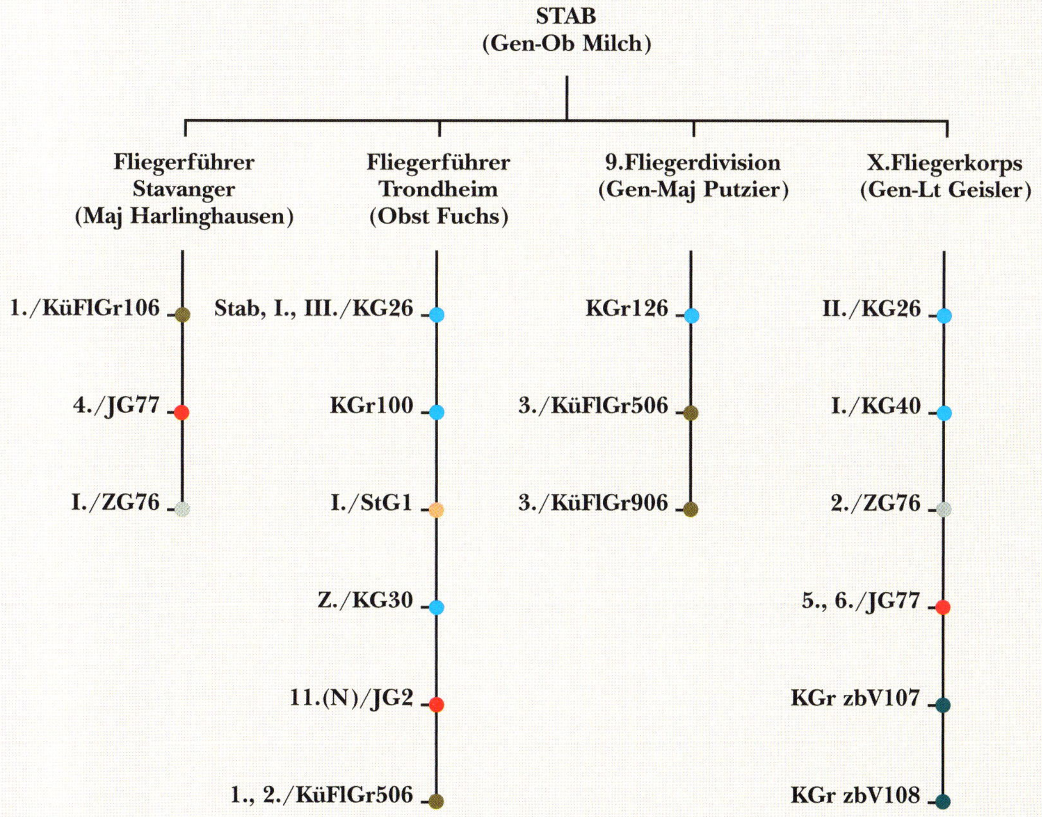

Nach dem Einmarsch in Dänemark und Norwegen übernahm die *Luftflotte 5* den operationellen Befehl über den Kriegsschauplatz in Skandinavien. Sie wurde in den folgenden Monaten etliche Male reorganisiert, um am Ende des Krieges in einer gänzlichen neuen Formation rund um das Mittelmeer eingesetzt zu werden.

Konsolidierung

Mit dem Einmarsch in Dänemark und Norwegen hatte die *Luftwaffe* einmal mehr bewiesen, dass sie einen wesentlichen Beitrag beim Einsatz von Verbundstreitkräften leisten konnte. Während Dänemark innerhalb eines Tages eingenommen wurde, dauerten die Kämpfe der *Luftwaffe* in Norwegen fast zwei Monate lang.

Der Kampf um Norwegen war der bisher härteste Kampf, den die deutsche *Luftwaffe* und die übrigen Teilstreitkräfte auszufechten hatten. Die Briten und die Franzosen (durch ihre Fremdenlegion) waren ebenfalls in den Krieg eingetreten und die Royal Navy fügte der *Kriegsmarine* einige empfindliche Verluste bei - zwischen dem 10. und 13. April wurden allein zehn deutsche Zerstörer sowie etliche Versorgungsschiffe versenkt.

Gerade durch diese Verluste wurde die *Luftwaffe* gezwungen, ihr Hauptaugenmerk auf britische Kriegsschiffe zu lenken. Am 9. April wurde das britische Schlachtschiff *Rodney* durch Bomben getroffen, allerdings verhinderte die schwere Panzerung, das ein ernsthafter Schaden entstand. Am 17. April beschoss der britische Kreuzer *Sidney* den Flugplatz von Sola mit seinen schweren Geschützen, wurde aber im Gegenzug durch deutsche Luftangriffe stark beschädigt. Zwei Tage später erlitt der französische Kreuzer *Emile Bertin* ebenfalls schwere Schäden durch Bomben.

STÄRKE DER EINHEITEN – *SEEFLIEGERVERBÄNDE* (MAI 1940)

Luftwaffen-Einheit.	Basis	Typ	Str*	Op*
SEEFLIEGERVERBÄNDE				
2./KüFlGr106	Rantum	Do 18	9	4
3./KüFlGr106	Borkum	He 115B	8	8
		He 115C	4	2
KüFlGr406	Hörnum	Ha 139B	2	1
		Do 18	30	17
		Do 26	3	2
KüFlGr606	Kopenhagen	Do 17Z	33	27
1./KüFlGr706	Kopenhagen	He 59D	23	9
1./KüFlGr806	Kiel-Holtenau	He 111J	10	5
2., 3./KüFlGr806	Uetersen	He 111J	20	16
1./KüFlGr906	Aalborg-See	He 115B	9	4
2./KüFlGr906	Hörnum	Do 18	10	7

STÄRKE DER EINHEITEN– *LUFTFLOTTE* 5 (MAI 1940)

Luftwaffen-Einheit.	Basis	Typ	Str*	Op*
FLIEGERFÜHRER STAVANGER				
1./KüFlGr106	Sola-Stavanger	He 115B	8	3
4./JG77	Sola-Stavanger	Bf 109E	12	8
1., 3./ZG76	Sola-Stavanger	Bf 110C/D	27	16
FLIEGERFÜHRER TRONDHEIM				
Stab, I., III./KG26	Trondheim-Vaernes	He 111H	75	58
KGr100	Trondheim-Vaernes	He 111H	28	13
I./StG1	Trondheim-Vaernes	Ju 87R	39	25
Z./KG30	Trondheim-Vaernes	Ju 88C-2	15	5
11.(N)/JG2	Trondheim-Vaernes	Bf 109D	11	6
1., 2./KüFlGr506	Trondheim-See	He 115C	17	7
9.FLIEGERDIVISION				
KGr126	Marx	He 111H	36	24
		He 111B	1	0
3./KüFlGr506	Norderney	He 111B	1	1
		He 115B	5	5
		He 111C	11	10
3./KüFlGr906	Norderney	He 111B	6	6
X.FLIEGERKORPS				
II./KG26	Aalborg-West	He 111H	36	7
I./KG40	Kopenhagen	Fw 200C	4	2
2./ZG76	Aalborg-West	Bf 110C	11	7
5., 6./JG77	Kristiansand-Kjevik	Bf 109E	28	20
KGr zbV107	Aalborg/Oslo	Ju 52	48	35
KGr zbV108	Hörnum/Aalborg/ Bergen	Ju 52	11	8
		Ju 52/See	5	4
		He 59D	13	8
		Do 24	2	1
		Do 26	4	2
		Bv 138A	2	1

***Str = Stärke auf dem Papier *Op = Operationelle Stärke**

LUFTFLOTTE 5-EINSATZGEBIET

August 1940

Die *Luftflotte 5* war das Ergebnis der Ereignisse in Dänemark und Norwegen. Die Einnahme der Länder in Skandinavien ermöglichte es der *Luftwaffe* permanente Basen im hohen Norden Europas einzurichten. Sie waren nicht nur nützlich bei der Ausführung von Erkundungsflügen und Einsätze gegen den Schiffsverkehr in der Nordsee, der Ostsee und den arktischen Gewässern. Die Flugplätze im Süden ermöglichten auch etliche Angriffe auf Nordengland.

Die Flugzeugtypen, die von der *Luftflotte 5* benutzt wurden, war die Bf 109 (alle Jägereinheiten der *Luftwaffe* waren auf diesen Typ umgerüstet worden), He 111, Ju 88 und die He 115 (für Seekriegsaufgaben in Kooperation mit der *Kriegsmarine*), und – für Aufklärungsflüge – die HS 126, eine zweisitzige, einmotorige Maschine mit einer Reichweite von 720km (447 miles).

Erzwungene Evakuierung

Ende April stand den Deutschen immer noch ein weiterer Monat mit schweren Kämpfen in Norwegen bevor, aber die *Luftwaffe* hatte nun allmählich die Lufthoheit errungen. Die Kämpfe am Boden waren auch nach und nach von Erfolgen gekrönt. Die Hafenanlagen in Namsos und Steinkjer waren durch Bombenangriffe fast vollkommen zerstört worden und die Briten hatten keinerlei militärischen Manövrierraum mehr. Am 13. Mai versenkte ein Stuka ein britisches Nachschubschiff voll beladen mit Soldaten und Material. Solche Verluste waren auf die Dauer nicht auszuhalten und drei Wochen später flohen die überlebenden Alliierten aus Norwegen. Bis jetzt hatte die *Luftwaffe* sich behaupten können. Sie hatte in zwei siegreichen militärischen Operationen einen wesentlichen Beitrag geleistet und hatte darüber hinaus für künftige Auseinandersetzungen wertvolle Gefechtserfahrung bekommen. Die nächsten Herausforderungen lagen im Westen Deutschlands – in Frankreich und in den Niederlanden.

Frankreich und die Niederlande: 1940

Ende Juni 1940 war der größte Teil Europas unter der Kontrolle des *Dritten Reichs*. Seine bewaffneten Streitkräfte mit samt der kampferprobten Luftwaffe erschienen unbesiegbar.

Eine Ju 52 über den Niederlanden. Diese eher unbeholfene Transportmaschine war in den frühen Kriegsjahren integraler Bestandteil der deutschen Bomberflotte.

Auch aus der Rückschau heraus muss man einfach feststellen, mit welcher Brillanz die militärischen Operationen im Westen im Jahr 1940 durchgeführt wurden. Die Bodenoffensive, die am 10. Mai mit Angriffen auf die Niederlande und Belgien begann, zog in kürzester Zeit die Kapitulation der Länder, ihrer Regierungen und Armeen nach sich. Drei deutsche Heeresgruppen mit 141 Divisionen nahmen daran teil. Eine, die Heeresgruppe A, rückte dabei durch die für unpassierbar angesehenen Ardennen vor, um starke Brückenköpfe an der Maas zu errichten. Diese Brückenköpfe wurden die Ausgangspunkte für die Blitzangriffe auf Frankreichs Ostgrenze bis hin zur Atlantikküste im Westen. Trotz der massiven Intervention der Briten, die zur Evakuierung der britischen Expeditionsstreitkräfte in Dünnkirchen zwischen dem 27. Mai und 4. Juni führte, unterzeichnete Marschall Philippe Pétain am 22. Juni die Kapitulationsurkunde, die den Zusammenbruch Frankreichs und das Ende von Hitlers Expansion nach Westen markierte.

Kampferprobt

Die Operationen im Westen waren ein weiteres Beispiel dafür, wie stark die *Luftwaffe* mittlerweile geworden war. Was die deutsche *Luftwaffe* dabei von den alliierten Luftstreitkräften unterschied, war ihre große taktische Flexibilität. Jägerverbände errichteten nicht nur einen Schutzschirm über die vorwärtsdrängenden Bodentruppen und errichteten dadurch die notwendige Lufthoheit, sondern Angriffe von Flugzeugen für die Bodenunterstützung machten militärische Manöver der Alliierten auch weit hinter ihren eigenen Linien zunehmend gefährlicher. Der präzise Einsatz von Luftlandetruppen führte darüber hinaus auch zum Fall von größeren Verteidigungsstellungen bevor die deutschen Hauptkampfverbände anrückten. Die RAF, die zum ersten Mal im Einsatz gegen die *Luftwaffe* stand, war nicht in der Lage, die deutschen Streitkräfte aufzuhalten. Sie wurde nach England zurückverlegt, um mit ihren immer weniger werdenden Flugzeugen Großbritannien selbst zu verteidigen.

HERMANN GÖRING (1893–1946)

Als Kampfflieger im Ersten Weltkrieg gewann Hermann Göring den *Pour le Mérite*-Orden und führte das Richthofen-Geschwader.

- wurde zum Luftfahrtminister im Jahr 1933 ernannt und zum Oberbefehlshaber der Luftwaffe im März 1935
- wurde zum *Reichsmarschall* im Juli 1940 ernannt; Görings Machteinfluss nahm im weiteren Verlauf des Krieges immer weiter ab, zum Teil auf Grund seiner Eitelkeit und Selbstzufriedenheit und teilweise deswegen, weil zunehmend die Grenzen des Möglichen bei der *Luftwaffe* überdeutlich wurden;
- von Hitler gefangen genommen im April 1945, als er vorschlug, dass er die Macht im Staat übernehmen sollte. Er entkam der Verurteilung zum Tod durch die Alliierten durch seine Verstrickungen im Holocaust, indem er eine Zyankali-Giftkapsel schluckte.

Taktische Grenzen

Und doch gab es auch inmitten der vielen Siege in Belgien, den Niederlanden und Frankreich bereits erste Warnsignale für die Grenzen, die auch der *Luftwaffe* gesetzt waren. Das größte Versagen der *Luftwaffe* war, dass sie den Abzug der Briten von den Stränden in Dünnkirchen nicht hatte stoppen können, trotz der Tatsache, dass der *General der Flieger* Albert Kesselring drei *Fliegerkorps* allein zu diesem Zweck eingesetzt hatte. Die Evakuierung der alliierten Streitkräfte bewies einmal mehr, dass taktische Luftüberlegenheit einige Begrenzungen hatte, und dass die Siege, die die *Luftwaffe* in Polen errungen hatte, sich nicht so einfach auf anderen Schlachtfeldern wiederholen ließen. Diese Lektion wurde dem deutschen Oberkommando im Jahr 1940 mehr als deutlich.

Die *Luftwaffe* blickt nach Westen

Während die *Luftflotten* 1 und 4 die hauptsächlichen Lasten beim Einmarsch in Polen trugen, betreten nun die *Luftflotten* 2 und 3 die Hauptbühne. Zusammen bringen die beiden Formationen nahezu 3.000 Flugzeuge gegen den Westen in Stellung.

Die Streitkräfte, die für den Angriff im Westen zusammen gezogen wurden, waren eindrucksvoll. Die beiden größten Formationen, die *Luftflotte* 2 und die *Luftflotte* 3 wurden von Kesselring und dem *General der Flieger* Hugo Sperrle kommandiert. Die Flugzeuge umfassten alleine 850 Bf 109, 350 Bf 110, 1100 Mittelstreckenbomber, 400 Stuka's und 500

DIE ORGANISATION DER *LUFTWAFFE* (MAI 1940)

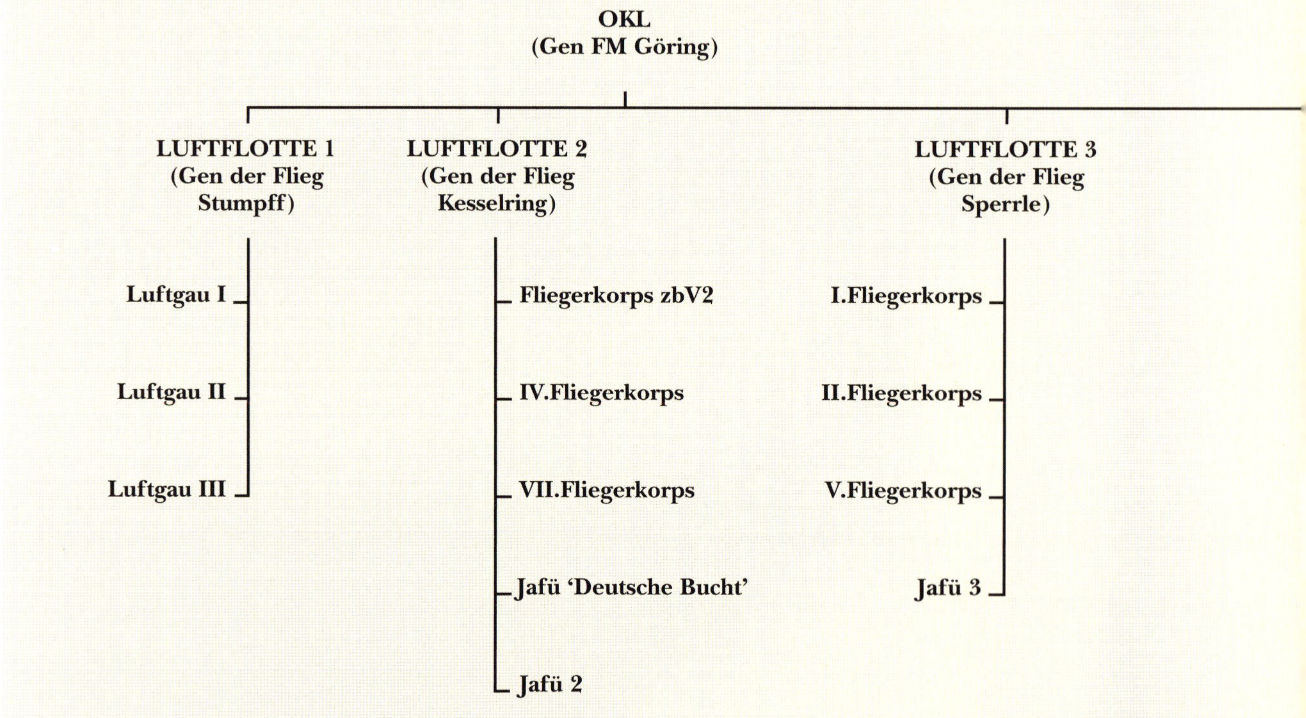

Die *Luftflotten 2 & 3* waren die Hauptformationen, die den Vormarsch im Westen begleiteten, obwohl sie auch noch durch Verbände der *Luftflotten 1 & 4* und auch durch die *Luftflotte 5* unterstützt wurden. In diesem Stadium des Krieges war der Großteil der *Luftwaffe* im Westen stationiert, da das besetzte Polen nur wenige Flugzeuge bedurfte.

Transportmaschinen. Die *Luftwaffe* hatte viel gewonnen durch die Eroberung von Frankreich und den Niederlanden, besonders im Hinblick darauf, neue Luftwaffenbasen zu errichten, um den Kampf nach England zu tragen, das von Festland-Europa allein durch den Ärmelkanal getrennt war. Die unmittelbaren Aufgaben der *Luftwaffe* waren dabei einmal mehr die direkte Luft-Bodenunterstützung, umgangssprachlich die Abfangjagd. In Belgien war das erste Ziel die Festung Eben Emael am Albert Kanal. In den Niederlanden sprangen Fallschirmjäger über den Flughäfen von Waalhaven und Valkenburg ab und bei den Brücken von Moerdyk und Dordrecht. Die 22. *Luftlande*-Division kam dabei die Eroberung des niederländischen Oberkommandos in Den Haag zu. Demgegenüber gab es für Luftlandeverbände in Frankreich kein Ziel.

Weder Frankreich, noch die Niederlande oder aber Belgien hatten ausreichende Luftstreitkräfte, um der *Luftwaffe* entgegen zu treten. Dies, kombiniert mit einem brillanten Angriffsplan durch das Heer, bedeutete nichts anderes, als dass das Ergebnis der Invasion im Westen eigentlich von vornherein feststand.

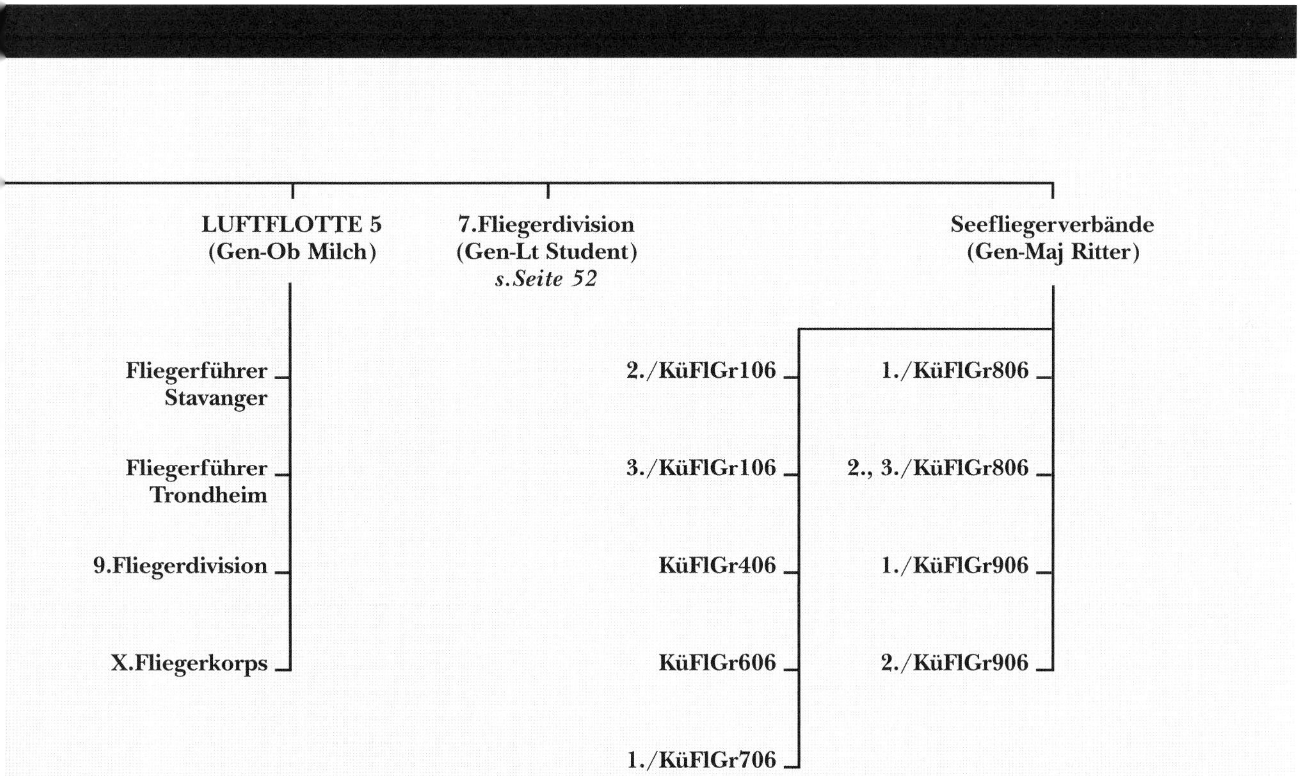

Belgien und die Niederlande

Obwohl es Luftkämpfe über Belgien und den Niederlanden gegeben hatte, blieb der Einmarsch der Deutschen in diesen Ländern vor allem wegen der exzellent ausgeführten Luftlandeoperationen über taktischen und strategischen Schlüsselstellungen in Erinnerung.

Die deutsche Invasion im Westen wurde am 10. Mai 1940 gestartet und wie immer war die *Luftwaffe* von der ersten Stunde an mit dabei. Im Luftraum über den Niederlanden sah sie sich allein 132, aber älteren Flugzeugen der holländischen Luftstreitkräfte gegenüber. Viele von diesen Maschinen wurden bereits bei den ersten Angriffen am Boden zerstört - die Luftstreitkräfte hörten buchstäblich in den ersten vier Tagen der Kämpfe auf zu existieren. Doch in der Zwischenzeit stießen auch die deutschen luftgestützten Angriffe auf immer heftigeren Widerstand. Die Brücken wurden in relativ kurzer Zeit eingenommen. Doch gab es heftige Kämpfe um die holländischen Flughäfen, wo selbst die Piloten, die ihrer Flugzeuge verloren hatten, viele Ju 52 abschossen, bevor die Bf 109 auf dem Kampffeld die Oberhand gewannen. Die endgültige Schlacht kam am 13./14. Mai, als Bomber des KG 54 Rotterdam bombardierten. 800 Zivilisten kamen dabei ums Leben. Fünf Tage später kapitulierten die Niederlande. Belgien erging es nicht viel besser. In einer der brillantesten Operationen des gesamten Krieges nahmen deutsche Fallschirmjäger durch die Landung in Gleitflugzeugen die Festung Eben Emael ein. Alle alliierten Versuche, die Brücken über den Albert-Kanal zu zerstören, wurden zudem unterbunden. Belgien ergab sich am 28. Mai.

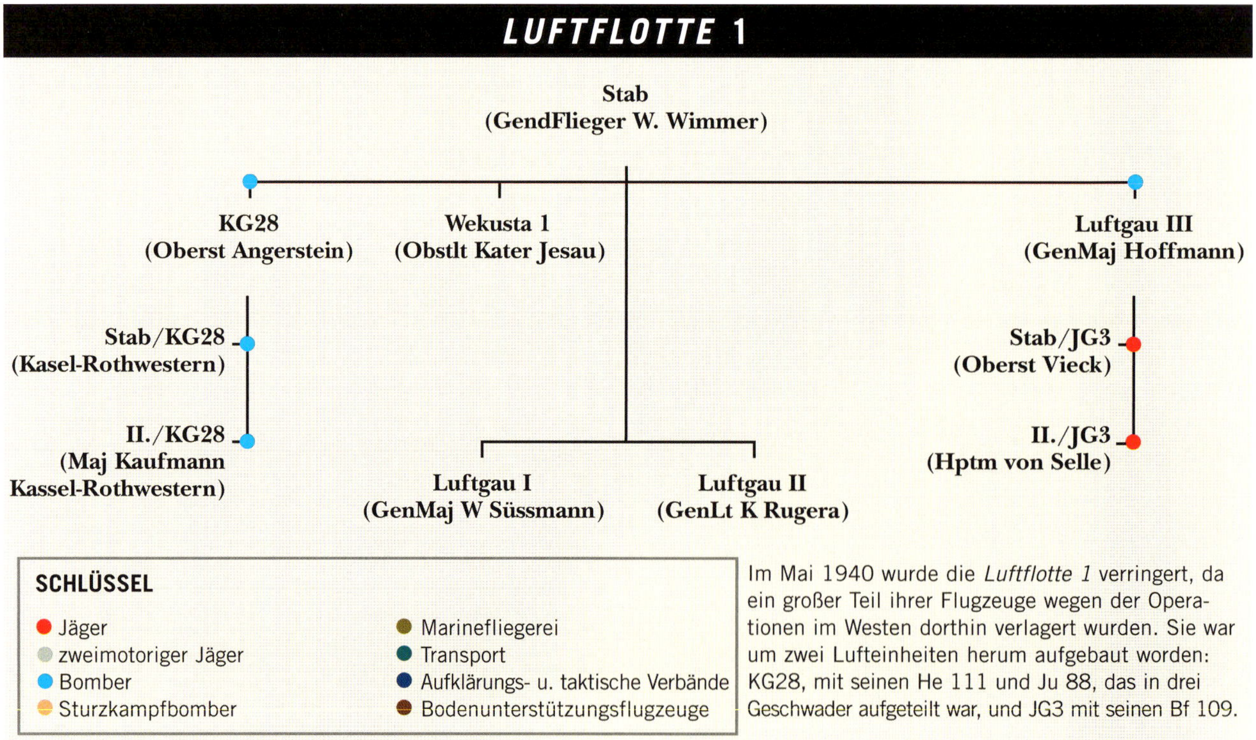

Im Mai 1940 wurde die *Luftflotte 1* verringert, da ein großer Teil ihrer Flugzeuge wegen der Operationen im Westen dorthin verlagert wurden. Sie war um zwei Lufteinheiten herum aufgebaut worden: KG28, mit seinen He 111 und Ju 88, das in drei Geschwader aufgeteilt war, und JG3 mit seinen Bf 109.

III./StG 51

Die III. Gruppe des *Stukageschwaders 51* war Teil der *Luftflotte 3* während der Operationen im Westen und gehörte zum *1. Fliegerkorps*. Die einzigen anderen Einheiten mit Ju 87 in der *Luftflotte 3* waren der *Stab* und *II./StG1*, wo es auch Do 17 gab, und das I. (St)TrGr186. Diese sehr begrenzten Verbände verdeutlichen, wie wenige Stukas es in den gesamten Angriffs-Lufteinheiten überhaupt gegeben hat (rund 400 Maschinen von einer Angriffsluftstreitkraft von 3.500 Maschinen).

Nominale Stärke – 39 x Ju 87B

Der Fall Frankreichs

Der deutsche Einmarsch in Frankreich war der größte Einsatz der *Luftwaffe*. Nicht nur die Entfernungen waren groß, die *Luftwaffe* stieß auch auf den zunehmenden Widerstand der RAF.

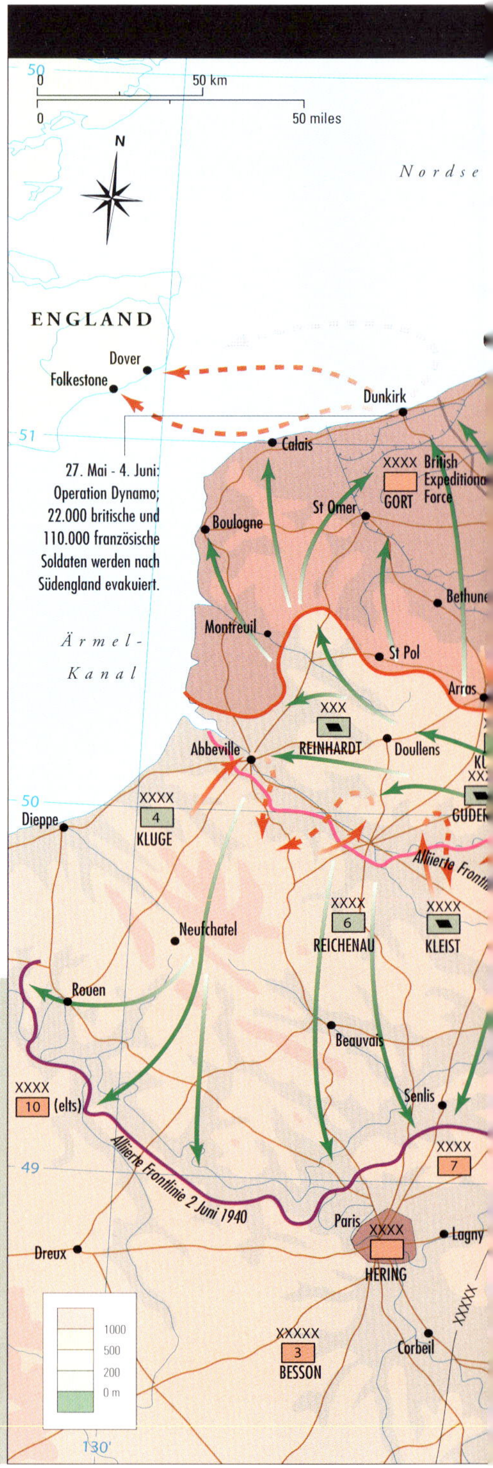

Die Luftstreitkräfte, die Frankreich zur Verfügung standen, um gegen die *Luftwaffe* zu kämpfen, reichten bei weitem nicht aus, waren aber stärker als jede andere Luftstreitmacht, gegen die die *Luftwaffe* bis dahin hatte ankämpfen müssen. Die *Armée de l'air* hatte mehr als 800 Flugzeuge, die in 24 Gruppen mit einmotorigen Maschinen (vor allem Morane-Saulnier MS.406, Curtiss Hav 75a und Dewoitine D.520) aufgeteilt waren. Darüber hinaus gab es noch sechs *escadrilles* mit zweimotorigen Jägern. Die Royal Air Force brachte darüber hinaus ebenfalls erhebliche Kampfverbände mit ein: Zwei Geschwader mit Gloster Gladiators und (endlich) 10 Geschwader mit Hawker Hurricanes sowie etlichen ältere Fairey Battle und Bristol Blenheim-Bombern. Obwohl die Bf 109 in ihrer Leistung allen Flugzeugen überlegen war, sah sich die *Luftwaffe* doch ernsthaften Verlusten

Invasion im Westen
Mai–Juni 1940

- Angriff der Deutschen
- Alliierter Gegenangriff
- Alliierte Frontverlauf
- Alliierte Verteidigungslinien
- Deutsche Fallschirmjäger
- Deutscher Gleiterangriffe

Invasion im Westen, Mai–Juni 1940

10. Mai – deutsche Streitkräfte beginnen mit einem massiven Einmarsch nach Belgien, Niederlande und Frankreich. Panzerverbände, Infanterie und Luftlandungen durch die Heeresgruppe B im Norden überrannten belgische und holländische Verteidigungsstellungen, während ein kraftvoller Vorstoß der Heeresgruppe A durch die Ardennen den Deutschen Brückenköpfe entlang der Mosel am 14. Mai ermöglichten.
14. Mai – Die Niederlande kapitulieren
20. Mai – deutsche Panzer erreichen die Kanalküste bei Noyelles. Die Alliierten ziehen sich nach Dünnkirchen zurück.
28. Mai – Belgien ergibt sich
27. Mai – 4. Juni Mehr als 300.000 britische und französische Truppen werden von den Stränden bei Dünnkirchen evakuiert
10. Juni – deutsche Streitkräfte überschreiten die Seine
22. Juni – Frankreich ergibt sich

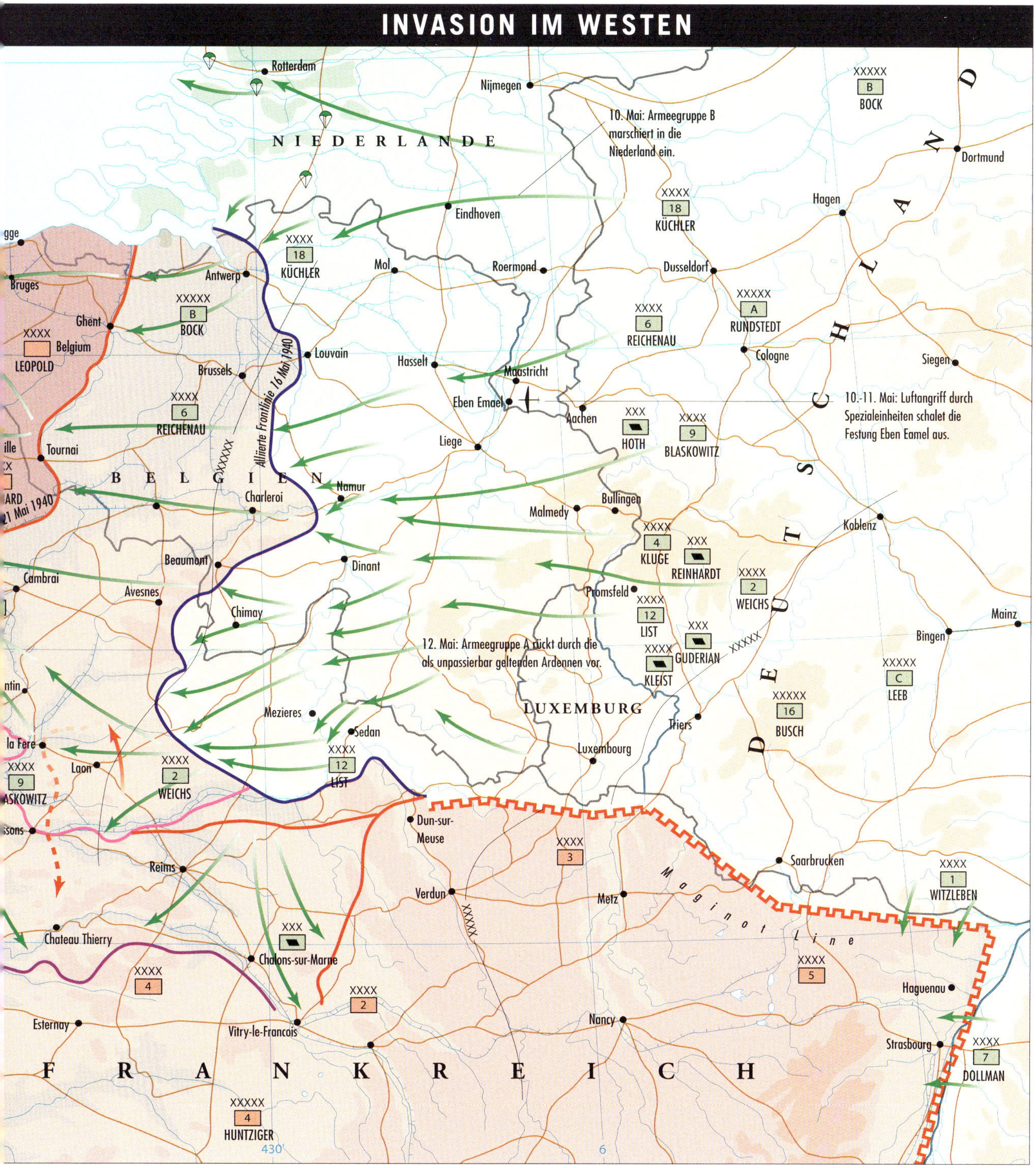
INVASION IM WESTEN
10. Mai: Armeegruppe B marschiert in die Niederland ein.
10.-11. Mai: Luftangriff durch Spezialeinheiten schalet die Festung Eben Eamel aus.
12. Mai: Armeegruppe A rückt durch die als unpassierbar geltenden Ardennen vor.
Allierte Frontlinie 16 Mai 1940
NIEDERLANDE
BELGIEN
LUXEMBURG
DEUTSCHLAND
FRANKREICH
Maginot Line
Rotterdam
Nijmegen
Eindhoven
Dortmund
Hagen
Antwerp
Bruges
Ghent
Mol
Roermond
Dusseldorf
Louvain
Brussels
Hasselt
Maastricht
Eben Emael
Aachen
Cologne
Siegen
Liege
Tournai
Namur
Charleroi
Malmedy
Bullingen
Koblenz
Beaumont
Dinant
Cambrai
Avesnes
Chimay
Promsfeld
Mainz
Bingen
Mezieres
Sedan
Luxembourg
Triers
la Fere
Laon
Dun-sur-Meuse
Reims
Verdun
Metz
Saarbrucken
Chateau Thierry
Chalons-sur-Marne
Haguenau
Esternay
Vitry-le-Francois
Nancy
Strasbourg
XXXXX B BOCK
XXXX 18 KÜCHLER
XXXXX A RUNDSTEDT
XXXX 6 REICHENAU
XXX HOTH
XXXX 9 BLASKOWITZ
XXXX 4 KLUGE
XXX REINHARDT
XXXX 2 WEICHS
XXXX 12 LIST
XXX GUDERIAN
XXXX KLEIST
XXXXX C LEEB
XXXXX 16 BUSCH
XXXX Belgium LEOPOLD
XXXX 3
XXXX 1 WITZLEBEN
XXXX 5
XXXX 4
XXXX 2
XXXX 7 DOLLMAN
XXXXX 4 HUNTZIGER
XXXXX
XXXXXX
430
6

ausgesetzt und die Bedrohung durch die Alliierten wurde sehr ernst genommen.

Wir müssen in diesem Zusammenhang auch berücksichtigen, dass die Messerschmitt Bf 109 schon sehr bald in der Supermarine Spitfire einen ebenbürtigen Gegner erhalten sollte und die *Luftwaffe* zudem mit vielen, erheblich verwundbareren Flugzeugtypen ausgestattet war. Wenn sie nicht durch Jäger begleitet wurde, war die Heinkel He 111 ein ideales Angriffsziel für einen entschlossenen Jägerpiloten. Und auch die notorische Junkers Ju 87 war relativ leicht auszuschalten, wenn sie im Steigflug angegriffen werden konnte. Im Wesentlichen zehrte die Luftwaffe von ihrer bisherigen Kampferfahrung in Frankreich. Kam die *Luftwaffe* erst einmal mit den alliierten Luftstreitkräften in Kontakt,

LUFTFLOTTE 2 (MAI 1940)

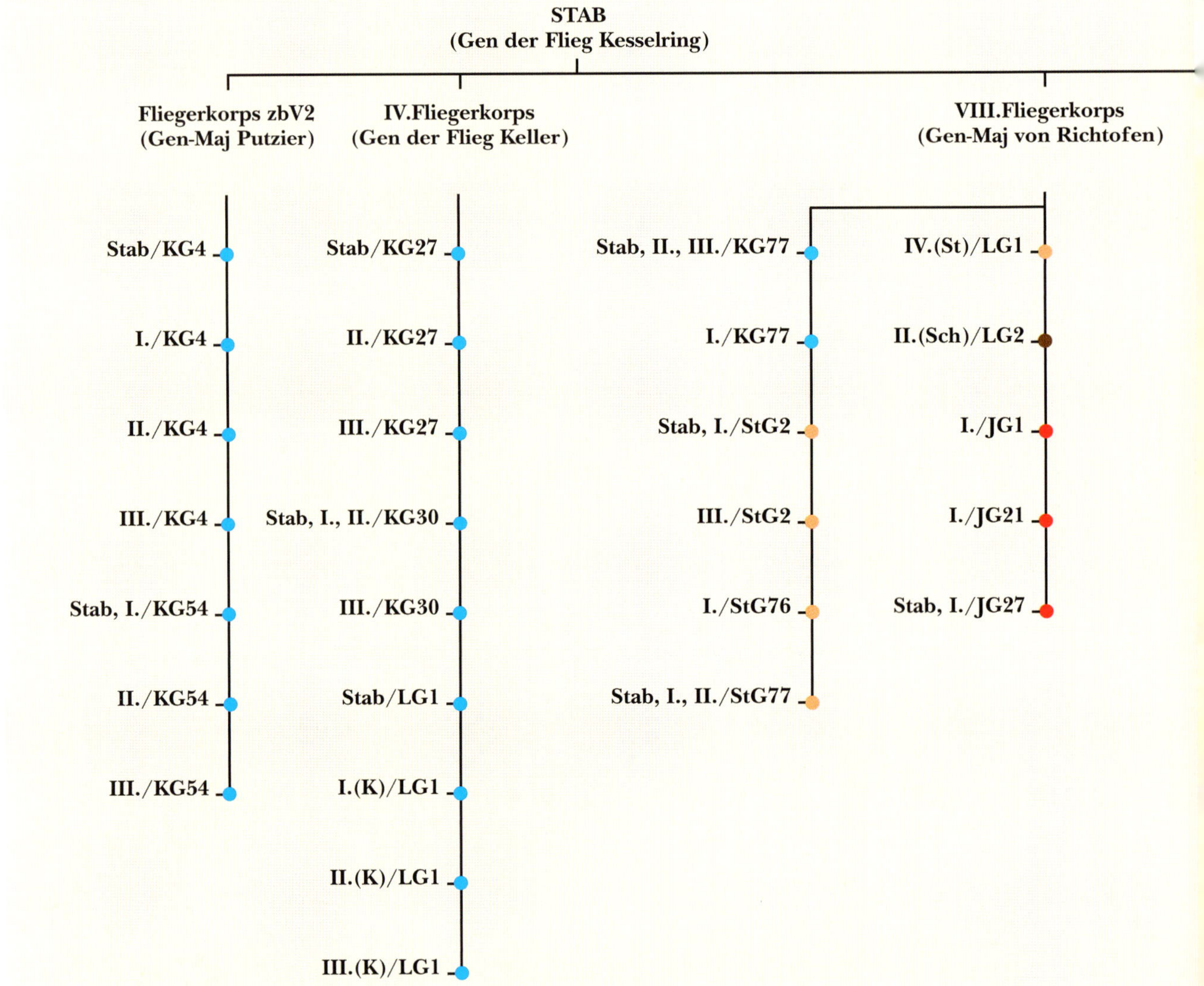

stellte sich heraus, dass die *Luftwaffe* über die meiste Kampferfahrung verfügte. Deshalb machten sich auch die größten deutschen Flieger-Asse sich ihre Namen gerade in Frankreich. Der legendäre Adolf Galland schoss alleine 17 Flugzeuge beim Kampfgeschehen in Frankreich vom Himmel, inklusive des Abschusses von drei Hurricanes an einem Tag. Aber sogar das wurde von Wilhelm Balthasar übertroffen, der im *Jagdgeschwader Richthofen* flog. Zwischen dem 10. Mai und dem 21. Juni schoss er 22 Flugzeuge ab, eine Zahl, der sich viele andere Flieger-Asse im Entstehen annäherten. Ein weiterer legendärer Flieger war auch Werner Mölders, der Kommandant des III./JG53, der alleine 25 Flugzeuge beim Krieg im Westen abschoss, obwohl auch er selbst abgeschossen wurde – und überlebte.

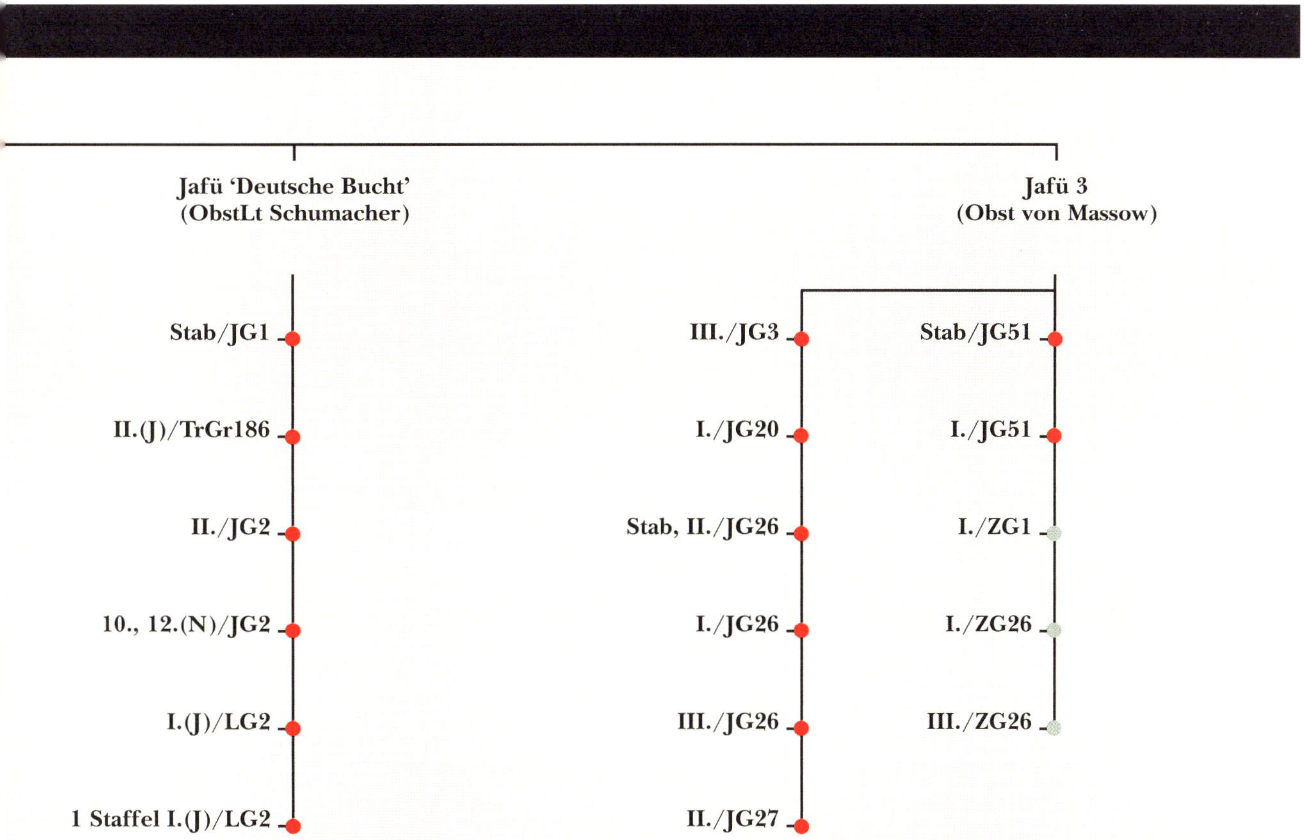

SCHLÜSSEL

- Jäger
- zweimotoriger Jäger
- Bomber
- Sturzkampfbomber
- Marinefliegerei
- Transport
- Aufklärungs- u. taktische Verbände
- Bodenunterstützungsflugzeuge

Die *Luftflotte 2*, die vom *General der Flieger* Albert Kesselring befehligt wurde, war eine äußerst kraftvolle Einheit, die eine Großzahl von Flugzeugen besaß. Sie wurde am 1. Februar 1939 aufgestellt und hatte sein erstes Hauptquartier in Braunschweig. Die *Luftflotte 1* wurde in Westeuropa bis zum November 1941 eingesetzt, ehe sie nach Italien verlegt wurde.

STÄRKE DER EINHEITEN – *LUFTFLOTTE* 2 (MAI 1940)

Luftwaffen-Einheiten	Basis	Typ	Str*	Op*
FLIEGERKORPS ZBV2				
Stab/KG4	Faßberg	He 111P	8	7
		He111D	1	0
I./KG4	Gütersloh	He 111H	36	24
II./KG4	Faßberg	He 111P	35	28
III./KG4	Delmenhorst	He 111P	23	12
		Ju 88A-1	37	21
Stab, I./KG54	Quackenbrück	He 111P	42	37
		He 111D	1	0
II./KG54	Varrelbusch	He 111P	29	26
III./KG54	Vechta	He 111P	35	27
IV.FLIEGERKORPS				
Stab/KG27	Hannover-Langenhagen	He 111P	41	29
		He 111D	1	1
II./KG27	Delmenhorst	He 111P	35	25
III./KG27	Wunstorf	He 111P	38	32
Stab, I., II./KG30	Oldenburg	Ju 88A-1	74	52
		He 111H	1	0
III./KG30	Marx	Ju 88A-1	30	20
Stab/LG1	Düsseldorf	He 111H	5	4
		Ju 88A-1	1	0
I.(K)/LG1	Düsseldorf	He 111H	30	22
II.(K)/LG1	Düsseldorf	He 111H	26	18
		Ju 88A-1	32	4
III.(K)/LG1	Düsseldorf	He 111H	12	5
		Ju 88A-1	37	12
VIII.FLIEGERKORPS				
Stab, II., III./KG77	Düsseldorf	Do 17Z	77	55
		Do 17U	1	1
I./KG77	Werl	Do 17Z	35	28
Stab, I./StG2	Köln-Ostheim	Ju 87B	43	36
		Do 17M	6	5
III./StG2	Nörvenich	Ju 87B	38	27
I./StG76	Köln-Ostheim	Ju 87B	39	34
Stab, I., II./StG77	Köln-Butzweilerhof	Ju 87B	82	64
		Do 17M	6	5
IV.(St)/LG1	Duisburg	Ju 87B	39	37
II.(Sch)/LG2	Lauffenberg	Hs 123A	49	38
I./JG1	Gymnich	Bf 109E	46	24
VIII.FLIEGERKORPS				
I./JG21	Mönchen-Gladbach	Bf 109E	46	34
JAFÜ 'DEUTSCHE BUCHT'				
Stab/JG1	Jever	Bf 109E	4	4
II.(J)/TrGr186	Wangerooge	Bf 109E	48	32
II./JG2	Nordholz	Bf 109E	47	35
10., 12.(N)/JG2	Hopstein	Bf 109D	31	30
		Ar 68	36	13
I.(J)/LG2	Wyk-auf-Föhr	Bf 109E	32	22
JAFÜ 3				
III./JG3	Hopstein	Bf 109E	37	25
I./JG20	Bönninghardt	Bf 109E	48	36
Stab, II./JG26	Dortmund	Bf 109E	51	39
I./JG26	Bönninghardt	Bf 109E	44	35
III./JG26	Essen-Mühlheim	Bf 109E	42	22
II./JG27	Bönninghardt	Bf 109E	43	33
		Bf 109C	1	0
Stab/JG51	Bönninghardt	Bf 109E	4	3
I./JG51	Krefeld	Bf 109E	47	28
I./ZG1	Kirchenhellen	Bf 110C	35	22
I./ZG26	Niedermendig	Bf 110C	34	11
III./ZG26	Krefeld	Bf 110C	37	30

***Str = Stärke auf dem Papier *Op = Operationelle Stärke**

STÄRKE DER EINHEITEN – *LUFTFLOTTE* 2 (MAI 1940)

Vorgezogene Basen

Während die *Luftwaffen*-Piloten vielleicht durch die Historiker in besonderer Weise beim Fall Frankreichs gewürdigt wurden, waren auch andere Teile der *Luftwaffe* an diesem Erfolg mit beteiligt.

Die Transportflotte der *Luftwaffe* hatte ihre unbestreitbaren Verdienste, indem sie die deutschen Bodenverbände mit Nachschub versorgte, aber auch die *Luftwaffe* selbst, als sie französische Flughäfen besetzte. Als die Franzosen zum Beispiel das Flugfeld von Charlesville aufgaben, flogen die Junkers Ju 52 keine 24 Stunden später ausreichend Nachschub und Soldaten ein, um aus dem Flugfeld einen vollwertigen Flugplatz zu machen. Das wiederholte sich überall in Frank-

LUFTFLOTTE 3 (MAI 1940)

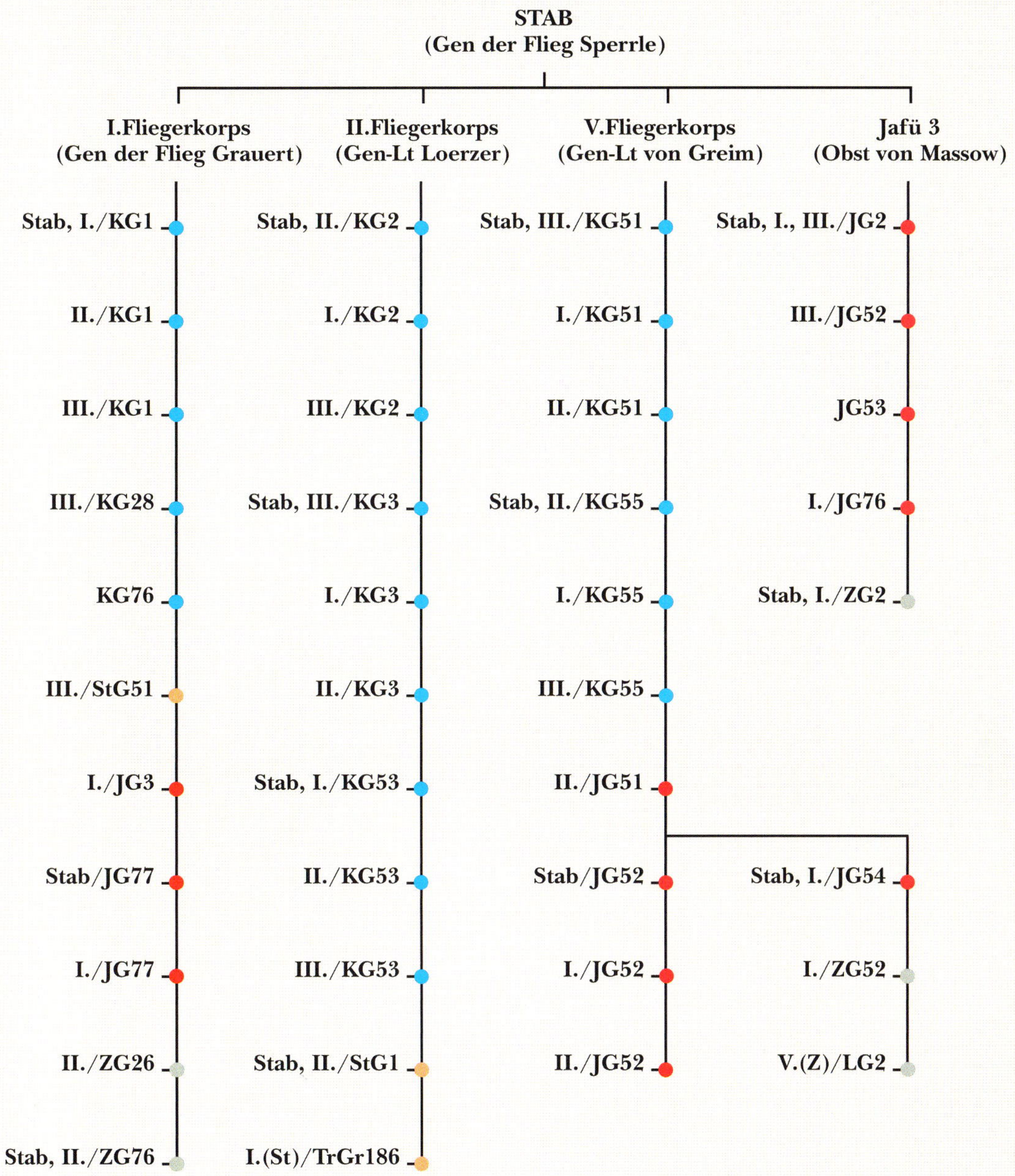

Für die Kämpfe in Frankreich war die *Luftflotte 3* vorwiegend mit Bodenunterstützungsflugzeugen ausgerüstet, um die deutschen Truppen zu unterstützen. Dafür besaß sie 20 Bombereinheiten. Die Jäger-Begleitung kam von verschiedenen *Jagdgeschwadern* und einer Handvoll Bf 110.

reich und jedes Mal erhöhte sich die Reichweite der *Luftwaffe* durch neue Flugplätze.
Andere, oftmals übersehene Einheiten der *Luftwaffe* waren die Flak-Einheiten, die den Vormarsch deckten und Schlüsselstellungen, wie zum Beispiel Brücken, sicherten. Während stärkere Flak-Geschütze wie die berühmt-berüchtigte Flak 18/36/37 88mm (3.465in) hochfliegende Bomber mit einer Schussfolge von 15-20rpm (es gab auch noch stärkere Geschütze wie die 105mm/4.134in Kanonen) erreichen konnte, gab es auch kleinkalibrigere und schnell feuernde Geschütze, die besonders gegen tief fliegende alliierte Flugzeuge und gegen Bodenangriffe eingesetzt wurden.
Als zum Beispiel am 14. Mai Formationen von britischen Fairey-Bombern deutsche Ponton-Brücken über die Mosel angriffen, wurden allein 28 von 37 Flugzeugen vor allem durch deutsche Flak-Geschütze abgeschossen. Selbst wenn sie die alliierten Flugzeuge nicht trafen, sorgte das Kanonenfeuer, das den Maschinen entgegenschlug dafür, dass sie ihre Flugformation verließen und damit auch die Präzision ihrer Bombenabwürfe nicht mehr gegeben war. Darüber hinaus stellten *Luftwaffen*-Flak-Kanoniere ihre Geschütze oftmals bei der Abwehr gegnerischer, gepanzerter Verbände zur Verfügung.

Fragezeichen

In der letzten Woche im Mai 1940 fällte Hitler eine der am meisten diskutierten Entscheidungen des Krieges, als er die deutschen Panzer anhielt. Den Alliierten bot sich deshalb die Gelegenheit, ihre Truppen über Dünnkirchen zu evakuieren und die *Luftflotte 2* kam die Aufgabe zu, die Überreste der britischen Expeditionsstreitkräfte aus der Luft zu vernichten. Das schaffte sie nicht, obwohl sie pausenlos die Strände und die umliegenden Städte mit Ju-87 und Mittelstreckenbomber bombardierte. Die Präsenz der RAF über den Stränden und vor allem das Auftauchen der neuen Spitfire hatte zur Folge, dass die Evakuierung bei Dünnkirchen die *Luftwaffe* mehr als 250 Maschinen kostete.
Das Versagen bei Dünnkirchen lehrte die *Luftwaffe* auch die Grenzen von Flächenbombardements. Die Strände bei Dünnkirchen boten ihr in der Tat jede Menge Angriffsziele, aber genau das war auch das Problem - bei einer solchen Masse an Menschen und Schiffen war es schwer, einen entscheidenden Schlag zu landen. Darüber hinaus fehlte es den Jägern, obwohl es viele Luftbasen beim Vorstoß der deutschen Truppen an vorderster Front gab, an der notwendigen Reichweite. Sie hatten deshalb nur unzureichend Zeit, über den Stränden zu kreisen, im Vergleich zu den Flugzeugen der RAF,

7. *FLIEGERDIVISION* (MAI 1940)

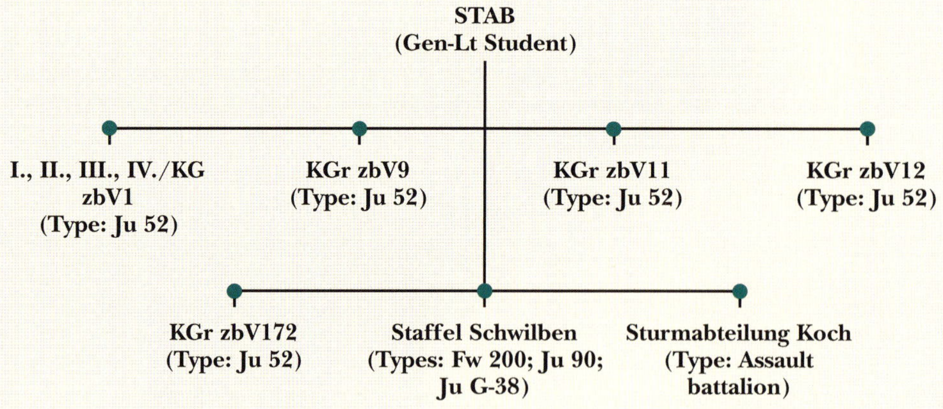

Aufgebaut im Jahr 1938 war die *7. Fliegerdivision* die Dacheinheit der deutschen Luftstreitkräfte. Ihre *Geschwader* und anderen Einheiten dienten vor allem dem Absprung von Fallschirmjägern und Luftlandungen. Eindeutig lag das Schwergewicht dabei auf der Ju-52.

STÄRKE DER EINHEITEN – *LUFTFLOTTE* 3 (MAI 1940)

Luftwaffen-Einheiten	Basis	Typ	Str*	Op*
I.FLIEGERKORPS				
Stab, I./KG1	Giesen	He 111H	39	28
II./KG1	Kirtorf	He 111H	35	23
III./KG1	Ettinghausen	He 111H	33	27
III./KG28	Bracht	He 111P	36	30
KG76	Nidda	Do 17Z	119	87
		Do 17U	1	0
III./StG51	Köln-Wahn	Ju 87B	39	31
I./JG3	Vogelsang	Bf 109E	48	38
Stab/JG77	Peppenhoven	Bf109E	4	3
I./JG77	Odendorf	Bf 109E	46	28
II./ZG26	Kaarst/Neuß	Bf 110C	35	25
Stab, II./ZG76	Köln-Wahn	Bf 110C	36	28
II.FLIEGERKORPS				
Stab, II./KG2	Ansbach	Do 17Z	43	33
		Do 17U	1	1
I./KG2	Giebelstadt	Do 17Z	36	22
III./KG2	Illesheim	Do 17Z	36	30
Stab, III./KG3	Würzburg	Do 17Z	41	34
I./KG3	Aschaffenburg	Do 17Z	35	31
II./KG3	Schweinfurt	Do 17Z	36	28
Stab, I./KG53	Roth	He 111H	43	25
II./KG53	Oedheim	He 111H	36	24
III./KG53	Schwäbisch Hall	He 111H	36	26
Stab, II./StG1	Sieburg	Ju 87B	41	36
		Do 17M	6	5
I.(St)/TrGr186	Hemweiler	Ju 87B	39	36

***Str = Stärke auf dem Papier *Op = Operationelle Stärke**

die nur einmal kurz über den Kanal fliegen mussten. Die deutschen Bomber flogen zumeist von Basen aus Deutschland heran und hatten somit das gleiche Problem. Dazu kam die neue Spitfire. Sie bereitete die *Luftwaffe* auf das vor, was noch kommen sollte.

Das Versagen, die britischen Streitkräfte bei Dünnkirchen zu schlagen, war ein schwerer Schlag gegen Görings übergroße Eitelkeit. Darüber hinaus gab es auch einige bittere

STÄRKE DER EINHEITEN – *LUFTFLOTTE* 3 (MAI 1940)

Luftwaffen-Einheiten	Basis	Typ	Str*	Op*
V.FLIEGERKORPS				
Stab, III./KG51	Lansberg/Lech	He 111H	40	30
		Ju 88A-1	1	0
I./KG51	Lechfeld	He 111H	36	18
		Ju 88A-1	23	7
II./KG51	München-Reim	Ju 88A-1	38	15
Stab, II./KG55	Leipheim	He 111P	42	29
I./KG55	Neuburg-Donau	He 111P	35	25
III./KG55	Gablingen	He 111P	36	17
II./JG51	Böblingen	Bf 109E	42	30
Stab/JG52	Mannheim-Sandhofen	Bf 109E	3	3
I./JG52	Lachen/Speyerdorf	Bf 109E	46	33
II./JG52	Speyer	Bf 109E	42	28
Stab, I./JG54	Böblingen	Bf 109E	46	31
I./ZG52	Neuhausen ob Eck	Bf 110C	35	23
V.(Z)/LG2	Mannheim-Sandhofen	Bf110C	33	27
JAFÜ 3				
Stab, I., III./JG2	Frankfurt-Rebstock	Bf 109E	91	48
III./JG52	Mannheim-Sandhofen	Bf 109E	48	39
JG53	Wiesbaden-Erbenheim	Bf 109E	139	107
I./JG76	Ober-Olm	Bf 109E	46	37
Stab, I./ZG2	Darmstadt-Griesheim	Bf 110C	35	24

***Str = Stärke auf dem Papier *Op = Operationelle Stärke**

Wahrheiten, was die Operationen in Frankreich anging. Frankreich fiel gegen Ende Juni, aber bis zu diesem Zeitpunkt hatte die *Luftwaffe* rund 2.000 Flugzeuge verloren – ungefähr doppelt so viel wie die RAF. Die Gründe dafür waren vielfältig – dazu gehörten Abschüsse durch Feinde, Flak-Feuer und Unfälle, aber auch der ungeheure Einsatzmut der *Luftwaffen*-Piloten trug dazu bei.

Nichtsdestoweniger besaß die *Luftwaffe* mit dem Fall Frankreichs die Basen, um sich ihrem ärgsten Feind, der RAF über ihrem eigenen Heimatterritorium zu widmen - dem eigentlichen Testfall für die *Luftwaffe*.

Luftkampf um England und der Blitz: 1940–41

Zwischen Juni und September 1940 versuchte die *Luftwaffe*, die RAF über England zu schlagen. Der Versuch schlug am Ende fehl und stellte die erste Niederlage der *Luftwaffe* im Krieg dar.

Eine Heinkel He 111 wirft über der Themse in London während des *Blitz* im September 1940 ihre Bomben ab.

Der *Kampf um England* stellte so etwas wie eine Wasserscheide für die *Luftwaffe* dar. Bis zu diesem Zeitpunkt hatte sie über jedem Kriegsschauplatz die Luftherrschaft erringen können und hatte eine zerstörerische Rolle bei der Bodenunterstützung gespielt, sowie einen scheinbar unüberwindbaren Schutzschirm durch seine Jäger in der Luft geliefert. Görings Selbstbewusstsein schien ins Unermessliche zu steigen. Sein Vertrauen in die *Luftwaffe* stieg im gleichen Ausmaß wie seine Selbstzufriedenheit und er gab eine übertriebene Erklärung nach der anderen ab, was die *Luftwaffe* alles im weiteren Kriegsgeschehen leisten könnte.

Kritische Verwundbarkeit

Die Operationen über Polen, Dänemark, Norwegen, Belgien und Frankreich hatten zahlreiche Argumente Für und Wider die Taktik und Struktur der *Luftwaffe* ergeben. Für sie sprach ihre größte Stärke, die unmittelbare Unterstützung von Bodentruppen. Etliche Male waren die Heeresverbände zum Stillstand gekommen, als sie auf hartnäckigen Widerstand stießen und konnten erst wieder nach dem Einsatz von Mittelstreckenbombern, StuKa's und Jagdflugzeugen vorrücken. Darüber hinaus konnte die *Luftwaffe* einen mobilen Flankenschutz für ein schnelles Vorrücken bereitstellen und ermöglichte so die tiefen Vorstöße, die ein Markenzeichen des *Blitzkrieges* wurden.

Die *Luftwaffe* hatte auch erstaunliche Fähigkeiten bei Luftlandeoperationen und eine effiziente Flak-Abwehr entwickelt, die den alliierten Piloten schwer zu schaffen machen sollte. In der Luft bewiesen die Kampfpiloten oftmals eine größere Flexibilität in taktischen Formationen, weil sie nicht in den rigiden Staffelaufstellungen anflogen, die zum Kennzeichen der RAF zu Beginn des *Kampfes um England* wurden. Und doch war das Bild eben ganz und gar nicht rosig. Die Mittelstreckenbomber und die Sturzkampfbomber der *Luftwaffe* erwiesen sich als höchst verwundbar, wenn sie ohne Jägerbegleitung flogen. Und obwohl die *Luftwaffe* große Erfolge mit ihren Luftlandeunternehmungen erzielen konnte, machten vor allem die Operationen über Holland deutlich, dass überall dort, wo das Überraschungsmoment nicht gegeben war der Ausgang von Luftlandeunternehmen sehr viel unsicherer war. Und stets machte das Wetter der *Luftwaffe* einen dicken Strich durch die Rechnung. Die Zeiten mit schlechtem Wetter, die es vor allem in Europa, aber noch mehr in Russland gab, führten sehr oft dazu, dass die Kampfmaschinen am Boden bleiben mussten und Luftoperationen nicht stattfinden konnten. Nimmt man dies zusammen mit der Tatsache, dass die *Luftwaffe* in den ersten Kriegsjahren tausende von Flugzeugen verlor, waren die Siege, die sie trotzdem errang weitaus weniger sicher vorhersagbar, als Göring dies tat. Der *Luftkampf um England* sollte dafür ein bis an die Katastrophe reichendes Beispiel sein.

Operation *Seelöwe*

Während Frankreich fest in deutschen Händen war, machte Adolf Hitler am 16. Juli 1940 unmissverständlich klar: „Ich habe mich entschlossen, eine Landungsoperation gegen England vorzubereiten und wenn nötig, diese auch durchzuführen."

Die deutschen Pläne für eine Invasion Englands gingen bis auf den November 1939 zurück, als *Großadmiral* Erich Raeder, dem Chef der deutschen Kriegsmarine, ein Bericht vorgelegt wurde, der verschiedene Varianten beinhaltete, wie eine solche Landungsoperation ausgeführt werden könnte. Aber selbst die oberflächlichste Untersuchung stellte heraus, dass eine Invasion Englands eine sehr schwere Aufgabe werden würde. Die Landstreitkräfte waren sicherlich schwächer als die der Deutschen und nach dem Rückzug aus Frankreich zudem in keinem guten Zustand, um einen *Blitzkrieg* zu überstehen. Aber darüber hinaus gab es drei Umstände, die den Planern ganz besondere Kopfschmerzen bereiteten - der Kanal, die britische Royal Navy und die Royal Air Force.

Die Gefahren im Kanal

Um in England einzumarschieren galt es, zuerst den Kanal zu überqueren. Dabei musste man das Risiko eingehen, von der Royal Navy auf See in Grund und Boden zusammengeschossen zu werden. Deutschland hatte nur sehr begrenzte Überwasserstreitkräfte und die Anzahl ihrer im Kampfein-

III./KG4 (AUGUST 1940)

Das *Kampfgeschwader 4* wurde im Mai 1939 aufgestellt und sollte ein Teil der Bomberflotte der *Luftwaffe* bis zum 8. Mai 1945 werden. Das Hauptflugzeug dabei war die Heinkel He 111, die Dornier Do 17 und die Junkers Ju 88, die hier von der *II. Gruppe* benutzt wird. Diese 30 Flugzeuge umfassende *Gruppe* konnte eine maximale Bombenlast von 69.000 kg (151,800lb) abwerfen, wenn auch unter den Tragflächen Bomben transportiert wurden. II./KG64 hatte eine beeindruckende Einsatzhistorie während der ersten Kriegsjahre, aber der *Luftkampf um England* forderte seinen Tribut. Am 4. September 1940 hatte das *Kampfgeschwader* nur mehr 14 Flugzeuge.

Operationelle Stärke – 30 x Ju 88As

satz stehenden U-Boote war zu diesem Zeitpunkt ebenfalls sehr begrenzt.

Deshalb kam es der *Luftwaffe* zu, in die Kämpfe auf See einzugreifen. Dafür brauchte man allerdings die Lufthoheit über die RAF. Die RAF war sicherlich schwächer als die *Luftwaffe* zu diesem Zeitpunkt, aber gerade ihre Jagdwaffe wurde durch die Produktion der neuen Spitfire und durch die Rekrutierung neuer Piloten enorm verstärkt. Zusätzlich hatte die RAF alle Vorteile dadurch, dass sie über eigenem Territorium operieren konnte.

Der Invasionsplan, der am Ende aufgestellt wurde, trug den Operationsnamen *Seelöwe*. Er sah die Anlandung von 65.000 Soldaten in einer ersten Landungswelle entlang der englischen Südküste vor. Währenddessen sollte die Royal Navy in der Nordsee und im Mittelmeer durch die *Kriegsmarine* abgelenkt werden. Die Invasion war für den September 1940 vorgesehen. Bis dahin sollte – und Göring hatte dies versprochen – die Royal Navy im Wesentlichen durch fortwährende Angriffe der *Luftwaffe* in der Operation *Adler* besiegt worden sein. Einmal angelandet sollten die deutschen Streitkräfte so schnell wie möglich vorstoßen, London einschließen und sich dann weiter nach Norden richten.

Zweifel am Erfolg

Obwohl der Plan auf dem Papier sehr vielversprechend aussah und die Deutschen alles, was irgendwie schwimmen konnte (die Deutschen hatten keine speziellen Landungsboote) in deutschen Häfen zusammenzogen, zweifelten hochrangige Offiziere zunehmend an der Durchführbarkeit der Operation. Im Juli 1940, als der *Kampf um England* bereits voll entbrannt war, stellten sowohl Raeder als auch Hitler selbst die Durchführbarkeit eines Angriffs über den Kanal hinweg in Frage. Mehr noch: Hitler war zunehmend von seinem Plan, England anzugreifen, abgerückt. Historiker haben darüber viel spekuliert. Einige begründen dies mit dem immer noch von Hitler gehegten Wunsch, ein Bündnis zwischen Deutschland und England zu schmieden, das durch Churchills nachhaltiger Weigerung einem Waffenstillstand zuzustimmen, aber illusionär geworden war. Überzeugender ist da schon die Argumentation, dass sich Hitlers Aufmerksamkeit Mitte des Jahres 1940 bereits voll auf den Osten, auf Russland, gerichtet hatte und das dabei die Operation *Seelöwe* nur mehr störte. Das endgültige Aus für die Operation war allerdings die Unfähigkeit der *Luftwaffe*, die Royal Air Force im Sommer 1940 in die Knie zu zwingen. Der Sieg über die RAF sollte England entweder an die Seite Deutschlands zwingen oder aber die Operation *Seelöwe* vorbereiten. Göring sah hier seine größte Chance, dass die *Luftwaffe* eine ganze Nation hätte besiegen sollen. Was er dabei allerdings übersah war der Kampfwillen der Briten und die Schwierigkeiten, die sich in seiner eigenen *Luftwaffe* auftun sollten.

Die ersten Luftkämpfe bis zum *Adlertag*

Der eigentliche *Kampf um England* sollte nicht vor August 1940 mit dem Start des *Adlertages* beginnen. Aber schon vorher gab es viele Luftkämpfe mit der RAF über dem Kanal.

Die Befehle für den Kampf gegen England erreichte die *Luftwaffe* am 2. Juli 1940. Die ersten Angriffsziele waren die britischen Schiffe im Kanal. England hing vom Nachschub von See entlang seiner Küstenlinien ab. Es oblag nun vor allem den Ju 87, den Schiffsverkehr zu unterbinden. Sie wurden von Bf 109 begleitet, die den *Kanalkampf* dazu benutzten, um herauszufinden, wie stark die britischen Jäger waren. Nur die Ju 87 konnte mit ausreichender Präzision ein fahrendes Schiff treffen, aber die Verwundbarkeit der Maschinen, die sich schon über Dünnkirchen herausgestellt hatte, wurde jetzt über dem Kanal mehr als deutlich. Obwohl etliche Schiffe getroffen und auch versenkt wurden und Hafenanlagen entlang der englischen und walisischen Küste schwer beschädigt wurden, wurden dabei auch viele Ju 87 abgeschossen. An einem Tag, dem 10. Juli, verloren die Deutschen allein 13 Flugzeuge über britischen Gewässern, als die RAF-Jäger mit ihren Hurricanes und Spitfires mehr als 609 Einsätze flogen.

Die Lehren

Der Ausgang des *Kanalkampfes* war alles andere als sicher. Auf der einen Seite waren die Operationen der *Luftwaffe* durchaus von Erfolg gekrönt, weil der Kanal sehr schnell zu gefährlich für britische Schiffe wurde und sie die Gewässer zunehmend mieden. Auf der anderen Seite stellten sich einmal mehr die Schwächen der Ju 87 heraus, von der allein im August 62 Maschinen abgeschossen wurden. Vor allem durch ihre langsamen Sturzangriffe lösten sie sich von ihrem Begleitschutz durch die Jäger und wurden so im Sturzanflug, bzw. im anschließenden Steigflug oftmals ein Opfer der weitaus schnelleren Hurricanes und Spitfires. Göring machte deshalb sehr schnell die schleppende Jäger-Pro-

LUFTFLOTTE 2 (13. AUGUST 1940)

- **STAB (Gen-FM Kesselring)**
  - 1.(F)/22
  - 2.(F)/122
  - 4.(F)/122
  - **I.Fliegerkorps (Gen-Ob Grauert)**
    - Stab/KG1
    - I./KG1
    - II./KG1
    - III./KG1
    - Stab/KG76
    - I./KG76
    - II./KG76
    - III./KG76
    - Stab/KG77
    - I./KG77
    - II./KG77
    - III./KG77
  - **II.Fliegerkorps (Gen der Flieg Loerzer)**
    - Stab/KG2
    - I./KG2
    - II./KG2
    - III./KG2
    - Stab/KG3
    - I./KG3
    - II./KG3
    - III./KG3
    - Stab/KG53
    - I./KG53
    - II./KG53
    - III./KG53
    - Stab/StG1
    - II./StG1
    - Stab/StG2
    - II./StG2
    - IV.(St)/LG1
    - ErprGr210

Für den *Luftkampf um England* benutzte die *Luftflotte 2* viele Flughäfen in Nordfrankreich, den Niederlanden und Belgien. Bomber- und Jägereinheiten waren ungefähr gleich stark und alles in allem verfügte die *Luftflotte 2* im August 1940 über rund 1.500 einsatzfähige Flugzeuge.
In den Jäger-Einheiten der Luftflotte dienten einige der bekanntesten Flieger-Asse, so z.B. Werner Mölders (JG 53/5; 25 Abschüsse), Arnold Lignitz (JG51; 19 Abschüsse) und Gerhard Schöpfel (JG26; 16 Abschüsse).

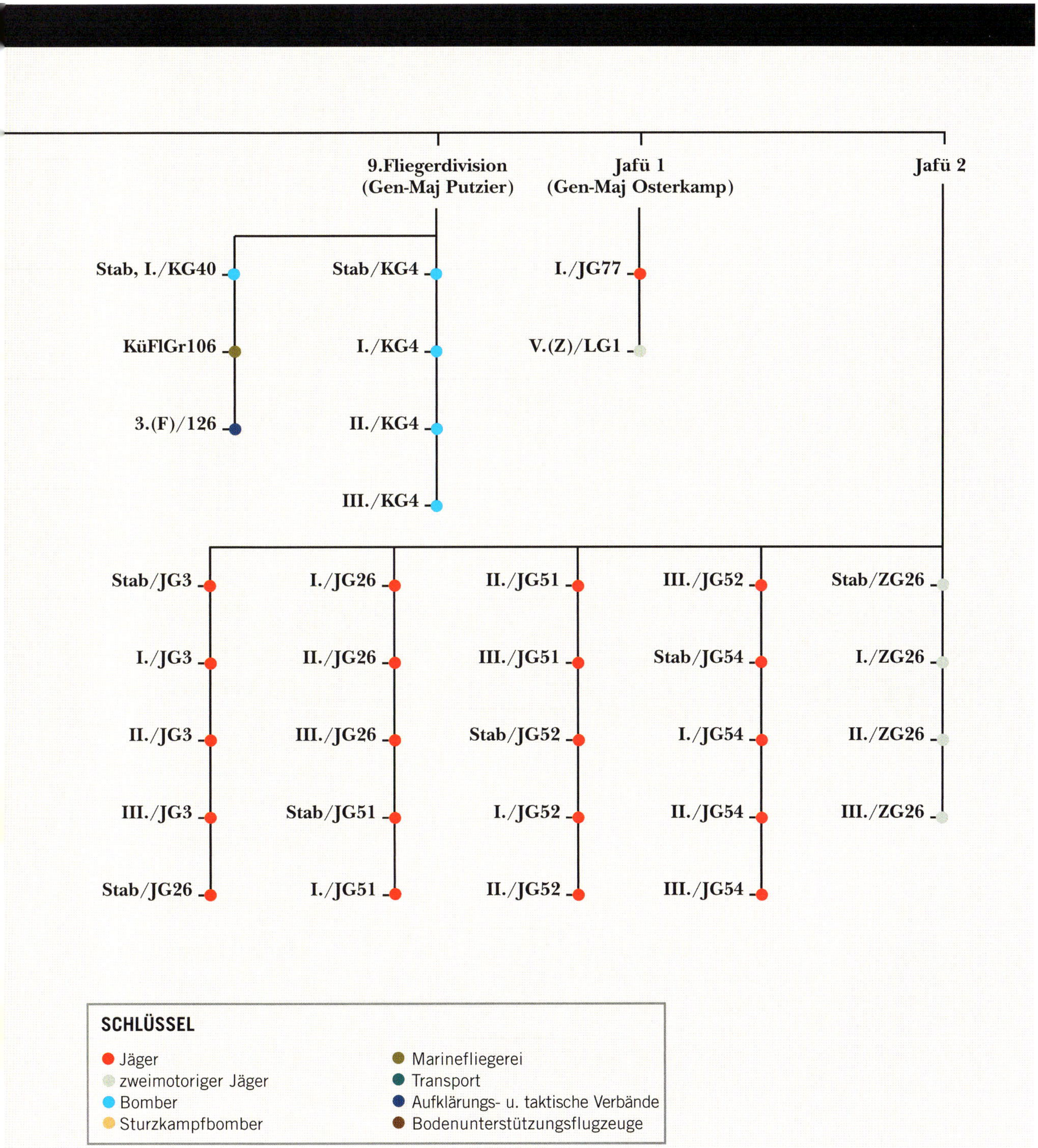
9.Fliegerdivision
(Gen-Maj Putzier)
Jafü 1
(Gen-Maj Osterkamp)
Jafü 2
Stab, I./KG40
KüFlGr106
3.(F)/126
Stab/KG4
I./KG4
II./KG4
III./KG4
I./JG77
V.(Z)/LG1
Stab/JG3
I./JG3
II./JG3
III./JG3
Stab/JG26
I./JG26
II./JG26
III./JG26
Stab/JG51
I./JG51
II./JG51
III./JG51
Stab/JG52
I./JG52
II./JG52
III./JG52
Stab/JG54
I./JG54
II./JG54
III./JG54
Stab/ZG26
I./ZG26
II./ZG26
III./ZG26
SCHLÜSSEL
Jäger
zweimotoriger Jäger
Bomber
Sturzkampfbomber
Marinefliegerei
Transport
Aufklärungs- u. taktische Verbände
Bodenunterstützungsflugzeuge

WERNER MÖLDERS (1913–1941)

Werner Mölders wurde 1913 geboren und diente zuerst als Infanterist und als Offizierskadett in den 1930er Jahren, bevor er 1935 zu der damals neuen *Luftwaffe* versetzt wurde. Er bewies ein ungewöhnliches Talent als Flieger und wurde Fluglehrer und Ausbilder im Jahr 1936. Mölders galt als eine der bekanntesten Flieger-Asse der *Luftwaffe*, der in nur drei Jahren 101 Kampfabschüsse erreichte.

• Er nahm als Soldat am spanischen Bürgerkrieg 1938 teil und schoss dabei 14 Flugzeuge ab. Er half bei der Entwicklung der *Schwarm*-Technik, die für den Luftkampf der Deutschen Jäger von entscheidender Bedeutung wurde;

• Er nahm als Kampfflieger beim Einmarsch in Polen teil und wurde zum *Gruppenkommandeur* des *III./JG53* im Oktober 1939 ernannt, am 27. Mai 1940 wurde er *Hauptmann*; zusammen mit JG53 und (als Kommandant) JG51 diente er in Frankreich und Russland und erreichte am 15. Juli 1941 seinen 101. Abschuss;

• Auf Anordnung von Göring hörte Mölders mit dem Fliegen auf und wurde *Inspekteur General der Jäger*. Er starb am 22. November 1941 bei einem einfachen Unfall.

duktion für den ausbleibenden Schutz seiner StuKa's verantwortlich. Das war auch ein Grund dafür, dass die StuKa's keine herausgehobene Rolle beim *Luftkampf um England* spielten, abgesehen von einigen Angriffen auf Radarstationen.

Mit Blick auf die Gefechte zwischen Jagdmaschinen über dem Kanal wurden bestimmte Lektionen auf beiden Seiten gelernt. Genauso wie bei den Ju 87 stellten sich hier nämlich auch die Unzulänglichkeiten der verschiedenen Jagdmaschinentypen heraus. Bei der RAF war die Boulton Paul Defiant die Maschine mit den schlechtesten Leistungen. Sie war zu langsam und zu schwer, besonders für Kämpfe bei Tageslicht über dem Kanal gegen die weitaus agilere Bf 109. Sie wurde ab August 1940 für Tageslichtkämpfe vom Kanal abgezogen. Für die Deutschen stellte sich die Bf 110, obwohl sie ein hervorragendes Bodenunterstützungsflugzeug war, als wenig geeignet heraus, im Luftkampf zu bestehen. Die Höchstgeschwindigkeit war nicht schlecht, aber ihre Manövrierfähigkeit war verglichen mit einer Spitfire nicht ausreichend. Nichtsdestoweniger wurde sie als Begleitflugzeug auch weiterhin gebraucht, weil die Bf 109 durch die Luftkämpfe mit der Royal Air Force sehr schnell an ihre Grenzen stießen. Ein Beweis dafür ereignete sich am 8. August, als es zu einem massiven Luftkampf über der Südküste Englands kam und allein 31 Bf 109's und Ju 87's abgeschossen wurden. Die RAF hatte nur mehr 19 britische Jagdmaschinen verloren.

Am 1. August 1940 erreichte Göring die Anweisung Hitlers, die *Direktive Nr. 17*, die besagte, dass „die '*Luftwaffe*' mit all ihr zur Verfügung stehenden Mitteln und so schnell wie möglich die englischen Luftstreitkräfte vernichten sollte". Die Direktive sah auch eine Prioritätenliste bei der Zielplanung vor. Zuerst sollten die RAF-Formationen selbst mitsamt ihrer Infrastruktur und Nachschubeinrichtungen angegriffen werden, anschließend die Firmen, in denen die Flugzeuge produziert wurden.

Kriegsplanungen

Göring und sein Stab hatten die folgenden Einsätze bereits geplant und sie mit dem Codewort *Adlerangriff* versehen. Sie meinten allen Grund zur Zuversicht haben zu dürfen. Die Briten hatten rund 900 Jäger entlang ihrer Küste stationiert, die meisten davon im Südosten, wo ein Großteil des *Luftkampfes um England* ausgetragen werden würde. Die Deutschen hatten dagegen mehr als 2.500 Flugzeuge verschiedenster Typen, die sich auf die *Luftflotten 2,3 und 5* verteilten. Die Worte *verschiedenster Typen* deuten allerdings schon Schwierigkeiten an. Rund 1.500 dieser Flugzeuge warten Mittelstreckenbomber, StuKa's und Aufklärungsflugzeuge, wohin gegen die *Luftwaffe* nicht viel mehr Jagdflugzeuge aufbieten konnte, als auch die RAF besaß – 853 einsitzige Jäger und 189 zweimotorige Jagdmaschinen. Darüber hinaus hatte die Royal Air Force den Vorteil, dass sie ihre Radarkette nutzen konnte, die britische Jagdverbände frühzeitig vor dem Anflug von deutschen Kampfverbänden über englischem Territorium warnte.

Wenn die deutschen Jäger über England angekommen waren, hatten sie naturgegebenermaßen eine kürzere Reichweite und Flugzeit als ihre Gegner, weil die Briten praktisch von ihrem Flugplatz direkt auf das Schlachtfeld fliegen konnten. Wenn die deutschen Bomber tiefer nach England vorstoßen wollten, konnten sie dies oftmals ohne jeden einsitzigen Begleitschutz machen. Die *Luftwaffe* war also in keiner Weise in der starken Position, in der sie glaubte, zu sein. Weitere Fehleinschätzungen in Görings strategischen Plänen sollten sich deshalb auch schon bald für die *Luftwaffe* als fataler Fehler herausstellen.

Der *Adlerangriff* begann am 13. August 1940. Der Tag war als *Adlertag* benannt worden. An ihm sollte die RAF mehrheitlich am Boden auf ihren Flugplätzen im Süden und Westen Englands (plus etlicher Flugfelder in Nordengland) vernichtet und die britischen Jäger in der Luft empfindlich getroffen werden. Ju 87's hatten bereits am Tag zuvor etliche Radarstationen angegriffen. Am 13. wurden die schwersten Angriffe durch die Do 17 des KG2, den Ju 88 des KG54 und den Ju 87 des StG77 durchgeführt. Sie griffen Flugplätze

BF 109 EINHEITEN – KAMPF UM ENGLAND

Luftwaffen-Einheiten	Basis	Typ	Str*	Op*
BF 109 EINHEITEN				
Stab/JG2	Beaumont-le-Roger	Bf 109E	4	3
I./JG2	Beaumont-le-Roger	Bf 109E	32	27
II./JG2	Beaumont-le-Roger	Bf 109E	33	24
III./JG2	Le Havre	Bf 109E	29	20
Stab/JG3	Wiere-au-Bois	Bf 109E	2	2
I./JG3	Grandviliers	Bf 109E	30	24
II./JG3	Samer	Bf 109E	34	30
III./JG3	Desvres-le-Touquet	Bf 109E	34	25
Stab/JG26	Audembert	Bf 109E	4	2
I./JG26	Audembert	Bf 109E	34	24
II./JG26	Marquise-Ost	Bf 109E	35	29
III./JG26	Caffiers	Bf 109E	39	33
Stab/JG27	Cherbourg-Ouest	Bf 109E	5	5
I./JG27	Lumetôt	Bf 109E	39	39
II./JG27	Crépon	Bf 109E	39	27
III./JG27	Arques	Bf 109E	39	32
Stab/JG51	Wissant	Bf 109E	4	2
I./JG51	Pihen-bei-Calais	Bf 109E	29	23
II./JG51	Marquise-Ouest	Bf 109E	25	25
III./JG51	St Omer-Clairmarais	Bf 109E	39	39

***Str = Stärke auf dem Papier *Op = Operationelle Stärke**

BF 109 EINHEITEN – KAMPF UM ENGLAND

Luftwaffen-Einheiten	Basis	Typ	Str*	Op*
BF 109 EINHEITEN				
Stab/JG52	Coquelles	Bf 109E	2	1
I./JG52	Coquelles	Bf 109E	45	36
II./JG52	Peuplingues	Bf 109E	35	23
III./JG52	Zerbst	Bf 109E	31	16
Stab/JG53	Cherbourg	Bf 109E	4	4
I./JG53	Rennes	Bf 109E	39	37
II./JG53	Dinan	Bf 109E	30	26
III./JG53	Brest	Bf 109E	39	21
Stab/JG54	Campagne-les-Guines	Bf 109E	4	3
I./JG54	Guines-en-Calais	Bf 109E	34	24
II./JG54	Hermelingen	Bf 109E	38	36
III./JG54	Guines-en-Calais	Bf 109E	36	39
Stab/JG77	Stavanger/ Trondheim	Bf 109E	-	-
I./JG77	Stavanger/ Trondheim	Bf 109E	42	40
II./JG77	Stavanger/ Trondheim	Bf 109E	39	35
II.(S)/LG2	Böblingen	Bf 109E-7	38	36

***Str = Stärke auf dem Papier *Op = Operationelle Stärke**

und etliche umliegende Ziele an, wie zum Beispiel die Flugzeugwerke in Farnborough.
Die Start- und Landebahnen wurden schwer beschädigt, aber besonders die Ju 87-Maschinen erlitten erhebliche Verluste. Neun Flugzeuge wurden abgeschossen. Am nächsten Tag behinderte schlechtes Wetter die Aktionen der *Luftwaffe*, ermöglichte ihr allerdings Vorbereitungen für den darauf folgenden Tag. Es war ein Angriff großen Stils, an dem sich alle drei westlichen Luftflotten beteiligten. Über 2.000 Einsätze wurden über England geflogen. Göring plante ein sich von Tag zu Tag steigerndes dreitägiges Bombardement, das die RAF in die Knie zwingen sollte. Während die Bomberverbände versuchten, zu ihren Zielen durchzukommen, kam es am Himmel über England zu erbitterten Luftkämpfen zwischen deutschen und britischen Jägern, bei denen beide Seiten erhebliche Verluste davontrugen. Allein im August verlor die *Luftwaffe*, soweit es die Zahlen zulassen, 229 Bf 109, 123 Bf 110, 75 Do 17, 98 He 111, 104 Ju 88 und 62 Ju 87 (die geringe Zahl der Ju 87-Verluste verschleiert den hohen Prozentsatz der eingesetzten und abgeschossenen Maschinen.)
Insgesamt kamen 229 Piloten dabei ums Leben oder wurden gefangen genommen, 263 weitere wurden vermisst.

LUFTFLOTTE 3 (13 AUGUST 1940)

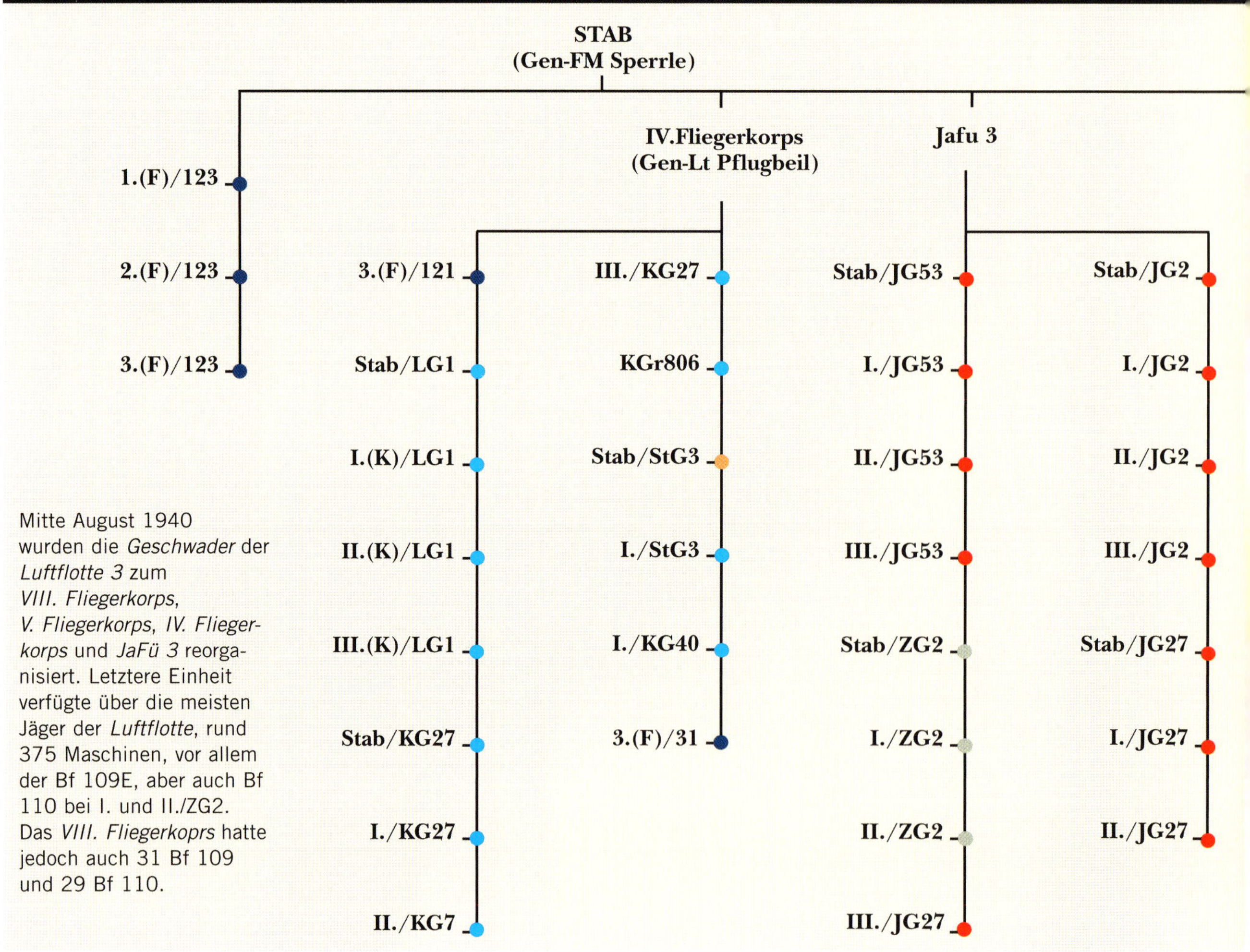

Mitte August 1940 wurden die *Geschwader* der *Luftflotte 3* zum *VIII. Fliegerkorps*, *V. Fliegerkorps*, *IV. Fliegerkorps* und *JaFü 3* reorganisiert. Letztere Einheit verfügte über die meisten Jäger der *Luftflotte*, rund 375 Maschinen, vor allem der Bf 109E, aber auch Bf 110 bei I. und II./ZG2. Das *VIII. Fliegerkopr*s hatte jedoch auch 31 Bf 109 und 29 Bf 110.

Die *Luftflotte* 5, die von ihren Basen in Dänemark und Norwegen operierte, erlitt besonders hohe Verluste bei ihren ersten Angriffen auf Nordengland. Weil die Entfernung so groß war konnten die Bomberverbände nur mehr durch Bf 110 begleitet werden. Ein Angriff von 170 Flugzeugen des KG26 und ZG76 auf Newcastle und Sunderland stieß auf den Widerstand von fünf Geschwadern britischer Jäger (Nr. 12 und 13) und führte zum Verlust von 16 He 111 und 7 Bf 110. Insgesamt verlor die *Luftflotte* 5 75 Maschinen an diesem Tag im Vergleich zu 34 Flugzeugen auf britischer Seite.
Während der ersten fünf Tage hatte die RAF somit 200 Maschinen verloren. Die *Luftwaffe* hatte übertriebene Abschusszahlen veröffentlicht, um den Eindruck zu erwecken, dass die Royal Air Force nur mehr 300 Maschinen zur Verfügung hatte. Nichtsdestoweniger war es den Briten gelungen, immer noch eine respektable Anzahl an Jägern entlang der Küste bereit zu stellen. Aber auch nicht mehr. Zudem gelang es der RAF nur mühsam, abgeschossene Piloten zu ersetzen und den neuen Mannschaften ausreichend Zeit zur Übung zu verschaffen, ehe sie in das Kampfgebiet verlegt wurden. Vom 18. August (und vor allem vom 24. August) an wurden die Umstände für die Briten kritisch, als Göring die

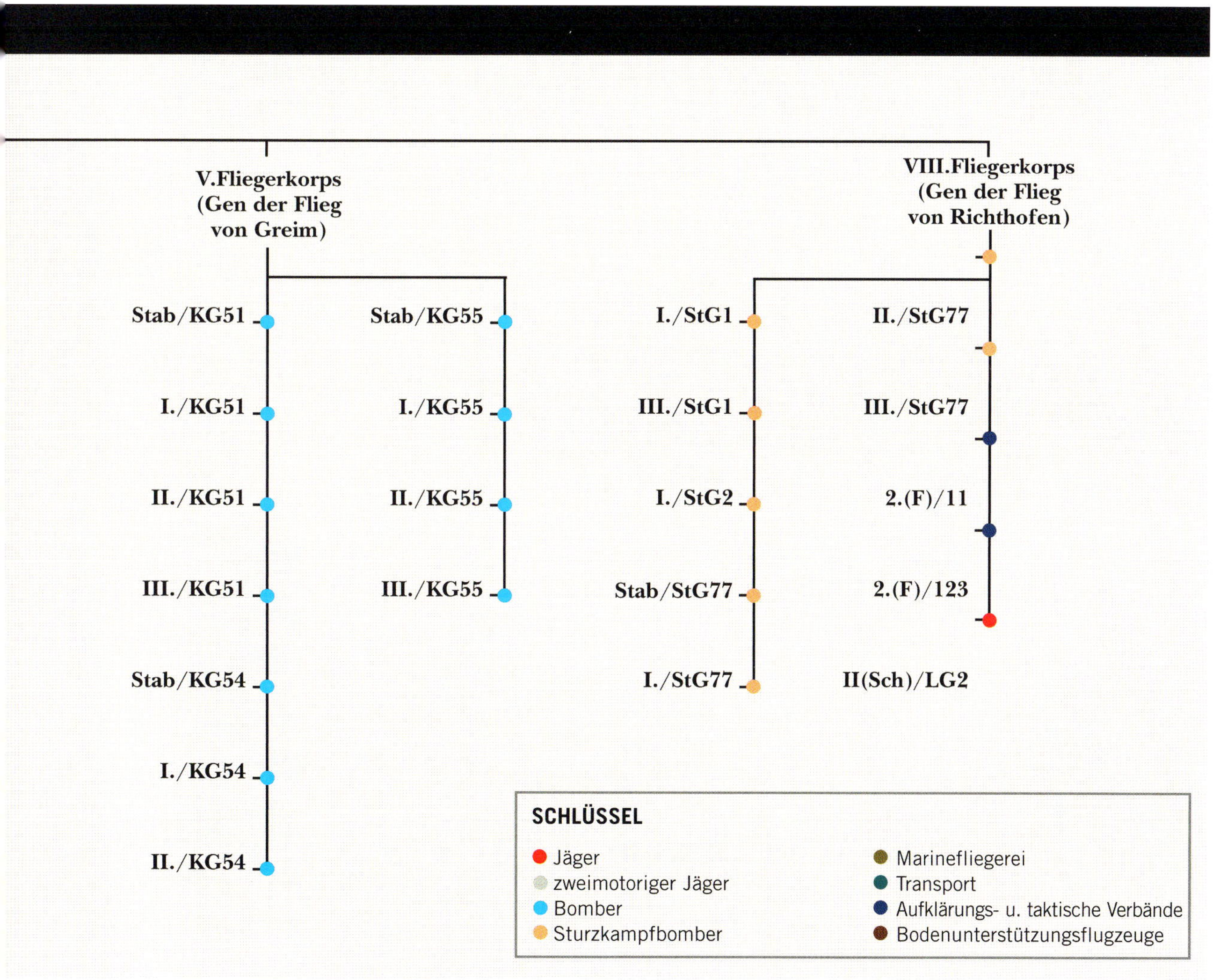

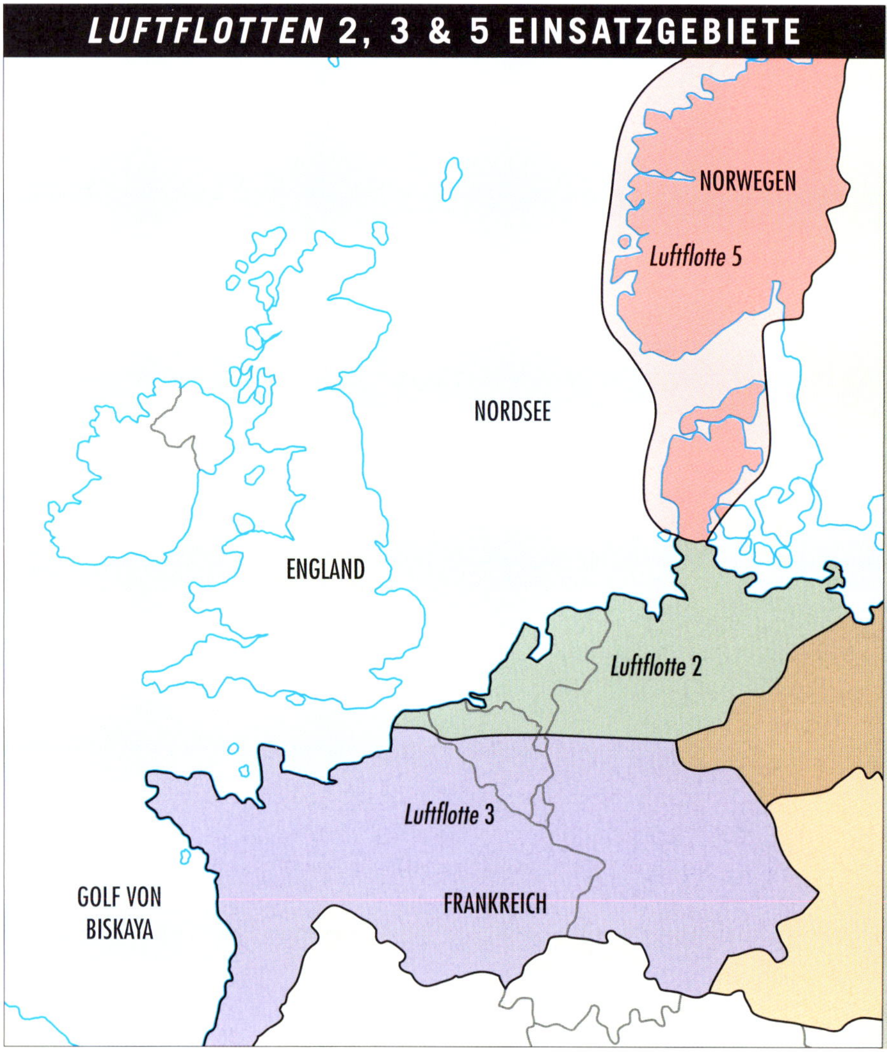

August 1940

Ein Blick auf die Einsatzgebiete der *Luftflotten* zeigt ungefähr ihre Befehlsgewalt zur Zeit der *Luftschlacht um England*. Die *Luftflotten 23*, die von den gerade erst beförderten Feldmarschällen Kesselring und Sperrle befehligt wurden, waren sehr viel größer als die *Luftflotte 5* im Norden und perfekt stationiert, um den Südosten Englands angreifen zu können. Obwohl, als der Luftkrieg im September 1940 über London hinaus ausgedehnt wurde, die Einsatzreichweite der einsitzen Begleitjäger zu gering wurde, um den Bomberverbänden einen ausreichenden Schutz zu gewähren.

Die *Luftflotte 5* unter dem Befehl von *Generaloberst* Hans-Jürgen Stumpff, der noch bis zum Mai Kommandeur der *Luftflotte 1* gewesen war, wurde durch ähnliche Probleme noch mehr behindert, denn die Anflugdistanz über die Nordsee war so groß, dass der einzige Begleitjäger die Bf 110 war, die lange Einsätze über feindlichem Territorium fliegen musste.

Taktik veränderte. Der Chef der *Luftwaffe* reduzierte die Zahl der Bomber und erhöhte gleichzeitig die Anzahl der Begleitjäger und hoffe, auf diese Weise dem *Fighter Command* einen tödlichen Schlag versetzen zu können.

Das war eine Strategie, mit der sich unter Umständen der Krieg hätten gewinnen lassen. Allein am 18. August verlor die RAF 30 Hurricanes und 7 Spitfires, obwohl die *Luftwaffe* am gleichen Tag auch 61 Flugzeuge verlor, darunter 16 Bf 109. Das brachte die Verlustzahlen für die deutschen auf 228 Flugzeuge in einer Woche. Am Ende des Monats musste die RAF 978 Einsätze fliegen, um eindringende deutsche Flugzeuge zu bekämpfen. 38 Maschinen der Deutschen wurden abgeschossen. Am 2. September flogen die Deutschen alleine 1.000 Einsätze an einem einzigen Tag.

Der Wendepunkt

Am 6. September, als es zu einer weiteren Änderung in der Taktik der Deutschen kam, standen die Briten in der Tat vor einem Wendepunkt. Wenn die Operation der Deutschen weitergelaufen wäre, wären die britischen Jäger über kurz oder lang in Grund und Boden bombardiert worden. Auf der anderen Seite sah sich auch die *Luftwaffe* schlimmsten Verlusten gegenüber. Vor allem traf sie der Verlust an Piloten und Besatzungen hart. Natürlich sahen sich auch die Briten schweren Verlusten gegenüber, aber alle Piloten, die noch rechtzeitig aus ihren Maschinen aussteigen konnten, landeten auf heimatlichem Boden und konnten so am nächsten Tag wieder eingesetzt werden. Die Verluste an *Luftwaffen*-Piloten wurden so schwerwiegend, dass die verfügbaren Flugzeuge nur bis zu 69 Prozent mit Besatzungen ausgestattet werden konnten. Die Zahlen für die größeren Maschinen waren dabei noch viel gravierender: 46 Prozent der Bf 110-Geschwader konnten nur mehr bemannt werden und 59 Prozent der Bombergeschwader. Aber noch immer schien sich der *Luftkampf um England* am Ende für die deutsche Seite zum Guten zu wenden. Aber jetzt fällte Göring eine seiner vielen charakteristischen Fehlentscheidungen. Sie hing damit zusammen, dass er am 6. September in Frankreich war, weil der *Reichsmarschall* angenommen hatte, dass die Operation von seiner eigenen Präsens vor Ort profitieren würde. Im Glauben, dass die RAF praktisch erledigt wäre, ordnete er an, dass die Luftwaffe sich fortan zuerst der britischen Hauptstadt widmen sollte, um die letzten Reste an Widerstand dort zu brechen. Selten hat es in einem Krieg eine solche Fehlentscheidung gegeben. Indem Göring Tod und Zerstörung über die britischen Städte trug, hatte er den *Luftkampf um England* damit faktisch aufgegeben.

Vom *Adlertag* zur Niederlage

Deutschlands Entschluss, den Schwerpunkt für die *Luftwaffe* auf London zu verlegen, war ein strategisches Desaster und machte die Niederlage der deutschen Luftstreitkräfte im Kampf um England komplett.

Am 25. August hatten britische Bomber einen eher kleineren Angriff auf die deutsche Hauptstadt geflogen. Obwohl der Schaden vergleichsweise geringfügig war, brachte der Angriff Hitler auf und beschämte Göring, der sich öffentlich damit gebrüstet hatte, dass es keinem alliierten Bomber jemals gelingen würde, die Reichshauptstadt zu bombardieren. Als Antwort auf den Angriff verlegte sich die *Luftwaffe* ab dem 7. September darauf, britische Städte anzugreifen und hier ganz besonders London. Der erste Angriff fand am 7. September statt. Über 300 Bomber warfen ihre Bombenlast über London ab und verursachten schwere Schäden. Sie wurden von 600 Jägern begleitet.

In der darauf folgenden Woche griff die *Luftwaffe* in zahlreichen Wellen tagsüber und nachts die Hauptstadt an, aber obwohl sie dabei ebenfalls schwere Verwüstungen anrichteten, führten diese Angriffe doch zur Niederlage beim Luftkampf um England. Während die Deutschen sich nicht mehr auf die britischen Jäger und ihre Flugplätze kümmerten, gelang es dem *Fighter Command*, die britischen Jagdflugzeuge wieder in alter Stärke entstehen zu lassen und auch genügend Piloten auszubilden. Die britischen Jäger nahmen jede Gelegenheit wahr, die schwerfälligen deutschen Bomber anzugreifen und zwar immer besonders dann, wenn die Begleitjäger aus Treibstoffmangel abdrehen mussten. Ein Höhepunkt ereignete sich am 15. September, als ein weiterer 300-Bomber-Angriff auf London in zwei Wellen geflogen wurde, aber beide Angriffswellen durch über 300 Hurricanes und Spitfires angegriffen wurden. 56 deutsche Flugzeuge gingen dabei verloren und alle Hoffnungen, dass die RAF nur mehr über eine Handvoll Jäger verfügen würde, hatten sich als gefährliche Illusion erwiesen.

In den nächsten Tagen gab es eine Vielzahl von kleineren Luftgefechten. Vor allem begannen jetzt die nächtlichen *Blitz*-Angriffe. Am 17. September verschob Hitler jedoch die Operation *Seelöwe*. Am 12. Oktober war sie definitiv abgesagt, obwohl Hitler versprach, die Operation 1941 noch einmal neu anzugehen. Görings Stolz war empfindlich getroffen und seine Ausfälle gegen zahlreiche *Luftwaffen-Piloten* hatte sein Verhältnis zu den Kommandeuren schwer belastet. Alles in allem hatte die *Luftwaffe* 1.445 Flugzeuge zwischen Juli und September 1940 verloren.

LUFTFLOTTE 2 (7. SEPT 1940)

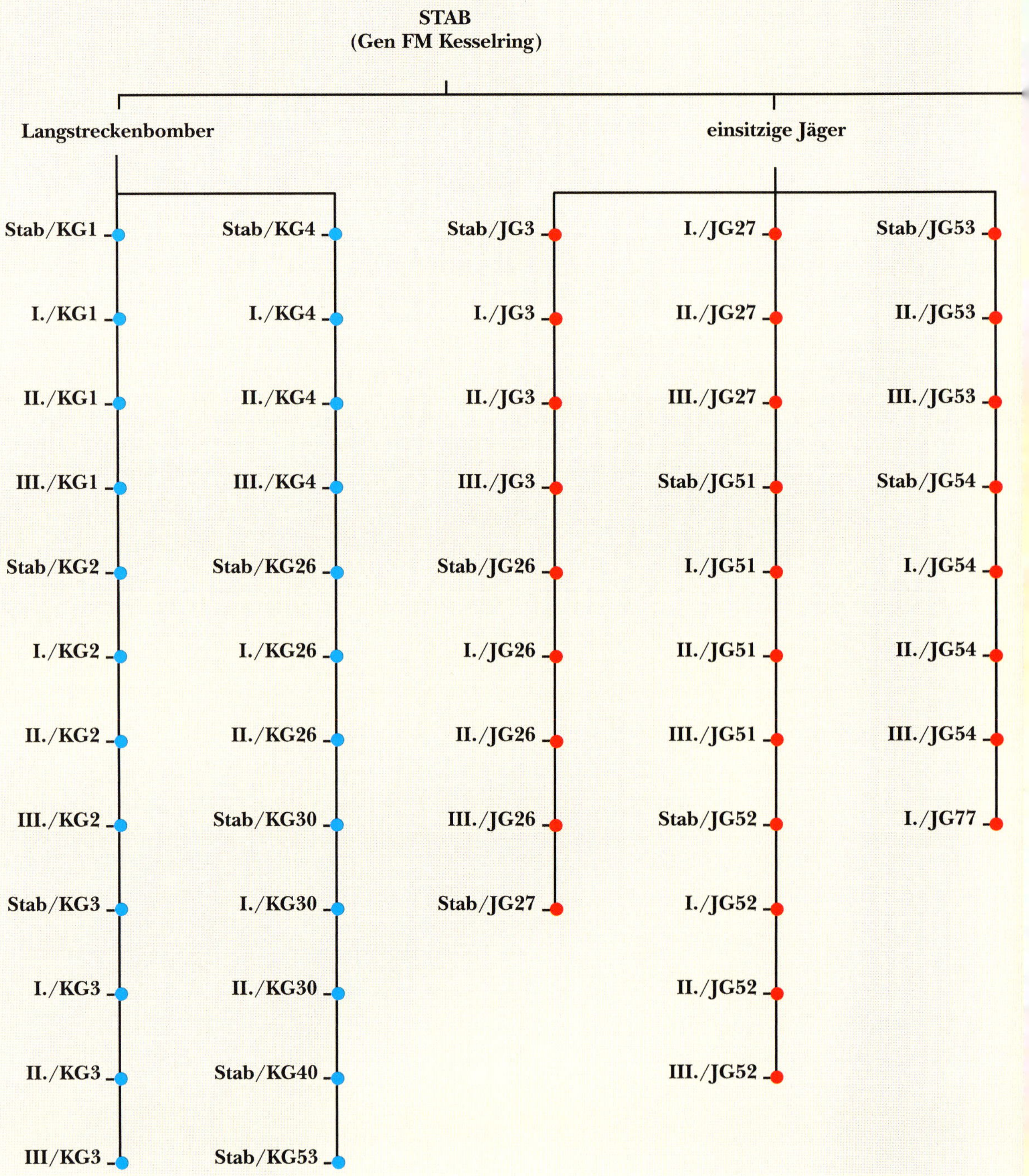

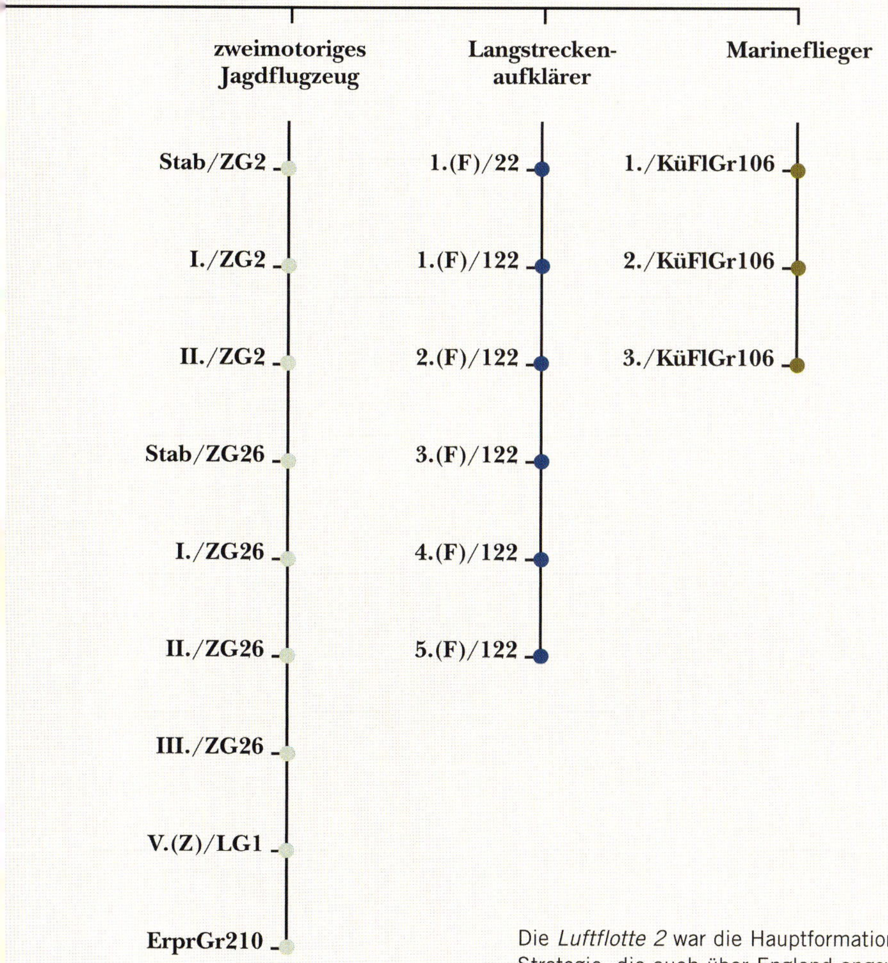

Die *Luftflotte 2* war die Hauptformation für die deutsche *Blitzkrieg*-Strategie, die auch über England angewandt wurde, Ende September 1940. Die meisten Bomber waren im *1. Fliegerkorps* und im *2. Fliegerkorps* enthalten, die rund 600 Bomber aufwiesen, von denen rund 85 Prozent voll einsatzfähig waren.

SCHLÜSSEL

- Jäger
- zweimotoriger Jäger
- Bomber
- Sturzkampfbomber
- Marinefliegerei
- Transport
- Aufklärungs- u. taktische Verbände
- Bodenunterstützungsflugzeuge

Der Blitz (1940-41)

Der Blitz, die anhaltenden nächtlichen Angriffe der *Luftwaffe* zwischen September 1940 und Mai 1941 war ein deutlicher Versuch der *Luftwaffe*, den Schwerpunkt ihrer Aktivitäten auf strategische Angriffe, besonders auf städtische Ziele zu verlagern.

Der *Luftkampf um England* war zu einer traumatischen Erfahrung für Hermann Göring geworden. Eine Erfahrung, die sein sowieso schon lädiertes Ansehen bei Hitler und dem deutschen Oberkommando noch weiter schwächte. Göring ließ deshalb seine Wut an jenen aus, die mehr als nur ihren Mut im Kampf bewiesen hatten – den Piloten. Er schien hilflos zu sein, um wieder die taktische Oberhand zu gewinnen. Nichtsdestoweniger war die *Luftwaffe* immer noch im Krieg gegen England – im September 1940 waren die Achsen-Streitkräfte bereits in erste Gefechte mit den Briten in Nordafrika verwickelt und der Kriegsschauplatz dort sollte sich als nächste Station für die *Luftwaffe* erweisen. Zwar war die Operation *Seelöwe* abgesagt worden, aber es gab keine Garantie dafür, dass sie nicht irgendwann wieder aufgelegt werden würde. England war also immer noch ein Ziel für die *Luftwaffe*, deshalb verlagerte sie sich auch, nachdem sie die RAF nicht hatte ausschalten können, darauf, die britischen Industriezentren zu treffen.

Strategische Ziele

Deutsche Tageslichtangriffe gegen britische Städte hielten deshalb auch nach dem 15. September, dem Höhepunkt, an. Einige dieser Angriffe erreichten beachtliche Größen. Aber am Ende des Monats erreichten die deutschen Verluste doch solche Ausmaße, dass die Taktik geändert werden musste. So machten am 27. September gemischte Verbände bestehend aus Bf 109, Bf 110 und Ju 88 Angriffe auf den Südosten Englands, um – so die Taktik – dic RAF abzulenken und zur Diversifizierung zu zwingen, während eine große Angriffsformation aus Ju 88 London genau zu dem Zeitpunkt bombardierte, als die meisten Jäger am Boden waren, um wieder aufzutanken. Die neue Strategie ging jedoch nicht auf und als die letzte Welle der Bomber über London war, erwarteten sie dort das gesamte Jagdkommando der 10. RAF-Groupe. An diesem Tag verlor die *Luftwaffe* 49 Flugzeuge, darunter 17 Bf 109 und 18 Bf 110.

Natürlich war der Kampf nicht ganz so einseitig. Am nächs-

STÄRKE DER EINHEITEN–*LUFTFLOTTE* 2 (SEPT. 1940)

Luftwaffen-Einheiten	Basis	Typ	Str*	Op*
LANGSTRECKENBOMBER				
Stab/KG1	Rosières-en-Santerre	He 111	7	5
I./KG1	Montdidier/Clairmont	He 111	36	22
II./KG1	Montdidier/Nijmegen	He 111	36	23
III./KG1	Rosières-en Santerre	He 111	28	19
Stab/KG2	St Lèger	Do 17Z	5	4
I./KG2	Cambrai	Do 17Z	28	21
II./KG2	St Lèger	Do 17Z	34	31
III./KG2	Cambrai-Sud	Do 17Z	29	24
Stab/KG3	Le Culot	Do 17Z	6	5
I./KG3	Le Culot	Do 17Z	34	24
II./KG3	Antwerp/Deurne	Do 17Z	27	23
III./KG3	St Trond	Do 17Z	34	29
Stab/KG4	Soesterburg	He 111	5	5
I./KG4	Soesterburg	He 111	37	16
II./KG4	Eindhoven	He 111	37	30
III./KG4	Amsterdam-Schipol	Ju 88A	35	25
Stab/KG26	Gilze-Rijen	He 111	6	3
I./KG26	Meirbeke/Courtrai	He 111	25	7
II./KG26	Gilze-Rijen	He 111	26	7
Stab/KG30	Brussels	Ju 88A	1	1
I./KG30	Brussels	Ju 88A	10	1
II./KG30	Gilze-Rijen	Ju 88A	30	24
Stab/KG40	Bordeaux	Ju 88A	2	1
Stab/KG53	Lille-Nord	Ju 88A	5	3

*Str = Stärke auf dem Papier *Op = Operationelle Stärke

ten Tag starteten zwei kleinere Formationen mit Ju 88 und Bf 110. Sie wurden von nicht weniger als drei *Jagdgeschwadern* mit Bf 109 – insgesamt 250 Flugzeuge – begleitet. An diesem Tag wurden 14 RAF-Jäger abgeschossen, während die *Luftwaffe* nur mehr fünf Flugzeuge verlor. Doch trotz solcher Erfolge konnten die Verluste die *Luftwaffe* nicht darüber hinwegtäuschen, dass die Verluste sich immer weiter auftürmten. Deshalb ging sie Ende September dazu über, nur mehr bei Nacht mit Bombern anzugreifen, um die feindliche Infrastruktur und die Moral der Zivilbevölkerung durch lang anhaltende Bombardierungen zu treffen.

Obgleich wir bereits mehrfach darauf hingewiesen hatten, dass die *Luftwaffe* nur über begrenzte Fähigkeiten zur strategischen Luftkriegsführung verfügte, boten die küstennahen

STÄRKE DER EINHEITEN-*LUFTFLOTTE* 2 (SEPT. 1940)

Luftwaffen-Einheiten	Basis	Typ	Str*	Op*
1-motorige JÄGER				
Stab/JG3	Wierre au Bois	Bf 109E	2	2
I./JG3	Grandvilliers	Bf 109E	30	24
II./JG3	Samer	Bf 109E	34	30
III./JG3	Desvres Le Torquet	Bf 109E	34	25
Stab/JG26	Audembert	Bf 109E	4	2
I./JG26	Audembert	Bf 109E	34	24
II./JG26	Marquise-Ost	Bf 109E	35	29
III./JG26	Caffiers	Bf 109E	39	33
Stab/JG27	Cherbourg-Quest	Bf 109E	5	5
I./JG27	Plumetot	Bf 109E	39	39
II./JG27	Crépon	Bf 109E	39	27
III./JG27	Arcques	Bf 109E	39	32
Stab/JG51	Wissant	Bf 109E	4	2
I./JG51	Phihen bei Calais	Bf 109E	29	23
II./JG51	Marquise-Quest	Bf 109E	25	25
III./JG51	St Omer-Clairmarais	Bf 109E	39	39
Stab/JG52	Coque	Bf 109E	2	1
I./JG52	Coquelles	Bf 109E	45	36
II./JG52	Peuplingues	Bf 109E	35	23
III./JG52	Zerbst	Bf 109E	31	16
Stab/JG53	Cherbourg	Bf 109E	4	4
II./JG53	Dinan	Bf 109E	39	37
III./JG53	Brest	Bf 109E	30	22
Stab/JG54	Campagne-l-Guines	Bf 109E	4	2
I./JG54	Guines-en-Calaises	Bf 109E	28	23
II./JG54	Hermelingen	Bf 109E	35	27
III./JG54	Guines-en-Calaises	Bf 109E	29	23
I./JG77	StavangerTrondheim	Bf 109E	42	40

***Str = Stärke auf dem Papier *Op = Operationelle Stärke**

STÄRKE DER EINHEITEN-*LUFTFLOTTE* 2 (SEPT. 1940)

Luftwaffen-Einheiten	Basis	Typ	Str*	Op*
2-motorige JÄGER				
Stab/ZG2	Toussous-le-Noble	Bf 110	1	–
I./ZG2	Amiens/Caen	Bf 110	20	10
II./ZG2	Guyancourt/ Caudran	Bf 110	28	10
Stab/ZG26	Lille	Bf 110	3	3
I./ZG26	Abbeville/St Omer	Bf 110	33	14
II./ZG26	Crécy	Bf 110	25	17
III./ZG26	Barly/Arques	Bf 110	25	17
V.(Z)/LG1	Ligescourt/Alençon	Bf 110	23	19
ErprGr210	Denain	Bf 109E Bf 110C/D	26	17
FERNAUFKLÄRER				
1.(F)/22	Lille	Do 17 Bf 110	13	9
1.(F)/122	Holland	Ju 88A	5	3
2.(F)/122	Brussels/Melsbrock	Ju 88A He 111	10	9
3.(F)/122	Eindhoven	Ju 88A He 111	11	11
4.(F)/122	Brussels	Bf 110	13	9
5.(F)/122	Haute-Fontaine	Ju 88A He 111	3	3
MARINEFLIEGER				
1./KüFlGr106	Brittany	He 115	10	4
2./KüFlGr106	Brittany	Do 18	9	6
3./KüFlGr106	Borkum	He 115	9	6

***Str = Stärke auf dem Papier *Op = Operationelle Stärke**

Flugplätze in Frankreich doch die Möglichkeit, dass die gesamte südliche Hälfte Englands, Wales und den Midlands, für Luftschläge der Deutschen erreichbar war. Zudem konnte Nordengland von Basen in Nordeuropa aus angeflogen werden.

Eine Heinkel He 111 hatte beispielsweise eine Einsatzreichweite von 2.800 Kilometern (1750 miles) mit maximalem Treibstoff an Bord, so dass sie Einsatzgebiete wie Manchester oder Sheffield im Norden erreichen konnten, sowie Häfen entlang der Küste in Wales wie zum Beispiel Swansea. Die Ju 88 hatte eine vergleichbare Reichweite und konnte eine ähnliche Bombenlast tragen. Diese beiden Flugzeugtypen, zusammen mit der Unterstützung von Nachtjägern wie der Bf 110, waren also in der Lage, tägliche Zerstörungen über England zu bringen. Der strategische Bomberkrieg über England ging übrigens einher mit den schreckli-

STÄRKE DER EINHEITEN–*LUFTFLOTTE* 5 (SEPT. 1940)

Luftwaffen-Einheiten	Basis	Typ	Str*	Op*
1-motorige JÄGER				
II./JG77	South Norway	Bf 109E	44	35
FERNAUFKLÄRER				
2.(F)/22	Stavanger	Do 17	9	5
3.(F)/22	Stavanger	Do 17	9	5
1.(F)/120	Stavanger	He 111 Ju 88A	13	2
1.(F)/121	Stavanger/Aalborg	Do 17	7	2
MARINEFLIEGER				
1./KüFlGr506	Stavanger	He 115	8	6
2./KüFlGr506	Trondheim/Tromso	He 115	8	5
3./KüFlGr506	Lista	He 115	8	6

*Str = Stärke auf dem Papier *Op = Operationelle Stärke

LUFTFLOTTE 5 (SEPTEMBER 1940)

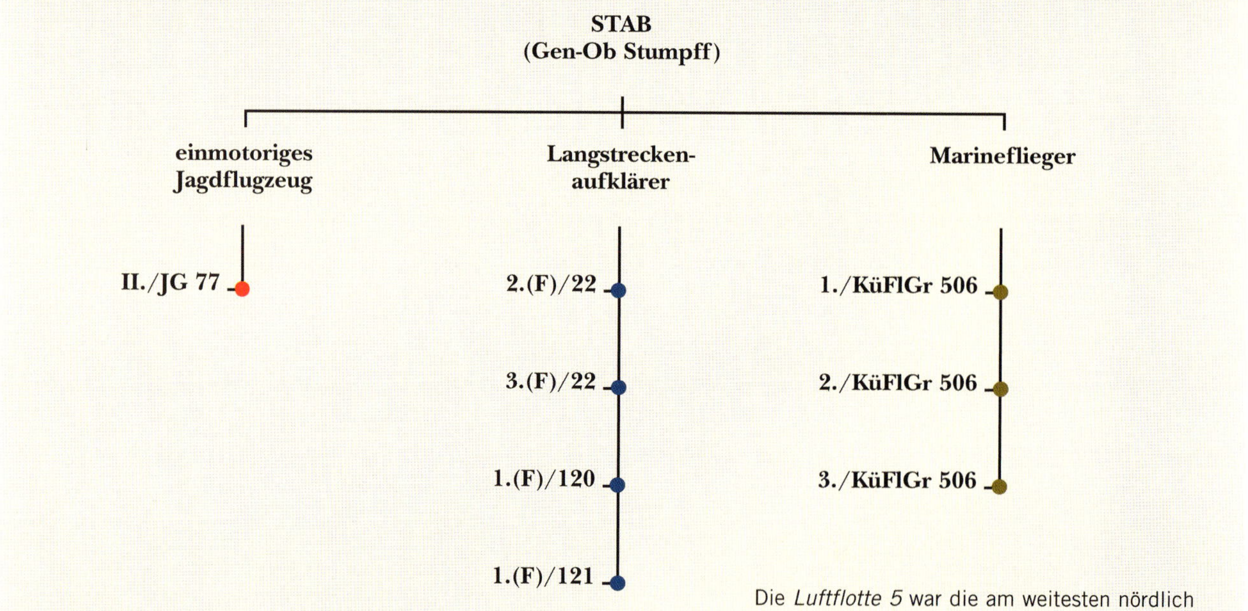

SCHLÜSSEL

- Jäger
- zweimotoriger Jäger
- Bomber
- Sturzkampfbomber
- Marinefliegerei
- Transport
- Aufklärungs- u. taktische Verbände
- Bodenunterstützungsflugzeuge

Die *Luftflotte 5* war die am weitesten nördlich dislozierte Einheit während des *Luftkampfs um England*. Das Hauptquartier wurde am 12. April 1940 nach Oslo verlegt. Während des Kampfes wurde die Luftflotte von *Generaloberst* Hans-Jürgen Stumpff befehligt, der die *Luftflotte* bis zum Jahr 1943 kommandierte, als sie wieder zum Schutz der Heimat ins Reich zurückverlegt wurde.

LUFTKRIEG UM ENGLAND

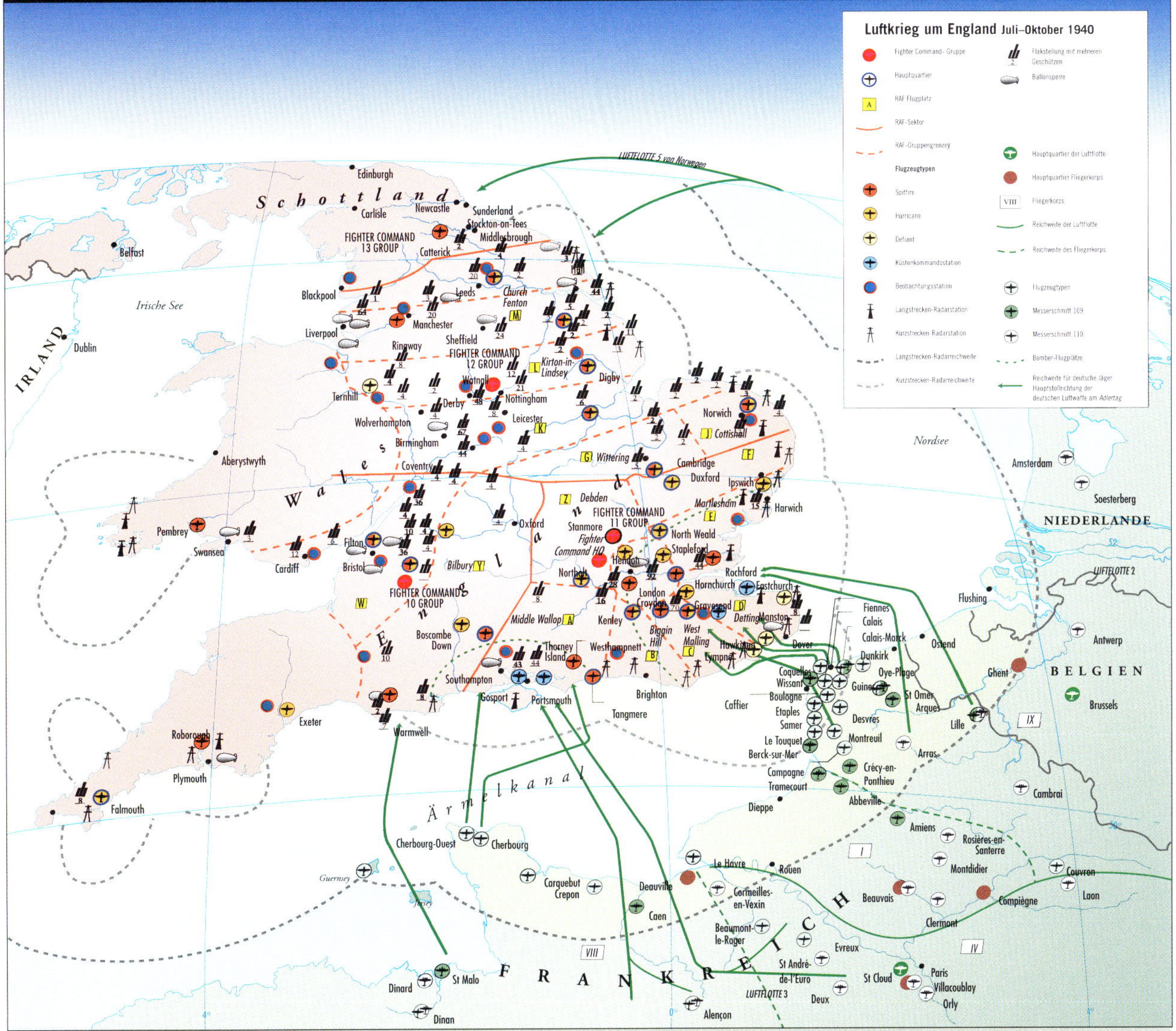

Juli–Oktober 1940

Diese Karte des *Luftkampfs um England* zeigt einige der Herausforderungen, der sich die *Luftwaffe* gegenüber sah, als sie den Luftkampf gegen die Briten aufnahm. Die besondere Bedeutung des Südostens Englands als Hauptgefechtsfeld im Luftkampf wird durch die Dislozierung der meisten deutschen Luftbasen auf der gegenüberliegenden Küste deutlich. Die Dichte der dort stationierten Einheiten ist auch die Grenze zwischen der *Luftflotte 2 & 3*. Aber selbst auf diese kurze Distanz bedeutete dies, dass die deutschen Jäger bei ihrem Begleit- und Kampfeinsatz über England vergleichsweise wenig Zeit hatten im Vergleich zu den britischen Jagdmaschinen. Sollten Bomber weiter entfernte Ziele anfliegen, bedeutete dies nicht selten, dass sie ganz ohne jeden Begleitschutz fliegen mussten. Aber diese Schwierigkeiten waren nichts im Vergleich zu den Herausforderungen der *Luftflotte 5*, die von Skandinavien angeflogen kamen und auf Grund der großen Distanz keinerlei Begleitschutz durch einmotorige Jagdmaschinen hatten und sich voll und ganz auf die Bf 110 verlassen mussten.

chen Versenkungszahlen deutscher U-Boote gegen den Schiffsnachschub auf See.

Von Ende September bis Mitte November griffen bis zu 400 deutsche Bomber jede Nacht britische Städte an. Die Zerstörungen, die sie auch in den sich daran anschließenden Bombardierungen bis zum Mai 1941 anrichteten, waren beträchtlich. Mehr als 60.000 Zivilisten fanden den Tod, eine Million wurde verletzt und rund 250.000 Kinder mussten unter traumatischen Bedingungen in ländliche Gegenden evakuiert werden. Angriffe bei Nacht verursachten auch Navigationsprobleme für die *Luftwaffe*-Besatzungen. Um ihnen Hilfestellung zu geben, benutzten die Nachrichteneinheiten der *Luftwaffe* auf dem Festland drei verschiedene Funkleitstrahlen, um die Flugzeuge zu ihrem Ziel zu führen und ihnen rechtzeitig ein Zeichen zum Ausklinken der Bomben zu geben. Jedes dieser Systeme – *Knickebein, X-Gerät*

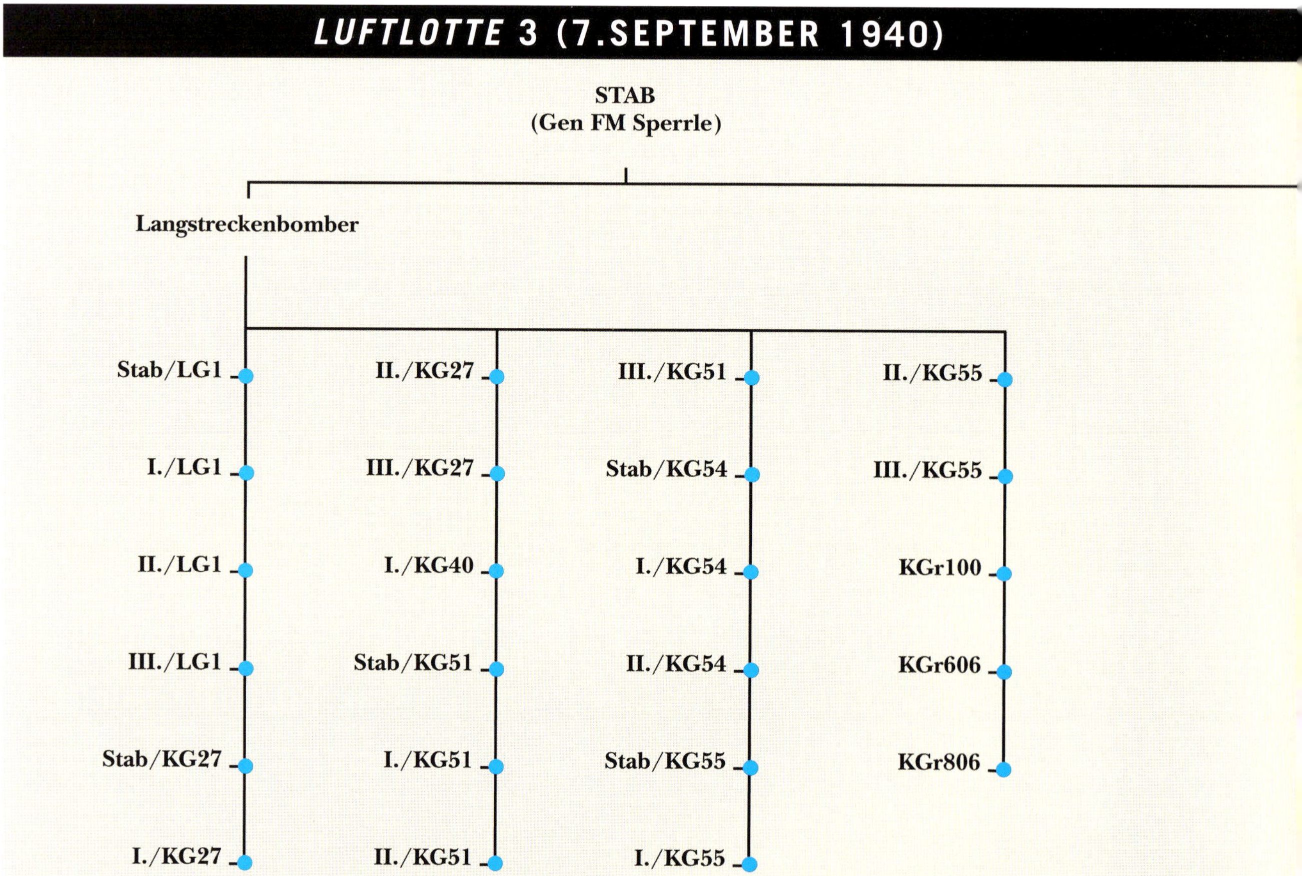

Die *Luftflotte 3* umfasste auch einige Bombergeschwader, obwohl das KG55 wahrscheinlich das Bekannteste war. Es war ausgerüstet mit He 111 und hatte schwerste Verluste während des *Luftkampfs um England* und der *Blitz-Angriffe*. Allein zwischen Juli und Oktober wurden 70 Maschinen abgeschossen.

und Y-Gerät – war fortgeschrittener als das jeweilige zuvor, aber sie waren allesamt anfällig für Störmanöver britischer Funker. Deutsche Navigation in der Nacht stand immer unter dem Vorbehalt, ungenau zu sein. Darüber hinaus war, wie die Alliierten selbst feststellen konnten, je weiter der Krieg fortschritt, das nächtliche Abwerfen von Bomben auch mit zahlreichen Fehlwürfen verbunden. Obwohl sich in diesem Stadium des Krieges die *Luftwaffe* dagegen verwahrte, absichtlich zivile Ziele zu bombardieren, wurden genau sie unabsichtlich getroffen, wenn nachts Bomben abgeworfen wurden und der enge Formationsflug auch noch durch Flak-Feuer und Sperrballone gestört wurde.

Die Nachtangriffe – die erste Phase

Die Angriffe können dabei in drei deutlich voneinander zu unterscheidende Phasen eingeteilt werden – jede hatte ihre

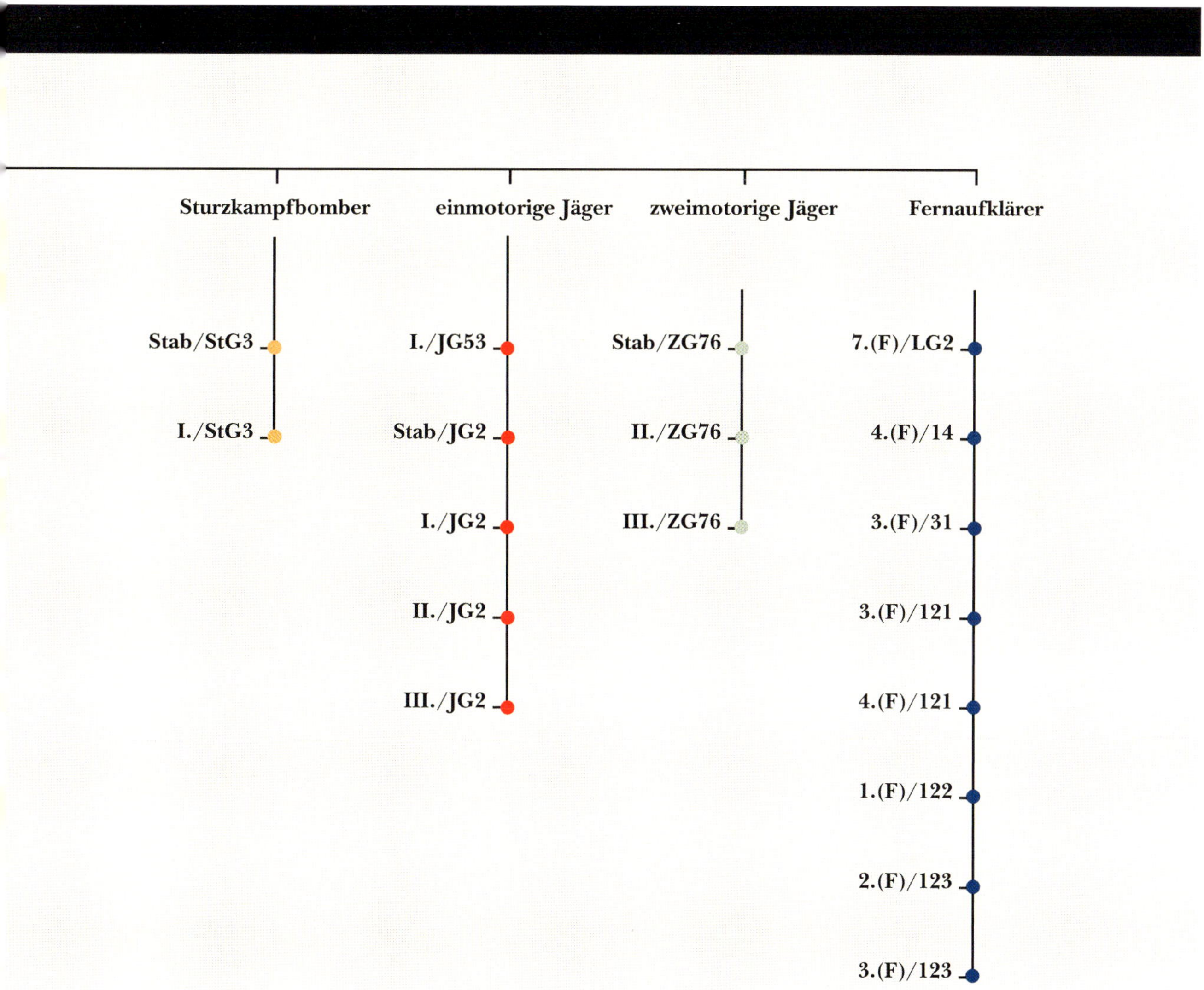

I./KG2 (SEPTEMBER 1940)

Das *Kampfgeschwader 2* wurde am 1. Mai 1939 aufgestellt. Der erste Kommandeur war Oberst Johannes Fink, gefolgt von Oberst Herbert Rieckhoff vom Oktober 1940 an. Während des Krieges wurden zumeist Dorniers geflogen, vor allem die Do 17 und die Do 217, obwohl auch einige Einheiten die Ju 88 flogen und sogar, in der 5. Gruppe, die Me 410. Während des Luftkampfs um England war der Befehlshaber des I./KG2 Major Waldemar Lerche. Die Gruppe war bis zum Ende des Krieges an der Westfront stationiert, im Gegensatz zu anderen Einheiten des KG2, die an die Ostfront abgeordnet wurden.

Nominale Stärke – 28 x Do 17Zs

eigenen Auswirkungen und Resultate. Die erste Phase begann mit den Angriffen bei Tageslicht auf London und andere britische Städte und dauerte ungefähr von Ende der ersten Septemberwoche bis zum November 1940. An einem Punkt wurde London jeden Tag von Bombern angegriffen, bis auf einen Tag im Monat. Die Angriffe wechselten danach zwischen Tageslicht- und Nachtangriffen. Und die Ziele schlossen Birmingham und Bristol sowie London mit ein. Dabei wurden zahlreiche schwere Bomber benutzt – bei einem Angriff auf London am 15. Oktober flogen London rund 400 schwere Bomber an und nur zwei wurden bemerkenswerterweise abgeschossen. (Nicht zuletzt lag das daran, dass das Fighter Command sich gerade von den herben Rückschlägen erholte und sich auf die Nachtjagd vorbereitete, auch die Flugabwehr über London war in einer Restrukturierungsphase.) So erlitt die *Luftwaffe* absolut erträgliche Verluste gemessen am Ausmaß der Zerstörung, die sie nach England trug. Im Oktober 1940 wurden von 1.420 Bombern nur mehr 64 in Folge von Feindberührung abgeschossen. Hinzu kamen 107 Verluste vornehmlich durch Unfälle. Im folgenden Monat waren die Zahlen

STÄRKE DER EINHEITEN – *LUFTFLOTTE* 3 (SEPT. 1940)

Luftwaffen-Einheiten	Basis	Typ	Str*	Op*
2-motorige JÄGER				
Stab/ZG76	–	Bf 110	4	2
II./ZG76	Le Mans/Abbeville	Bf 110	27	11
III./ZG76	Laval	Bf 110	19	8
FERNAUFKLÄRER				
7.(F)/LG 2	–	Bf 110	14	9
4.(F)/14	Normandie	Bf 110 Do 17	12	9
3.(F)/31	St Brieuc	Bf 110 Do 17	9	5
3.(F)/121	Nordwest Frankreich	Ju 88A He 111	10	6
4.(F)/121	Normandie	Ju 88A Do 17	13	5
1.(F)/122	bei Paris	Ju 88A Do 17	10	7
2.(F)/123	bei Paris	Ju 88A Do 17	10	8
3.(F)/123	Buc	Ju 88A Do 17	12	9

***Str = Stärke auf dem Papier *Op = Operationelle Stärke**

STÄRKE DER EINHEITEN – *LUFTFLOTTE* 3 (SEPT. 1940)

Luftwaffen-Einheiten	Basis	Typ	Str*	Op*
LANGSTRECKENBOMBER				
Stab/LG1	Orléans-Bricy	Ju 88A	2	2
I./LG1	Orléans-Bricy	Ju 88A	27	13
II./LG1	Orléans-Bricy	Ju 88A	31	19
III./LG1	Chateaudun	Ju 88A	30	9
Stab/KG27	Tours	He 111	5	4
I./KG27	Tours	He 111	35	13
II./KG27	Dinard-Bourges	He 111	32	15
III./KG27	Rennes	He 111	20	13
I./KG40	Bordeaux	Fw 200	7	4
Stab/KG51	Paris-Orly	Ju 88A	1	–
I./KG51	Melun-Villaroche	Ju 88A	33	13
II./KG51	Paris-Orly	Ju 88A	34	17
III./KG51	Etampes-Mondésir	Ju 88A	34	27
Stab/KG54	Evreux	Ju 88A	1	–
I./KG54	Evreux	Ju 88A	30	18
II./KG54	St André	Ju 88A	26	14
Stab/KG55	Villacoublay	He 111	6	6
I./KG55	Dreux	He 111	27	20
II./KG55	Chartres	He 111	30	22
III./KG55	Villacoublay	He 111	25	20
KGr100	Vannes	He 111H	28	7
KGr606	Brest/Cherbourg	Do 17	33	29
KGr806	Nantes/ Caen-Carpiquet	Ju 88A	27	18
STURZKAMPFBOMBER				
Stab/StG3	Brittany	Ju 87 Do 17	7	6
I./StG3	Brittany	Ju 87	37	34
1-motorige JÄGER				
I./JG53	Rennes	Bf 109E	34	27
Stab/JG2	Beaumont-le-Roger	Bf 109E	4	3
I./JG2	Beaumont-le-Roger	Bf 109E	29	24
II./JG2	Beaumont-le-Roger	Bf 109E	22	18
III./JG2	Le Havre	Bf 109E	30	19

***Str = Stärke auf dem Papier *Op = Operationelle Stärke**

sogar noch besser – nur 14 Flugzeuge wurden durch den Feind abgeschossen, von insgesamt 84 Verlusten. Allmählich ging die Bombenoperation zu nächtlichen Angriffen über, was aber nicht bedeutete, dass die Jäger nicht auch weiterhin eine wichtige Rolle spielten. Bis Ende September hatte jedes *Jagdgeschwader* seinen Bestand zu einem Drittel in Jagdbomber umgewandelt, die *Blitz*-Angriffe über den Kanal gegen ausgewählte Detailziele flogen, um dort ihre 250 kg Bombe abzuwerfen. Diese Art der schnellen Einzelangriffe hielt die Jäger der RAF in Dauerbereitschaft, während die übrigen *Luftwaffe*-Piloten einige wagemutige Bombenangriffe auf Schlüsselindustrien in England flogen.

Die größere Kampagne

Die strategische Bombenoperation schien sich mithin auszuzahlen. Im November entschied Göring, die Operationen noch weiter auszudehnen und weitere Städte in England anzugreifen, den Druck auf London aber nicht zu verringern. Die weiteren Ziele bezogen sich auf Coventry, Southampton, Birmingham, Bristol, Liverpool, Clydebank, Plymouth, Cardiff, Manchester, Sheffield, Swansea, Portsmouth und Avonmouth. Die Zerstörungen gerade im ländlicheren Raum waren beträchtlich. Am 14./15. November bombardierten He 111 des KG100 über 1.000 Brandbomben über Coventry ab. Die einsetzenden Brände in der ganzen Stadt ermöglichte es weiteren 450 Bombern ihre hochexplosive Ladung über der durch den Feuerschein erhellten Stadt abzuladen. Zwei Tage später wurde Birmingham auf ähnliche Weise angegriffen. Ende Dezember verwandelte eine ähnliche Feuerhölle London nach einem massiven Bombardement in ein vergleichbares Inferno.

Die zweite Phase des *Blitz* dauerte bis zum Februar 1941. Obwohl die Luftangriffe sich in gewisser Weise als ein Erfolg für die Deutschen darstellten, war die Moral der Bevölkerung in keiner Weise gebrochen und auch die industrielle Leistung des Landes war kaum in Mitleidenschaft gezogen worden. Die Militäroperationen der *Luftwaffe* machten deshalb nur ziemlich deutlich, dass derartige Luftangriffe zeitlos fortgesetzt werden konnten, ohne ihr eigentliches Ziel zu erreichen.

Bombardement der Häfen

In der letzten Phase der *Blitz-Angriffe*, von Februar bis Mai 1941, wandten sich die Bomber der *Luftwaffe* vor allen Dingen den britischen Häfen zu und kamen damit einer Bitte der *Kriegsmarine* nach, die nach Unterstützung für ihren Kampf im Atlantik suchten. Während dieser Zeit wurden nur sieben Angriffe auf London und andere britische Städte geflogen.

Ende des Blitz

Obwohl es noch einige konzentrierte Luftangriffe entlang der Küstenlinien gegeben hatte, kamen die Blitz-Angriffe doch allmählich zu einem Ende. Aus verschiedenen Gründen. Erstens stiegen die Verluste der *Luftwaffe* wieder an. Die Briten hatten nun mehr Flugabwehrgeschütze in Stellung gebracht, die häufig auch durch radargeleitete Flak-Scheinwerfer ausgerichtet wurden. Darüber hinaus gab es nun radargeführte Nachtjäger wie die Bristol Beaufighter, die viele Abschüsse errangen. Während im Januar nur 28 Flugzeuge abgeschossen wurden, waren es im Mai bereits 124.

Noch wichtiger war aber, dass die Deutschen sich jetzt auf den Einmarsch in die Sowjetunion vorbereiteten. Die Operationen im Osten würden den Riesenhunger Deutschlands nach Rohstoffen stillen und deswegen wurden auch viele Flugzeuge nach Osten abgezogen. Obwohl deutsche Bomber immer wieder im Folgenden über England auftauchten und die V-Waffen im Jahr 1944 stattfanden, war der strategische Bomberkrieg gegen England im Wesentlichen verloren gegangen.

September 1940–Mai 1941

Diese Karte der Bombenangriffe gegen England zwischen September 1940 und Mai 1941 zeigt, dass es zwischen den *Luftflotten* praktisch keine Ecke in England gab, die die deutschen Bomber nicht erreichen konnten.

Während der Angriffe auf Küstenstädte zwischen Februar und Mai 1941 wurden zum Beispiel sogar Belfast in Nordirland angegriffen, sowie verschiedene andere irische Hafenstädte. Ziele in Nordengland, wie Liverpool, Hull und Sheffield lagen im Zuständigkeitsbereich von *Luftflotte 2*, während die *Luftflotte 5* selbst noch Städte nördlich von Glasgow angreifen konnte, abgesehen von den Aufgaben, den Schiffsverkehr zu unterbinden.

Aber obwohl die Bombenangriffe erhebliche Schäden anrichteten, waren sie keine Vernichtungsschläge. Als die Verlustzahlen der *Luftwaffe* 1941 wieder anstiegen, wurden sie auf Grund der Ereignisse an der Ostfront nicht mehr tragbar.

DER BLITZ

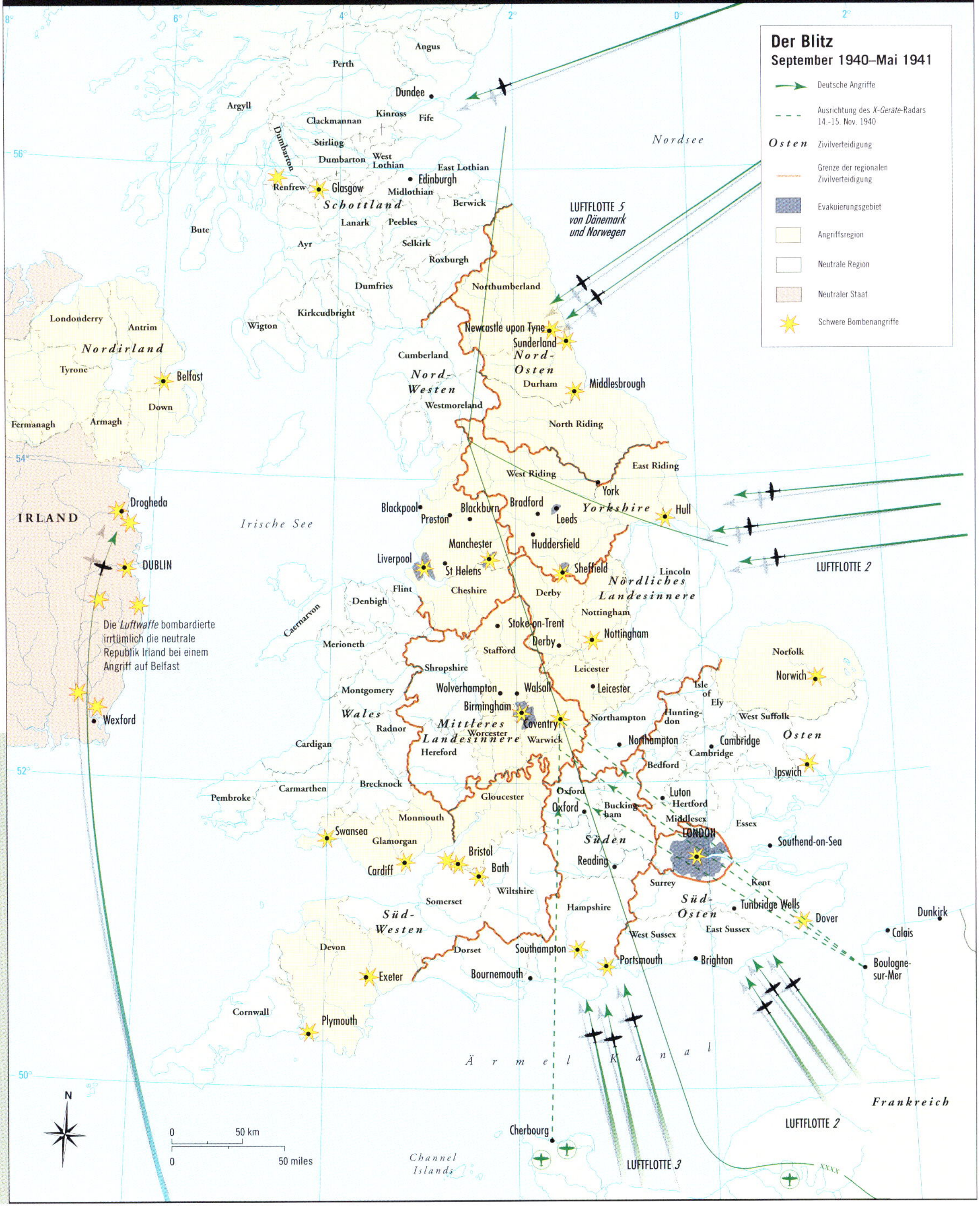
Der Blitz
September 1940–Mai 1941
Deutsche Angriffe
Ausrichtung des X-Geräte-Radars 14.-15. Nov. 1940
Osten Zivilverteidigung
Grenze der regionalen Zivilverteidigung
Evakuierungsgebiet
Angriffsregion
Neutrale Region
Neutraler Staat
Schwere Bombenangriffe
LUFTFLOTTE 5 von Dänemark und Norwegen
LUFTFLOTTE 2
LUFTFLOTTE 3
Die Luftwaffe bombardierte irrtümlich die neutrale Republik Irland bei einem Angriff auf Belfast
Schottland
Nordirland
IRLAND
Nord-Osten
Nord-Westen
Yorkshire
Nördliches Landesinnere
Wales
Mittleres Landesinnere
Osten
Süden
Süd-Osten
Süd-Westen
Nordsee
Irische See
Ärmel Kanal
Frankreich
Channel Islands
LONDON
DUBLIN
Dundee
Edinburgh
Glasgow
Belfast
Newcastle upon Tyne
Sunderland
Middlesbrough
York
Hull
Leeds
Bradford
Blackpool
Blackburn
Preston
Manchester
Liverpool
St Helens
Huddersfield
Sheffield
Stoke-on-Trent
Derby
Nottingham
Leicester
Wolverhampton
Walsall
Birmingham
Coventry
Norwich
Northampton
Cambridge
Ipswich
Luton
Oxford
Reading
Southend-on-Sea
Tunbridge Wells
Dover
Brighton
Portsmouth
Southampton
Bournemouth
Bristol
Bath
Cardiff
Swansea
Exeter
Plymouth
Drogheda
Wexford
Dunkirk
Calais
Boulogne-sur-Mer
Cherbourg
0 50 km
0 50 miles
N

Nordafrika und das Mittelmeer: 1941–45

Das Schlachtfeld Mittelmeer sah die deutsche *Luftwaffe* in einem erbittert geführten Erschöpfungskrieg und dem Kampf um Nachschub in Nordafrika. Hier gab es auch die letzte größere Luftlandeoperation des Krieges.

Bodenpersonal der *Luftwaffe* laden eine Aufklärungskamera in eine Bf 110 in Nordafrika.

Die Schlachtfelder rund ums Mittelmeer (Nordafrika, Sizilien und Italien) und den Balkan nehmen eine eigentümliche Stellung in der Gesamtstrategie des Zweiten Weltkriegs ein. Als der Krieg sich dort entwickelte, wurde Hitlers Deutschland durch die herannahende Rote Armee und die drohende Anlandung der Alliierten im Westen in die Zange genommen. Im Gegenzug dazu wurde im Mittelmeerraum relativ wenig auf strategischer Ebene entschieden, bis auf das Schicksal verschiedener Armeen. 1945 gelang der alliierte Versuch, auf dem europäischen Festland durch den *Unterbauch Italiens* vorzustoßen. Vorausgegangen waren Erfolge in Nordafrika, obwohl auch dies nicht ohne Rückschläge vor sich ging und vielen tausenden von Soldaten das Leben für nur unbedeutende Geländegewinne kostete. Der Krieg endete damit, dass sich beide Seiten in den zerklüfteten Bergen Italiens gegenüber standen.

Nichtsdestoweniger erreichten die Alliierten im Mittelmeer, dass die Deutschen erhebliche Ressourcen dort einsetzen mussten, die sie besser an anderer Stelle gebraucht hätten. Das betraf auch die *Luftwaffe*. Die ersten Einsätze deutscher Flugzeuge in Nordafrika waren auf dem geringsten Niveau, das denkbar war. Je weiter der Krieg dort aber eskalierte, musste sich die *Luftwaffe* immer mehr in der Region engagieren. Das geschah nicht nur im direkten Kampf gegen alliierte Streitkräfte, sondern auch und vor allem durch gezielte Operationen gegen Malta, eine große RAF-Basis und Hafen für die Royal Navy. Die Insel wurde Ziel für die intensivste Bombardierung im ganzen Krieg.

Die *Luftwaffe* wurde auch integraler Bestandteil der deutschen Besetzung der Balkan-Länder zwischen März und Mai 1941. Diese Operation sah auch eine der größten Luftlandeoperationen der *Luftwaffe*, der Einnahme Kretas. Der Absprung über Kreta sorgte für höchste Anerkennung, sowohl für die Art der Durchführung, aber auch für die Tatsache, dass es am Ende erfolgreich gelang, die Insel den Briten zu entreißen. Nichtsdestoweniger bedeuteten die hohen Verluste der Operation, dass Hitler nicht noch einmal eine vergleichbar groß angelegte Luftlandeoperation während des restlichen Krieges befahl (Im nächsten Kapitel gibt es dazu mehr Informationen.) Die deutschen *Fallschirmjäger* waren danach nur mehr in Bodeneinsätzen tätig, obwohl sie sich dabei von den regulären Einheiten an der West- und Ostfront bewusst abhoben – und natürlich bei den harten Kämpfen in Mittelitalien rund um Monte Cassino.

Wenn man sich genauer die Lage in Nordafrika ansieht, findet man, dass die *Luftwaffe* in erster Linie damit zu kämpfen hatte, die Luftüberlegenheit über den Wüstengebieten zu erreichen und die Seewege durch das Mittelmeer zu erreichen. Als ihr das gelang, wurde sie allerdings durch die zunehmende Stärke der Alliierten zur See, in der Luft und auf dem Land zurück gedrängt. Das alles führte am Ende zu schwerwiegenden Verlusten, großem Mangel an Treibstoff und Flugzeugen durch den Verlust vieler Flugplätze.

Langfristige Kampagne

Ein kurzer Überblick über den Krieg im Mittelmeer ist hier sicherlich nützlich. Im Dezember 1940 starteten die Briten in Nordafrika eine Art Blitzangriff gegen die italienischen Streitkräfte in Libyen. Der Erfolg dieser Operation machte ein Eingreifen Deutschlands notwendig. Die Stationierung deutscher Einheiten begann im Februar 1941. Sie standen unter dem Befehl des legendären *Generalmajors Erwin Rommel*. Was nun begann, war ein Hin und Her von Armeen quer durch ganz Nordafrika. Jede Seite machte dabei riesige Geländegewinne und ebensolche Rückzüge. All das führte am Ende zur Entscheidungsschlacht bei El Alamein im November 1942, als sich doch alles sehr deutlich zugunsten der Alliierten entwickelte.

Die deutsch-italienischen Streitkräfte wurden am Ende den ganzen Weg wieder zurück nach Tunesien gedrängt, wo sie gänzlich vom afrikanischen Kontinent zurück gedrängt wurden durch den britischen Vormarsch von Osten in Zusammenhang mit der britischen und amerikanischen Offensive im Westen unter dem Codenamen *Torch* mit Landungen in Marokko und Algerien im November 1942.

Die deutschen Streitkräfte im Mittelmeerraum konzentrierten sich jetzt auf Sizilien und Italien. Aber die anschließenden erfolgreichen Landungen der Alliierten auf Sizilien im Juli 1943 und die anschließende Landung in Italien im folgenden September führten zum stetigen Rückzug der Deutschen und Italiener in die gebirgigen Regionen Italiens, in die die Alliierten allerdings nur mit enorm hohen Verlusten ihnen nachrückten. Der Krieg dauerte hier bis zuletzt an, bis sich die Deutschen am 29. April 1945 ergaben.

1945 war die *Luftwaffe* in Italien fast nahezu nicht existent. Seit 1944 war es sehr viel wichtiger, das Reich gegen alliierte Bomber und den Vormarsch der Alliierten aus dem Westen und Osten zu schützen. Die Mittelmeerregion war da nicht mehr das kriegsentscheidende Schlachtfeld, aber für den einzelnen Piloten waren die Auseinandersetzungen dort natürlich genau so unerbittlich wie an jeder anderen Front.

Die *Luftwaffe* im Mittelmeer

Die *Luftwaffe* sah sich in einen zunehmend größer werdenden Konflikt im Mittelmeer hineingezogen. Es begann mit der Verlegung des *X. Fliegerkorps* auf das neue Schlachtfeld, das am Ende unter dem Befehl der *Luftflotte 2* stand.

Im Dezember 1940, zum Zeitpunkt als General Archibald Wavell's Eröffnungsoperation (Operation *Compass*) gegen die Italiener in Ägypten, war die Stärke der *Luftwaffe* im Mittelmeer eher zu vernachlässigen. Eine Zusammenarbeit mit der italienischen Luftwaffe lässt sich auf Juni 1940 zurückdatieren, aber das galt in erster Linie für Transportaufgaben und nicht so sehr für Kampfeinsätze. So hatten zum Beispiel deutsche Transportflugzeuge die italienischen Einheiten in Albanien versorgt. Mit dem zunehmenden Erfolg der Alliierten wurde es aber offensichtlich, dass nicht nur deutsche Landstreitkräfte unter Rommel im Februar/März 1941 zum Einsatz kommen mussten, sondern dass es auch eine dementsprechende Verstärkung der Luftstreitkräfte in der Region geben musste. Die erste Verlegung von Kampfeinheiten der *Luftwaffe* kam in Form der Verlegung des *X. Fliegerkorps* in die Region. Die Einheiten der Formation waren zuvor in Dänemark und Norwegen im Einsatz gewesen, wo sie Erfahrungen beim Einsatz gegen feindliche Kriegsschiffe sammeln konnten, die auf den Schlachtfeldern im Mittelmeer lebenswichtig werden sollten.

Zu Beginn des Jahres 1941 besaß das *X. Fliegerkorps* rund 300 Flugzeuge. Auf Grund der sich häufenden Einsätze in der Region wuchs die Zahl der Flugzeuge jedoch schon inner-

STÄRKE DER EINHEITEN – *X.FLIEGERKORPS* (12. JANUAR 1941)

Luftwaffen-Einheiten	Basis	Typ	Str*	Op*
X.FLIEGERKORPS				
Stab/LG1	Catania	Ju 88A-4	4	2
II./LG1	Catania	Ju 88A-4	38	38
III./LG1	Catania	Ju 88A-4	38	38
II./KG26	Comiso	He 111H-3	37	29
4./KG4	Comiso	He 111H-3	12	12
1.(F)/121	Catania	Ju 88D-1	12	2
III./ZG26	Palermo	Bf 110D-3	34	16
Stab/StG3	Trapani	Ju 87R-1	9	8
I./StG1	Trapani	Ju 87R-1	35	11
II./StG2	Trapani	Ju 87R-1	36	23

*Str = Stärke auf dem Papier *Op = Operationelle Stärke

STÄRKE DER EINHEITEN – *X.FLIEGERKORPS* (12. JANUAR 1941)

Luftwaffen-Einheiten	Basis	Typ	Str*	Op*
X.FLIEGERKORPS				
1.(F)/121	Catania	Ju 88D-1	15	9
2.(F)/123	Catania	Ju 88D-1	14	7
7./JG26	Gela	Bf 109E-7	14	11
I./JG27	Gela	Bf 109E-7	39	35
I./NJG3	Gela	Bf 110E-3	7	4
III./ZG26	Nordafrika	Bf 110D-3	33	25
9./ZG26	Sizilien	Bf 110D-3	15	11
Stab/LG1	Catania	Ju 88A-4	1	1
II./LG1	Catania	Ju 88A-4	26	20
III./LG1	Catania	Ju 88A-4	40	11
4./KG4	Comiso	He 111H-3	12	2
II./KG26	Comiso	He 111H-3	36	19
III./KG30	Sizilien	Ju88A-4/T	27	24
Stab/StG1	Sizilien	Ju 87B-1	12	7
I./StG1	Nordafrika	Ju 87B-1	30	22
II./StG1	Sizilien	Ju 87B-1	42	27
III./StG1	Sizilien	Ju 87B-1	37	18
I./StG2	Nordafrika	Ju 87B-1	38	33
Stab/StG3	Trapani	Ju 87B-1	5	2
III./KG zbV1	Sizilien	Ju 52/3m	48	32
KGr zbV9	Sizilien	Ju 52/3m	29	28

*Str = Stärke auf dem Papier *Op = Operationelle Stärke

halb eines Monats auf 450 Einheiten. Mitte 1941 hatte das Korps bereits 550 Flugzeuge, obwohl nicht alle einsatzbereit waren.

Der größte Teil der Flugzeuge waren Mittelstreckenbomber und Transportflugzeuge. Im Juni 1941 sorgte das JG27 mit seinen Bf 109 für den Begleitschutz und das ZG26 flog die F 110 in der Jagdbomberversion. Die meisten anderen Einheiten flogen aber Ju 88, He 111 und Ju 52. Darüber hinaus gab es einen Stab und eine einzige Gruppe mit Ju 87. Die Zusammenstellung der Einheiten deutete auf das Schwergewicht von Bombenangriffen gegen Häfen und den Schiffsverkehr im Mittelmeer. Die meisten Jäger taten zum damaligen Zeitpunkt an der Ostfront ihren Dienst.

STÄRKE DER EINHEITEN – *X. FLIEGERKORPS* (5. APRIL 1941)

Luftwaffen-Einheiten	Basis	Typ	Str*	Op*
X.FLIEGERKORPS				
1.(F)/121	Catania	Ju 88D-1	14	6
2.(F)/123	Catania	Ju 88D-1	14	4
7./JG26	Sizilien	Bf 109E-7	14	10
I./NJG3	Gela	Bf 110E-3	7	4
III./ZG26	Sizilien/Nordafrika	Bf 110D-3	48	40
II./LG1	Catania	Ju 88A-4	30	17
III./LG1	Catania	Ju 88A-4	36	19
2./KG4	Comiso	He 111H-3	12	7
II./KG26	Comiso	He 111H-3	36	20
III./KG30	Sizilien	Ju88A-4/T	26	20
Stab/StG1	Nordafrika	Ju 87B-1	12	10
II./StG1	Sizilien	Ju 87B-1	36	16
III./StG1	Nordafrika	Ju 87B-1	39	29
II./StG2	Nordafrika	Ju 87B-1	33	23
III./KG zbV1	Sizilien	Ju 52/3m	47	31
KGr zbV9	Sizilien	Ju 52/3m	28	28

***Str = Stärke auf dem Papier *Op = Operationelle Stärke**

Die *Luftflotte 2* kommt an

Als sich die Zahl der Luftkämpfe im Mittelmeer während des Jahres 1941 immer weiter erhöhte, wurde immer deutlicher, dass es eine stärkere Präsenz der *Luftwaffe* vor Ort bedurfte. Im November 1941 wurde die *Luftflotte 2* in die Region verlegt, obwohl sie gerade eben erst noch den Vorstoß der deutschen Truppen auf Moskau unterstützt hatte. Die *Luftflotte 3* war als einziger größerer Verband zum Schutz von Frankreich zurück gelassen worden. Das *X. Fliegerkorps* und seine ihm zugeordneten Einheiten kamen nun unter den Befehl der übergeordneten *Luftflotte 2*. Wie wir noch im Detail weiter unten sehen werden, sorgte die Verlegung der *Luftflotte 2* für einiges Erstaunen und bewies auch, dass die Vorgänge in Nordafrika die Ereignisse an anderen Fronten durchaus beeinflussten.

Die Verlegung der *Luftflotte 2* gab Rommel nunmehr größere Möglichkeiten, gegen feindliche Schiffe vorzugehen, für mehr Boden-Luft-Unterstützung zu sorgen und über mehr Versorgungskapazitäten zu verfügen. Gerade diese Transportkapazitäten waren in einer Region umso wichtiger, wo sich die Nachschubwege über Land ins Endlose und über extreme Landstriche erstreckten. Die *Luftflotte 2* sollte in der Region bis zum Ende des Krieges bleiben.

Nordafrika 1941–42

Die größte Herausforderung für die Armeen, die in dieser Region kämpften, war die Logistik. Wenn der Nachschub an Treibstoff und Munition aus den nordafrikanischen Hafenstädten zum Erliegen kam, wurden die *Luftwaffe* als auch das *Heer* zum Anhalten gezwungen.

Am 24. März 1941 stieß Rommel in seiner ersten größeren Offensive nach Osten durch die libysche Wüste vor. Sie sollte sich als erstaunlich erfolgreich erweisen. Rommel erreichte den Halfaya-Pass am 25. April. Zwei größere Offensiven der Alliierten, *Brevity* am 15. Mai und *Battleaxe* am 15. Juni konnten keinerlei Erfolg gegenüber den voranstürmenden

Juni 1941

Das *X. Fliegerkorps* stand von 1939 an unter dem Oberbefehl von *General der Flieger* Hans Geisler und wurde von Norwegen und Dänemark Anfang 1941 zuerst nach Sizilien verlegt. Von seinem Hauptquartier auf der Insel und von weiteren Basen in Nordafrika beherrschte das Korps ganz Süditalien, den Balkan und die Küsten Nordafrikas.

Das *X. Fliegerkorps* hatte auch das Sagen über den Gewässern zwischen diesem Territorium und das Fliegerkorps war deshalb auch gut disloziert, um den alliierten Schiffsverkehr zwischen Nordafrika und Malta anzugreifen. Und in der Tat: Nicht lange, nachdem das Fliegerkorps im Mittelmeerraum ankam, versenkten Sturzkampfbomber des II./StG2 um Haaresbreite den Flugzeugträger *HMS Illustrious*, der einen Konvoi nach Ägypten eskortierte. Das Einsatzgebiet bedeutete auch, dass das *X. Fliegerkorps* den nötigen Nachschub bei der Invasion Kretas im Mai 1941 bereitstellen musste.

Zu diesem Zeitpunkt konzentrierte sich jedoch das Hauptaugenmerk der Luftwaffe auf die Vorkommnisse an der Ostfront.

Deutschen erreichen. Allein die Operation *Crusader* vom 18. November brachte eine Änderung. Am 6. Januar 1942 stand Rommel wieder dort, wo er zu seiner Offensive aufgebrochen war.

In einer der verwirrenden Ereignisse des Afrikakrieges war Rommel Ende Januar wieder auf dem Vormarsch, der bis Ende Juni andauerte. Bis dahin waren die Alliierten auf Ägypten rund um El Alamein zurück geworfen.

Unterstützung durch die Luftwaffe

Während des ganzen Jahres 1941 leistete das *X. Fliegerkorps*-Hilfe für die deutschen Truppen in Nordafrika, das galt besonders für die *Fliegerführer Afrika*. Diese Einheit war in Libyen stationiert und flog eine Mischung aus Bf 110, Bf 109, Ju 88, Ju 87 und einige Hs 126. Die Mischung der verschiedenen Flugzeugtypen bot Rommel die Möglichkeit, von der Boden-Luft-Unterstützung bis hin zum Jagdschutz alle defensiven und offensiven Maßnahmen abzufordern, die notwendig wurden. Die Bedeutung des *Fliegerführer Afrika* wurde im April 1941 anerkannt, als die Einheit durch 50 Bf 109E-7 Trop-Jäger verstärkt wurde. Die Flugzeuge kamen vom I./JG27 und 7./JG26.

Treibstoffsorgen

In der Zwischenzeit versuchten die übrigen Flugzeuge der *Luftflotte 2* vom November 1941 an, Krieg auf den alliierten Schiffsverkehr, die Nachschub in offene nordafrikanische Häfen zu bringen versuchten, auszuüben. Umgekehrt versuchten die Alliierten gegenüber Schiffen der Achsenmächte aus Italien das gleiche zu tun. Das größte Problem für Rommel war, dass die alliierten Störungen des deutschen Schiffsverkehrs zu solchen Häfen wie Tripolis, Benghazi und Torbuk plus der unglaublichen Länge, die der Nachschub aus solchen Häfen an die Front nahm (Landkonvois waren wiederum ein Opfer alliierter Luftangriffe), bedeuteten, dass den Flugzeugen und den gepanzerten Verbände zunehmend der Treibstoff fehlte. Zu Beginn des Jahres 1941 führte der Treibstoffmangel dazu, dass die *Luftflotte 2* nicht mehr als 100 Einsätze am Tag fliegen konnte. Der Einsatz der *Luftflotte 2* konnte das eine Zeitlang verdecken. Die Luftflotte verfügte über 650 Flugzeuge und war dadurch eher in der Lage, Konvois an Land und auf dem Meer zu beschützen und gleichzeitig den alliierten Luftstreitkräften Paroli zu bieten.

STÄRKE DER EINHEITEN – *LUFTFLOTTE* 2 (17. JANUAR 1942)

Luftwaffen-Einheit.	Basis	Typ	Str*	Op*
X.FLIEGERKORPS				
2.(F)/123	Griechenland/Kreta	Ju 88D-1	10	4
Jagd Staffel	Eleusis (Athen)	Bf 109F-2	10	4
1./JG53	Griechenland/Kreta	Bf 109F-4	7	5
2./NJG2	Griechenland	Ju 88C-6	4	2
I./LG1	Griechenland/Kreta	Ju 88A-4	27	13
II./LG1	Griechenland/Kreta	Ju 88A-4	27	11
III./LG1	Griechenland/Kreta	Ju 88A-4	12	3
2./SAGr125	Griechenland/Kreta	Ar 196A-3	9	9
Stab/SAGr126	Griechenland/Kreta	He 114	4	2
1./SAGr126	Griechenland/Kreta	He 60C	13	3
2./SAGr126	Griechenland/Kreta	He 60C	7	6
3./SAGr126	Griechenland/Kreta	He 60C	10	5

STÄRKE DER EINHEITEN – *LUFTFLOTTE* 2 (17. JANUAR 1942)

Luftwaffen-Einheit.	Basis	Typ	Str*	Op*
LUFTFLOTTE 2				
III./KG zbV1	–	Ju 52/3m	42	25
KGr zbV400	–	Ju 52/3m	40	26
TrGr111	–	Ju 52/3m	24	8
FLIEGERFÜHRER AFRIKA				
2.(H)/14	Lybien	Bf 110C-4	16	3
1.(F)/121	Griechenland/Lybien	Ju 88D-1	8	3
Stab/JG27	Lybien/Ägypten	Bf 109F-4	3	2
I./JG27	Lybien/Ägypten	Bf 109F-4	23	6
II./JG27	Lybien/Ägypten	Bf 109F-4	25	7
III./JG27	Lybien/Ägypten	Bf 109F-4	19	8
Jabo/JG53	Lybien/Ägypten	Bf109E-7/B	5	4
7./ZG26	Lybien/Ägypten	Bf 110D-3	8	4
Stab/StG3	Lybien/Ägypten	Ju 87D-1	4	2
I./StG3	Lybien/Ägypten	Ju 87D-1	24	23
II./StG3	Lybien/Ägypten	Ju 87D-1	29	20
Erg/StG1	Lybien/Ägypten	Ju 87D-1	12	8
II.FLIEGERKORPS				
1.(F)/122	Sizilien	Ju 88D-1	10	7
Stab/JG53	Sizilien	Bf 109F-4	6	6
I./JG53	Sizilien	Bf 109F-4	34	21
II./JG53	Sizilien	Bf 109F-4	37	25
I./NJG2	Sizilien	Ju 88C-6	12	8
4./NJG2	Sizilien	Ju 88C-6	5	3
III./ZG26	Sizilien	Bf 110D-3	17	10
KüFlGr606	Sizilien	Ju 88A-4	20	10
Stab/KG54	Sizilien	Ju 88A-4	1	1
I./KG54	Sizilien	Ju 88A-4	12	7
II./KG26	Sizilien	He 111H-6	30	10
7./KG26	Sizilien	He 111H-6	6	0
KüFlGr806	Sizilien	Ju 88A-4	17	6
II./KG77	Sizilien	Ju 88A-4	20	12
III./KG77	Sizilien	Ju 88A-4	16	13
II.Korps TrSta	Sizilien	Ju 52/3m	16	12

*Str = Stärke auf dem Papier *Op = Operationelle Stärke

Als Rommel jedoch nach El Alamein vorrückte, wurde es immer augenscheinlicher, dass die Alliierten die Lufthoheit wieder zurück gewonnen hatten. Dabei half vor allem die große Flugzeugproduktion der USA. So konnten die Alliierten Verluste in der Luft besser ausgleichen, als etwa die *Luftwaffe* und als sie noch einmal die Lufthoheit erreichen konnten, ging ihnen erst recht der Treibstoff aus. Die *Luftwaffe* war dabei, den Krieg in Nordafrika zu verlieren.

I./JG53 (JANUAR 1942)

Die Deckung durch Jagdmaschinen war auf dem nordafrikanischen Kampfschauplatz genauso kriegsentscheidend, wie auf anderen Schlachtfeldern und das JG53 war ein wichtiger Teil dieses Jägerschutzes. Ende 1941 wurde ein Großteil der Einheit nach Sizilien verlegt, um gegen Malta zu fliegen, obwohl die *3. Gruppe* im November gegen Nordafrika Einsätze fliegen musste. Mit der Pause beim Kampf gegen Malta gegen Ende des Sommers 1942 wurden die drei Gruppen neu aufgeteilt. I./JG53 wurde an die Ostfront verlegt. Im November 1942 wurde das ganze Geschwader jedoch wieder auf Sizilien vereinigt, um wieder gegen Malta und danach gegen Tunesien und Sizilien zu fliegen.

Nominelle Stärke – 34 x Bf 109F4

Operation gegen Malta

Malta war der Stachel im Fleisch der deutschen Streitkräfte im Mittelmeer. Trotz eines Angriffs der *Luftwaffe* auf die Insel konnte der Kampfwille Maltas moralisch und auch militärisch nie gebrochen werden.

Malta war für die Operation der Alliierten im Mittelmeer absolut lebenswichtig. Die Insel bedeutete nicht nur eine wichtige Station für Nachschubschiffe in die Region, sondern sie diente auch als wichtiger Flughafen für die RAF mit ihren Jägern, die von Malta aus deutsche Transportschiffe auf ihrem Weg nach Nordafrika angreifen konnten. Aus diesen Gründen beorderte Kesselring das volle Gewicht der *Luftflotte 2* vom 2. April 1942 gegen die Insel.
Die Insel musste daraufhin eine der schwersten Bombenangriffe der Geschichte erleiden. Das Ziel der *Luftwaffe* war, die kleine RAF-Einheit auf der Insel zu zerstören, Malta nicht wieder erstarken zu lassen und die Hafenanlagen

Der Luftkrieg im Mittelmeer 1942

Die Landkarte unten zeigt die herausgehobene Stellung Maltas im Mittelmeer während des Krieges im Jahr 1942 inmitten von deutschen Luftwaffenbasen in Nordafrika, Sizilien und im Balkan

Als die Alliierten damit begannen, die deutschen Truppen in Nordafrika zurück nach Westen zu drängen, gingen immer mehr Luftwaffenbasen dort verloren. Sie wurden nach und nach von den Alliierten übernommen, die am Ende auch die Luftherrschaft im Mittelmeerraum gewannen.

NACHSCHUBKRIEG

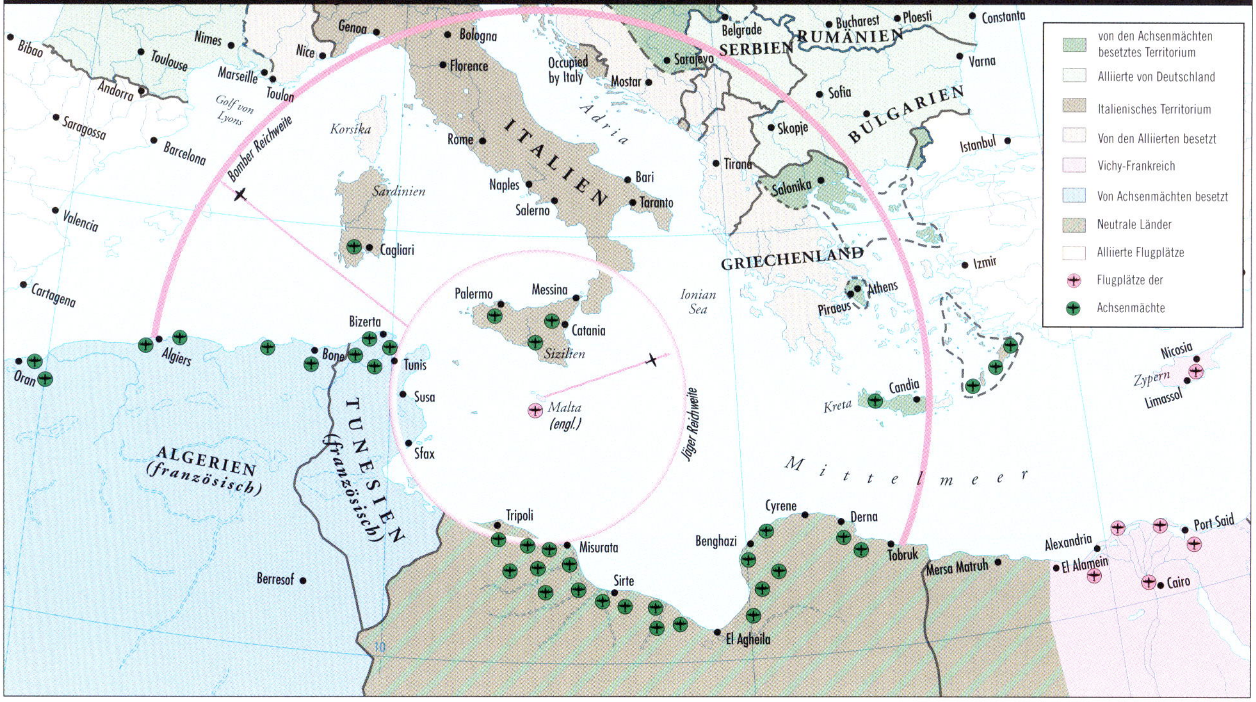

nachhaltig zu zerstören. Das deutsche Oberkommando hatte auch die Operation *Hercules* formuliert, die mögliche Besetzung der Insel durch eine ähnliche Luftlandeoperation, wie es sie in der Operation *Mercury* gegen Kreta gegeben hatte, zu ermöglichen.

Malta musste unglaubliches Leiden aushalten. Und 2.000 Einsätze wurden bis zum 8. April geflogen, aber obwohl die Angriffe bis zum Ende des Jahres 1942 andauerten, konnte die Insel nicht ausgeschaltet werden. Obwohl alles auf des Messers Schneide stand. Im August, zum Beispiel, versuchte ein größerer britischer Nachschubverband durchzukommen. Die massiven Angriffe der *Luftwaffe* führten dazu, dass ein Flugzeugträger (HMS Eagle) versenkt wurde, darüber hinaus zwei Kreuzer und sieben Handelsschiffe. Nichtsdestoweniger kamen genug Schiffe durch, um den Nachschub Maltas sicher zu stellen. Den Briten gelang es auch, Jagd-

LUFTFLOTTE 2 (JANUAR 1942)

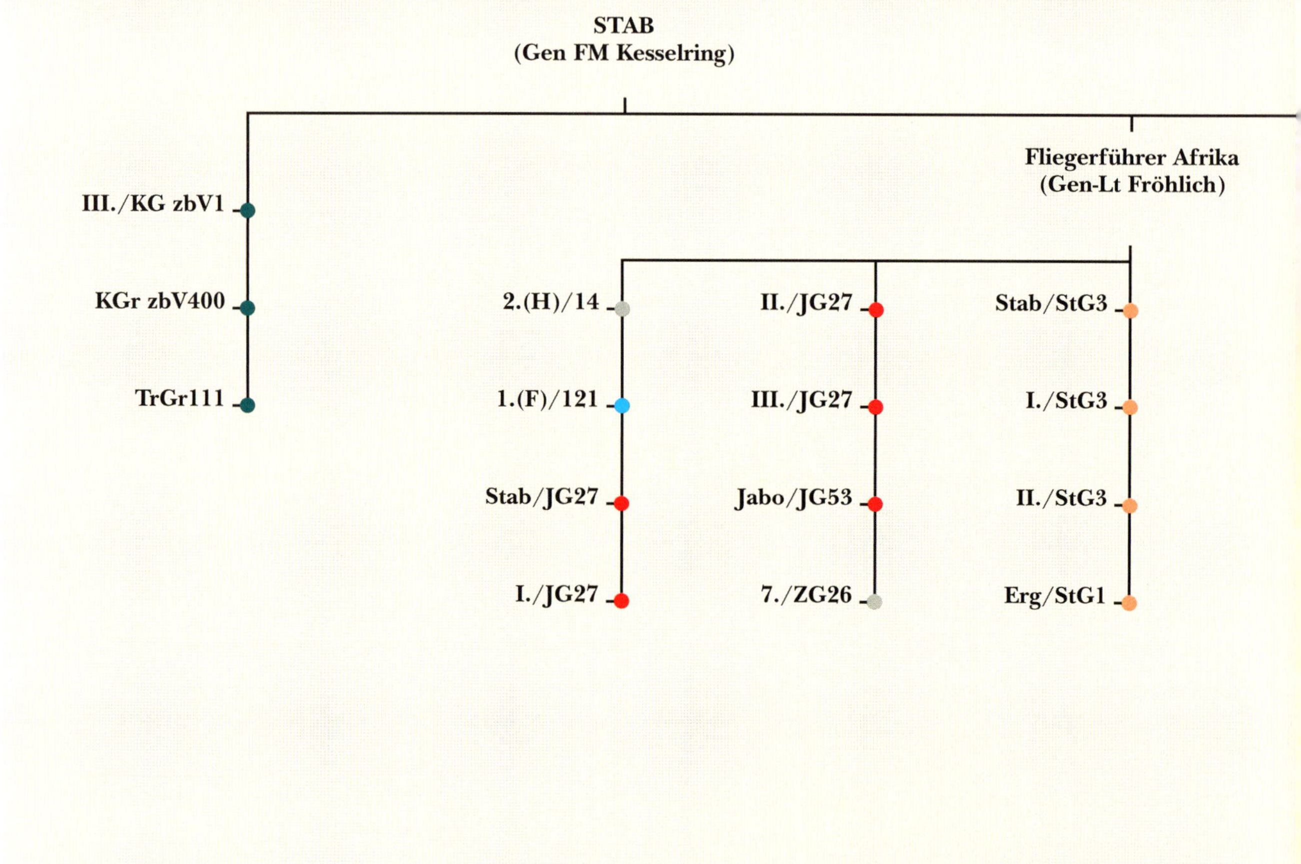

SCHLÜSSEL

- Jäger
- zweimotoriger Jäger
- Bomber
- Sturzkampfbomber
- Marinefliegerei
- Transport
- Aufklärungs- u. taktische Verbände
- Bodenunterstützungsflugzeuge

Die *Luftflotte 2* wurde im November 1941 nach Nordafrika verlegt und sie sollte bis zum Ende des Krieges dort die vorherrschende Formation der Luftwaffe bleiben. Ihre Kampfstärke sollte jedoch durch den weiteren Kriegsverlauf dramatisch verlieren, als die Alliierten Sizilien eingenommen hatten und weiter auf das italienische Festland vorstießen.

flugzeuge von nahebei stationierten Flugzeugträgern auf die Insel einzufliegen. Britische Flugzeugabwehrkanoniere waren schwer im Einsatz und pumpten Tonnen an Granaten in die anfliegenden deutschen Bomberformationen.
Der heroische Widerstand der RAF und der Kanoniere auf Malta brachten der *Luftflotte 2* dabei inakzeptable Verluste bei. Sie wurden zusätzlich erschwert durch Flugzeugverluste in Nordafrika. Bis Ende November hatten die Angriffe auf Malta allmählich aufgehört und die alliierten Angriffe auf deutsche Nachschubschiffe von Italien aus nahmen zu. Mehr als 30 Prozent der Nachschubschiffe wurden durch alliierte Flugzeuge, Überwasserstreitkräfte oder U-Boote versenkt. Malta sollte ähnlich enden wie die *Luftschlacht um England*, weil die *Luftwaffe* die Verluste nicht schnell genug ersetzen konnte.

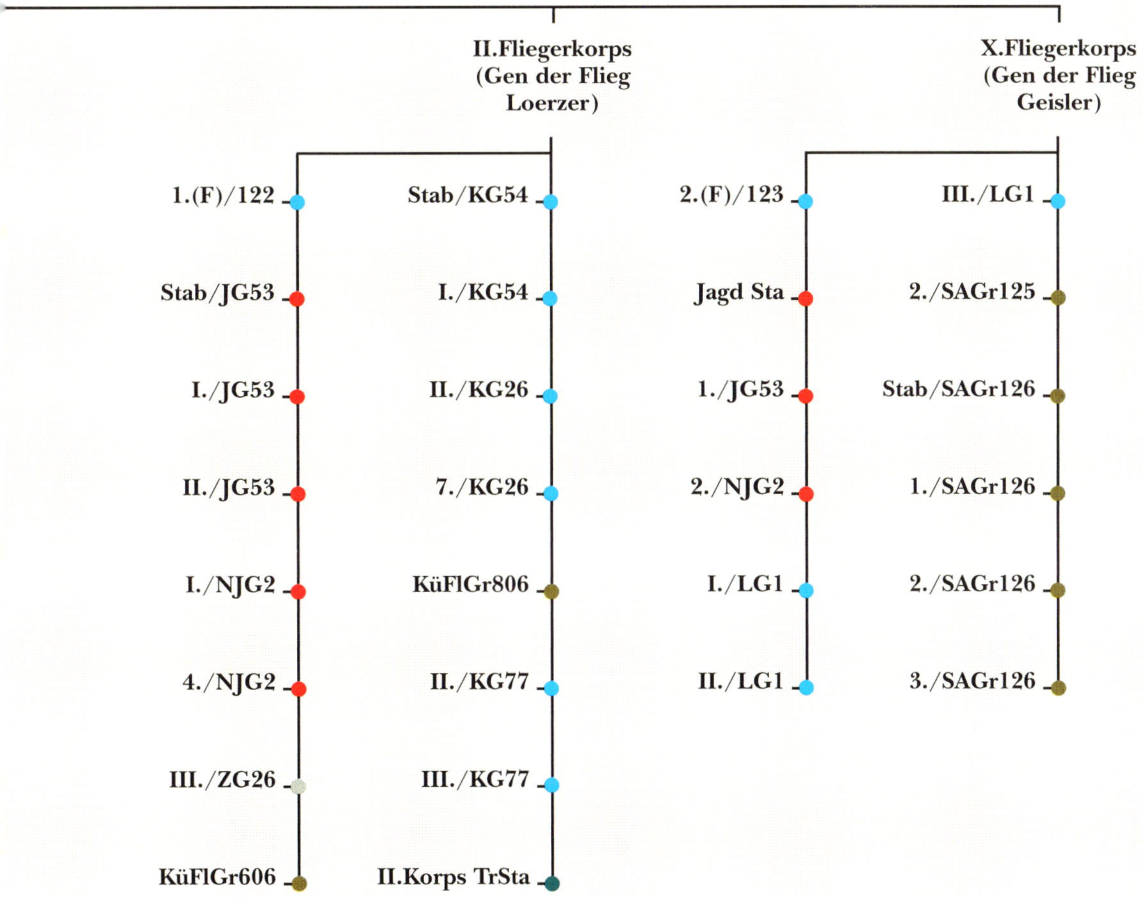

Von El Alamein nach Tunesien

Der Erfolg der Alliierten in El Alamein im November 1942 war der Anfang vom Ende der deutschen Ambitionen in Nordafrika. Für die *Luftwaffe* bedeutete dies auch den Kollaps der *Luftflotte 2*, die keine Kraft mehr hatte, die Ereignisse auf dem Schlachtfeld zu verändern, weil immer mehr Piloten und Maschinen Opfer der alliierten Luftüberlegenheit wurden.

LUFTFLOTTE 2 (20. AUGUST 1942)

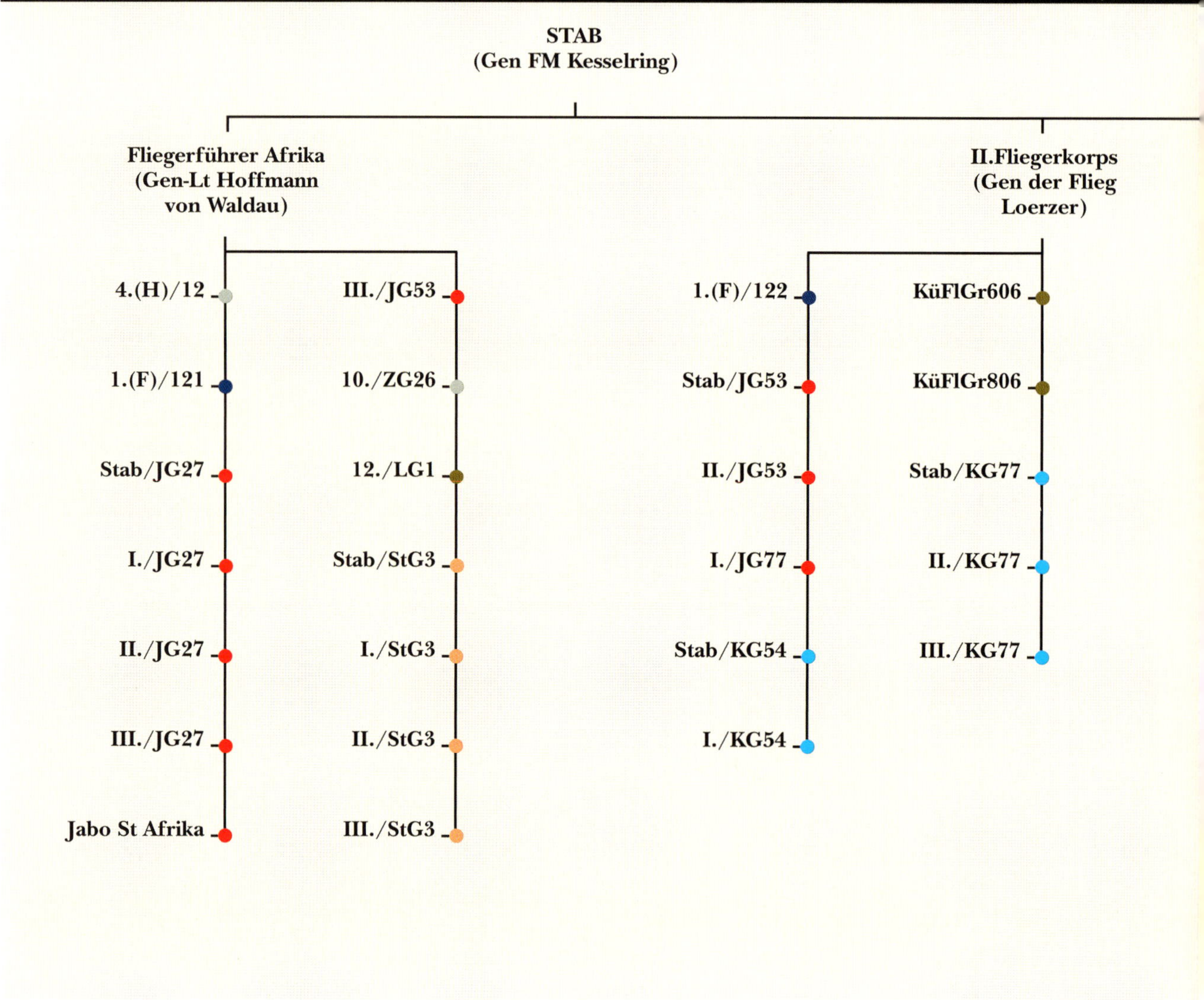

Noch vor der Niederlage bei El Alamein war die Einnahme von Tobruk im Juni 1942 durch die Deutschen ein wichtiges Ereignis. Es brachte ihnen 2032 Tonnen Treibstoff ein, genug, um sowohl die *Luftwaffe* als auch dem Heer bei ihrem Vorrücken nach Ägypten zu helfen.
Während des Sommers 1942 hatte die *Luftflotte 2* auch an Stärke gewonnen - nahezu 800 Flugzeuge standen ihr zur Verfügung. Ein Großteil wurde jedoch für die Operationen gegen Malta gebraucht, wo die Anzahl der deutschen Flugzeuge durch den hartnäckigen Widerstand der Alliierten kontinuierlich dezimiert wurde. Das war kritisch für die *Luftwaffe*, denn es bedeutete nichts anderes, als dass nach dem Sturm von El Alamein es den Deutschen nicht wieder gelang, die Luftherrschaft zu erlangen. Trotzdem gelang es den Alliierten nicht, sich der Lufthoheit voll und ganz zu erfreuen. Nordafrika brachte viele Flieger-Asse hervor, wie

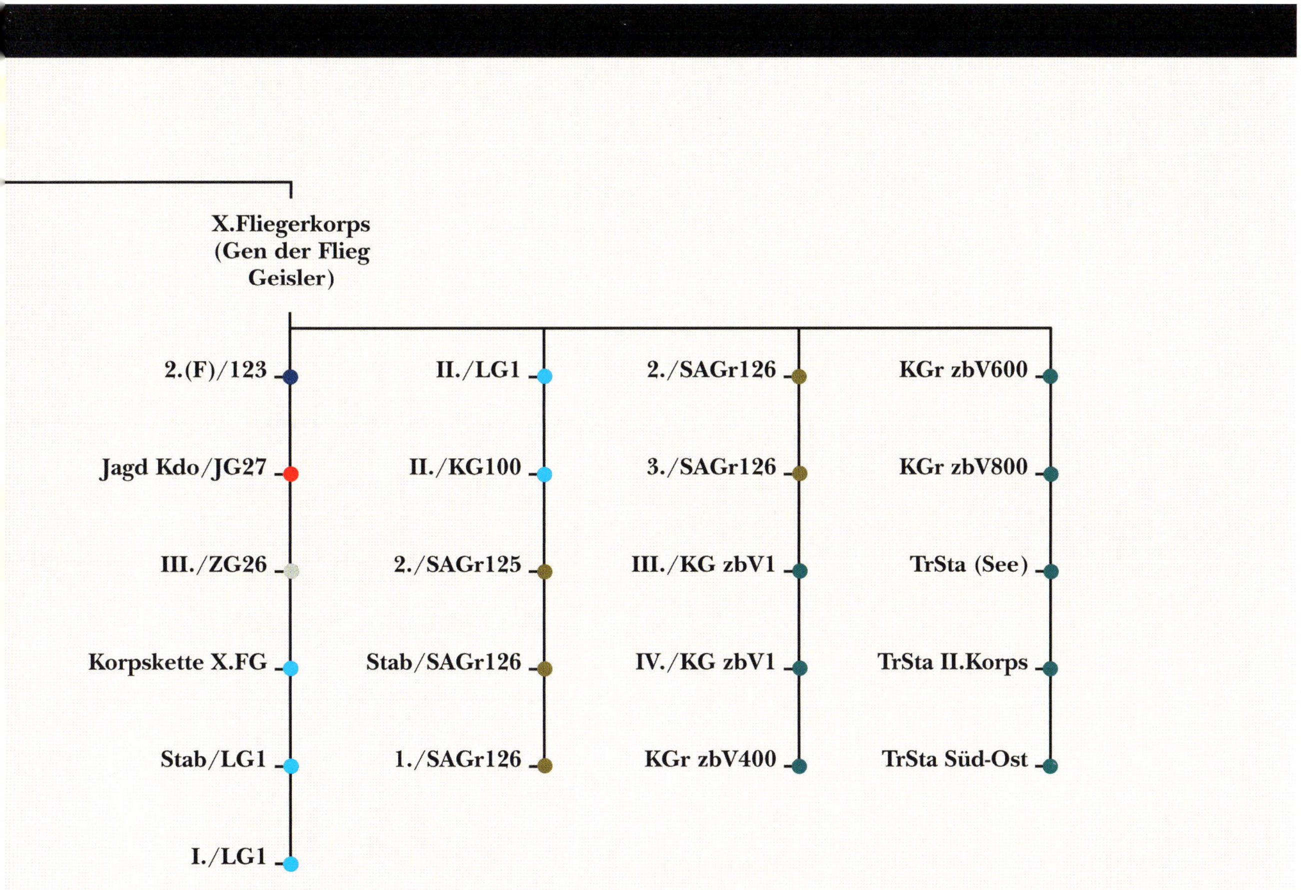

SCHLÜSSEL

- Jäger
- zweimotoriger Jäger
- Bomber
- Sturzkampfbomber
- Marinefliegerei
- Transport
- Aufklärungs- u. taktische Verbände
- Bodenunterstützungsflugzeuge

Die *Luftflotte 2* musste zu diesem Zeitpunkt schwerste Verluste im Mittelmeer hinnehmen. Die Kampfaufstellung, die hier gezeigt wird, zeigt die Luftflotte unmittelbar vor einer Verstärkung durch weitere Jäger und Transportmaschinen Ende 1942 als Antwort auf die alliierten Landungen in Marokko und Algerien.

STÄRKE DER EINHEITEN – *LUFTFLOTTE* 2 (20. AUGUST 1942)

Luftwaffen-Einheiten	Basis	Typ	Str*	Op*
FLIEGERFÜHRER AFRIKA				
4.(H)/12	Bie el Abd	Bf 110C-4	19	10
1.(F)/121	Fuka I./Derna	Ju 88D-1	12	4
Stab/JG27	Sanyet Quotaifiya	Bf 109F-4	2	2
I./JG27	Turbita	Bf 109F-4	23	18
II./JG27	Sanyet Quotaifiya	Bf 109F-4	24	10
III./JG27	Qasaba	Bf 109F-4	24	15
Jabo St Afrika	Haggag/Qasaba	Bf109F-4/B	12	6
III./JG53	Qasaba	Bf 109F-4	24	15
10./ZG26	Berca	Do 17Z-10	7	4
12./LG1	Berca	Ju88A-4/T	12	2
Stab/StG3	Qasaba	Ju 87D-1	7	3
I./StG3	Qasaba	Ju 87D-1	28	20
II./StG3	Qasaba	Ju 87D-1	36	21
III./StG3	Qasaba	Ju 87D-1	36	30
II.FLIEGERKORPS				
1.(F)/122	Catania	Ju 88D-1	16	7
Stab/JG53	Comiso	Bf 109F-4	3	2
II./JG53	Comiso	Bf 109F-4	34	25
I./JG77	Comiso	Bf 109F-4	23	10
Stab/KG54	Catania	Ju 88A-4	2	1
I./KG54	Gerbini	Ju 88A-4	27	8
KüFlGr606	Catania	Ju 88A-4	22	11
KüFlGr806	Catania	Ju 88A-4	24	12
Stab/KG77	Comiso	Ju 88A-4	2	1
II./KG77	Comiso	Ju 88A-4	19	13
III./KG77	Comiso	Ju 88A-4	20	7

***Str = Stärke auf dem Papier *Op = Operationelle Stärke**

zum Beispiel Hans-Joachim Marseille, der allein bei drei Einsätzen im September 1942 17 feindliche Flugzeuge vom Himmel schoss. Die einfache Frage war, ob die Alliierten schneller Ersatz herbeischaffen konnten als die Deutschen. Ende 1942, als die deutschen Landstreitkräfte auf ihrem langen Rückzug waren, hatte die *Luftwaffe* die Lufthoheit verloren.

STÄRKE DER EINHEITEN – *LUFTFLOTTE* 2 (20. AUGUST 1942)

Luftwaffen-Einheiten	Basis	Typ	Str*	Op*
X.FLIEGERKORPS				
2.(F)/123	Skaramanga	Ju 88D-1	19	8
Jagd Kdo/JG27	Kastelli	Bf 109F-4	5	2
III./ZG26	Kastelli	Bf 110D-3	46	24
Korpskette X.FG	Kastelli	He 111H-2	5	4
Stab/LG1	Iraklion (Crete)	Ju 88A-4	2	2
I./LG1	Iraklion (Crete)	Ju 88A-4	28	11
II./LG1	Iraklion (Crete)	Ju 88A-4	36	13
II./KG100	Kalamaki	He 111H-6	28	18
2./SAGr125	Skaramanga	Ar 196A-3	11	9
Stab/SAGr126	Skaramanga	Bv 138C-1	1	1
1./SAGr126	Skaramanga	He 114	9	3
2./SAGr126	Skaramanga	He 114	9	3
3./SAGr126	Suda Bay	He 114	9	5
III./KG zbV1	–	Ju 52/3m	29	15
IV./KG zbV1	–	Ju 52/3m	39	27
KGr zbV400	–	Ju 52/3m	24	12
KGr zbV600	–	Ju 52/3m	38	29
KGr zbV800	–	Ju 52/3m	40	19
TrSta (See)	Phäleron	Bv 222	5	1
TrSta II.Korps	–	Ju 52/3m	11	7
TrSta Süd-Ost	–	Ju 52/3m	11	7

***Str = Stärke auf dem Papier *Op = Operationelle Stärke**

Neue Front

Die alliierte Lufthoheit hatte, zusammen mit dem Vormarsch der Bodenstreitkräfte, kritische Auswirkungen auf die *Luftflotte 2*. Die Bodenstreitkräfte hatten fast keine Luftunterstützung, besonders durch die Ju 87, mehr. Bis Mitte November war *Fliegerführer Afrika* auf rund 30 Stuka's geschrumpft und mit nicht mehr als 30 Bf 109 war auch keinerlei Begleitschutz mehr möglich. Die Bodenmannschaften für die verbleibenden Flugzeuge waren auch zusammen gebrochen durch das Fehlen jeglichen Nachschubs und den Verlust vieler Flugplätze.

Alles wurde so für die Landstreitkräfte immer schwieriger, aber verbesserte sich in gewisser Weise für die *Luftwaffe* am 8. November 1942. In der Operation *Torch* landeten mehr als 100.000 amerikanische und britische Soldaten an der Küste von Algerien und Marokko und begannen mit ihrem Vormarsch Richtung Tunesien. Die Deutschen kämpften nun mehr an zwei Fronten in Nordafrika. Hitler reagierte auf den Ernst der Lage, denn zum ersten Mal sah er sich einer großen Niederlage auf einem Kriegsschauplatz gegenüber. Er zog deshalb Einheiten aus Norwegen und sogar von der Ostfront ab, um die *Luftflotte 2* auf ihre größte Stärke von 1.220 Flugzeuge zu bringen. Die meisten Flugzeuge flogen von Basen auf Sizilien aus. Ein Großteil der Flugzeuge waren Ju 52, allein mehr als 300 kamen im November dazu, sowie Me 323 und Go 242. Letztere flogen mehr als 42.000 Soldaten allein im November/Dezember ein – aber die Verluste waren verboten: 164 Ju 52 wurden zwischen November 1942 und Januar 1943 abgeschossen.

Fliegerführer Tunesien

Eine neue, regionale *Luftwaffen*-Formation wurde in Nordafrika gegründet – *Fliegerführer Tunesien.* Sie wurde durch *Generalmajor* Martin Harlinghausen kommandiert. Die Aufgabe dieser Einheit war, Jägerschutz und Bodenunterstützung für die Truppen in der Region zu bieten. Eine Jäger-Einheit der *Luftflotte 4* half, die Zahl der Jagdflugzeuge ersichtlich zu erhöhen und als die Alliierten versuchten, ihre Luftstreitkräfte im westlichen Nordafrika auf ähnliche Weise zu erhöhen, sahen sie sich mit einem Mal wieder einer deutschen Luftüberlegenheit gegenüber. Dieser Vorteil traf zusammen mit dem Auftauchen eines neuen Flugzeugs in der Region, der Focke-Wulf Fw 190, die, als sie in Dienst gestellt wurde, den alliierten Jägern deutlich überlegen war. Aber der alliierte Aufbau der Luftstreitkräfte war ungeheuer und Teil einer kombinierten Operation zu Land, zu Wasser und in der Luft, die Ende Januar 1943 alle Deutschen in Nordafrika auf ihre Stellungen in Tunesien zurückdrängte. Die Verluste der *Luftwaffe* erreichten wieder schwindelerregende Rekorde. Bis zum Mai, als die restlichen Deutschen am Ende ganz aus Afrika herausgedrängt worden waren, hatte der *Fliegerführer Tunesien* weniger als 200 Flugzeuge. Die flohen nach Sizilien. Ju 52-Maschinen wurden in schrecklicher Zahl abgeschossen (177 in fünf Wochen zwischen April und Mai), die oftmals hunderte von deutschen Infanteristen an Bord hatten.

Insgesamt wurden von Beginn der Operation *Torch* bis zu den letzten Deutschen Soldaten, die aus Afrika herausgedrängt wurden, 2.422 deutsche Flugzeuge abgeschossen.

HANS-JOACHIM MARSEILLE (1919–1942)

Hans-Joachim Marseille wurde 1919 geboren. Er war urban, eitel und hatte eine genaue Vorstellung vom guten Leben. Er trat 1938 der *Luftwaffe* bei und diente während des *Luftkampfs um England* ohne große Abschussrekorde.

- Er kam im April 1941 in Afrika an und entwickelte dort sehr schnell eine radikale Sturzflugtechnik, die er mit großer Präzision und Wagemut ausführte. Marseille schoss damit 151 Flugzeuge ab, an einem einzigen Tag waren es alleine 17 Maschinen.
- Ihm wurde das Ritterkreuz mit Eichenlaub, Schwertern und Diamanten verliehen. Marseille wurde am 30. September 1942 getötet – nicht in einem Luftkampf, sondern durch einen Motorschaden an seiner Maschine.

Ähnlich schrecklich waren die Verluste bei Piloten und anderen Flugzeugbesatzungen. Ihr Ersatz (vor allem an ausgebildeten Mannschaften) wurde zu einer der größten Sorge. Dies, und die Unfähigkeit, die deutsche 6. Armee in Stalingrad, das den Sowjets im Januar 1943 in die Hände fiel, aus der Luft zu versorgen, bedeutete, dass Görings Luftstreitkräfte ein unvorhergesehenes Trauma zu verarbeiten hatte. Im Mittelmeer wurde nun alles daran gesetzt, Sizilien, wo etliche Flugzeugbasen der *Luftwaffe* waren, zu halten.

Italien und Sizilien

In der Mitte des Jahres 1943 verlief der Krieg an allen Frontabschnitten zu Ungunsten Deutschlands. Aus Nordafrika herausgedrängt und in Stalingrad auf dem Rückzug erlitten die deutschen Bodenstreitkräfte horrende Verluste und die *Luftwaffe* versuchte, mit immer weiter schwindenden Kräften eine ausreichende Luftraumverteidigung bereit zu stellen.

Für alle Operationen, die die *Luftflotte 2* im Mittelmeer durchführte, war Sizilien von ausschlaggebender Bedeutung. Von Flughäfen in Catania, Comiso, Trapani und Gerbini benutzte die *Luftwaffe* Sizilien als Basis für ihre Boden-Luftunterstützung in Nordafrika, wichtiger aber noch, für ihre Angriffe auf Malta und den alliierten Schiffsverkehr, der den Vormarsch der Briten und Amerikaner überhaupt erst möglich machte. Sollte Sizilien verloren gehen, würde dies die gesamte Mächtebalance im Mittelmeer zugunsten der Alliierten verschieben und der Vormarsch der Alliierten von Nordafrika nach Südeuropa wäre unvermeidlich.

Reduzierte Stärke

Wie wir bereits gezeigt haben, hatte der Luftkampf in Nordafrika die Kräfte der *Luftflotte 2* arg dezimiert. Hitler, der den heraufziehenden Sturm im Mittelmeer erkannte, versuchte dem mit einer massiven Aufrüstung und einer Reorganisation der *Luftflotte 2* zu begegnen. Während der Monate Mai bis Juli 1943 wurde ein Großteil der in deutschen Fabriken neu produzierten Jäger in die Mittelmeer-Region geschickt. Ebenfalls wurden Jagdmaschinen aus Frankreich abgezogen – der *Luftkampf mit England* war so gut wie vorüber – bis auf den Start der V-Waffen in den letzten Kriegsmonaten. Mitte Juli waren bereits wieder mehr als 450 Jagdmaschinen in der Region im Einsatz, das waren mehr als 260 zusätzliche Maschinen im Vergleich zum Mai. Williamson Murray weist in seinem Buch *Strategy for Defeat* (Quantum, 2000) darauf hin, dass nahezu 40 Prozent der gesamten Produktion an Jagdmaschinen zwischen dem 1. Mai und dem 15. Juli in die Mittelmeerregion geschickt wurden.

Die Balkan-Front

Der Krieg an den verschiedensten Frontabschnitten überdehnte die deutschen Streitkräfte über ihre eigentlichen Fähigkeiten hinaus. Die Mittelmeer-Region machte hierbei

STÄRKE DER EINHEITEN – *LUFTFLOTTE* 2 (MAI 1944)

Luftwaffen-Einheiten	Basis	Typ	Str*	Op*
JÄGER				
I./JG4	Salzwedel	Bf 109	13	10
III./JG53	Arlena	Bf 109	17	13
Stab/JG77	Ferrara	Bf 109	4	3
I./JG77	Kirchhellen	Bf 109	21	10
II./JG77	Ferrara	Bf 109	52	39
2-motorige JÄGER				
II./NJG6	Ghedi	Bf 110	13	11
AUFKLÄRER UND TAKTISCHE FLIEGER				
Stab/LG1	Ghedi	Ju 88	1	1
I./LG1	Ghedi	Ju 88	20	17
II./LG1	Villafranca	Ju 88	21	17
2./AGr122	Bergamo	Me 410 Ju 88	8	4
1./AGr123	Bergamo	Ju 88	5	3
NKG11	Arlena	Bf 109	15	8
BOMBER				
II./KG76	Aviano	Ju 88	25	13
BODENUNTERSTÜTZUNGSFLUGZEUGE				
Stab/SG4	Piacenza	Fw 190	3	2
I./SG4	Piacenza	Fw 190	14	4
II./SG4	Piacenza	Fw 190	27	9
NSG9	Tuscania	Ju 87 CR.42	37	23
MARINEFLIEGER				
2./BF Gr.196	Venezien	Ar 196	6	5
TRANSPORTMASCHINEN				
II./TG1	Gallarate	SM.82	46	35

*Str = Stärke auf dem Papier *Op = Operationelle Stärke

keine Ausnahme. Symptomatisch dafür war, dass, als die Deutschen in Tunesien geschlagen worden waren, die *Luftflotte 2* aufgeteilt wurde, um den Anforderungen auf dem Balkan entsprechen zu können.
Die Ölfelder in Rumänien waren für Deutschland überlebensnotwendig. Gleichzeitig lagen sie nun zunehmend in der Reichweite alliierter Bomber. Als Antwort darauf wurde eine kleine Einheit der *Luftflotte 2* dazu benutzt, das *Luftwaffenkommando Süd-Ost* zu bilden, das die Aufgabe hatte, den gesamten Balkan abzudecken bis tief hinein nach Osteuropa. Ihre nördliche Ausdehnung reichte bis zum Aufgabenbereich der *Luftflotte 4*. Dabei verfügte das *Luftwaffen-*

LUFTFLOTTE 2 (MAI 1944)

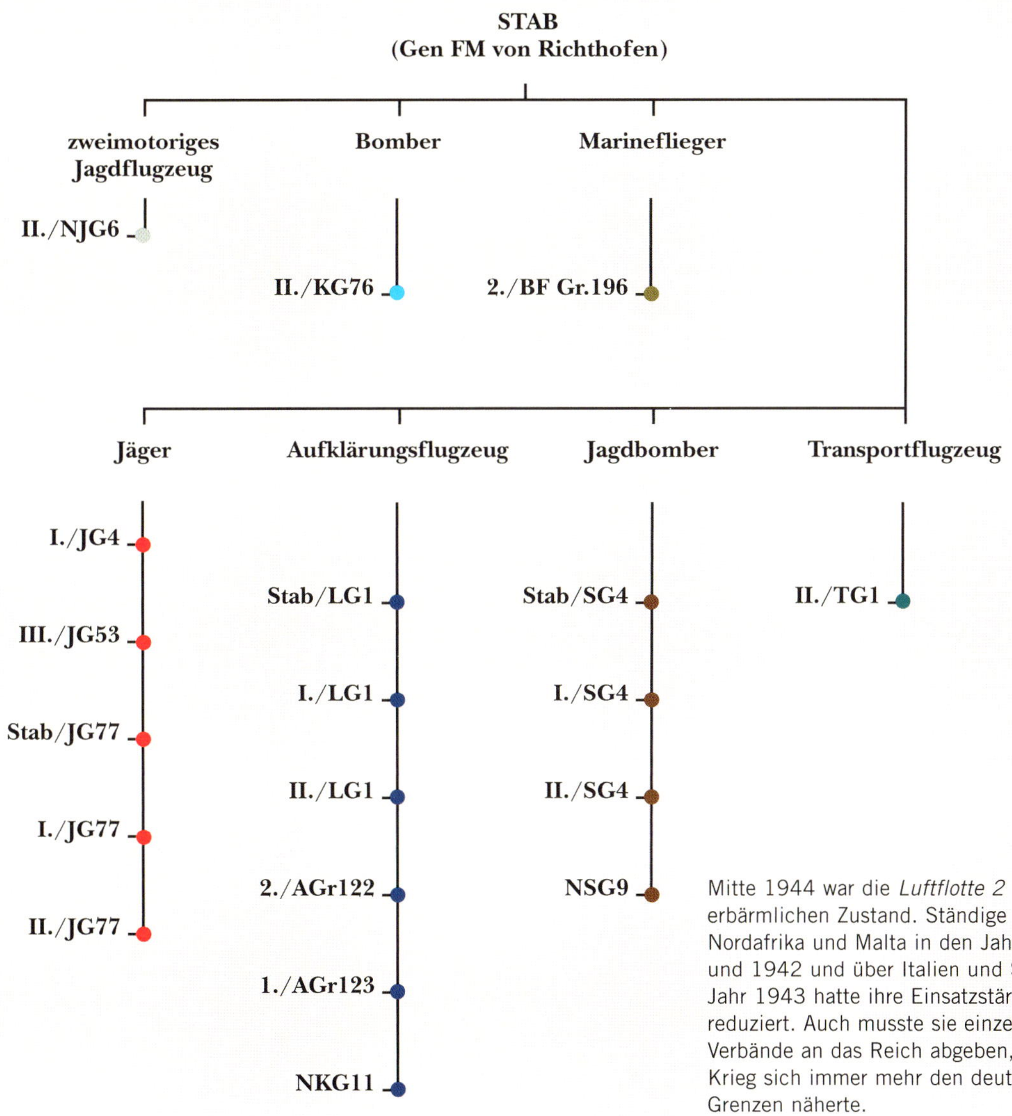

Mitte 1944 war die *Luftflotte 2* in einem erbärmlichen Zustand. Ständige Verluste in Nordafrika und Malta in den Jahren 1941 und 1942 und über Italien und Sizilien im Jahr 1943 hatte ihre Einsatzstärke gewaltig reduziert. Auch musste sie einzelne Verbände an das Reich abgeben, als der Krieg sich immer mehr den deutschen Grenzen näherte.

Kriegsschauplatz Mittelmeer, 1943–45

Die Flugstützpunkte der *Luftflotte 2* konzentrierten sich in den Jahren 1943-45 vornehmlich auf Sizilien und das gesamte italienische Festland. Natürlich gingen viele dieser Flugplätze mit dem Vormarsch der Alliierten verloren. Auf Sizilien waren die meisten Flugplätze entlang der Küste und mindestens drei gingen gleich mit der Landung der *Operation Husky* verloren, als die Alliierten im Juli 1943 dort anlandeten.

Darüber hinaus bauten alliierte Ingenieure gleich neun neue Flugplätze um Catania und bekamen dadurch die absolute Luftherrschaft über die Insel. Auf dem italienischen Festland gingen auch nach und nach viele Flugplätze verloren. Es gab einen Schwerpunkt rings um den Golf von Tarent und drei Basen rund um Neapel und Salerno, von denen aus den Alliierten erbitterter Widerstand entgegengebracht wurde. Darüber hinaus gab es etliche Luftwaffenstützpunkte rund um Foggia im Osten, aber Ende 1943 war die Stärke der *Luftwaffe* in Italien auf ein Minimum zusammengeschrumpft.

LUFTWAFFE BASEN: ITALIEN (MAI 1944)

kommando Süd-Ost im Mai 1943 nur über eine Gruppe mit Jagdflugzeugen (I./JG4), so dass die *Luftflotte 2* durch diese Auslagerung nicht allzu sehr geschwächt wurde.

Vorbereitungen

Als Tunesien erst einmal fest in alliierter Hand war, einigten sich die Verbündeten auf der Konferenz von Casablanca im Januar 1943 auf das nächste Ziel: Sizilien. Obwohl die Luftwaffe noch auf der Insel das Sagen hatte, setzten ihr die an Stärke immer weiter zunehmenden alliierten Luftstreitkräfte mächtig zu. Der Ausstoß neuer amerikanischer Flugzeuge war gigantisch und die *Luftwaffe* sollte von nun an in der Produktionsschlacht der eindeutige Verlierer sein.

Die Invasion Siziliens mit dem Codenamen *Husky* war für den 10. Juli 1943 terminiert und in den Wochen davor sah sich die *Luftwaffe* in heftigste Gefechte verwickelt. Die Probleme nahmen für sie zu, als es den Alliierten gelang, Pantelleria, eine kleine Insel 113 km südwestlich von Sizilien Anfang Juni einzunehmen. Pantelleria bot den Alliierten einen idealen Stützpunkt für ihre Jäger und das bedeutete wiederum, dass die schweren Bomberverbände nun für längere Zeit auf eine Begleitung durch Jagdschutz setzen konnten. Als die Zahl der deutschen Jagdmaschinen auf Sizilien zunahm, kam es immer wieder zu heftigsten Luftkämpfen über der Insel mit schweren Verlusten auf beiden Seiten. Die Alliierten konnten die Verluste jedoch verschmerzen, die Luftwaffe nicht. Allein im Juni wurden 131 deutsche Jagdmaschinen und 72 Bomber abgeschossen. Unter diesen Bedingungen konnte die *Luftflotte 2* wenig erreichen, da ihre Bomber und Jagdbomber so gut wie keinen Begleitschutz mehr hatten. Die Jagdbomber waren also zunehmend auf sich allein gestellt.

Invasion

Die Operation *Husky* fand wie geplant statt und ihre Ausmaße waren enorm – 160.000 Soldaten, 14.000 Fahrzeuge, 600 Panzer und 1.800 Kanonen wurden durch 2.500 Landungsschiffe an Land gebracht. Dazu kamen mehr als 4.000 alliierte Flugzeuge, denen nur mehr die 1.600 verbliebenen deutschen Maschinen der *Luftflotte 2* gegenüber standen. Die Alliierten flogen rund um die Uhr Kampfeinsätze, um Druck auf die Deutschen auszuüben und hielten die deutschen Flugplätze unter Dauerbombardement. Um die Ungleichheiten zu verdeutlichen: Am Tag der alliierten Invasion gelangen den Piloten der *Luftflotte 2* nicht mehr als 100 Einsätze. Die Alliierten flogen im gleichen Zeitraum 1.092 Einsätze. Im Juli verlor die *Luftflotte 2* 711 Maschinen, darunter 246 Jäger. Der alliierte Vorstoß am Boden stieß zwar auf erbitterten Widerstand, war aber ebenfalls unüberwindbar. In der zweiten Augustwoche mussten sich die deutschen Landstreitkräfte auf das italienische Festland zurückziehen. Die verbliebenen *Luftwaffen*-Piloten folgten ihnen mit ihren Maschinen.

Der italienische Unterbauch

Die Niederlage der Deutschen auf Sizilien war der Auftakt für die folgenden alliierten Operationen auf dem italienischen Festland selbst, die mit einer amphibischen Landung bei Salerno am 9. September starteten. Der Vormarsch der Alliierten war zäh und erbittert und führte durch gebirgige Regionen. Der Kampf dauerte bis zum April 1945 an. Zu keinem Zeitpunkt sahen die Alliierten dabei jedoch ihre Luftüberlegenheit durch die arg gebeutelte *Luftflotte 2* ernsthaft bedroht. Allein in der Vorbereitungsphase der Landung bei Salerno verloren die Deutschen wiederum 321 Flugzeuge.

Nichtsdestoweniger konnte die *Luftflotte 2*, zusammen mit den deutschen Landstreitkräften den Alliierten bei Salerno erbitterten Widerstand leisten. Bomber und Fw 190 Jäger griffen alliierte Schiffe und Landungsboote an. Bei einem Angriff benutzten die Deutschen Hs 293 und Fx 1400 *Fritz* Fernlenkbomben, um italienische Schiffe anzugreifen. Sie versenkten dabei das italienische Schlachtschiff *Roma* – der erste Einsatz in der Geschichte der Luft-Boden-Kriegsführung, bei dem Fernlenkwaffen eingesetzt wurden. Obwohl die Alliierten also schwere Verluste hinnehmen mussten, war dies das letzte Aufbäumen der Luftflotte in Italien. Eine Präsenz der *Luftflotte 2* blieb bis zum Kriegsende in Italien, aber durch die machtvolle Überlegenheit der alliierten Flugzeuge war ihre Anwesenheit eigentlich zu vernachlässigen. B-17 und B-24 Bomber bombardierten immer wieder ihre Flugplätze und als die Alliierten am 22. Januar 1944 bei Anzio landeten, gab es nicht mehr als 270 deutsche Flugzeuge in Italien, die sich mehr als 2.600 alliierten Flugzeugen gegenüber sahen. Zu diesem Zeitpunkt galt das Hauptaugenmerk der *Luftwaffe* aber bereits dem alleinigen Schutz des Reiches gegen die strategischen Bomberangriffe der Alliierten. Deswegen wurden auch nach und nach die Maschinen der *Luftflotte 2* aus Italien abgezogen und nach Deutschland geschickt. Der Himmel über dem Mittelmeer war somit im Besitz der Alliierten.

Der Balkan und Griechenland 1941–45

Die deutsche Invasion in Jugoslawien und Griechenland war ein Ablenkungsmanöver von Hitlers eigentlichem Ziel: Russland. Es war am Ende ein zweifelhaftes Unternehmen, etwas von dem einige Historiker sagen, es habe Hitler den Krieg gekostet.

Soldaten und Material werden von einer Ju 52 über Kreta im Mai 1941 abgesetzt.

Die Theorie, dass der Einmarsch in Jugoslawien und Griechenland Hitler den Krieg gekostet habe, geht ungefähr folgendermaßen: Die Operationen auf dem Balkan bedeuteten, dass die Deutschen nicht schnell genug in Russland vorrücken konnten. Hätte es das deutsche Zwischenspiel auf dem Balkan nicht gegeben, hätten die Deutschen die Sowjetunion im Mai 1941 angreifen können, statt am 22. Juni, dem Tag, an dem die Operation *Barbarossa* anlief. Wegen dieser Verspätung verfing sich die deutsche Armee anschließend im mörderischen russischen Winter im Dezember 1941 kurz vor Moskau. Hätten sie mit dem Einmarsch bereits im Mai begonnen, hätten sie noch etliche Wochen bei gutem Wetter für einen weiteren Vorstoß in Russland zur Verfügung gehabt und hätten vielleicht sogar bis zum Jahresende Moskau eingenommen. Wenn Moskau gefallen wäre, wäre auch Stalins Regime gestürzt und Deutschland hätte seinen Zugriff auf Russland festigen und so alle Kriegsziele erreichen können.

Die Theorie klingt gut und überzeugend, aber je genauer man sie durchdenkt, umso fehlerhafter ist sie. Denn selbst wenn die Deutschen die Operation Barbarossa bereits im Mai begonnen hätten, wäre der Fall Moskaus keineswegs garantiert gewesen. Die Stadt wurde schwer verteidigt und bereits im Oktober waren die deutschen Nachschubwege überdehnt. Und selbst wenn die Deutschen Moskau eingenommen hätten, hätte dies noch keineswegs den Fall der Sowjetunion nach sich gezogen. Die Weite Russlands hätte es Stalin erlaubt, seine Regierung weiter nach Osten zu verlagern, wo es riesigen Nachschub für die Rote Armee gab, und von wo aus man einen Gegenangriff jederzeit hätte starten können. Das Balkan-Abenteuer war sicherlich kostspielig, aber wir sollten ihm nicht Hitlers Niederlage zuschreiben. Es war nur mehr eine der vielen Fehlentscheidungen des Führers.

Kostspielige Siege

Für die *Luftwaffe* brachten die Operationen auf dem Balkan sehr unterschiedliche Erfahrungen mit sich. Die deutschen Flugzeuge halfen natürlich die Siege der Landstreitkräfte in dieser Region abzusichern, aber die Verwendung von Bombern gegen solche Städte wie zum Beispiel Belgrad zementierte geradezu den Ruf der *Luftwaffe* als einer Terrorwaffe, die vornehmlich gegen die Zivilbevölkerung eingesetzt wurde. Im Lichte der später einsetzenden alliierten Bombenangriffe auf Deutschland waren solche Einschätzungen sicherlich sehr schnell hinfällig. Die Einnahme Kretas im Mai 1941 zeigte allerdings auch, dass die *Luftwaffe* sozusagen im Alleingang eine große Militäroperation mit verbundenen Waffen durch Luftlandetruppen ausführen konnte. Doch Kreta war ein typischer Pyrrhus-Sieg für die deutschen Fallschirmjäger. Der Verlust von nahezu 7.000 toten Soldaten während der Operation schockierte Hitler zutiefst und führte dazu, dass er nie wieder Fallschirmjäger in solch einem großen Ausmaß einsetzte. Nach Kreta war es die Hauptaufgabe der *Luftwaffe* auf dem Balkan die rumänischen Ölfelder gegen die alliierten Angriffe aus der Luft zu schützen – ein weiterer Kampfschauplatz, der die immer kleiner werdenden Ressourcen der *Luftwaffe* einmal mehr beanspruchte.

Jugoslawien und Griechenland, 1941

Die Operationen der *Luftwaffe* in Jugoslawien und Griechenland bestanden aus zwei unterschiedlichen Taktiken. In Jugoslawien war der Kern des *Luftwaffen*-Engagements eine Bestrafungsaktion in Form der Bombardierung Belgrads, wohingegen die *Luftwaffe* in Griechenland eine eher traditionelle Rolle spielte.

Das deutsche Engagement auf dem Balkan rührte vom Versagen der italienischen Truppen her. Mussolini, der aus Hitlers militärischem Schatten heraustreten wollte, marschierte aus Albanien kommend am 28. Oktober 1940 in Griechenland ein. Nach anfänglichen Erfolgen wurde der Vormarsch der Italiener jedoch zum Halten gebracht und durch fanatisch kämpfende Griechen sogar wieder zurück gedrängt. Ende November waren die Italiener wieder tief zurück nach

Albanien abgedrängt worden. Es wurde Hitler deshalb sehr schnell klar, dass sein glückloser militärischer Verbündete deutsche Hilfe benötigte. Hitler konnte bereits auf dem Balkan auf Verbündete, wenngleich zögerliche, setzen. Beide, Ungarn und Rumänien, hatten einen Beistandspakt mit Deutschland im Herbst 1940 abgeschlossen. Und als Deutschland in Griechenland einmarschierte gab auch Bulgarien seine Zustimmung dazu, das Land als Ausgangspunkt für Militäroperationen zu benutzen. Bulgarien stellte jedoch nur einen kleinen Frontabschnitt für die deutschen Landstreitkräfte dar, so dass auch Jugoslawiens Einwilligung erzwungen werden musste. (Die Grenzen von Nordgriechenland schlossen an Albanien, Jugoslawien und Bulgarien an.) Am 25. März 1941 zwang Hitler Jugoslawien dem Dreibund (ursprünglich zwischen Deutschland, Italien und Japan) beizutreten, aber durch einen Staatsstreich am darauffolgenden Tag sah sich Prinz Paul auf einmal einem anti-deutschen Bündnis gegenüber, das die Deutschen ablehnte. Hitler war entrüstet und ordnete die Operation *Strafgericht* als Vergeltung an – die Besetzung Jugoslawiens. Der Plan sah für die *Luftwaffe* klare Anweisungen vor. „Politisch ist es unabdingbar, dass der Schlag gegen Jugoslawien mit der größtmöglichen und unbarmherzigsten Härte ausgeführt wird… Die Hauptaufgabe der ‚Luftwaffe' ist es, die Hauptstadt Belgrad zu zerstören."

Die deutschen Einheiten der *Luftwaffe* kamen zumeist von der *Luftflotte 4*. Sie wurde wiederum durch etliche zusätzliche Einheiten von Flugbasen in Frankreich unterstützt. Am Ende umfasste ihre Kampfstärke rund 1.000 Flugzeuge. Die *Luftflotte 4* war ebenso in verschiedene größere *Fliegerkorps* und *Fliegerführer* unterteilt, die von Basen in Österreich, Ungarn und Bulgarien operierten.

Ziel: Belgrad

Der Einmarsch in Jugoslawien begann am 6. April 1941, als die Wehrmacht die Grenze mit 33 Divisionen überschritt. Die Lufthoheit der *Luftwaffe* war absolut. Im Grunde genommen war die jugoslawische Flugzeugabwehr so schwach und die eigenen Luftstreitkräfte so veraltet, dass selbst die verletzlichen Ju 87 die Sperrspitze des deutschen Vormarsches abgeben konnten. Innerhalb von Stunden war die jugoslawische Luftstreitmacht zerstört. Danach wandte

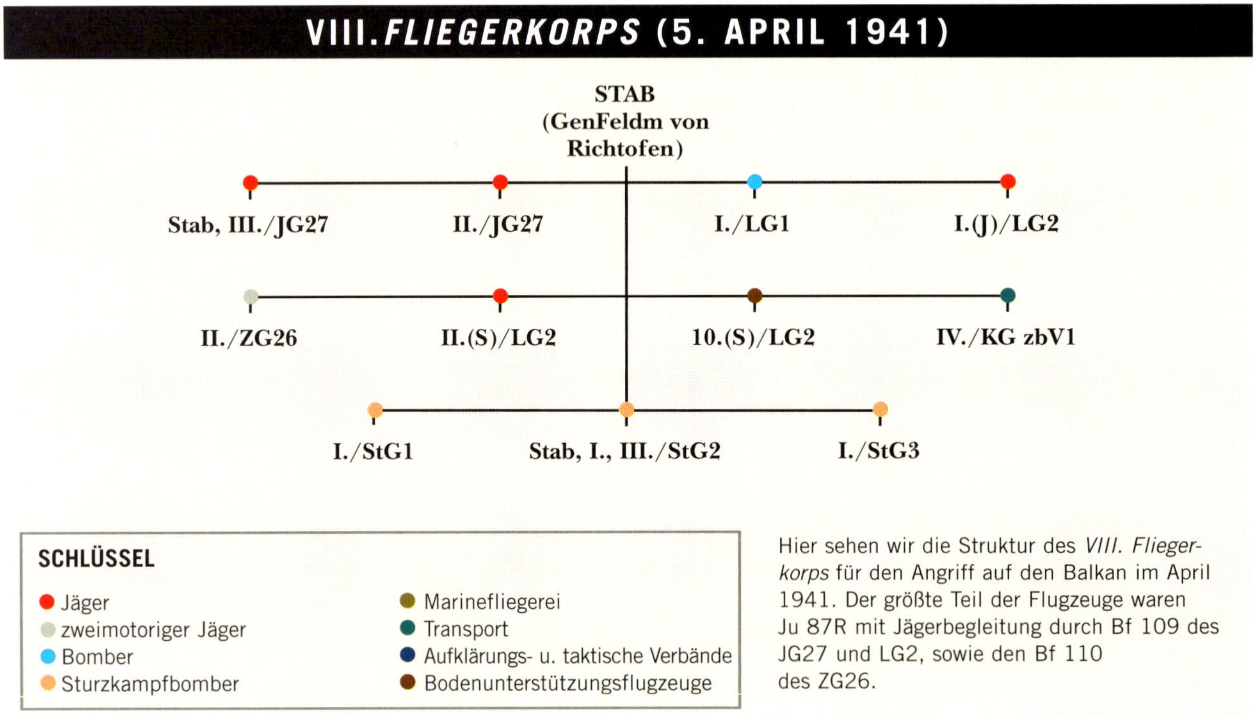

Hier sehen wir die Struktur des *VIII. Fliegerkorps* für den Angriff auf den Balkan im April 1941. Der größte Teil der Flugzeuge waren Ju 87R mit Jägerbegleitung durch Bf 109 des JG27 und LG2, sowie den Bf 110 des ZG26.

sich die *Luftwaffe* der Zerstörung Belgrads zu. Um 06:00 Uhr am 6. April kam es zu den ersten Angriffen und in den nächsten zwei Tagen wurde Belgrad in Grund und Boden bombardiert. Die angreifenden Bomber warfen zuerst hochexplosive Bomben ab und gingen dann zu Brandbomben über, um die Stadt auszuradieren. Am Ende des 7. Aprils waren über 17.000 Tote in Belgrad zu beklagen.
Die Operation *Strafgericht* war vollbracht. Zusammen mit den Vorstößen zu Land war der Ausgang der Operationen in Jugoslawien mehr als absehbar. Jugoslawien begann mit Friedensverhandlungen am 14. April Jung unterzeichnete die Kapitulation am 17. April.

Griechenland

Zum gleichen Zeitpunkt als die deutschen Streitkräfte in Jugoslawien einmarschierten, machte sich das *XXX. Korps* auf in Thrakien als Eröffnung der Invasion Griechenlands einzumarschieren. Die Verteidigung Griechenlands war durch ein britisches Expeditionskorps von 62.000 Mann mit rund 200 britischen Flugzeugen verstärkt worden. Der Einsatz der britischen Flugzeuge wurde jedoch durch den Mangel an geeigneten Flugplätzen stark behindert. Zudem waren die Flugzeugtypen veraltet und die griechische Luftabwehr unzureichend. Das führte dazu, dass die *Luftwaffe* auch hier sehr schnell die Lufthoheit erringen konnte, als die 2. Deutsche Armeegruppe nach Griechenland hinein vorrückte. Die 2. Armee verband sich sehr schnell mit der 12. Deutschen Armee, als diese durch Jugoslawien in der vorletzten Aprilwoche hindurch stieß.

Luftunterstützung

Die *Luftwaffe* war für das Vorrücken der deutschen Verbände in Griechenland entscheidend. Aufgrund ihrer bergigen Geografie war Griechenland prädestiniert für einen Verteidigungskrieg. Aus diesem Grund war der Beitrag der *Luftwaffe* für die Operationen der deutschen Armee in dieser Region absolut lebenswichtig. Ohne große Gegenwehr konnten die deutschen Jäger und Stuka's über griechisches Territorium hinweg fliegen und ihre Bomben bei gezielten Angriffen abwerfen. Als Ergebnis wurden oftmals die Stellungen der Alliierten zu regelrechten Fallen und die Soldaten konnten sich schon bald tagsüber nicht mehr frei bewegen.
Im Gegenzug konnten die gepanzerten deutschen Verbände ungestört immer weiter vorrücken, während die Alliierten oftmals gezwungen waren, ihre Stellungen allein schon

BALKAN (5. APRIL 1941)

Luftwaffen-Einheiten	Basis	Typ	Str*	Op*
LUFTFLOTTE 4				
Stab, I., III./KG2	Zwölfing	Do 17Z	65	63
III./KG3	Münchendorf	Do 17Z	28	26
		Ju 88A	3	–
II./KG4	Wien-Aspern	He 111P	28	25
KG51	Wiener Neustadt	Ju 88A	81	55
FLIEGERFÜHRER GRAZ				
I./JG27	Graz-Thalerhof	Bf 109E	33	27
Stab, V, VI/JG54	Graz-Thalerhof	Bf 109E	35	27
Stab/StG3	Graz-Thalerhof	Ju 87B	3	1
		He 111H	–	1
II./StG77	Graz-Thalerhof	Ju 87B	39	34
FLIEGERFÜHRER ARAD				
IV, III./JG54	Arad	Bf 109E	42	39
Stab, II., III./JG77	Deta	Bf 109E	92	73
I./ZG26	Szeged	Bf 110C/E	33	30
Stab, I., III./StG77	Arad	Ju 87B	82	68
		Bf 109E	5	4
		Bf 110C	1	1
VIII.FLIEGERKORPS				
Stab, III./JG27	Belica	Bf 109E	45	44
II./JG27	Sofia	Bf 109E	40	37
I.(J)/LG2	Sofia	Bf 109E	27	22
II./ZG26	Krainici	Bf 110C/E	37	25
I./LG1	Krumovo	Ju 88A	–	–
II.(S)/LG2	Sofia	Bf 109E	29	23
10.(S)/LG2	Krainici	Hs 123A	32	20
I./StG1	Krainici	Ju 87R	24	23
Stab, I., III./StG2	Belica-Nord	Ju 87B	72	69
		Ju 87R	9	9
I./StG3	Belica-Nord	Ju 87B	30	30
		Ju 87R	9	9
IV./KG zbV1	Krumovo	Ju 52	?	?
DEUTSCHE LUFTWAFFENMISSION RUMÄNIEN				
III./JG52	Bukarest-Pipera	Bf 109E	57	45

***Str = Stärke auf dem Papier *Op = Operationelle Stärke**

deshalb aufzugeben, weil sie nicht umgangen werden durften. Der allmähliche Rückzug der Alliierten nahm deshalb auch immer bedrohlichere Ausmaße an.

Taktische Operationen

Nicht alle Flugzeuge der *Luftflotte 4* waren zur Bodenunterstützung der deutschen Truppen in Griechenland abkommandiert. Die Hauptrouten für den alliierten Nachschub durch den Balkan führte durch die griechischen Hafenstädte im Süden, ganz besonders Piräus nahe von Athen und Hafen entlang der südlichen Küste des Peloponnes. Das erregte schon bald die Aufmerksamkeit der *Luftwaffe*, die sowohl die Hafenanlagen als auch die Schiffe, die die Häfen anlaufen wollten, angriffen. In einem Fall wurde das britische Nachschubschiff *SS Glen Fraser* durch eine einzige Bombe getroffen. Daraufhin flogen mehr als 250 Tonnen Munition, die das Schiff geladen hatte, in die Luft. Als die Alliierten aus Griechenland flohen, versuchte die *Luftwaffe* auch die Rückzugswege zu bombardieren. Am 26. April wurden Einheiten des FJR 2 rund um die Brücke, die den Kanal von Korinth verbindet, der das Festland Griechenlands vom Peloponnes trennt, abgesetzt. Absicht war, sich in den Besitz der intakten Brücke zu bringen. Aber eine Irrläufergranate der Briten setzte die Zünder, die von der Brücke bereits abmontiert waren, in Brand und der nahebei gelagerte Sprengstoff explodierte. Die Brücke wurde zerstört und viele Fallschirmjäger starben bei der Detonation. Eigentlich war die Operation aber auch zwei Tage zu spät gewesen, da bereits der Großteil der alliierten Verbände die Brücke passiert hatten. Nichtsdestoweniger nahmen die Fallschirmjäger rund 2.000 alliierte Soldaten gefangen und trieben die Briten auf ihrem Rückzug nach Süden weiter vor sich her. Rund 43.000 britische Soldaten entkamen, doch Griechenland war am 28. April fest in deutscher Hand.

LUFTFLOTTE 4 (APRIL 1941)

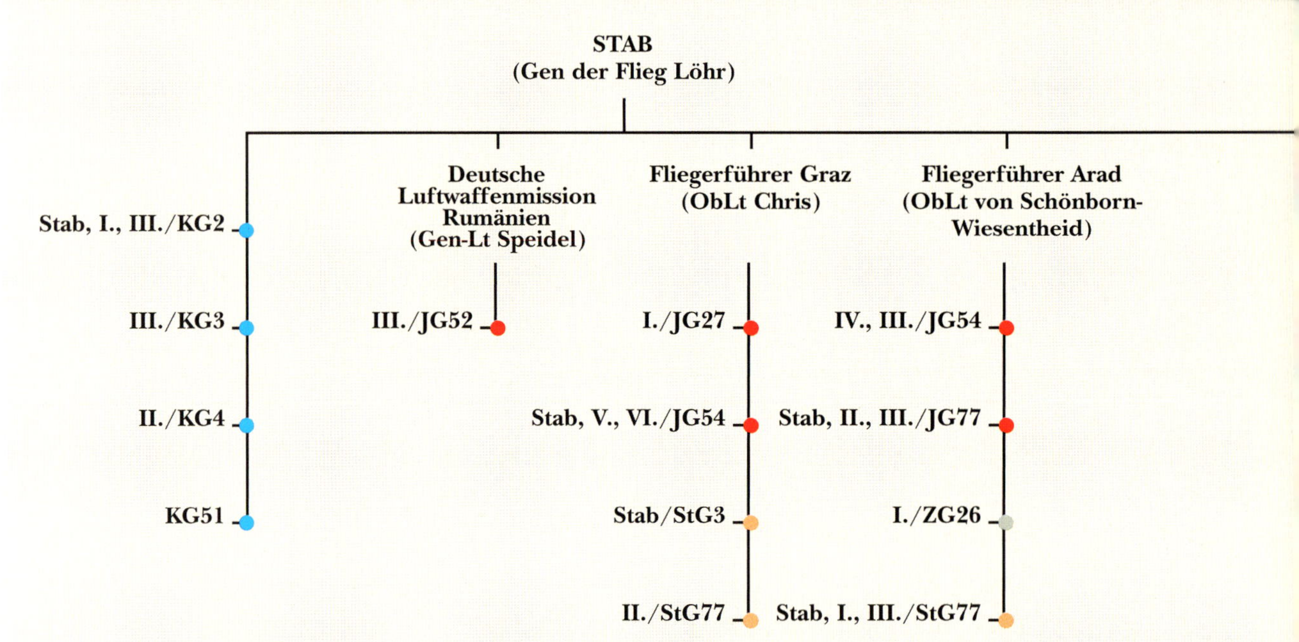

Der Angriff auf Kreta

Die Operationen zur Einnahme Jugoslawiens und Griechenlands gestalteten sich für die *Luftwaffe* relativ einfach. Mit der Einnahme Kretas kam jedoch eine taktisch und technisch sehr viel anspruchsvollere Aufgabe auf die *Luftwaffe* zu.

Kreta lag irgendwie ein wenig abseits auf der Landkarte, aber Hitler und das Oberkommando der Wehrmacht erkannten immer mehr, dass man die Insel nicht weiter in der Hand der Alliierten belassen durfte. Wenn die Alliierten weiterhin im Besitz der Insel blieben, ihre Truppen aus Griechenland dorthin zurückzogen, dann konnte die Royal Navy nicht nur ihre Muskeln in der Ägäis und der Ionischen See spielen lassen, sondern die Insel konnte auch zu einem Flugplatz für Angriffe auf die rumänischen Ölfelder werden. Am 20. April hatte der Kommandeur der *Fallschirmjäger*, Kurt Student, bereits einen Plan für eine Luftlandeoperation zur Einnahme der Insel vorgelegt und zu Beginn des Mais wurde grünes Licht für den Plan mit dem Codenamen *Operation Merkur* gegeben.

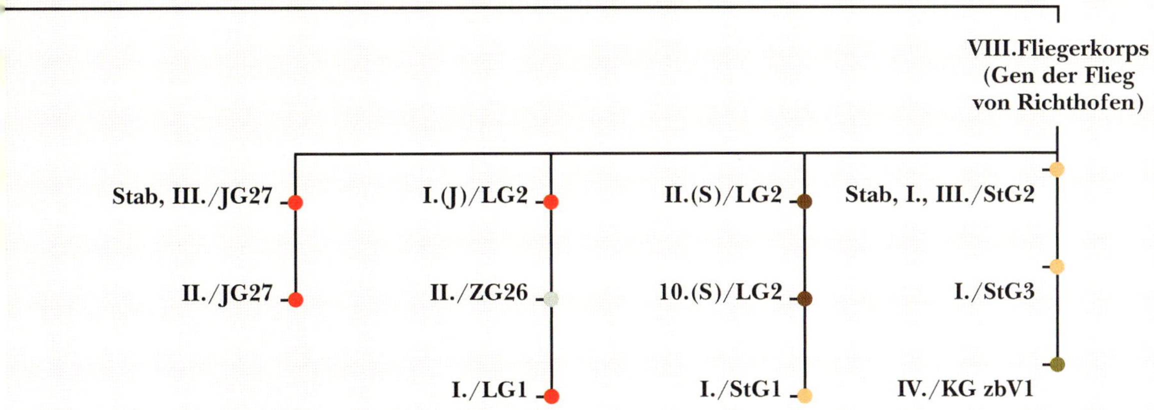

SCHLÜSSEL

- Jäger
- zweimotoriger Jäger
- Bomber
- Sturzkampfbomber
- Marinefliegerei
- Transport
- Aufklärungs- u. taktische Verbände
- Bodenunterstützungsflugzeuge

Die *Luftflotte 4* hatte auf dem gesamten Balkan Basen. Die größte Einheit der *Luftflotte* war das VIII. Fliegerkorps, das im Wesentlichen aus Ju 87 und Begleitjägern bestand. Die kleinste Einheit war die *Deutsche Luftwaffenmission Rumänien*, die in Bukarest stationiert war mit einer einzigen Jäger-Gruppe.

DIE *LUFTWAFFE* AUF KRETA (20. MAI 1941)

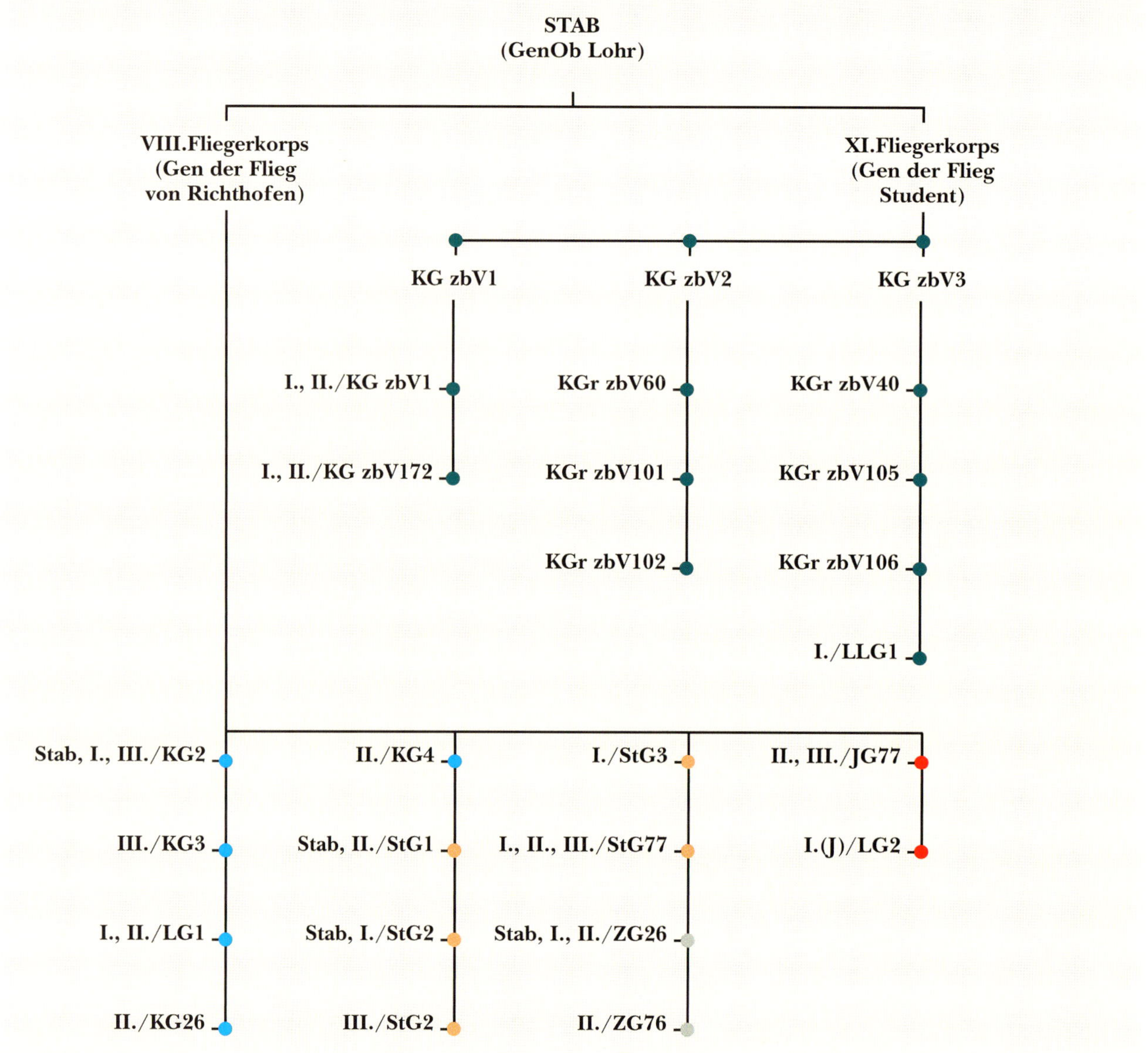

SCHLÜSSEL

- Jäger
- zweimotoriger Jäger
- Bomber
- Sturzkampfbomber
- Marinefliegerei
- Transport
- Aufklärungs- u. taktische Verbände
- Bodenunterstützungsflugzeuge

Weil tausende von Fallschirmjägern entweder aus der Luft oder durch Luftlandungen abgesetzt werden mussten, waren die meisten Flugzeuge, die gegen Kreta eingesetzt wurden Ju 52 Transportmaschinen. Darüber hinaus gab es 180 Begleitjäger, die nötig waren, um eine so verwundbare und langsame Transporterflotte zu beschützen.

VIII. *FLIEGERKORPS* (20. MAI 1941)		
Luftwaffen-Einheiten	**Basis**	**Typ**
VIII.FLIEGERKORPS		
III./KG3	Menidi	Do 17Z
I., II./LG1	Eleusis	Ju 88A
II./KG26	Eleusis	He 111H
II./KG4	Rhodes-Gadurra	He 111H
Stab, II./StG1	Argos	Ju 87B
Stab, I./StG2	Molaoi/Mycene	Ju 87B
III./StG2	Scarpanto	Ju 87B
I./StG3	Argos	Ju 87B
I., II., III./StG77	Argos	Ju 87B
Stab, I., II./ZG26	Argos	Bf 110
II./ZG76	Argos	Bf 110
II., III./JG77	Molaoi	Bf 109E
I.(J)/LG2	Molaoi	Bf 109E

XI. *FLIEGERKORPS* (20. MAI 1941)		
Luftwaffen-Einheiten	**Basis**	**Typ**
KAMPFGESCHWADER ZBV1		
I., II./KG zbV1	Megara/Corinth	Ju 52
I., II./KG zbV172	Megara/Corinth	Ju 52
KAMPFGESCHWADER ZBV2		
KGr zbV60	Topolia	Ju 52
KGr zbV101	Topolia	Ju 52
KGr zbV102	Topolia	Ju 52
KAMPFGESCHWADER ZBV3		
KGr zbV40	Tanagra	Ju 52
KGr zbV105	Tanagra	Ju 52
KGr zbV106	Tanagra	Ju 52
I./LLG1	Tanagra	DFS 230 Ju 52

Luftlandung

Die *Operation Merkur* war für die bisherige Kriegsführung etwas ganz Neues. Der Großteil der Operation würde durch Luftlandeverbände – Fallschirmjäger und Luftlandesoldaten – ausgeführt werden. Eine riesige Zahl an Ju 52-Maschinen würde entweder Fallschirmjäger absetzen oder Gleiter mit Angriffstrupps schleppen. Am Ende wurden 22.750 Soldaten abgesetzt. Die Aufgabe war, Flugplätze, Schlüsselstellungen und Häfen entlang der kretischen Küste im Norden zu besetzen, damit von dort aus weitere Verstärkung angelandet oder eingeflogen werden konnte. Die Luftangriffe wurden hauptsächlich durch das *XI. Fliegerkorps* ausgeführt, während das *VIII. Fliegerkorps* vorwiegend für die Jagdbegleitung und die Luft-Boden-Unterstützung zuständig war. Der Großteil der Flugzeuge, die dabei zum Zuge kamen, waren 520 Ju 52, 228 Mittelstreckenbomber, 119 Bf 109E, 114 Bf 110, 205 Stuka und 72 Gleiter (DFS 230). Die Transportflugzeuge standen unter dem Befehl von *Generalleutnant* Gerhard Conrad.

Die *Operation Merkur* war zu Beginn in zwei Phasen eingeteilt, die auf zwei Angriffswellen basierten - eine am Morgen und eine am Nachmittag. Die erste Angriffswelle hatte Ziele an der Nordwestküste Kretas zur Aufgabe und sah insbesondere die Einnahme des Flugplatzes Maleme und den umliegenden Städten Canea und dem Hafen von Suda vor. Die Ju 52 würden daraufhin zu ihren Basen zurückkehren und auftanken, um für den zweiten Angriff bereit zu stehen. Der richtete sich gegen den Flughafen und die Stadt Rethymnon und Heraklion weiter im Osten der Insel. Wenn erst einmal ein Flugplatz fest in der Hand der Deutschen war, konnte über ihn direkt Verstärkung eingeflogen werden, um die Offensive am Laufen zu halten.

Der Start von *Operation Merkur*

Die Invasion von Kreta begann im ersten Tageslicht des 20. Mai 1941 und machte die Deutschen mit einigen unangenehmen Wahrheiten bekannt, die der Geheimdienst vorher nicht entdeckt hatte. Als erstes: Alle Commonwealth-Truppen, die sich aus Griechenland zurückgezogen hatten, waren noch auf Kreta stationiert – der deutsche Nachrichtendienst hatte berichtet, dass die meisten von ihnen nach Ägypten verlegt worden seien. Überdies ahnte der britische Kommandeur, der in Neuseeland geborene General Bernard Freyberg, Träger des Victoria-Kreuzes aus dem Ersten Weltkrieg, dass eine Offensive unmittelbar bevorstand. Er wusste nur nicht, wo. Das Ergebnis war, dass die Ju 52 und die Gleiter in wütendes Abwehrfeuer flogen – vor allem der Beschuss durch Kleinfeuerwaffen traf die langsam fliegenden Flugzeugziele und tötete hunderte von Fallschirmjägern, die entweder an ihren Schirmen auf ihrem Flug nach unten hingen, oder aus den Gleitern gerade aussteigen woll-

II./STG77 (MAI 1941)

Das *Sturzkampfgeschwader* (oder *Stukageschwader*) 77 war bei der Invasion Kretas bereits seit den ersten Schüssen auf Polen im September 1939 im Einsatz. Im Mai 1941 wurde es von *Major* Graf Clemens von Schönborn-Wiesentheid kommandiert, der das Kommando von O*berstleutnant* Günther Schwartzkopff am 14. Mai 1940 übernommen hatte. Er sollte dem Geschwader bis zum 20. Juli 1944 vorstehen. Nach der Einnahme von Kreta wurde das StG77 an die Ostfront verlegt, wo es schwerste Verluste hinnehmen musste bis es Ende 1943 aufgelöst wurde. Die *II. Gruppe* war in Argos, Griechenland, für die Einnahme Kretas stationiert.

Nominelle Stärke – 39 x Ju 87B

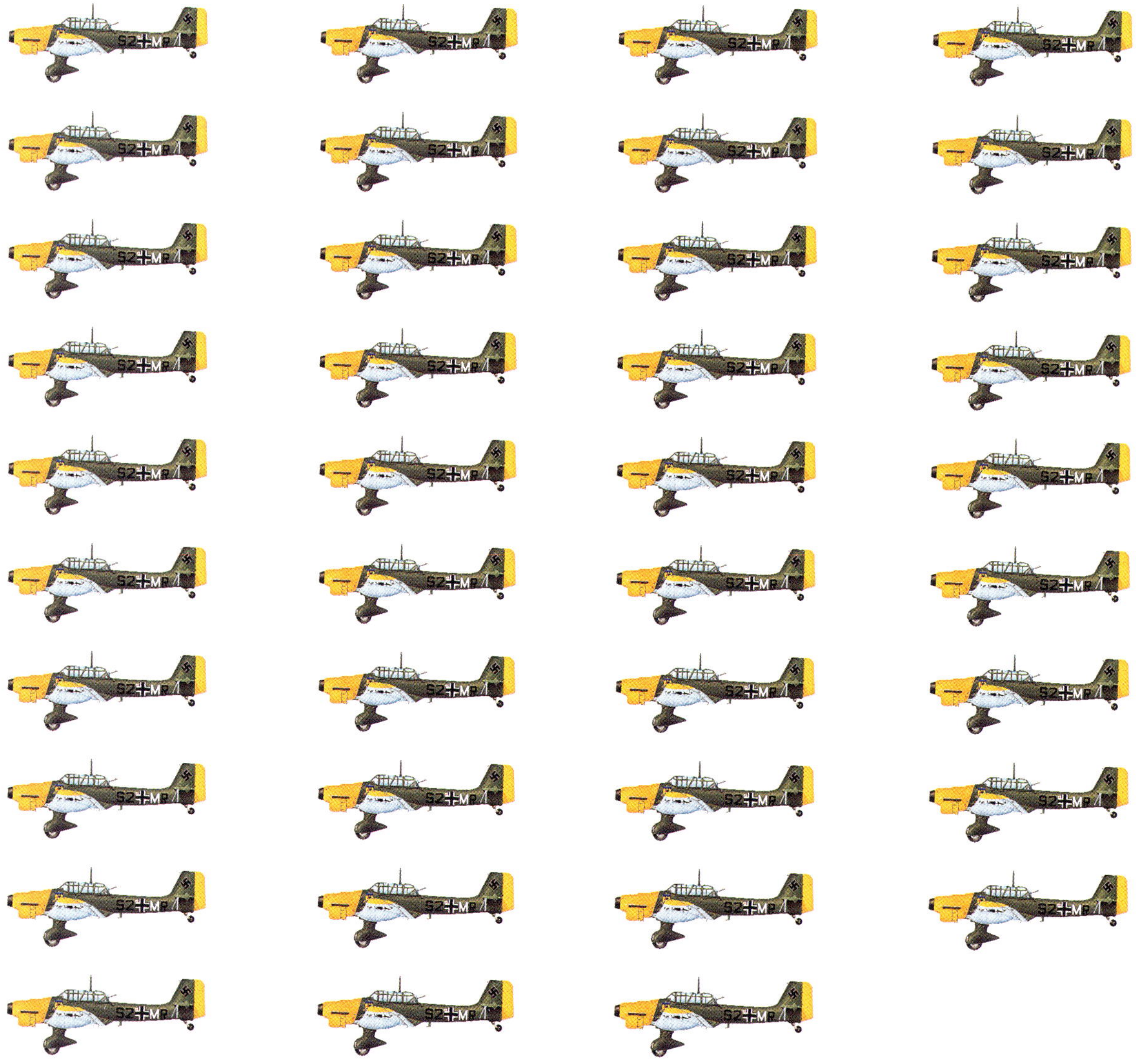

ten. Die Opferzahlen der Deutschen waren enorm – ein Bataillon verlor alleine 400 von 600 Soldaten am ersten Tag. Deutsche Bomber und Jäger griffen die alliierten Bodentruppen ununterbrochen an und versanken zudem alliierte Schiffe in der Suda-Bucht. Doch auch die zweite Angriffswelle am Nachmittag erlitt schwere Verluste, aber am Ende des Tages hatten die deutschen zumindest Positionen eingenommen, die sie halten konnten.

Sieg und Niederlage

In einer der bemerkenswertesten Militäroperationen schafften die Deutschen es, aus einer Niederlage in letzter Sekunde doch noch einen Sieg zu machen. Gegen eine zunehmend chaotisch verlaufende alliierte Verteidigung nahmen die Fallschirmjäger zuerst Maleme am 21. und danach alle weiteren Ziele bis zum 28. Die Luftwaffe übte weiterhin Druck aus und flog pausenlos Verstärkung ein und verfolgte die sich in den Süden der Insel zurückziehenden Alliierten. Am 29. Mai begannen die überlebenden Alliierten mit der Evakuierung. Sie ließen allerdings 18.000 Soldaten entweder als Verwundete oder aber als Kriegsgefangene zurück. Darüber hinaus verloren die Alliierten drei Kreuzer und sechs Zerstörer auf Grund von Luftangriffen von Ju 87 und Ju 88. Kreta war in deutscher Hand, aber die Operation hatte 7.000 deutschen Soldaten das Leben gekostet. Das waren rund 44 Prozent der eingesetzten Truppenstärke. Die Verluste waren so hoch, dass Hitler nie wieder eine vergleichbare Operation anordnete.

DIE EINNAHME KRETAS

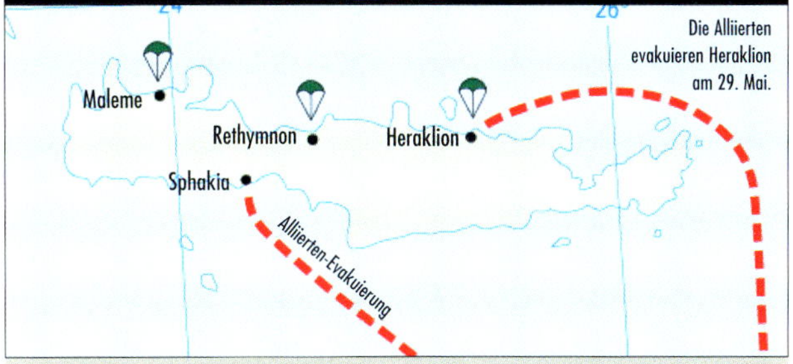

Kreta 20.–31. Mai 1941

Die Karte zeigt die Kriegsziele der deutschen Truppen, die vornehmlich an der Nordküste waren. Was die Karte nicht zeigen kann, sind die schwierigen Terrainverhältnisse an diesem Küstenabschnitt. Eine felsige, zerklüftete Landschaft machte hier jede Luftlandung zu einem gewagten Unternehmen – viele deutsche Fallschirmjäger zogen sich deshalb schon beim Landen schwere Verwundungen zu und auch etliche Gleiter verunglückten bei der Landung. Nichtsdestoweniger gelang es den Deutschen nach elf Tagen harter Kämpfe, die Insel einzunehmen. Die Alliierten begannen sich am 29. Mai zurückzuziehen, die restlichen Truppen ergaben sich den Deutschen am 1. Juni.

Die Verteidigung des Balkans

Ende Mai 1941 war der Balkan fest in deutscher Hand. Doch die Eroberungen in Südeuropa brachte für die Deutschen auch neue Aufgaben mit sich – vor allem die Verteidigung der rumänischen Ölfelder in Ploesti.

Der Fall Tunesiens im Mai 1943 führte zu einigen Veränderungen der *Luftwaffe* auf dem Balkan. Wie wir gesehen haben, wurde die *Luftflotte 2* geteilt: Eine neue *Luftflotte 2* hatte Verantwortung für Italien und Sizilien, das neu geschaffene *Luftwaffenkommando Süd-Ost* wachte über die deutschen Interessen auf dem Balkan.

Der Krieg auf dem Balkan wurde nach der Einnahme von Kreta irgendwie vergessen, aber von Seiten der *Luftwaffe* war dies ein zunehmend aggressiveres Schlachtfeld. Vor allem galt dies für die rumänischen Ölfelder von Ploesti, einer Keinstadt nördlich von Bukarest, die insgesamt 40 Raffinerien beheimatete, die rund 60 Prozent von Deutschlands

Teibstoffzufuhr erwirtschafteten. Die Ölfelder von alliierten Luftangriffen frei zu halten, wurde die wichtigste Aufgabe der *Luftwaffe*, besonders seitdem die Rote Armee immer weiter auf die Ölfelder im August 1944 vorrückte.

Nebenkriegsschauplätze

Im September 1943 ergab sich Italien den Alliierten – eine Entscheidung, die unmittelbare Auswirkungen auf die Deutschen in der Mittelmeer-Region und dem Balkan hatte. Lebenswichtig für Deutschland war, die Nachrichtenverbindungen durch den Balkan. Die ersten Operationen gab es am 12. September, als eine kleine deutsche Einheit Rhodos einnahm und in eine Basis für die III./JG27 (Bf 109G) und StG3 (Ju 87) machte. Die Flugzeuge spielten eine wichtige Rolle bei der Einnahme der benachbarten Insel Kos und eine Landung von mehr als 800 Fallschirmjägern auf Leros im November. Die Luftlandung wurde durch 95 Ju 52 erreicht, aus denen Fallschirmjäger absprangen – ein Zeichen dafür, dass Hitler nicht ganz auf Luftlandeoperationen verzichten wollte, zumindest nicht in kleinerem Ausmaß.

Jugoslawien

In Jugoslawien hatten die Deutschen am meisten mit den Partisanen zu tun, für die auch kleinere Einheiten der *Luftwaffe* abgestellt wurden. Die wichtigste Luftwaffeneinheit in dieser Region war die *Fliegerführer Kroatien*, die über rund 65 Jäger verfügte, dazu kamen 129 Bodenunterstützungsflugzeuge, 12 Aufklärungsmaschinen, 40 Ju 52-Maschinen und 45 Schleppmaschinen für 60 Gleiter.

Während die Jäger und Bodenunterstützungsflugzeuge dazu benutzt wurden entfernt liegende Partisanenhochburgen anzugreifen, wurden die Gleiter und Transportflugzeuge dazu benutzt, überraschende Fallschirmjägerlandungen durchzuführen. Die berüchtigste dieser Operationen war die Aktion *Rösselsprung* (25. Mai - 6. Juni 1944), die in der Nähe von Drvar und Bos in Kroatien absprangen als Teil einer Offensive von 20.000 Mann, die die Partisanen von Tito zu bekämpfen versuchten. Der Kampf war erbittert und hunderte von Partisanen wurden getötet, aber Tito gelang es einmal mehr, den Deutschen zu entkommen.

LUFTWAFFENKOMMANDO SÜD-OST (MAI 1943)

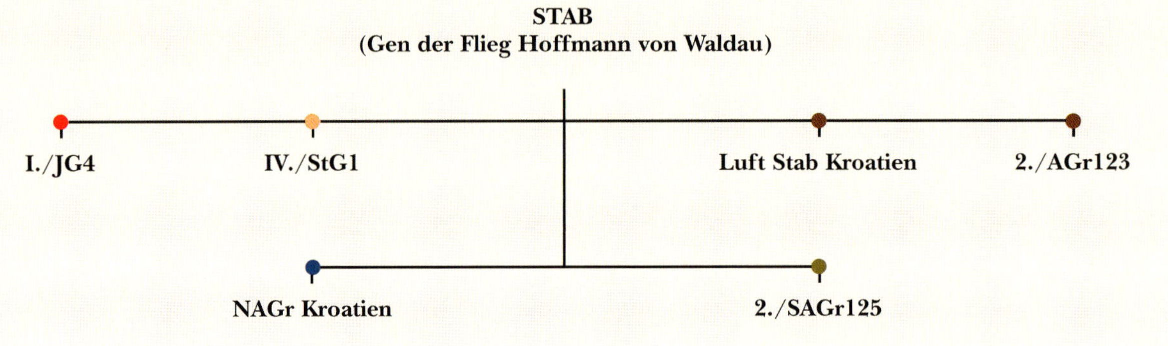

SCHLÜSSEL

- Jäger
- zweimotoriger Jäger
- Bomber
- Sturzkampfbomber
- Marinefliegerei
- Transport
- Aufklärungs- u. taktische Verbände
- Bodenunterstützungsflugzeuge

Das *Luftwaffenkommando Süd-Ost* wurde im Januar 1943 unter dem anfänglichen Kommando von *General der Flieger* Otto Hoffmann von Waldau, gegründet. Es war in Griechenland stationiert, aber hatte sehr schnell die Befehlsgewalt über den gesamten Balkan. Der Verband wurde im Oktober 1944 aufgelöst, die Überreste wurden der *Luftflotte 4* zugeordnet.

LUFTFLOTTE 2 EINSATZGEBIET

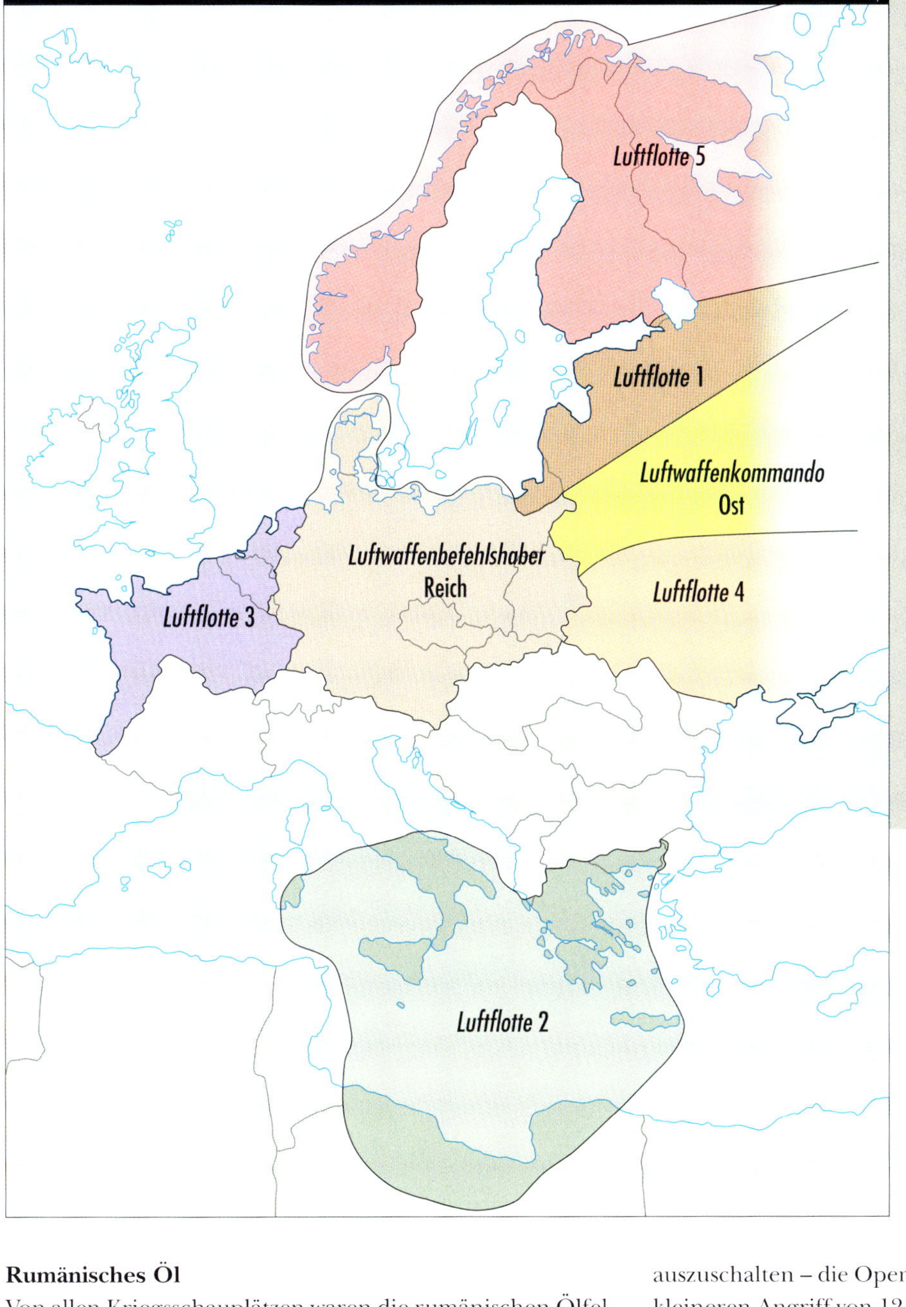

Luftflotte 2, Juli 1942

Mitte 1942 hatte die *Luftflotte 2* eines der größten Einsatzgebiete der deutschen Luftflotten überhaupt – die Region rund um das Mittelmeer, die sich von Sardinien im Westen bis nach Griechenland im Osten erstreckte. Die riesige Ausdehnung stellte für die *Luftflotte* ein erhebliches Problem dar, weil mit dem Vormarsch der Alliierten in Nordafrika die Deutschen immer weiter auf ihre Flugplätze auf Sizilien und Italien zurückgeworfen wurden, die ebenfalls unter kontinuierlichen Angriffen litten.

Die *Luftflotte 2* wurde am Ende reorganisiert nach dem Fall der Achsenmächte in Tunesien Mitte 1943. Daraufhin wurde das *Luftwaffenkommando Süd-Ost* und eine neue, wesentlich verkleinerte *Luftflotte 2* für Italien gebildet.

Rumänisches Öl

Von allen Kriegsschauplätzen waren die rumänischen Ölfelder diejenigen, die am heftigsten umkämpft waren. Als das strategische Bombardement der Alliierten 1943 langsam zulegte, beschlossen die Alliierten, Ploesti mit einem Schlag auszuschalten – die Operation *Flutwelle* – Ploesti hatte einen kleineren Angriff von 12 B-24-Liberators im Juni 1942, aber die Deutschen erwarteten schwerere Angriffe. Unter dem Kommando von *Luftwaffe*-Oberst Alfred Gerstenberg wurde in Ploesti eine der effektivsten Flugabwehrstellungen

LUFTWAFFENKOMMANDO SÜD-OST (MAI 1943)				
Luftwaffen-Einheiten	**Basis**	**Typ**	**Str***	**Op***
LUFTWAFFENKOMMANDO SÜD-OST				
I./JG4	Bf 109	40	40	
IV./StG1	Ju 87	40	39	
Luft Stab Kroatien	Ju 88	37	32	
	He 46	15	11	
2./AGr123	Ju 88	12	7	
NAGr Kroatien	Hs 126	11	6	
2./SAGr125	Ar 196	8	6	

*Str = Stärke auf dem Papier *Op = Operationelle Stärke

LUFTWAFFENKOMMANDO SÜD-OST (MAI 1944)				
Luftwaffen-Einheiten	**Basis**	**Typ**	**Str***	**Op***
LUFTWAFFENKOMMANDO SÜD-OST				
II./JG51	Bf 109	52	43	
II./JG301	Bf 109	9	8	
11./ZG26	Ju 88	16	16	
6./NJG100	Do 217	15	11	
13./SG151	Ju 87	7	7	
NSGr7	CR.42	29	25	
	Ca 314			
	Ju 87			
	He 46			
3./AGr2	Bf 110	12	10	
3./AGr33	Ju 188	6	5	
	Ju 88			
2./AGr123	Ju 88	8	3	
	Ju 86	2	1	
	Bf 109	1	0	
NAGr12	Bf 109	15	5	
NASt Kroatien	Hs 126	8	5	
	Do 17			
	Do 215			
SAGr126	Ar 196	48	37	
IV./TG1	Ju 52	45	41	
II./TG4	Ju 52	39	36	
II./TG5	Me 323	21	13	
STS1	Ju 52	12	11	
STS3	Ju 52	8	7	

*Str = Stärke auf dem Papier *Op = Operationelle Stärke

Luftwaffenkommando Süd-Ost, Mai 1944

Im Mai 1944 kämpfte das *Luftwaffenkommando Süd-Ost* um sein Überleben angesichts massiver alliierter Angriffe auf die rumänischen Ölfelder und das weitere Vorrücken der Roten Armee von Osten her. Es war für den gesamten Balkan – Griechenland und die benachbarten Inseln, Jugoslawien, Rumänien, Bulgarien und Ungarn – verantwortlich. Im Westen schloss sich die *Luftflotte 2* an, im Nordwesten die *Luftflotte Reich*, die zentrale Einheit zur Verteidigung Deutschlands. Im Norden und Osten folgte die *Luftflotte 4*, die sich gegen die Angriffe der Russen zu wehren versuchte.

der Welt aufgebaut. Neben hunderten von Flak-Geschützen – darunter 237 88mm und 105mm-Kanonen - konnte Gerstenberg auch auf 52 Bf 109 und 17 Bf 110 zurückgreifen. Die Operation *Flutwelle* wurde am 1. August 1943 durch 178 US-B-24-Liberator-Bomber, die von Nordafrika anflogen, eingeleitet. Unglücklicherweise für die US-Besatzungen wusste Gerstenberg, dass sie angeflogen kamen, weil die Nachrichtenverbindungen geknackt worden waren. Zusätzlich wurden die US-Besatzungen durch eine Reihe von navigatorischen und mechanischen Fehlern in die Irre geführt. Die Flugzeuge, die Ploesti erreichten, wurden durch ein wildes Abwehrfeuer empfangen. Den Rest erledigten die deutschen Jäger. 54 Bomber wurden bei diesem Angriff abgeschossen und obwohl erheblicher Sachschaden an den Raffinerien angerichtet wurde, konnten die Anlagen bereits nach einer Woche wieder die volle Leistung erreichen.

LUFTWAFFENKOMMANDO SÜD-OST (MAI 1944)

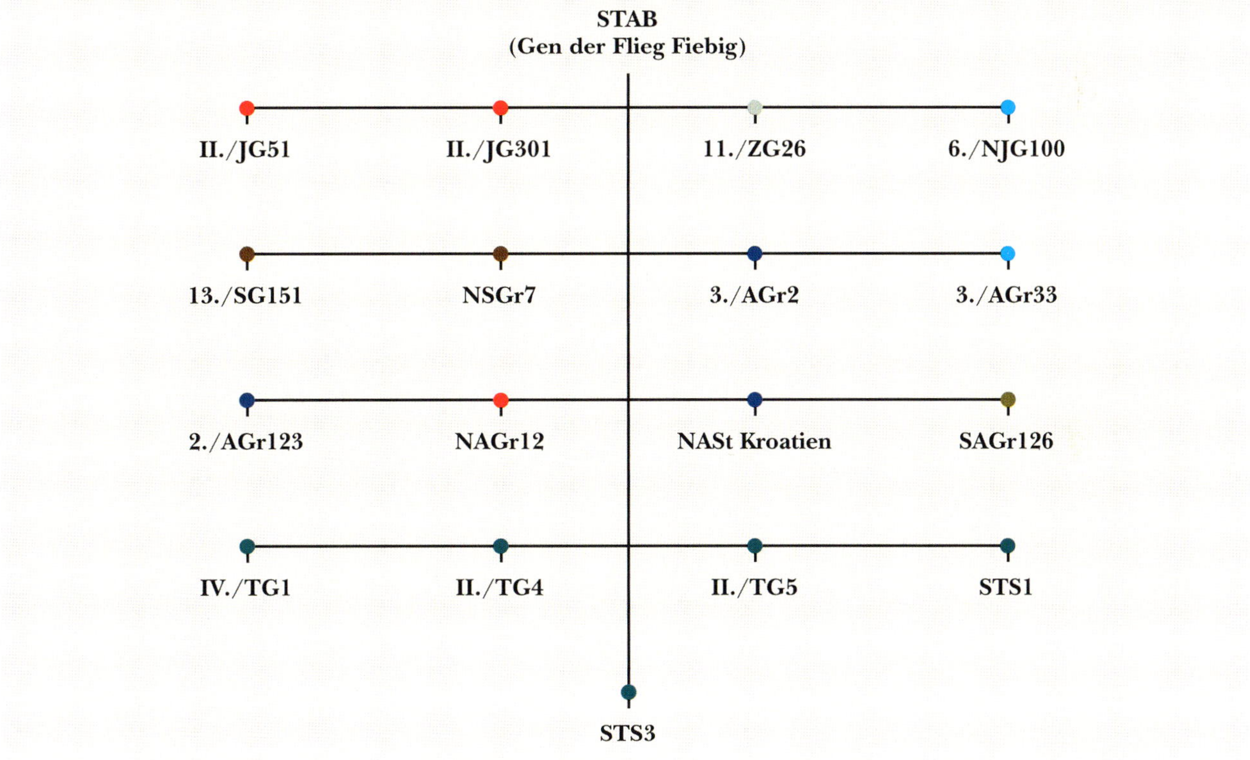

SCHLÜSSEL

- Jäger
- zweimotoriger Jäger
- Bomber
- Sturzkampfbomber
- Marinefliegerei
- Transport
- Aufklärungs- u. taktische Verbände
- Bodenunterstützungsflugzeuge

Das *Luftwaffenkommando Süd-Ost* wurde von *General der Flieger* Martin Fiebig zu diesem Zeitpunkt kommandiert. Die Flugzeuge, die benutzt wurden, waren zumeist Bf 109, Ju 52, Ju 87, Ju 88, Do 217 und Bf 110. Einige Einheiten flogen auch die Ju 188, Ju 86, CR 42, Ca 314, He 46, HS 126, Do 17, Do 215, Ar 196 und Me 323.

Ostfront: 1941–45

Der Krieg an der Ostfront war sicherlich in der Menschheitsgeschichte der größte und härteste Konflikt. Der Einsatz der *Luftwaffe* reichte von anfänglich fast absoluter Luftherrschaft bis hin zu einer kompletten Niederlage während der vierjährigen Auseinandersetzung.

Ein deutscher Jagdflieger markiert einen der vielen Abschüsse an der Ostfront auf dem Leitwerk seines Flugzeuges.

Zusammen mit der Kriegserklärung an die Vereinigten Staaten war Hitlers Entschluss, in Russland einzufallen wahrscheinlich die beiden schlimmsten strategischen Fehler, die im Krieg auf deutscher Seite begangen wurden. Trotz der Tatsache, dass Deutschland zum damaligen Zeitpunkt an nahezu allen Frontabschnitten siegreich war, versuchten Hitler doch einige führende Offiziere im Oberkommando der Wehrmacht von diesem Entschluss abzubringen. Unter anderem gehörte auch Hermann Göring dazu, der zweifelsohne wenig Lust verspürte, sich einem weiteren, riesigen Gegner gegenüber zu sehen, dessen Territorium größer war, als alles, was Deutschland bis dahin erobert hatte. Aber trotz aller Widerstände war Hitler fest entschlossen, diesen Schritt zu tun. Die *Operation Barbarossa*, der deutsche Einmarsch in die Sowjetunion, begann am 22. Juni 1941.

Der neue Krieg

Alles, was die *Operation Barbarossa* anging, war von einer neuen, zuvor noch nicht gekannten Dimension. Rund 3 Millionen Soldaten der Achsenmächte wurden zusammengeführt, die in drei riesige Heeresgruppen eingeteilt waren. Jede hatte eigene riesige Zielgebiete. Die Heeresgruppe Nord sollte einen Schwenk von Ostpreußen durch die baltischen Staaten in Richtung Leningrad machen. Die Heeresgruppe Mitte sollte direkt nach Osten durch Belorussland vorstoßen. Ihr Ziel sollte die russische Hauptstadt sein. Und die Heeresgruppe Süd sollte tief in die Ukraine vorstoßen, in Richtung Kiew und darüber hinaus nach Stalingrad (Tsaritsy bis 1925) an der Wolga.

Die Achsentruppen sahen sich einer mächtigen Roten Armee gegenüber mit ungeahnter strategischer Kraft, die – zumindest auf dem Papier – rund 155 Divisionen innerhalb der operationellen Reichweite von *Barbarossa* aufbieten konnte. In Wirklichkeit waren es fast 170 Divisionen. Aber die Rote Armee war nur mehr ein Schatten ihrer selbst. Die Säuberungsaktionen Stalins und die zentrale Kommando- und Kontrollstruktur bedeutete, dass die Rote Armee auf dem Schlachtfeld äußerst inflexibel war und keinerlei Eigeninitiative von Offizieren ermöglichte. Auch war die Ausrüstung schlecht und nicht ausreichend für die hohe Personalstärke der Armee.

Die Rote Luftwaffe

Für die *Luftwaffe* war die vor ihr liegende Aufgabe sogar noch herausfordernder. Zum damaligen Zeitpunkt umfasste die Stärke der *Luftwaffe* auf allen Kriegsschauplätzen rund 3.428 Flugzeuge, darunter 898 einmotorige Jäger und 931 zweimotorige Bomber. Aber von diesen Maschinen waren natürlich längst nicht alle im Osten eingesetzt. Die Luftwaffe der Roten Armee hatte zwischen 8.000 und 11.000 Flugzeuge. Die russischen Flugzeugpiloten hatten überdies auch im spanischen Bürgerkrieg einige Kriegserfahrungen gesammelt, obwohl viele ihrer Flugzeugtypen den deutschen Flugzeugen unterlegen gewesen waren. Doch 1939 produzierten Hersteller wie Lavochkin, Petlyakov und Ilyushin bereits moderne Flugzeugtypen – Jäger, Bomber und Bodenunterstützungsflugzeuge. Doch zum Zeitpunkt von *Barbarossa* waren viele Einheiten noch mit veralteten Maschinen ausgerüstet oder hatten gerade das erste Training auf neuen Maschinen absolviert. Alles in allem hatte die Luftwaffe der Roten Armee einen deutlichen Vorsprung in der Quantität der Flugzeuge, während die Deutschen über mehr Erfahrung und qualitativ bessere Flugzeuge verfügten.

Der Kriegsplan

Drei *Luftflotten* waren für den Einmarsch in Russland abgestellt – die *1., 2. und 4. Luftflotte 1* waren in erster Linie dazu da, die Heeresgruppe Nord zu unterstützen, obwohl sie auch später in den Kampf um Moskau eingriffen. Die *Luftflotte 2* war der Heeresgruppe Mitte mit Ziel Moskau zugeteilt, währen die *Luftflotte 4* für die Operationen im Süden verantwortlich war, inklusive des deutschen Engagements in Rumänien. Alles in allem verfügte *Barbarossa* über 1.300 Flugzeuge. Die Luftaufklärung sollte sich als entscheidend herausstellen. Speziell ausgerüstete Do 17 und He 111 dienten dabei als Langstreckenaufklärer, während die gepanzerten Verbände von den Kurzstreckenaufklärern Hs 126 und Fw 189 profitierten, die die direkt vor den Einheiten liegenden Hindernisse ausmachten. Die Langstreckenaufklärer hatten über Russland bereits einige an Erfahrungen gesammelt, denn die Deutschen hatten bereits seit einiger Zeit Aufklärungsüberflüge über sowjetisches Territorium gemacht, um mögliche Verteidigungsstellung und die Stärke gegnerischer Verbände ausfindig zu machen. Diese Flüge waren unter anderem eine der vielen Warnsignale, die Stalin ignoriert hatte und so kam es auch, dass Russland in keiner Weise auf den Angriff der Deutschen vorbereitet war.

Aus der Rückschau ist es einfach zu sagen, dass sowohl die *Luftwaffe* als auch das *Heer* nunmehr in einen Krieg zogen, der am Ende den Untergang brachte. 1941 brachten die Deutschen auf jeden Fall erst einmal jede Menge Zerstörung mitten in das Herz Russlands, aber bis 1945 sollte sich das Blatt gewendet und die Zerstörung ihren Weg nach Deutschland zurück gefunden haben.

Die *Operation Barbarossa*, 1941

***Barbarossa* lief in den frühen Morgenstunden des 22. Juni 1941 an. Der anfängliche Erfolg übertraf alle Erwartungen der Deutschen, als alle drei Heeresgruppen tief nach Russland hinein vorstießen.**

***LUFTFLOTTE* 1 (22. JUNI 1941)**

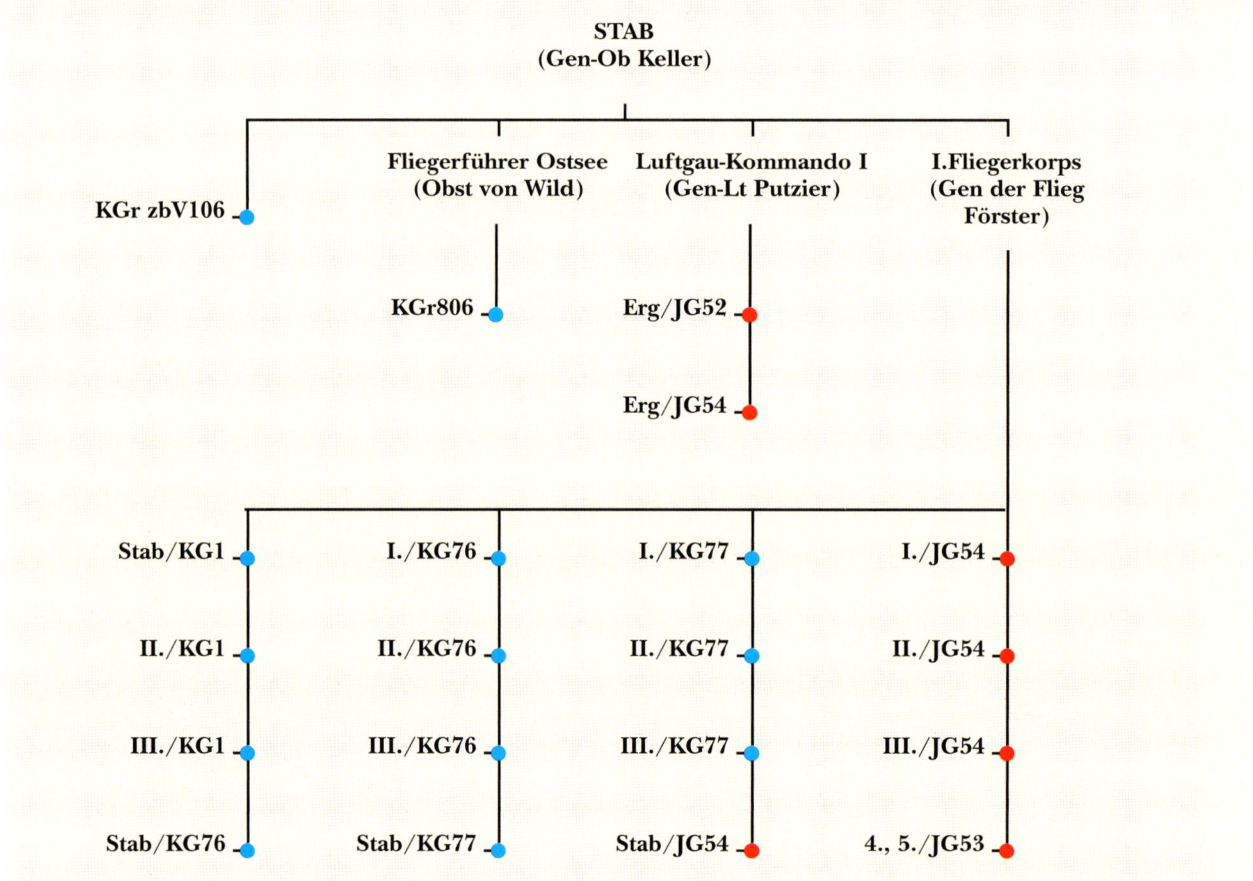

SCHLÜSSEL

- Jäger
- zweimotoriger Jäger
- Bomber
- Sturzkampfbomber
- Marinefliegerei
- Transport
- Aufklärungs- u. taktische Verbände
- Bodenunterstützungsflugzeuge

Für den Einmarsch nach Russland wurde die *Luftflotte 1* von *Generaloberst* Alfred Keller kommandiert. Die Grafik zeigt die wesentlichen Kampfeinheiten, darüber hinaus gab es noch Aufklärungseinheiten Agr 10, 12, 13, 21, 23, 31, 32, 33, 41 und 122.

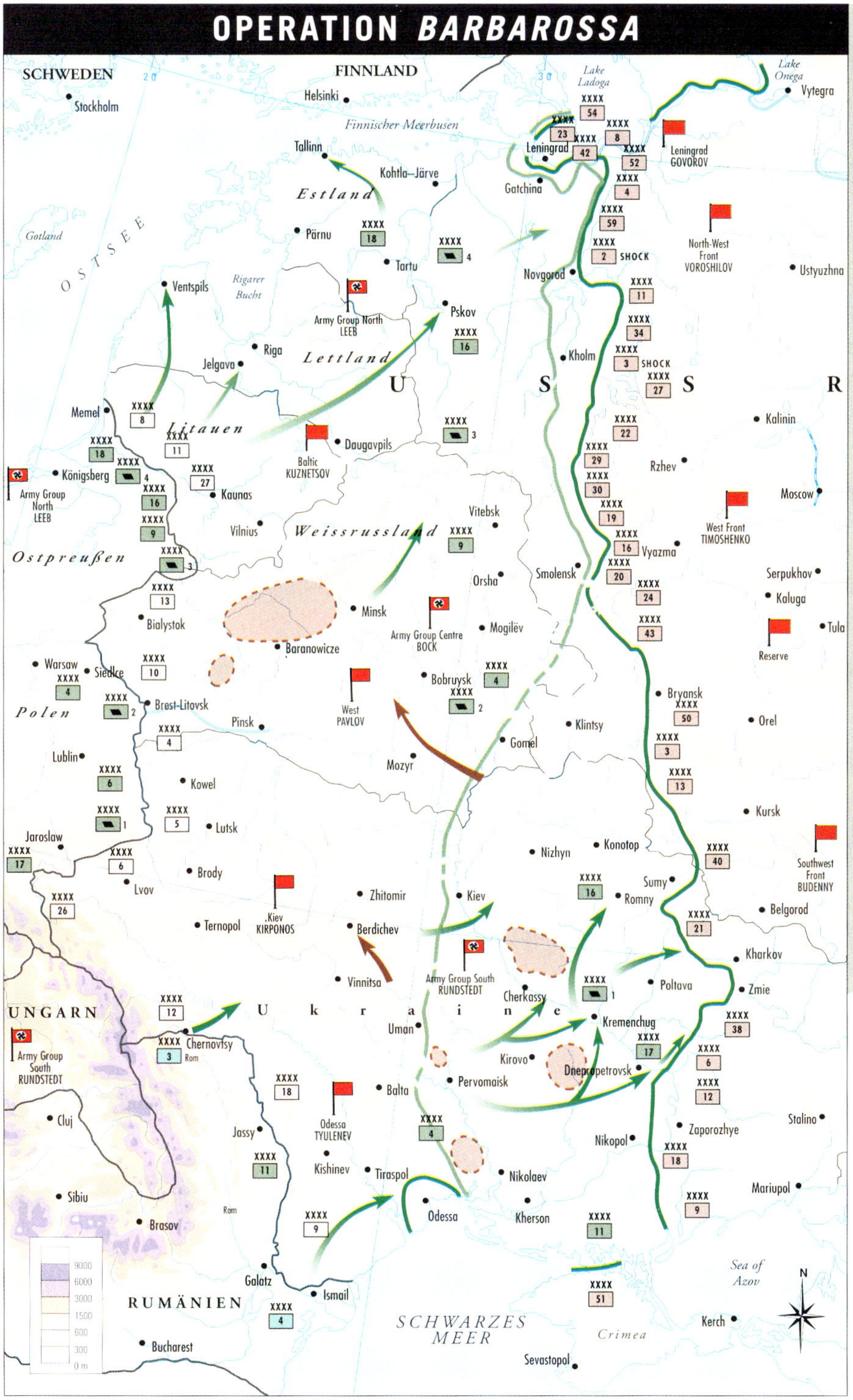

22. Juni bis Anfang Oktober 1941

Der deutsche Plan sah den Einsatz von drei Heeresgruppen (Heeresgruppe Nord, Süd, Mitte) vor. Der Großteil der Streitkräfte war in der Heeresgruppe Nord und Mitte zusammengezogen.

Heeresgruppe Nord sollte auf Leningrad vorstoßen, während die Heeresgruppe Mitte, die die Hälfte der deutschen Panzer umfasste, die Russen in Belorussland schlagen sollte, um dann auf Moskau vorzustoßen. Heeresgruppe Süd sollte sich den Russen in der Ukraine widmen.

Das größte Problem dieses Plans war die riesige Länge des Frontverlaufs und die Verlängerung der Nachschubwege, als die Deutschen immer tiefer nach Russland vorstoßen. Für die *Luftwaffe* bedeuteten diese langen Versorgungswege, dass es immer schwieriger war, vom Treibstoff bis zu Ersatzteilen, den notwendigen Nachschub zu bekommen. Das alles sollte im Winter noch sehr viel schlimmer werden.

Operation *Barbarossa*
22. Juni - Anfang Oktober 1941

- Deutscher Angriff
- XXXX 6 — Sowjetische Positionen am 22. Juni
- Eingeschlossene russische Verbände
- Sowjetischer Gegenangriff
- Deutscher Frontverlauf, Ende August
- Deutscher Frontverlauf, Anfang Oktober
- XXXX 6 — Sowjetische Position Anfang Oktober

Die ersten Schläge der *Operation Barbarossa* wurden durch die *Luftwaffe* geführt. Die ersten Ziele waren zweifach: Zuerst sollte die *Luftwaffe* wie zu Beginn aller Militäroperationen, die Luftherrschaft gewinnen und halten. Dazu sollten die russischen Flugzeuge so weit wie möglich bereits am Boden zerstört werden, damit die *Luftwaffe* nicht durch die schiere quantitative Überlegenheit des Gegners überwältigt würde. Zum zweiten sollte die *Luftwaffe* den vorrückenden deutschen Panzerverbänden die notwendige Unterstützung aus der Luft sichern und mögliche Ziele direkt aus der Luft in Art der *Blitzkriegsführung* angreifen.

Überraschungsangriff

Wenn man sich die ungeheure Größe der deutschen Landstreitkräfte vergegenwärtigt, erschien es fast kaum möglich, einen Überraschungsangriff durchführen zu können. Doch Stalin hatte sträflicher weise alle Warnhinweise seines Nachrichtendienstes ignoriert und so war die Überraschung am Ende doch komplett gewesen. Zum Teil lag dies auch daran, das über den Angriffszeitpunkt bis zuletzt gestritten worden war. Das Oberkommando der Wehrmacht hatte angeordnet, dass die *Luftwaffe* ihre ersten, vorbereitenden Angriffsflüge fliegen sollte, bevor die deutschen Bodentruppen beim ersten Tageslicht die russische Grenze überschritten. Das Problem wurde dadurch gelöst, dass Kesselring bestimmte Einheiten bereits in der Nacht los fliegen ließ, die dann über dem Schlachtfeld kreisten, als die Deutschen um 03:15 Uhr los schlugen.

So kam es, dass bereits um 03:00 Uhr hunderte von *Luftwaffen*-Maschinen die russische Grenze überflogen und in großer Höhe anflogen, um nicht frühzeitig entdeckt zu werden. Das sollte sich auf spektakuläre Weise auszahlen.

LUFTFLOTTE 1 (JUNI 1941)

Luftwaffen-Einheiten	Basis	Typ	Str*	Op*
LUFTFLOTTE 1				
KGr zbV106	–	Ju 52	44	8
I.FLIEGERKORPS				
Stab/KG1	Powunden	He 111H	1	1
II./KG1	Powunden	Ju 88A	29	27
III./KG1	Eichwalde bei Labiau	Ju 88A	30	29
Stab/KG76	Gerdauen	Ju 88A	1	0
I./KG76	Gerdauen	Ju 88A	30	22
II./KG76	Jürgenfelde	Ju 88A	30	25
III./KG76	Schippenbeil	Ju 88A	29	22
Stab/KG77	Heiligenbeil	Ju88A	1	1
I./KG77	Jesau	Ju 88A	30	23
II./KG77	Wormditt	Ju 88A	31	23
III./KG77	Heiligenbeil	Ju 88A	29	20
Stab/JG54	Lindental	Bf 109F	4	3
I./JG54	Rautenberg	Bf 109F	40	34
II./JG54	Trakehnen	Bf 109F	40	33
III./JG54	Blumenfeld	Bf 109F	40	35
4., 5./JG53	Neuseidel	Bf 109F	35	33
FLIEGERFÜHRER OSTSEE				
KGr806	Prowehren	Ju 88A	30	18
LUFTGAU-KOMMANDO I				
Erg/JG52	Neuhausen	Bf 109E	30	19
Erg/JG54	Neuhausen	Bf 109E	24	19

*Str = Stärke auf dem Papier *Op = Operationelle Stärke

Angriff auf die Luftwaffe der Roten Armee

Die ersten Wochen der *Operation Barbarossa* waren eine anstrengende Zeit für die Piloten der *Luftwaffe*. Sie brachten den russischen Luftstreitkräften schwere Verluste und der Erfolg der Deutschen schien so gut wie sicher.

Die ersten Angriffe der *Luftwaffe* erwischten die russischen Flieger in absoluter Überraschung. Die russischen Luftstreitkräfte befanden sich zudem gerade in einer Phase der Restrukturierung und Ausstattung mit neuen Maschinen und so standen hunderte von Militärmaschinen fein säuberlich aufgereiht auf den Flugplätzen, wie dies der deutsche

LUFTFLOTTE 2 (JUNI 1941)

Luftwaffen-Einheiten	Basis	Typ	Str*	Op*
LUFTFLOTTE 2				
Stab/JG53	Krzewica	Bf 109F	6	6
I./JG53	Krzewica	Bf 109F	35	29
III./JG53	Subolewo	Bf 109F	38	36
IV./KG zbV1	–	Ju 52	40	38
II.FLIEGERKORPS				
Stab/KG3	Deblin	Do 17Z	1	0
		Ju 88A	2	2
I./KG3	Deblin	Ju 88	41	32
II./KG3	Deblin	Ju 88	38	32
		Do 17Z	1	0
Stab/KG53	Radom	He 111H	6	4
I./KG53	Grojec	He 111H	28	18
II./KG53	Radom	He 111H	21	10
III./KG53	Radzyn	He 111H	29	20
		He 111P	2	2
Stab/StG77	Biala Podlaska	Bf 110	7	6
		Ju 87B	3	1
I./StG77	Biala Podlaska	Ju 87B	38	31
II./StG77	Woskrzenice	Ju 87B	39	27
		Bf 110	1	00
III./StG77	Woskrzenice	Ju 87B	35	28
Stab/SKG210	Radzyn	Bf 110	5	4
I./SKG210	Rogoznicka	Bf 110	41	33
II./SKG210	Rogoznicka	Bf 110	37	37
Stab/JG51	Siedlce	Bf 109	4	4
I./JG51	Starawies	Bf 109	40	38
II./JG51	Siedlce	Bf 109	40	23
III./JG51	Halaszi	Bf 109	38	30
IV./JG51	Krzewica	Bf 109	38	26

***Str = Stärke auf dem Papier *Op = Operationelle Stärke**

LUFTFLOTTE 2 (JUNI 1941)

Luftwaffen-Einheiten	Basis	Typ	Str*	Op*
VIII.FLIEGERKORPS				
Stab/KG2	Arys-Rostken	Do 17Z	11	5
I./KG2	Arys-Rostken	Do 17Z	35	19
8., 9./KG2	Lyck	Do 17Z	41	23
III./KG3	Suwalki	Do 17Z	44	18
Stab/StG1	Radczki	Bf 110	3	2
		Ju 87B	3	2
II./StG1	Radczki	Ju 87B	39	28
III./StG1	Radczki	Ju 87B	39	24
Stab/StG2	Praschnitz	Bf 110	6	4
		Ju 87B	3	3
I./StG2	Praschnitz	Ju 87B	35	19
III./StG2	Praschnitz	Ju 87R	39	20
II.(Sch)/LG2	Praschnitz	Bf 109E	38	37
10.(Sch)/LG2	–	Hs 123A	22	17
Stab/ZG26	Suwalki	Bf110C/E	4	4
I./ZG26	Suwalki	Bf110C/E	38	17
II./ZG26	Suwalki	Bf110C/E	36	30
Stab/JG27	Subolewo	Bf 109E	4	4
II./JG27	Berzniki	Bf 109E	40	31
III./JG27	Subolewo	Bf 109E	40	14
II./JG52	Subolewo	Bf109E/F	39	37
KGr zbV9	–	Ju 52	–	–
KGr zbV12	–	Ju 52	43	8

***Str = Stärke auf dem Papier *Op = Operationelle Stärke**

Pilot, *Hauptmann* Hans von Hahn später festhielt, als das I./JG3 seinen ersten Angriff im Sektor von Lvov, einem der Zielgebiete der Heeresgruppe Süd, flog. „Wir konnten unseren Augen kaum Glauben. Reihe an Reihe standen die Aufklärungsflugzeuge, Bomber und Jäger da wie bei einer Parade. Wir waren über die Vielzahl an Flugfeldern und Flugzeugen überrascht, die uns da gegenüberstanden.“ Angesichts solch leichter Ziele richteten die deutschen Jäger, Sturzkampfbomber und Mittelstreckenbomber ein wahres Massaker bei den Russen an und bombardierten zeitweilig ganze Geschwader, die gerade dabei waren, aufzusteigen. Hunderte von Flugzeugen wurden so bereits bei der ersten Angriffswelle zerstört, als die deutschen Flugzeuge zu ihren Basen zurückflogen, um dort aufzutanken und wieder aufzusteigen.

Die russische Antwort

Nach der ersten Angriffswelle der Deutschen und als die ersten Berichte über vorrückende, massive deutsche Kampfverbände eintrafen, starteten die russischen Luftstreitkräfte zum Gegenangriff mit anfänglich zweifelhaften Erfolgen.

Jede einsatzfähige Maschine wurde in Windeseile aufgetankt, bewaffnet und in die Luft geschickt, egal wie viel Flugpraxis und Kampferfahrung die Piloten hatten. Der Gegenangriff war so in weiten Teilen äußerst unkoordiniert und die deutschen Bf 109 fielen über die russischen Maschinen wie ein Rudel Wölfe her. Ironischerweise hatten die Piloten der *Luftwaffe* dabei jedoch einige Schwierigkeiten, gerade die älteren russischen Maschinen vom Typ I-153, I-15 und I-16 zu bekämpfen. Die Maschinen waren zwar langsam, aber sehr viel wendiger in der Luft als die sehr viel schnelleren deutschen Jäger, die Mühe hatten, ihre Kanonen gegen die Ziele in Stellung bringen zu können. Obwohl alle Vorteile auf Seiten der Deutschen waren, wurde es ein harter Kampf und die russischen Piloten kämpften mit größtem Mut. Die russischen Bomber wurden dagegen in großen Stückzahlen abgeschossen, bevor sie überhaupt ihr Ziel erreichen konnten. Hier half auch die präzise schießende deutsche *Flak*.

Verluste

Das Hauptproblem für die Piloten der *Luftwaffe* war in der ersten Phase von *Operation Barbarossa* also nicht so sehr die russische Luftwaffe, sondern das Flak-Feuer der russischen Bodentruppen. Dazu kamen Probleme mit den eigenen Bomben. Die 1,8 kg (4lb) SD2 und die 9kg (20lb) SD 10 Bomben erwiesen sich als todbringende Kombination, dadurch, dass ihre Zünder genauso notorisch unzuverlässig waren wie ihr

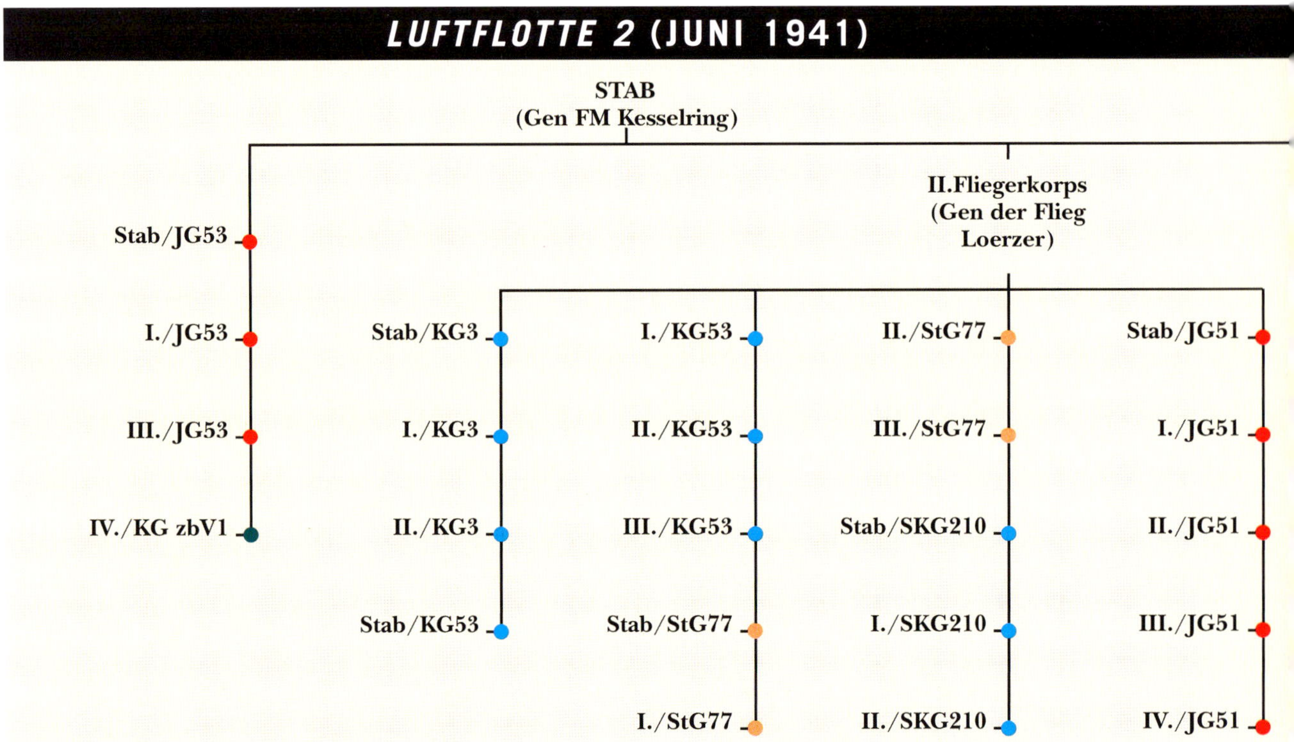

SCHLÜSSEL

- Jäger
- zweimotoriger Jäger
- Bomber
- Sturzkampfbomber
- Marinefliegerei
- Transport
- Aufklärungs- u. taktische Verbände
- Bodenunterstützungsflugzeuge

Die *Luftflotte 2* sollte besonders die *Heeresgruppe Mitte* bei ihrem Marsch auf Moskau unterstützen, obwohl einige Einheiten auch weiter nördlich stationiert waren. Das *VIII. Fliegerkorps* führte zum Beispiel sowohl Operationen gegen Moskau, als auch gegen Leningrad aus, unterbrach russische Nachschubverbindungen, Eisenbahnstrecken und sonstige Kommunikationswege zwischen den beiden Städten.

Abwurfmechanismus. Das Ergebnis war, dass sich etliche dieser Bomben selbst scharf machten, nicht abgeworfen werden konnten und anschließend am Trägerflugzeug explodierten. Beide Bombentypen wurden schnellstens aus dem Fronteinsatz entfernt.

Auch wenn die *Luftwaffe* am ersten Tag von *Operation Barbarossa* insgesamt 35 Flugzeuge verlor, stand dies doch in keinem Verhältnis zu den verheerenden Verlusten auf russischer Seite. Genaue Zahlen lassen sich nur schwer ausmachen, doch es wird nicht übertrieben sein, anzunehmen, dass rund 1.800 Flugzeuge an diesem ersten Angriffstag auf russischer Seite zerstört wurden. Am Ende der ersten Woche waren es bereits bis zu 3.000 Flugzeuge. Dutzende von Jäger-Piloten bekamen innerhalb weniger Tage hohe Auszeichnungen für ihre Abschusserfolge. Obwohl die russischen Luftstreitkräfte also schwerste Verluste hinnehmen mussten, waren sie weit davon entfernt, nicht mehr existent zu sein. Genauso wie beim *Heer* merkten die Piloten der *Luftwaffe* auf einmal, wie schier unüberwindbar die Russen waren. Die Sowjets verfügten immer noch über ungeheure industrielle Fertigungskapazitäten, die weit hinter der Front lagen oder die tief ins Hinterland verlegt wurden, als die deutschen Bodentruppen ihnen zu nahe kamen. Als die Luftwaffe der Roten Armee erst einmal wieder mit besseren Flugzeugen ausgestattet war und auch zu einer neuen Taktik überging, stieß die *Luftwaffe* auch wieder auf erbitterten Widerstand.

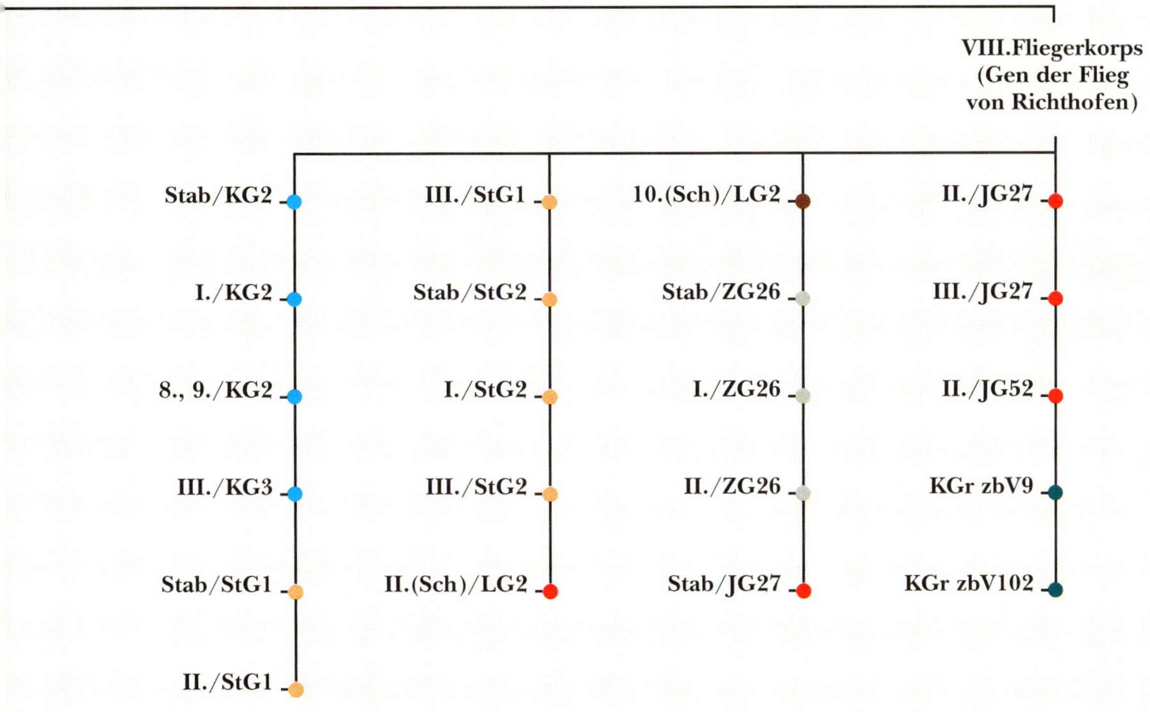

Marsch nach Moskau

Die Eröffnungsphase der *Operation Barbarossa* stellte sich als voller Erfolg heraus. Aber die Entwicklungen der nächsten Wochen ließ die ersten Bedenken bei der *Luftwaffe* und dem *Heer* wachsen.

Zu Land wurde die *Operation Barbarossa* anfänglich zu einem vollen Erfolg. An allen Frontabschnitten machten die deutschen Einheiten große Vorstöße und Ende September hatte die Rote Armee bereits mehr als eine Million Soldaten verloren – entweder waren sie tot oder aber Kriegsgefangene. Leningrad war in der zweiten Septemberwoche belagert, die Heeresgruppe Mitte war nur mehr 322 km (200 miles) von Moskau entfernt und die Heeresgruppe Süd hatte Kiew und Dnepropetrowsk eingenommen und war gerade dabei eine ganze russische Heeresgruppe weiter im Osten einzukreisen. Die *Luftwaffe* hatte bei all dem enge Unterstützung geboten und hatte stets versucht, mit den vorrückenden Heeresverbänden Schritt zu halten. Am 2. Oktober wurde die *Operation Taiphun* gestartet, der Endkampf um Moskau. Aber da zeigten sich auch die ersten Probleme.

Die Lage verschlechtert sich

Sowohl für die *Luftwaffe* als auch für das *Heer* verschlechterte sich jedoch zusehends die Lage. Zuerst einmal machte es der schnelle Vorstoß immer schwieriger, die Nachschubwege aufrechtzuerhalten. Das wiederum behinderte den weiteren Vorstoß erheblich. Zudem schienen die Deutschen zwar immer und überall zu gewinnen, aber die Verluste waren beträchtlich. Das gleiche galt natürlich auch für die Russen, doch ihnen schienen bei ihrem schier unerschöpflichen Reservoir an Menschen und Material das alles nicht viel auszumachen. Und überdies nagten die konstanten Gefechte in beträchtlicher Weise an Mensch und Material. Schließlich sorgte der Herbstregen, der *rasputitsa*, dafür, dass ganze Landstriche sich in Schlammgegenden verwandelten und die deutsche Truppen und Fahrzeuge nur sehr schwer vorrücken konnten. Der Regen behinderte aber auch die *Luftwaffe* bei ihren Einsätzen. Zudem bekam die russische Luftwaffe nun immer bessere Flugzeuge und ausreichend Piloten. Die Vorteile für die Deutschen schwanden also zunehmend als sie sich auf Moskau zu bewegten.

LUFTFLOTTE 4 (21. JUNI 1941)

Luftwaffen-Einheiten	Basis	Typ	Str*	Op*
LUFTFLOTTE 4				
KGr zbv 50/104	–	Ju 52	85	51
IV.FLIEGERKORPS				
Stab/KG27	Focsani-Sud	He 111H	5	5
I./KG27	Focsani-Sud	He 111H	30	22
II./KG27	Focsani-Sud	He 111H	24	21
III./KG27	Zilistea	He 111H	28	25
II./KG4	Zilistea	He 111H	24	8
Stab/JG77	Bacau	Bf 109E	2	2
II./JG77	Roman	Bf 109E	39	19
III./JG77	Roman	Bf 109F4	35	20
I.(J)/LG2	Janca	Bf 109E	40	20
V.FLIEGERKORPS				
Stab/KG51	Krosno	Ju 88A	2	2
I./KG51	Krosno	Ju 88A	22	22
II./KG51	Krosno	Ju 88A	36	29
III./KG51	Lezany	Ju 88A	32	28
Stab/KG54	Lublin-Swidnik	Ju 88A	1	1
I./KG54	Lublin-Swidnik	Ju 88A	34	31
II./KG54	Lublin-Swidnik	Ju 88A	36	33
Stab/KG55	Labunie	Bf 110 He 111H	2 27	1 27
I./KG55	Labunie	He 111H	27	27
II./KG55	Labunie	He 111H	24	22
III./KG55	Klemensow	He 111H	25	24
Stab/JG3	Hostynne	Bf 109F	4	4
I./JG3	Dub	Bf 109F	35	28
II./JG3	Hostynne	Bf 109F	35	32
III./JG3	Modorowka	Bf 109F	35	34
DEUTSCHE LUFTWAFFEN-MISSION RUMÄNIEN				
Stab/JG52	Bucharest/Mizil	Bf 109F	4	3
III./JG52	Mizil/Pipera	Bf 109F	43	41

***Str = Stärke auf dem Papier *Op = Operationelle Stärke**

LUFTFLOTTE 4 (JUNI 1941)

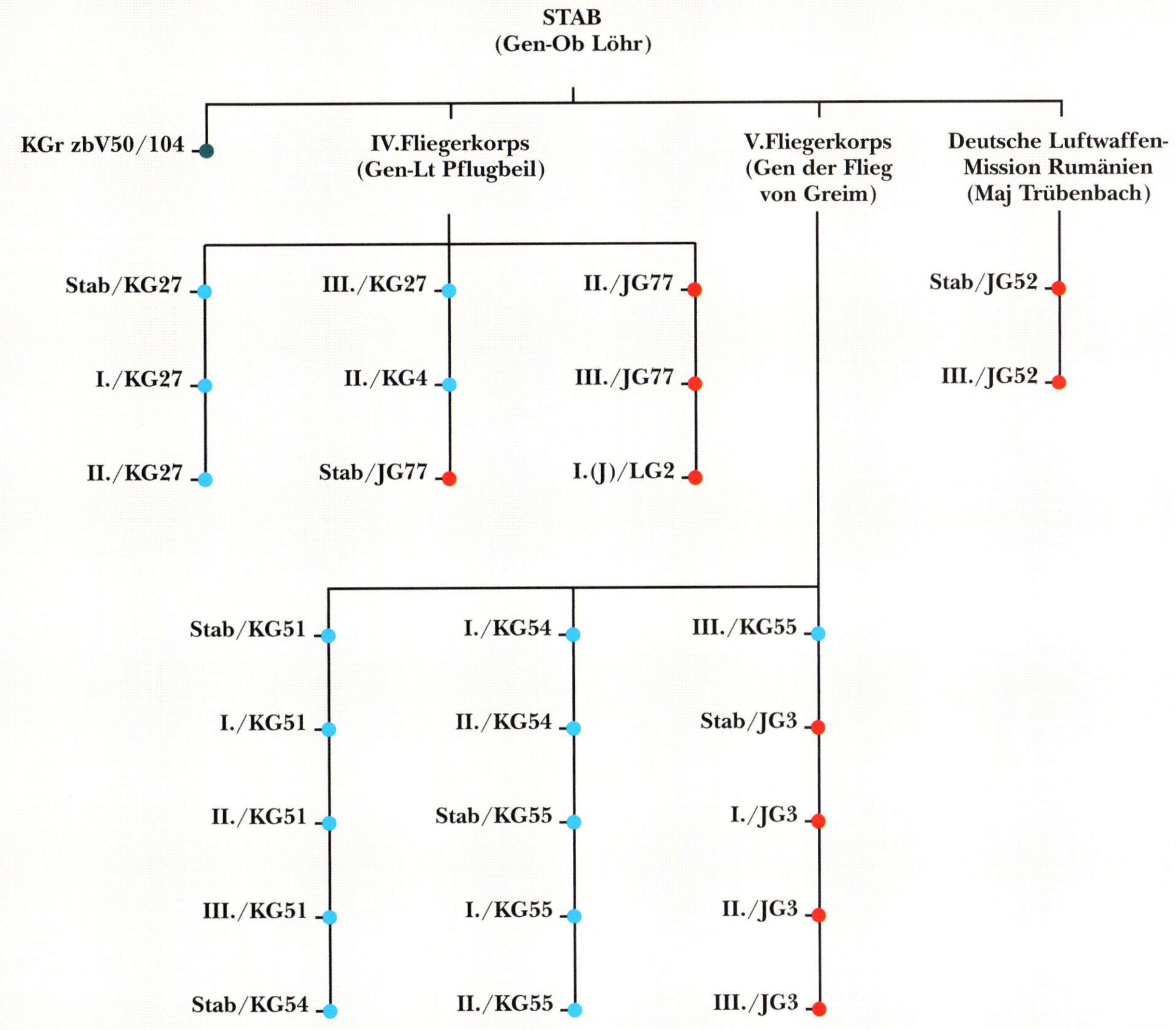

SCHLÜSSEL

- Jäger
- zweimotoriger Jäger
- Bomber
- Sturzkampfbomber
- Marinefliegerei
- Transport
- Aufklärungs- u. taktische Verbände
- Bodenunterstützungsflugzeuge

Die *Luftflotte 4* war die Luftwaffeneinheit, die die Heeresgruppe Süd bei ihren Operationen in der Ukraine unterstützen sollte. Es gab auch einen Verband, der in Rumänien stationiert war, die *Deutsche Luftwaffen-Mission Rumänien*, die aus zwei Jäger-Einheiten im JG52 bestand; der Stab in Bukarest und Mizil und die *III. Gruppe* bei Mizil und Pipera waren allesamt mit Bf 109 ausgerüstet.

Stillstand

Mit der *Operation Taiphun* sollte Moskau noch vor dem Weihnachtsfest eingenommen werden. Doch der schreckliche russische Winter und ein massiver russischer Gegenangriff ließ den Vorstoß der Deutschen ins Stocken geraten – nur einen Tagesmarsch von Moskau entfernt.

Im Hebst 1941 war die russische Luftwaffe bereits wieder so weit erstarkt, dass sie schwere Angriffe auf die deutschen Landstreitkräfte an allen Frontabschnitten fliegen konnte. Ganz besonders galt dies für Moskau und Leningrad, auf die sich auch die *Luftwaffe* konzentriert hatte. Die Produktion von modernen Flugzeugen hatte sich in russischen Fertigungsfabriken in der zweiten Jahreshälfte vervierfacht, gemessen am ersten Halbjahr, eingeschlossen die Produktion von 2.141 LaGG-3 Jägern, 1.091 Yak-1-Jäger und 1.293 Il-2-Bodenunterstützungsflugzeugen. Diese Produktionszahlen, die sich übers Jahr gesehen auf insgesamt 15.000 Maschinen beliefen, waren weitaus größer als alles, was die *Luftwaffe* bereitstellen konnte. Darüber hinaus fehlte es der „Luftwaffe" ganz eindeutig an einer strategischen Komponente, um die industrielle Flugzeugfertigung ausschalten zu können. Deutschland zahlte so mithin einen teuren Preis für die Entscheidungen in der Vorkriegszeit.

Als die russische Luftwaffe immer mehr Maschinen mit immer besser ausgebildeten Piloten in die Luft schickte, wuchsen auch die Verluste der *Luftwaffe* exponentiell an. Sie fielen zusammen mit den Schwierigkeiten, defekte Maschinen zu reparieren und zu ersetzen. So wurde zum Beispiel von Richthofens *VIII. Fliegerkorps* von der Front bei Moskau im August nach Leningrad verlegt und fügte der eingeschlossenen Stadt schweren Schaden zu. Aber während es die Landstreitkräfte durch heftige Angriffe auf die Eisenbahnstrecke Moskau-Leningrad unterstütze, verlor das *Fliegerkorps* mehr als 10 Prozent ihrer Maschinen in nur mehr elf Tagen. Ähnliche Verlustraten wurden von der gesamten Ostfront berichtet und die Wetterbedingungen verschlechterten sich seit Oktober zusehends. Im September hatte die *Luftwaffe* noch mehr als 1.000 Einsätze am Tag geflogen. Ende Oktober waren es nicht mehr als 300.

Vor den Toren Moskaus

Anfang Dezember 1941 hatte der russische Winter begonnen, als die vordersten Verbände von *Generalfeldmarschall* Fedor von Bock's Heeresgruppe Mitte nur mehr 32 km vor Moskau standen. Doch die harten Minus-Temperaturen hatten wesentliche Auswirkungen auf alle militärischen Operationen. Die *Luftwaffe* konnte nicht mehr fliegen und konnte so den Vorstoß am Boden nicht weiter unterstützen, obwohl die Motoren der Maschinen liefen, damit sie nicht einfroren. Dann begannen die Russen am 5./6. Dezember mit einem massiven Gegenangriff. Obwohl nicht erreicht werden konnte, die Deutschen aus Russland zurückzutreiben, mussten sie sich doch vor Moskau zurückziehen, bevor die Frontlinien erstarrten. Nun war auch die *Luftwaffe* in einem Ermüdungskrieg gefangen.

LANGSTRECKENERKUNDUNGSEINHEITEN (JAN. 1942)

Luftwaffen-Einheiten	Typ	Stärke	Einsatzbereit
AGr OBdL 1	Do 215/Ju 88	16	4
AGr OBdL 4	Do 215/Ju 88	26	12
7(F)/JG2	Bf 110	7	6
3(F)/10 Art	Ju 88	8	4
2(F)/11	Do 17/Fw 189	7	1
3(F)/11 Art	Bf 110	6	2
4(F)/11	Ju 88	18	3
4(F)/14	Ju 88	14	4
2(F)/22	Ju 88	6	1
3(F)/22	Ju 88	6	1
1/NSt	Do 17	9	2
2/NSt	Do 17	11	4
3/NSt	Do 17	7	2
3(F)/121	Ju 88	13	2
4(F)/122	Ju 88/Bf 110	16	4
5(F)/122	Ju 88/Bf 110	12	3
Total		182	55

III./JG54 (LENINGRAD-FRONT, FRÜHJAHR 1942)

Das Jagdgeschwader 54 hatte unglaublichen Erfolg während der ersten Monate der Operation Barbarossa. Als Teil der *Luftflotte 1*, die im nördlichen Sektor der Ostfront operierte, hatte es bis zum 1. August 1.000 russische Flugzeuge zerstört. Dazu kamen 78 Abschüsse während des restlichen Jahres; dagegen verlor das JG54 nur mehr 48 Flugzeuge in der Zeit vom Juni bis Dezember 1941. Im neuen Jahr ging es mit ähnlichen Erfolgen weiter, besonders als das Wetter immer besser wurde. Spezialität von JG54 war der Abschuss von russischen Nachtjägern und Anfang April 1942 meldete JG54 bereits 200 Abschüsse. Hier sehen wir die Flugzeuge der III. Gruppe – Bf 109 in der Wintertarnfarbe.

Nominelle Stärke – 40 x Bf 109F

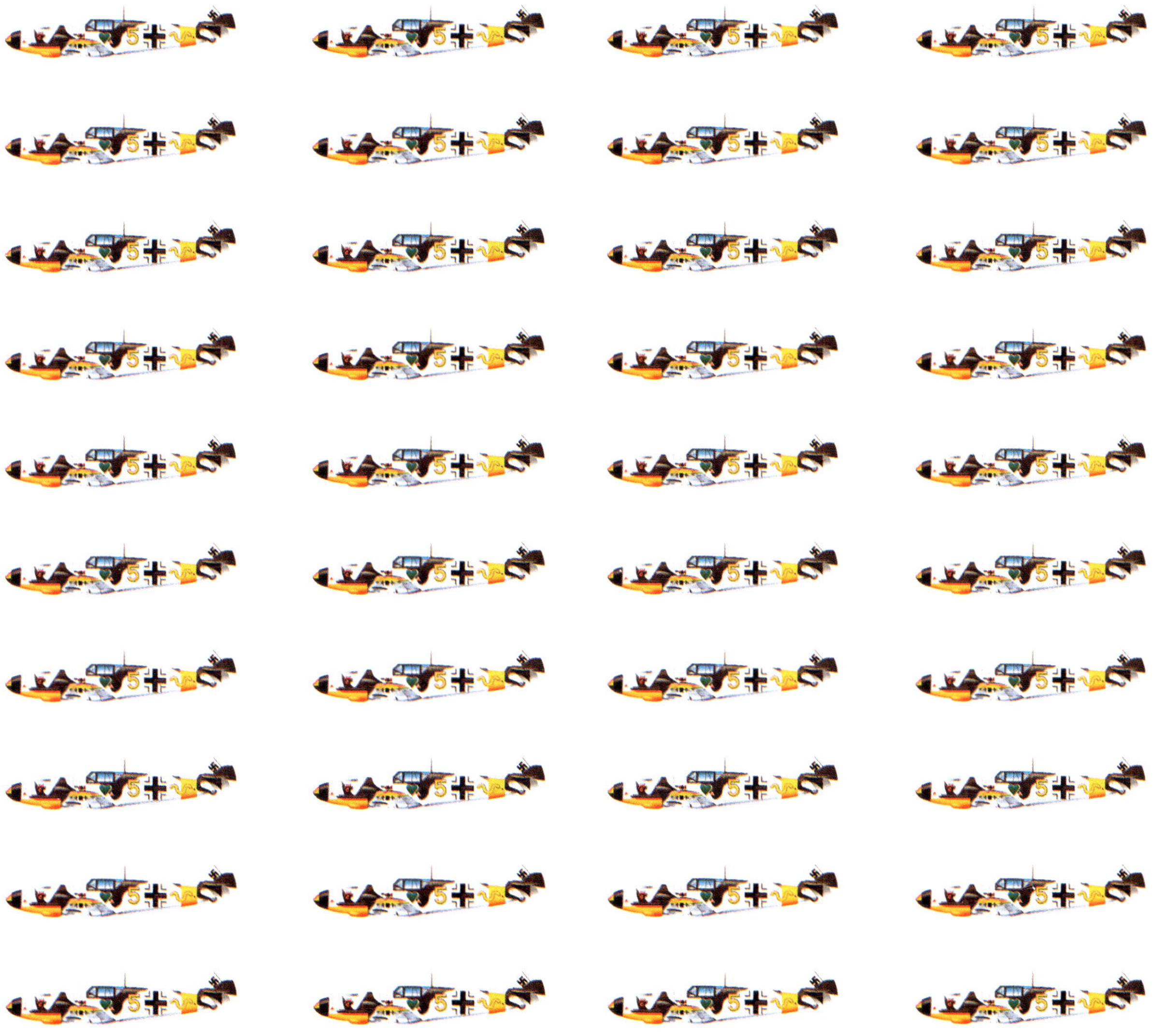

Sommeroffensive, 1942

Im Juni 1942 startete Hitler eine machtvolle Offensive mit dem Codenamen *Blau*. Es war eine Offensive im Süden, um die lebenswichtigen Ölfelder im Kaukasus zu besetzen und Stalingrad einzunehmen.

Operation Blau nutzte zwei neue Heeresgruppen. Die Heeresgruppe A sollte direkt in den Süden des Kaukasus vorstoßen, um die wichtigen Erdölfelder einzunehmen, während die Heeresgruppe B in südwestlicher Richtung entlang des Don vorrücken sollte, um Woronesh einzunehmen und so der Heeresgruppe A Flankenschutz zu bieten und ebenfalls in Richtung Stalingrad an der Wolga, dem letzten Ziel, zu marschieren.

Neue Formationen

Am Tag, als die Operation gestartet wurde - am 28. Juni - erlebte auch die *Luftwaffe* eine größere Re-Organisation. Die *Luftflotte 2* wurde in die Mittelmeer-Region verlegt. Stattdessen wurde die Ostfront jetzt von Norden nach Süden durch die *Luftflotte 5* (von Finnland aus) abgedeckt. *Luftflotte 1* war für die Leningrad-Front verantwortlich, das *Luftwaffenkommando Ost* für die Mitte und die *Luftflotte 4* für den Großraum Don-Kaukasus. Die Leningrad-Front war relativ statisch und so lag das Hauptaugenmerk bei den südlichen Verbänden, die die größten Luftverbände für die Sommeroffensive besaßen. Die *Luftflotte 4* hatte 1.500 Flugzeuge zur Verfügung und das *Luftwaffenkommando-Ost* besaß 600 Maschinen aller Typen. Auf der anderen Seite erhielten 1942 die russischen Luftstreitkräfte allein 2.000 Hurricane, P-39 Airacobra und P-40 Tomahawk-Jäger von den Alliierten, nicht zu vergessen die riesigen Mengen an neuen und guten Flugzeugen, die die Russen selbst herstellten.

Vormarsch auf Stalingrad

Operation Blau lief in bekannter Art und Weise ab. Die Offensive startete stark, indem die Heeresgruppe A tief in den Kaukasus vorstieß. Hitler beorderte die 4. Panzerarmee jedoch zwischen die Heeresgruppen und schwächte beide Heeresteile dadurch zu einem kritischen Zeitpunkt und durch die großen Entfernungen und die konstanten Gegenangriffe der Russen kam am 18. November die Heeresgruppe A zu einem Stillstand, als sie nur mehr kurz vor den begehrten Ölfeldern stand. Sie musste einen Frontabschnitt halten, der 805 Kilometer lang war. Bei der Heeresgruppe B hatte sich die 6. Armee bis Mitte November Stalingrad immer weiter gegen den erbitterten Widerstand der Sowjets genähert – Stalin war entschlossen, die Stadt, die seinen Namen trug, zu halten.

LUFTFLOTTE 4 (JULI 1942)

Luftwaffen-Einheiten	Typ	Str*	Op*
BOMBER			
Stab/KG27	He 111	2	2
I./KG27	He 111	32	20
II./KG27	He 111	31	21
III./KG27	He 111	31	8
Stab/KG51	Ju 88	2	0
I./KG51	Ju 88	30	17
II./KG51	Ju 88	33	8
III./KG51	Ju 88	28	8
Stab/KG55	He 111	4	4
I./KG55	He 111	31	19
II./KG55	He 111	30	21
III./KG55	He 111	29	20
Stab/KG76	Ju 88	3	2
I./KG76	Ju 88	27	13
II./KG76	Ju 88	33	14
III./KG76	Ju 88	38	12
Stab/KG100	He 111	1	1
I./KG100	He 111	37	13
MARINEFLIEGER			
1./SAGr125	Bv 138	7	4
3./SAGr125	Bv 138	15	7

***Str = Stärke auf dem Papier *Op = Operationelle Stärke**

LUFTFLOTTE 4 (JULI 1942)

Luftwaffen-Einheiten	Typ	Str*	Op*
JÄGER			
Stab/JG3	Bf 109	3	2
I./JG3	Bf 109	24	9
II./JG3	Bf 109	22	10
III./JG3	Bf 109	25	12
Stab/JG52	Bf 109	4	4
II./JG52	Bf 109	40	24
III./JG52	Bf 109	35	20
15./JG3	Bf 109	12	6
I./JG53	Bf 109	40	8
Stab/JG77	Bf 109	4	4
1./JG77	Bf 109	9	6
II./JG77	Bf 109	23	16
III./JG77	Bf 109	27	21
BODENUNTERSTÜTZUNGSFLUGZEUGE			
Stab/ZG1	Bf 110	3	2
I./ZG1	Bf 110	36	14
II./ZG1	Bf 110	31	15
III./ZG1	Bf 109	40	40
	Do 217	3	1
7./ZG2	Bf 109	12	9
II./StG1	Ju 87	39	30
Stab/StG2	Ju 87	3	3
	Bf 110	6	4
I./StG2	Ju 87	28	20
II./StG2	Ju 87	31	19
III./StG2	Ju 87	18	11
Stab/StG77	Ju 87	3	1
	Bf 110	6	4
I./StG77	Ju 87	29	20
II./StG77	Ju 87	35	28
III./StG77	Ju 87	33	13
Stab/SG1	Bf 109	2	1
I./SG1	Bf 109	31	16
II./SG1	Hs 129	28	13
	Hs 123	12	6
1.NSt	Do 17	12	8

*Str = Stärke auf dem Papier *Op = Operationelle Stärke

LUFTFLOTTE 4 (1942)

Luftwaffen-Einheiten	Typ	Str*	Op*
AUFKLÄRUNGSFLUGZEUGE			
III./LG1	Ju 88	28	11
2./AGr OBdL	Ju 88	9	3
	Do 215	2	0
3./AGr121	Ju88	10	5
4./AGr121	Ju 88	10	10
4./AGr122	Ju 88	10	5
3./AGr10	Ju 88	12	4
2./AGr11	Do 17	13	2
2./AGr22	Ju 88	9	8
NAGr1	Fw 189	8	6
	Bf 110	8	4
NAGr3	Fw 189	8	5
	Bf 110	5	4
NAGr4	Fw 189	15	11
NAGr6	Hs 126	7	5
	Bf 110	7	5
NAGr7	Fw 189	15	10
NAGr8	Fw 189	21	19
NAGr9	Fw 189	15	11
NAGr10	Fw 189	15	8
	Hs 126	11	7
NAGr12	Fw 189	9	8
	Bf 110	10	4
NAGr13	Hs 126	19	15
	Bf 110	7	3
NAGr14	Fw 189	11	10
	Bf 110	8	4
NAGr16	Fw 189	12	7
TRANSPORTFLUGZEUGE			
II./KG zbV1	Ju 52	35	2
KG zbV4	Ju 52	49	31
KG zbV5	Ju 52	52	22
KG zbV9	Ju 52	52	34
KGr zbV50	Ju 52	48	29
KGr zbV102	Ju 52	52	22
KGr zbV900	Ju 52	48	16

*Str = Stärke auf dem Papier *Op = Operationelle Stärke

LUFTFLOTTE 4 (4 JULI 1942)

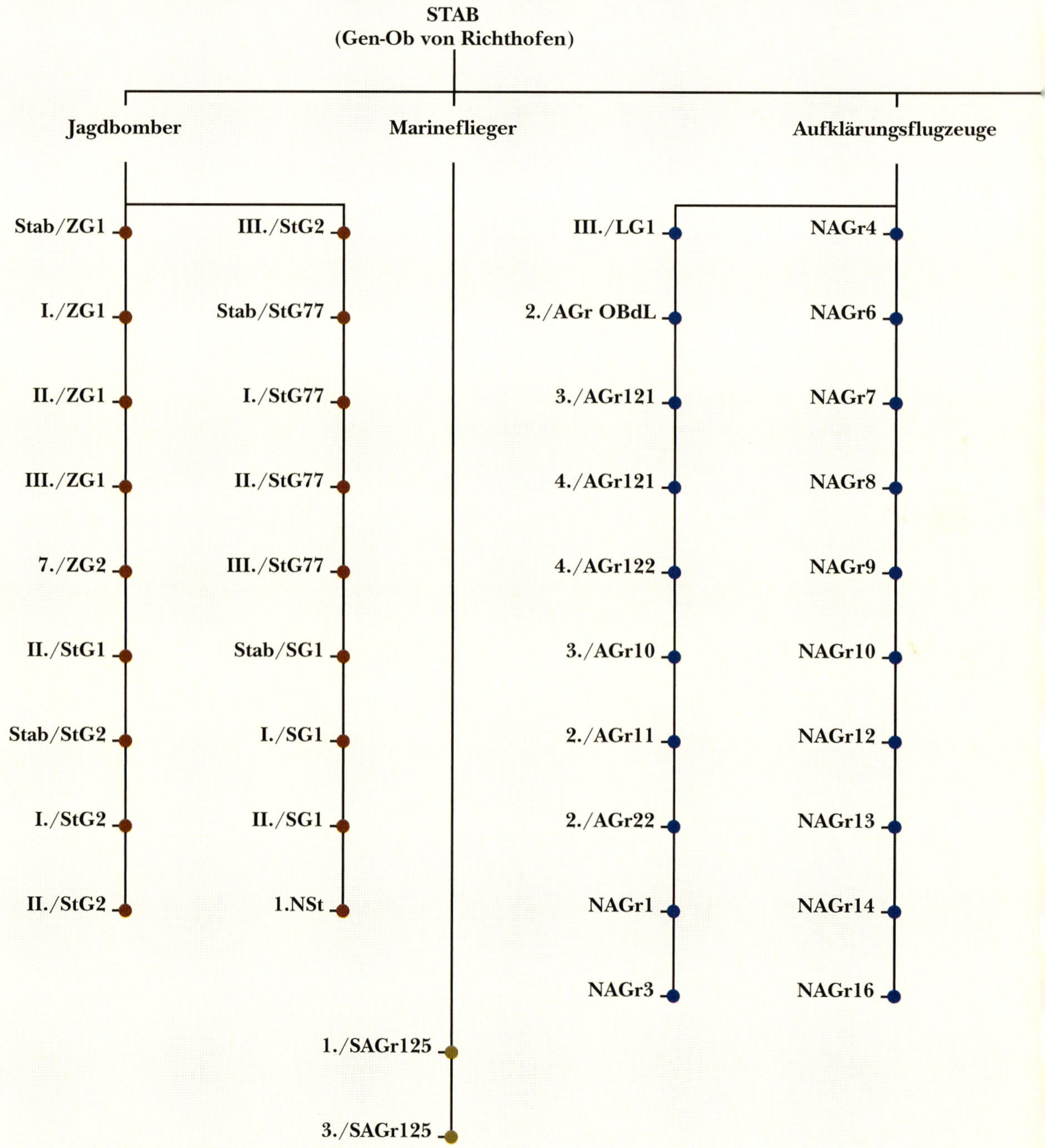

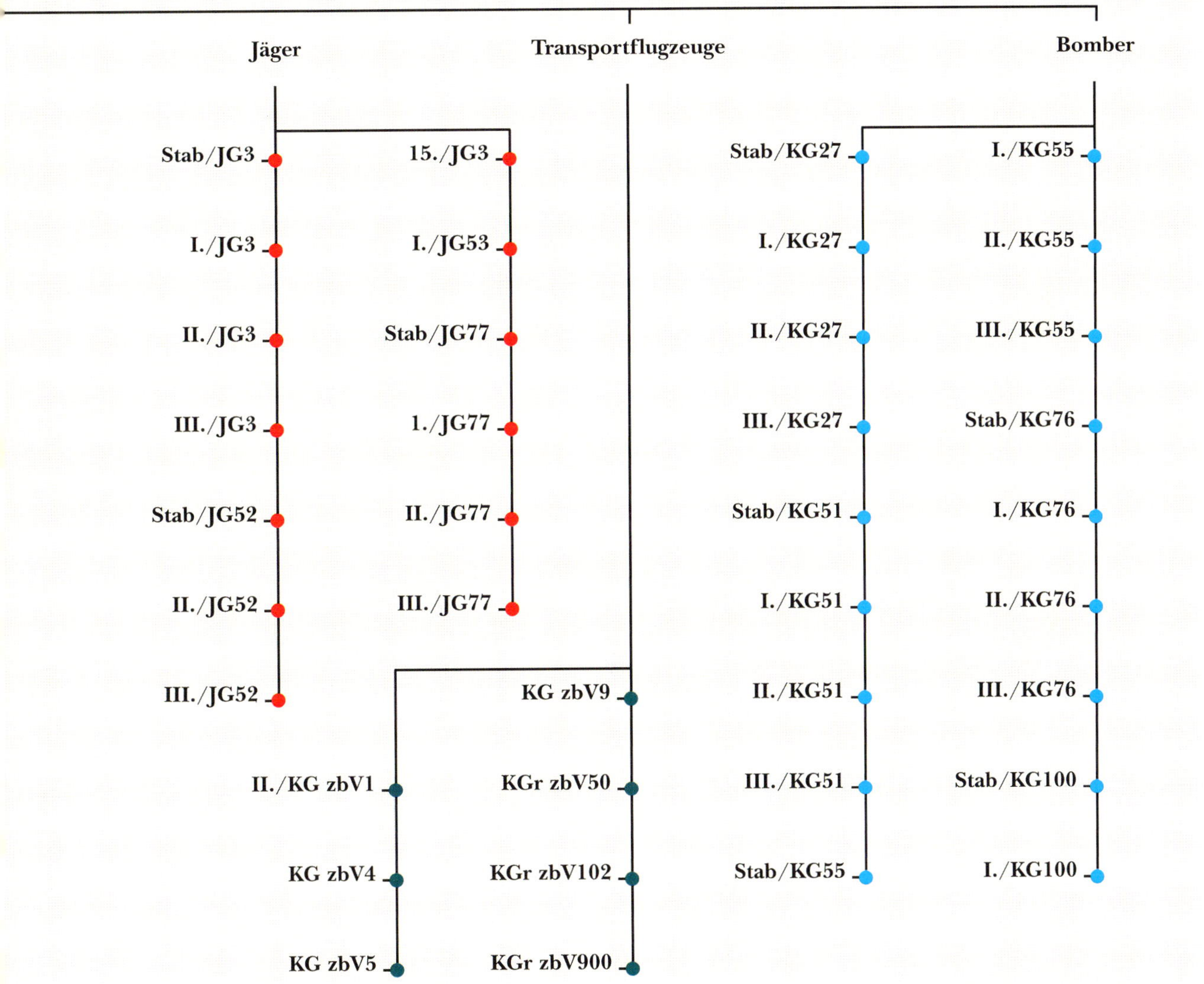

Die *Luftflotte 4* war der mächtigste Luftwaffenverband an der Ostfront. Sie wurde Mitte 1942 aufgestellt. Insgesamt verfügte die *Luftflotte 4* über mehr als 1.500 Flugzeuge für Hitlers Sommeroffensive nach Süden in den Kaukasus und in Richtung der Stadt Stalingrad.

SCHLÜSSEL

- Jäger
- zweimotoriger Jäger
- Bomber
- Sturzkampfbomber
- Marinefliegerei
- Transport
- Aufklärungs- u. taktische Verbände
- Bodenunterstützungsflugzeuge

DER KAUKASUS

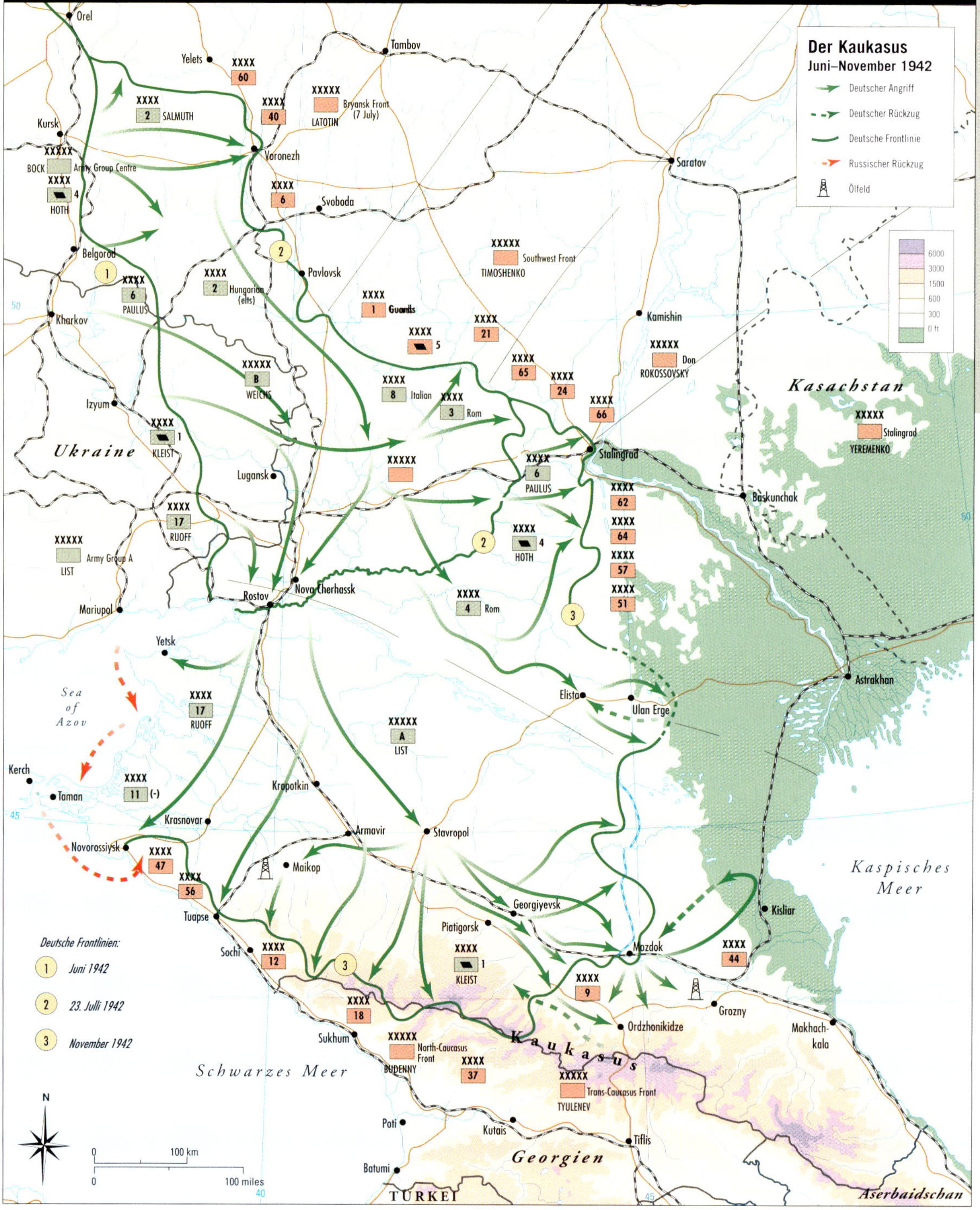

Juni–Oktober 1942

Zu Beginn der *Operation Blau* schien alles nach Hitlers Plänen zu laufen. Der lange Vorstoß über die offenen Ebenen in Richtung Wolga wurde angeführt durch die 6. Armee, die eine Spur der Verwüstung durch das südliche Russland hinterließ, als sie weiter nach Osten vorstieß.

Aber dann entscheid sich Hitler dafür, seine Armeen aufzuteilen und so die Schlagkraft für den weiteren Vorstoß nach Süden zu verringern. Die strategische Reserve wurde in alle vier Winde verteilt: Die 9. und 11. Panzerdivision wurde *Generalfeldmarschall* Günther von Kluge zugeordnet, die *Großdeutsche Division* wurde auch zur Heeresgruppe Mitte abgeordnet, die *Leibstandarte Adolf Hitler* wurde nach Frankreich geschickt, um dort wieder zur alten Stärke zurückzufinden. Und die verbliebene 11. Armee unter *Generalfeldmarschall* Erich von Manstein wurde zurückgehalten vom weiteren Vorstoß in den Kaukasus.

Für die *Luftwaffe* war der Vorstoß Richtung Süden nicht so sehr umstritten, sondern vielmehr gefürchtet. Ein Großteil der russischen Luftstreitkräfte waren noch rund um Moskau und den Frontabschnitt der Heeresgruppe Mitte konzentriert. Die *Luftwaffe* richtete hier schwerste Verluste unter den exponierten russischen Soldaten an. Aber auch die Verluste waren hoch und beliefen sich auf rund 240 Bomber und Jäger monatlich vom Frühling bis zum Herbst 1942. Außerdem musste auf Grund der großen Entfernungen die „Luftwaffe" immer wieder neue Flugfelder anlegen, was wiederum den Nachschub an Flugtreibstoff immer schwieriger gestaltete und die Zahl der Einsatzflüge zusehends verringerte. Aber schon bald sollte sich die *Luftwaffe* einer neuen Aufgabe stellen - der Rettung der deutschen Armee vor dem Schrecken in den Straßen von Stalingrad.

DIE RANGFOLGE DER LUFTWAFFEN-ASSE AN DER OSTFRFONT

Pilot	Ost	West	Total
Hptm Erich 'Bubi' Hartmann	346	6	352
Maj Gerhard Barkhorn	301	0	301
Maj Günther Rall	271	4	275
ObLt Otto Kittel	267	0	267
Maj Walter Nowotny	255	3	258
Maj Wilhelm Batz	234	3	237
Obst Hermann Graf	202	10	212
Hptm Helmut Lipfert	200	3	203
Maj Heinrich Ehrler	198	10	208
ObLt Walter Schuck	189	17	206
Hptm Joachim Brendel	189	0	189
ObLt Anton 'Toni' Hafner	184	20	204
Maj Hans Philipp	178	28	206
Hptm Walter Krupinski	177	20	197
ObLt Günther Josten	177	1	178
Maj Theodor Weissenberger	175	33	208
Hptm Günther Schack	174	0	174
ObLt Max Stotz	173	16	189
ObLt Heinz 'Johnny' Schmitt	173	0	173
Hptm Joachim Kirscher	167	21	188
Hptm Horst Ademeit	164	2	166
Maj Kurt Hans Freidrich Brändle	160	20	180
Hptm Heinrich Sturm	158	0	158
ObLt Gerhard Thyben	152	5	157
Lt Peter Düttman	152	0	152

Stalingrad, 1942–43

Die Schlacht um Stalingrad kostete das Leben von einer Million Soldaten und war der eigentliche Wendepunkt bei Hitlers Niederlage im Zweiten Weltkrieg. Für die *Luftwaffe* bedeutete sie die vollkommene Niederlage bei ihrem Versuch, die 6. Armee zu versorgen.

Mitte 1942 waren die deutschen Truppen im Besitz von rund 90 Prozent der Stadt Stalingrad. Aber die Stadt hatte sich immer noch nicht ergeben. Stalin brachte jeden erdenklichen Nachschub in die Stadt und der Kampf um die Stadt war in absolute Zerstörung übergegangen. Dann, am 19./20. November startete Stalin eine große Gegenof-

LUFTWAFFENVERLUSTE NACH URSACHEN, STALINGRAD	
Beschreibung	**Total**
Flugzeuge im Kampf zersört	166
Flugzeuge im Kampf vermisst	108
Flugzeuge beim Start/bei der Landung zerstört	214
Besatzungen im Kampf getötet	1100

LUFTWAFFENVERLUSTE NACH TYPEN, STALINGRAD	
Typ	**Total**
Ju 52	269
He 111	169
Ju 86	42
Fw 200	9
He 177	5

LUFTBRÜCKE NACH STALINGRAD (NOV. 1942–FEB. 1943)	
Anforderungen	**t /Tag**
Minimum an Nachschub nötig für die 6. Armee	305 (300)
Optimum an Nachschub nötig für die 6. Armee	610 (600)
Durchschnittliche Luftwaffe-Transportleistung	120 (118)
Maximum Luftwaffe-Transportleistung	368 (362)

fensive im Norden und Süden von Stalingrad. Die beiden Armeeflügel schlossen sich am 23. November um die Stadt zusammen und die 6. Armee war in Stalingrad mit Teilen der 4. Armee eingeschlossen.

Nachschubprobleme

Hitler war sich dessen bewusst, das sich eine Katastrophe abzeichnete. Doch Göring versprach, die eingeschlossenen Verbände aus der Luft zu versorgen. Ähnliche Unternehmen gaben Anlass zu einigem Optimismus. Früher im Jahr 1942 hatten Verbände der *Luftwaffe* eingeschlossene Heeresteile in Kholm und Demyansk aus der Luft versorgt. Gerade bei dem letzten Einsatz hatte die *Luftwaffe* mehr als 24.400 Tonnen eingeflogen und dabei 265 Transportflugzeuge verloren — ein teurer Preis für den Erfolg.

Aber Stalingrad war nicht Demyansk. Der russische Vormarsch hatte auch viele deutsche Feldflugplätze um die Stadt herum vernichtet, was wiederum bedeutete, dass die Transportflugzeuge der *Luftwaffe* weitere und gefährlichere Anflüge unternehmen mussten. Das schreckliche Winterwetter reduzierte die Flugzeiten und erhöhte gleichzeitig auch noch die Unfallquote. Flugzeuge zur Verstärkung mussten nicht selten mehr als 2.000 km von Deutschland aus anfliegen und nicht alle schafften dies.

Transportvolumen

Und doch war das größte Problem, dem sich die Flugzeuge der *Luftflotte 4* gegenübersahen, ganz einfach das, dass sie nicht ausreichten. Wenn man all die verfügbaren Flugzeuge und die geringen Möglichkeiten zum Fliegen berücksichtigt, war das höchste, was die Luftwaffe leisten konnte, 368 Tonnen am Tag einzufliegen. Die 6. Armee alleine brauchte aber 610 Tonnen pro Tag, um sich behaupten zu können. Einer Einsatzoperation, die Mitte Dezember gestartet wurde, gelang es fast, den Belagerungsring um Stalingrad zu durchbrechen, aber Hitler verbat *Generaloberst* Paulus, seinerseits einen Ausbruchversuch aus Stalingrad zu beginnen. Er verurteilte damit die eingeschlossenen Truppen in der Stadt zu ihrem unvermeidlichen Schicksal.

Die sowjetische Offensive

Die Situation der Versorgung durch die *Luftwaffe* wurde im Dezember und Januar immer schrecklicher. Die Sowjets begannen nach Westen vorzurücken und zwei der am weitesten vorgeschobenen Positionen bei Tatsinskaya und Morozowskaya mussten aufgegeben werden. Göring verlor in dieser Zeit alles Vertrauen der Frontkommandeure. Wie Hitler wies er seine Offiziere an, Flugfelder selbst dann noch zu halten, wenn sie unter Artilleriebeschuss oder Beschuss durch anrückende Panzer standen.

Nach und nach wurden die Transportgeschwader immer weiter von Stalingrad zurück gedrängt und Mitte Januar mussten sie alleine 350 km weit anfliegen, um in die zerstörte Stadt zu gelangen. Am 12. Januar wurde der einzige von den Deutschen in der Stadt gehaltene Flughafen von den Russen eingenommen, was wiederum bedeutete, dass die einzige Möglichkeit, die Truppen mit Nachschub zu versorgen, Abwürfe aus der Luft waren. Die waren höchst ungenau und so kam es mehr als einmal vor, dass der dringend benötigte Nachschub direkt in den Händen der Russen landete. Darüber hinaus reduzierten die Flüge die Anzahl der Transportmaschinen der *Luftwaffe* in atemberaubendem Tempo. Mitte Januar waren nur mehr 35 Prozent der Transportflie-

Der Endkampf um Stalingrad

Marschall Georgi Tschukow startete die *Operation Uranus* am 19. November 1942 und innerhalb weniger Tage schloss ein großer russischer Umfassungsangriff die deutsche 6. Armee in Stalingrad ein. Alle Versuche, die eingeschlossenen deutschen Truppen zu befreien, scheiterten und die Luftwaffe konnte zu keinem Zeitpunkt das vollmundige Versprechen Hermann Görings einlösen, die Truppen aus der Luft zu versorgen. Die Deutschen zogen sich auf die Stadt zurück und verloren somit die Kontrolle über wichtige Flugfelder. Die Gefechte waren nicht so hart wie im September und Oktober. Die Russen konnten sich darauf verlassen, dass die Kälte, der Hunger und die ansteckenden Krankheiten bei den deutschen Soldaten ihre Wirkung tun würden. Stalin ordnete an, die Falle im Januar zu schließen und am Ende des Monats wurden die eingeschlossenen Deutschen auf die kleineren Enklaven entlang der Wolga zurückgeworfen.

DER ENDKAMPF UM STALINGRAD

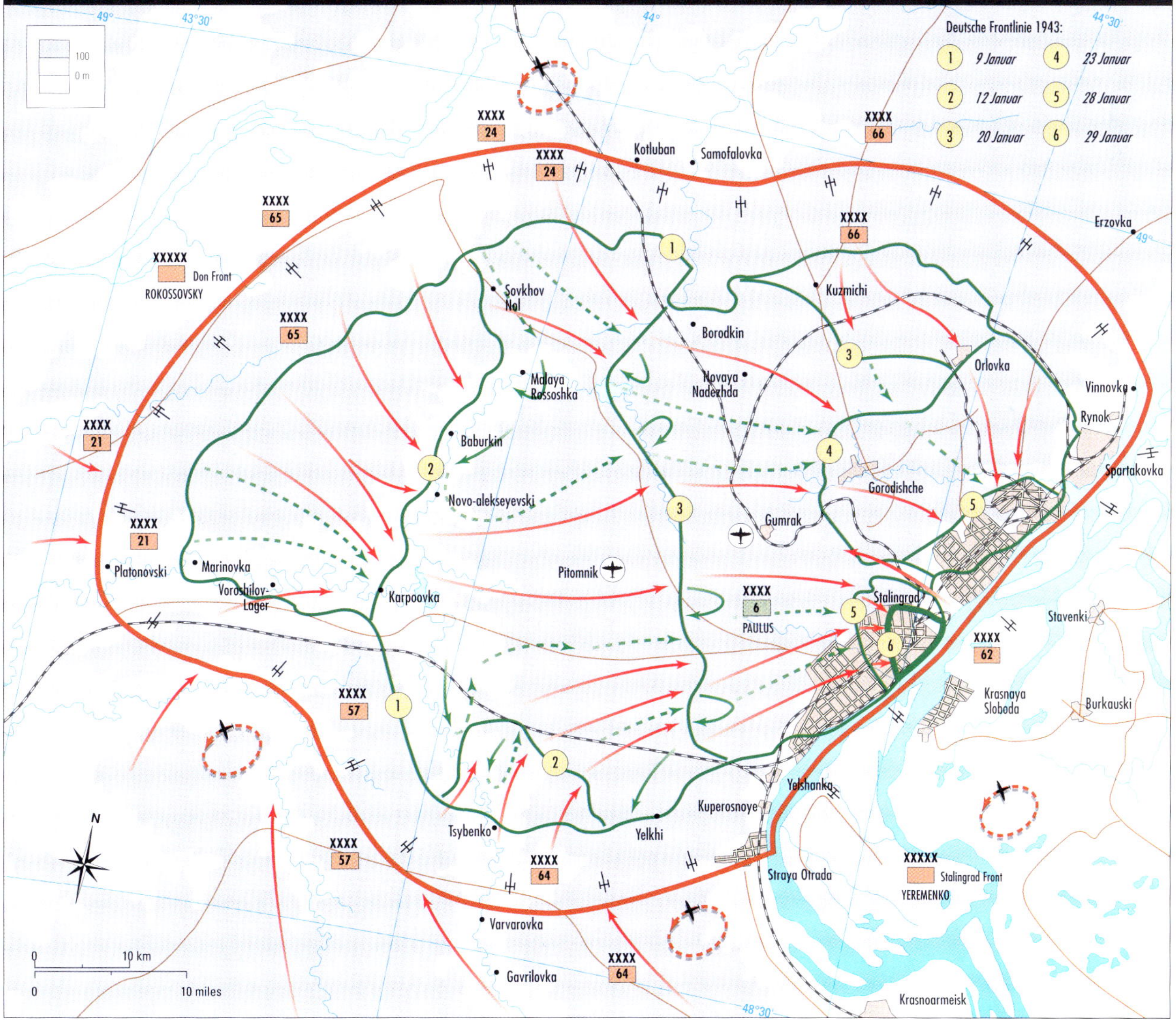

ger im Einsatz, darunter nur mehr sieben Prozent Ju 52. Das Ende war deshalb unausweichlich und am 2. Februar ergab sich Paulus mit seiner Armee den Russen. Die Überlebenden erwartete der nahezu sichere Tod in einem russischen Kriegsgefangenenlager. Die Versorgung aus der Luft erwies sich im Fall Stalingrad als Fehler. Sie hatte darüber hinaus auch den Abschuss vieler wertvoller Maschinen gekostet. Alles in allem belief sich der Verlust auf rund 500 Maschinen, darunter 269 JU 52 und 169 He 111. Diese Maschinen wären andernorts dringender gebraucht worden, weil sich nunmehr das Schicksal voll gegen Deutschland wandte.

II./KG4 (MAI 1943)

Das KG4 wurde im Mai 1939 aufgestellt und zu Beginn des Jahres 1943 kampferfahren durch alle großen Einsätze an, denen die Luftwaffe teilgenommen hatte – sowohl im Mittelmeer als auch auf dem Balkan. Es wurde zu Beginn der *Operation Barbarossa* an die Ostfront verlegt. Während der Stab mit der Heeresgruppe Nord flog, gehörten die 1. und 2. Gruppe zur Heeresgruppe Mitte beim Angriff auf Moskau. Die 2. Gruppe wurde dann zu den Streitkräften der Deutschen im Süden verlegt für die Offensive in die Ukraine im Jahr 1943 und sie war bis zum Kriegsende an der Ostfront im Einsatz.

Nominelle Stärke – 37 Flugzeuge

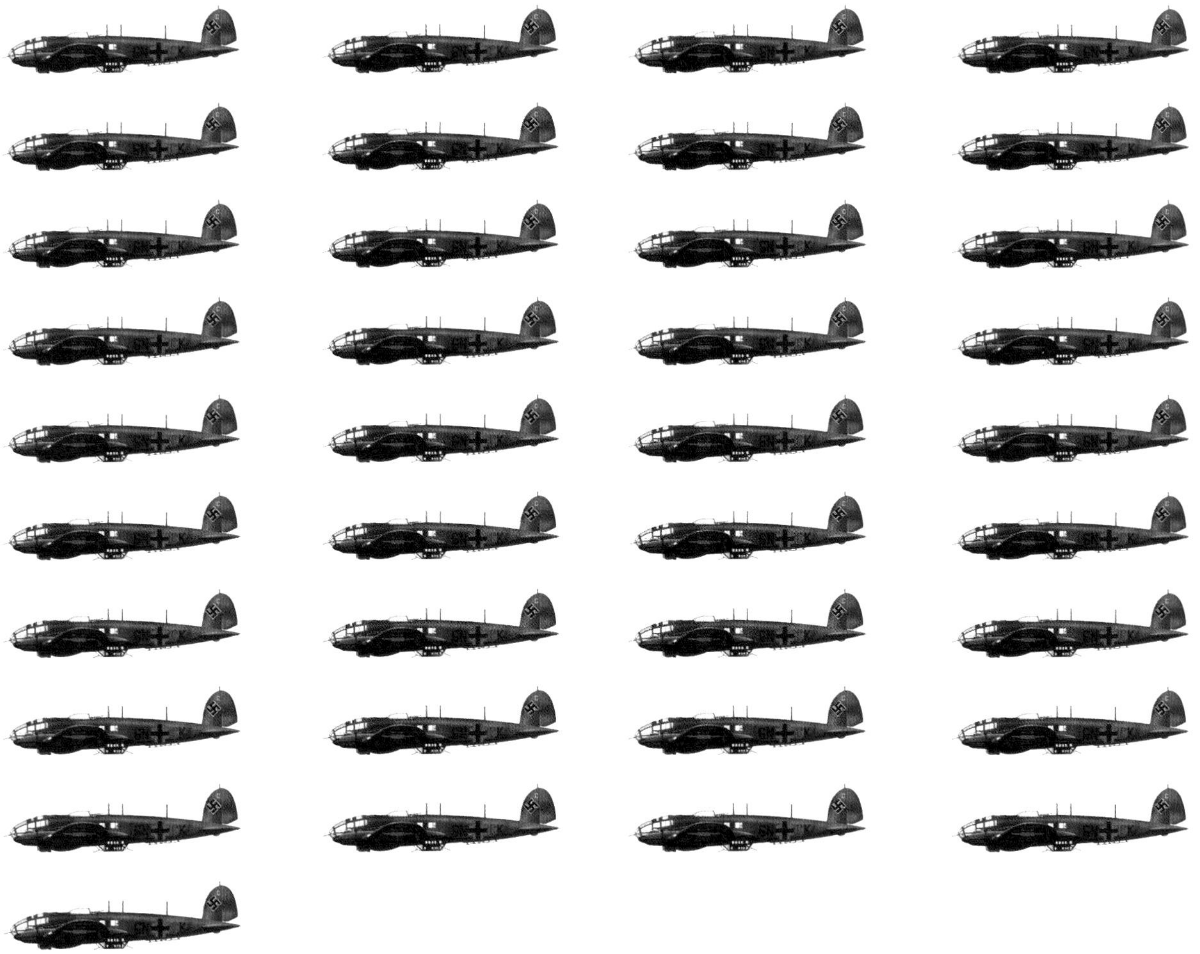

Kursk

Die Schlacht um Kursk war eine der größten Militäroperationen der Geschichte. Sie wird häufig als reine Panzerschlacht beschrieben, aber sie sah auch eine riesige Luftschlacht vor, von der sich die *Luftwaffe* nicht wieder erholen sollte.

Nach dem Sieg bei Stalingrad behielt die Rote Armee ihren Schwung bei und drängte die Deutschen auf der gesamten kaukasischen Front zurück. Es war eine Zeit der erbitterten Kämpfe. So wechselte Kharkow bei diesen Kämpfen zwei Mal den Besatzer. Aber auch in der Luft gab es erbitterte Gefechte. Die Luftwaffe der Roten Armee hatte dabei sowohl was das Können der Piloten, aber auch die Qualität der Flugzeuge anbelangte mit der *Luftwaffe* gleichgezogen. Aber rein quantitativ war sie den Deutschen bei weitem überlegen. Die Verluste der *Luftwaffe* waren erschreckend. Zwischen April und Juni 1943 verlor die *Luftwaffe* mehr als 600 Flugzeuge an der Ostfront, darunter 256 Jäger.

Eine brillante Gegenoffensive durch *Generalleutnant* Erich von Manstein brachte zwar einiges an verloren gegangenem Territorium wieder zurück, führte aber dazu, dass die Russen sich mit starken Kräften um Kursk herum aufgestellt hatten. Hitler sah sich daraufhin gezwungen, eine Offensive zu starten, um die Verhältnisse an der Ostfront neu zu ordnen. Die *Operation Zitadelle* war eine massive Zangenbewegung der Heeresgruppe Mitte und Süd, die Kursk mit der russischen Armeegruppe Mitte und der Woronesh-Front abschneiden sollten. Die Deutschen zogen über 1.000 gepanzerte Fahrzeuge zusammen und die *Luftwaffe* flog Verstärkung von jedem anderen Kriegsschauplatz ein. Die *Luftflotte 6* verfügte danach über 750 Flugzeuge für den nördlichen Teil der Offensive und 1.100 Flugzeuge der *Luftflotte 4* für den südlichen Teil der Operation. Die Sowjets zogen ihrerseits noch mehr gepanzerte Verbände und Infanterie sowie Luftunterstützung zusammen – insgesamt zwei Millionen Soldaten.

Operation Zitadelle

Die Offensive begann am 5. Juli und die deutschen Panzer machten tiefe Einbrüche in den Kurs-Bogen, vor allem

OPERATION *ZITADELLE*, KURSK (JULI 1943)

Luftwaffen-Einheit	Basis	Typ
LUFTFLOTTE 6		
I., III., IV./JG51	Orel	Fw190A4/5
15.(S)/JG51	Seschtschinskaja	Fw 190A
I./JG54	Orel	Fw 190A2
II./KG4	Seschtschinskaja	He111H16
III./KG4	Karatchev	He111H16
II., III./KG51	Bryansk	Ju 88A4
I., III./KG53	Olsufjevo	He111H16
IV./NJG5	Seschtschinskaja	Bf 110G
I., II., III./StG1	Orel	Ju 87D
10.(P)/StG2	Orel	Ju 87G
I./ZG1	Bryansk	Bf 110G
LUFTFLOTTE 4		
II./JG3	Kharkov-Roganj	Bf 109G4
III./JG3	Besonovka	Bf 109G4
I./JG52	Besonovka	Bf 109G
III./JG52	Ugrim	Bf 109G
III./KG1	Bryansk	Ju 88A4
I., II./KG3	Seschtschinskaja	Ju 88A4
I., II./KG27	Dnepropetrovsk	He111H16
III./KG27	Kharkov-Voitschenko	He111H16
II., III./KG55	Stalino	He111H16
14.(E)/KG55	Poltava	He 111H Ju 88C6
I./KG100	Poltava	He 111H
1., 2., 3., 5., 6./SG1	Besonovka	Fw190A/F
7./SG1	Varvarovka	Hs 123A
PzJäSt/JG51 8.(P)/SG2	Varvarovka	Hs 129B
4.(P)/SG1 4.(P), 8.(P)/SG2	Varvarovka	Hs 129B
I., II., III./StG2	Krestowoi	Ju 87D
I., II., III./StG77	Bogodukhov	Ju 87D
2.REPÜLODANDÁR (HUNGARIAN)		
5./I.Vadászosztály	Kharkov-Voitschenko	Bf 109
3./1.Bombázó-század	Kharkov	Ju 88A4

OPERATIONSGEBIETE DER LUFTFLOTTEN, OSTFRONT 1943

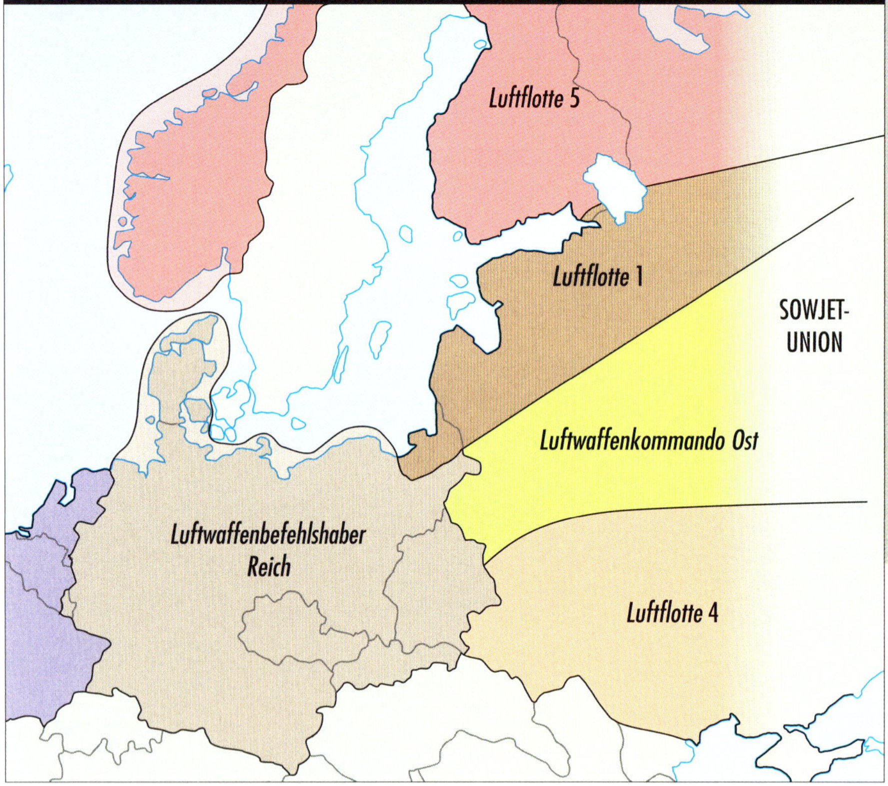

Ostfront, Juli 1943

Die *Luftflotte 2* wurde in die Mittelmeerregion verlegt und wurde im Frontabschnitt Mitte durch das *Luftwaffenkommando Ost* ersetzt, das eine ähnliche Größe hatte wie die übrigen *Luftflotten*.

Die größere Bedrohung für das Heimatland durch die alliierten Bombardierungen führte in Deutschland zu einer stärkeren Jäger-Dichte durch den *Luftwaffenbefehlshaber Reich*.

Die *Luftflotten 1 und 4* blieben für den nördlichen und südlichen Sektor an der Ostfront verantwortlich.

unterstützt durch die *Luftwaffe*, um die gegnerischen Jäger, Bomber und Bodenunterstützungsflugzeuge zu bekämpfen. Am ersten Tag der Offensive flogen die Piloten der *Luftwaffe* mehr als 3.000 Einsätze und die Verluste der russischen Luftwaffe waren riesig. Bei einem versuchten Angriff russischer Bomber auf den Flugplatz von Kharkow wurden zum Beispiel 120 russische Maschinen abgeschossen. Die deutschen Landstreitkräfte umschlossen ebenso zahlreiche russische Infanterie- und Panzereinheiten. Am 19. Juli gelang es dem *1. Fliegerkorps* allein 135 russische Panzer auszuschalten bei nur wenigen eigenen Verlusten.

Die Niederlage

So machte die *Operation Zitadelle* etliche Fortschritte ganz besonders im Süden gegen den erbitterten Widerstand der Russen, aber Mitte Juli ging den Deutschen buchstäblich die Luft aus, angesichts der nicht enden wollenden russischen Verstärkungen zu Land und in der Luft. Die Verluste der *Luftwaffe* bedeuteten, dass nach und nach die Luftherrschaft immer weiter an die Russen überging und das bedeutete wiederum, dass besonders die Il-2 Sturmovik-Bodenunterstützungsflugzeuge die überlebenden deutschen Panzerverbände zunehmend ungehindert angreifen konnten. Russische Gegenangriffe zwischen dem 12. und 15. Juli stoppten die deutschen Verbände und am 23. Juli waren die Deutschen auf dem Rückzug hinter ihre Ausgangsstellungen.

Im Juni und Juli 1943 verlor die *Luftwaffe* 1.030 Flugzeuge an der Ostfront und größeren Luftgefechten vor und nach der Kursk-Offensive und der *Operation Zitadelle*.

Die Taktik der *Luftwaffe* war den Russen überlegen und rund 1.100 russische Flugzeuge wurden abgeschossen, aber selbst bei diesen Verlusten besaßen die Russen immer noch über 700 Flugzeuge, die den Luftkampf am Ende klar für sich entschieden.

DIE LUFTWAFFENAUFSTELLUNG BEI DER SCHLACHT VON KURSK (JULI 1943)

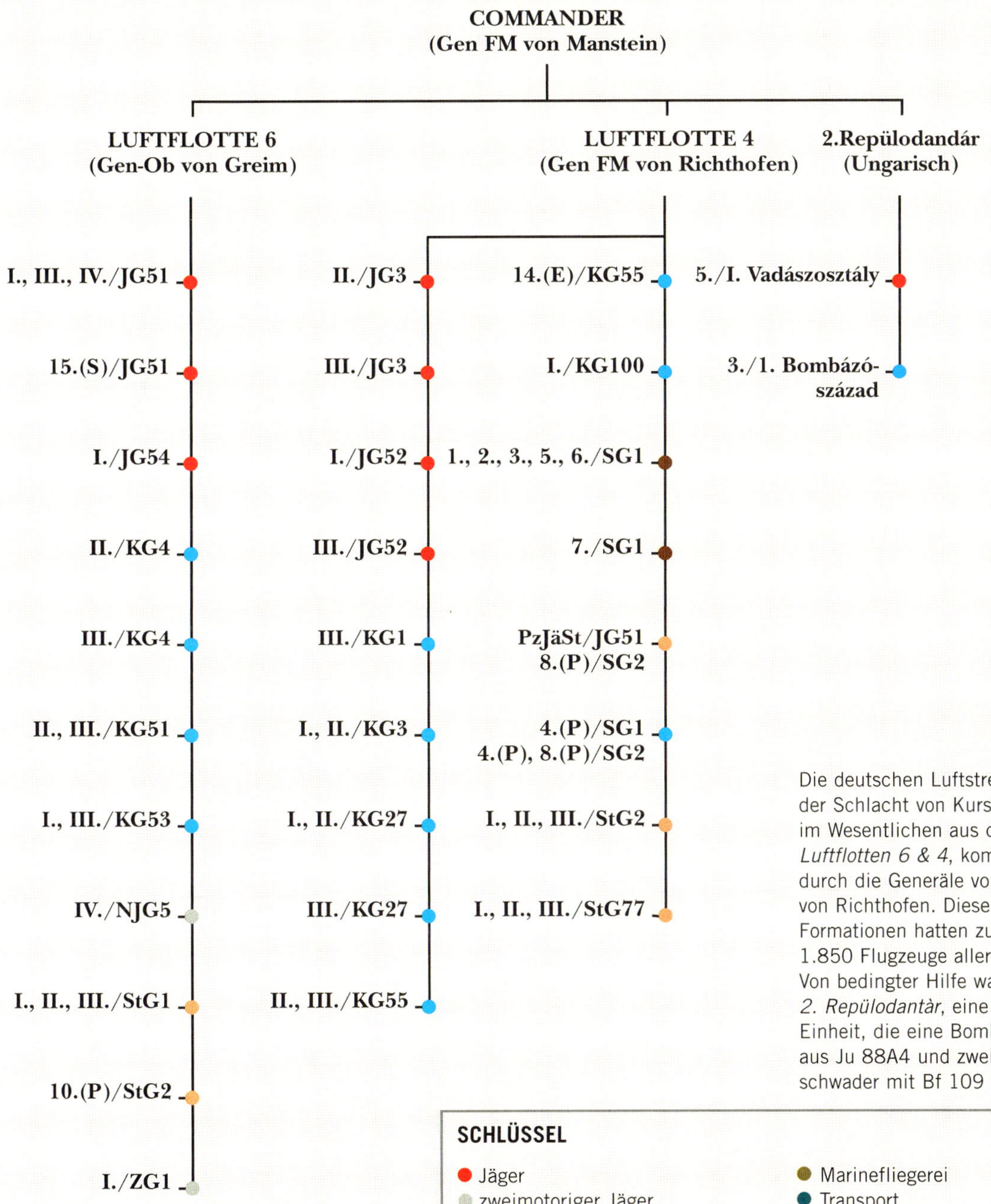

Die deutschen Luftstreitkräfte bei der Schlacht von Kursk bestanden im Wesentlichen aus den *Luftflotten 6 & 4*, kommandiert durch die Generäle von Greim und von Richthofen. Diese beiden Formationen hatten zusammen 1.850 Flugzeuge aller Typen. Von bedingter Hilfe war auch die *2. Repülodantàr*, eine ungarische Einheit, die eine Bomberschwadron aus Ju 88A4 und zwei Jägergeschwader mit Bf 109 besaß.

SCHLÜSSEL

- Jäger
- zweimotoriger Jäger
- Bomber
- Sturzkampfbomber
- Marinefliegerei
- Transport
- Aufklärungs- u. taktische Verbände
- Bodenunterstützungsflugzeuge

Die Niederlage im Osten

Die deutsche Niederlage in der Schlacht bei Kursk war ein Menetekel für das, was nun folgte. Unabhängig von lokalen Siegen durch kleinere Offensiven wurden die Deutschen erbarmungslos an allen Frontabschnitten zurückgedrängt.

Die Geschichte der Ereignisse zwischen August 1943 und Mai 1945 ist ein einziges menschliches Desaster für die Deutschen. Nach dem Sieg bei Kursk hielt der Vormarsch der Roten Armee an. Die Heeresgruppe Mitte und Süd wurde weiter zurückgedrängt bis zum Ende des Jahres. Städte wie Kharkow, Dnepropetrowsk, Kiew und Smolensk wurden eingenommen. Die östliche Ukraine war daraufhin schon bald wieder in russischer Hand.

LUFTFLOTTE 5 (NOVEMBER 1943)

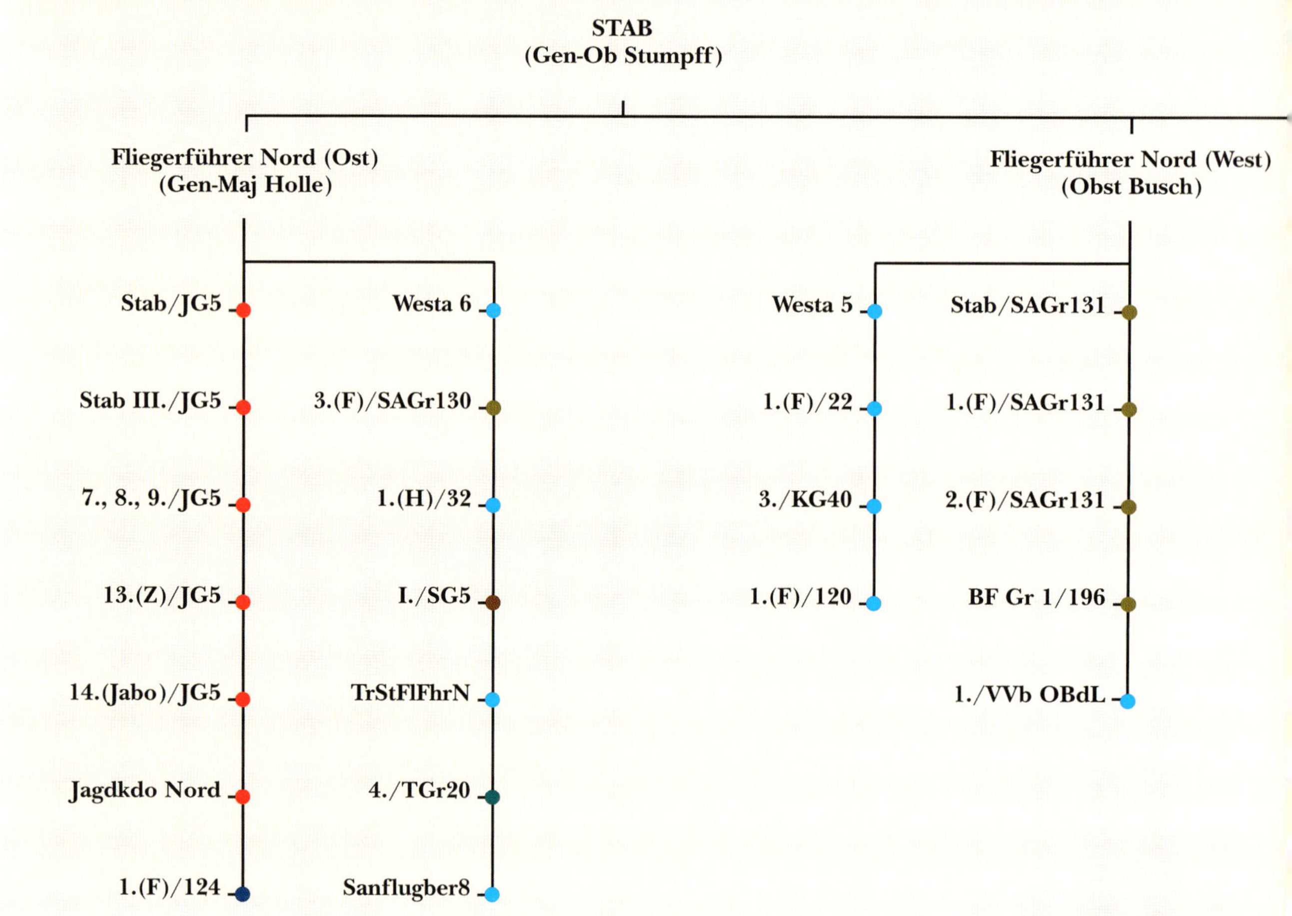

Die Rote Armee hatte die Ufer des Dniepr Ende September überschritten und weiter im Norden rückten vier sowjetische Fronten gegen Belorussland vor. Für die *Luftwaffe* bedeutete der Rückzug vor allem, sich immer wieder auf neuen Flugplätzen einzurichten, die weiter zurück lagen und weiterhin hohe Verluste. So wechselte zum Beispiel das I./KG100 zwischen Juli und Oktober 1943 allein sechs Mal seine Basis. Obwohl die Einheiten an der Front neue, gute Maschinen erhielten, wie zum Beispiel die Bf 109G-6 und moderne Varianten der Fw 190 ging die Zahl der Einsätze in all dem Chaos und durch die dauernde Belastung immer weiter zurück. Zeitweilig konnten das *I. Fliegerkorps* und das *VIII. Fliegerkorps* nicht mehr als 300 Einsätze am Tag für einen Frontverlauf von etlichen hundert Kilometern fliegen.

Kriegsproduktion

Tatsache bleibt, dass die Gefechte der vergangenen Jahre genauso viel mit den Produktionszahlen neuer Maschinen zu tun hatten, wie mit der Taktik auf dem Gefechtsfeld. Wenn wir auf die deutschen Produktionsraten blicken, sehen wir ein bemerkenswertes Zeugnis für die Hartnäckigkeit bei der Herstellung neuer Maschinen, trotz aller Schläge durch die strategische Bomberkriegsführung der Alliierten. Im Jahr 1943 produzierte Deutschland 10.898 Jagdma-

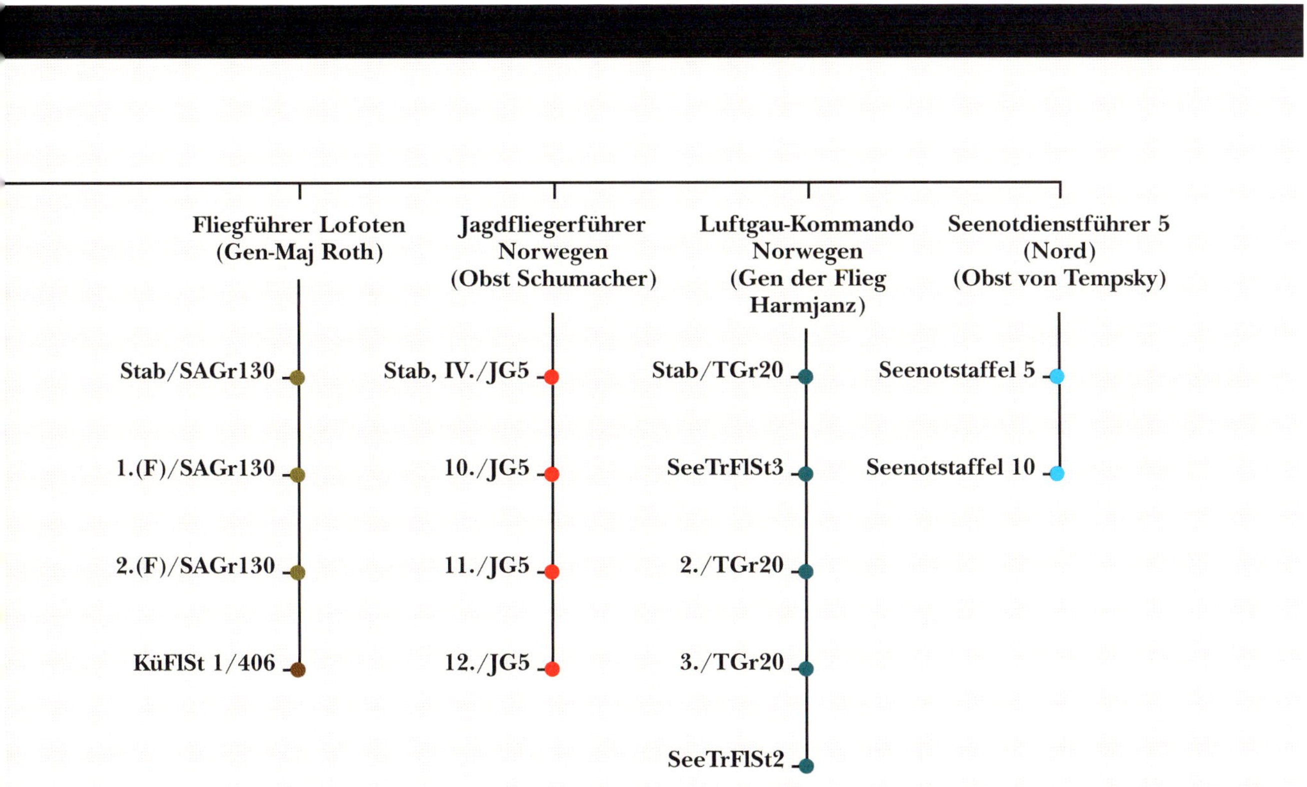

SCHLÜSSEL

- Jäger
- zweimotoriger Jäger
- Bomber
- Sturzkampfbomber
- Marinefliegerei
- Transport
- Aufklärungs- u. taktische Verbände
- Bodenunterstützungsflugzeuge

Obwohl die *Luftflotte 5* nicht direkt an den Kämpfen in Russland beteiligt war, wurde das Operationsgebiet Mitte 1942 auf Finnland ausgedehnt. Die *Luftflotte 5* wurde als Reserve-einheit angesehen, die verschiedene *Gruppen* und *Geschwade* abgeben musste, um Verluste anderenorts auszugleichen, bzw. gegebenenfalls andere Verbände zu verstärken.

schinen, 5.496 Bodenunterstützungsflugzeuge und 4.789 Bomber. Im folgenden Jahr wurde der Höchststand von 26.326 Jägern erreicht, 5.496 Bodenunterstützungsmaschinen und 1.982 Bombern. Das große Missverhältnis zugunsten der Jäger deutet darauf hin, wie wichtig mittlerweile die Luftverteidigung für das *Reich* geworden war.

Alliierte Jäger-Produktion

Im Jahr 1944 produzierte allein Russland nicht weniger als 18.000 Jäger. Die USA hingegen fertigten 38.873 Jagdmaschinen in diesem Jahr an und reichten einen Großteil davon an die Russen weiter, bzw. setzten sie im Kampf gegen Deutschland ein. Und in den Jahren 1943 und 1944 bauten die Russen insgesamt 22.000 Bodenunterstützungsflugzeuge. Das deutete darauf hin, dass der Angriff zu Land und nicht die Luftverteidigung immer wichtiger für die bevorstehen-

LUFTFLOTTE 5 (30. NOVEMBER 1943)

Luftwaffen-Einheiten	Basis	Typ	Str*	Op*
FLIEGERFÜHRER NORD (OST)				
Stab JG5	Petsamo	Bf 109G2	2	–
Stab III./JG5	Petsamo	Bf 109G2	2	–
7., 8., 9./JG5	Petsamo	Bf 109G2	25	–
		Bf 109F4	3	–
13.(Z)/JG5	Kirkenes	Bf 110G0	1	–
		Bf 110G2	11	–
		Bf 110G4	2	–
		Bf 110F2	2	–
14.(Jabo)/JG5	Petsamo	Fw 190A	13	–
Jagdkdo Nord	Altengard	Bf 109G	1	–
1.(F)/124	Kirkenes	Ju 88D1	13	–
		Ju 88D5	1	–
		Ju 88A	4	–
		Bf 109G4	4	–
Westa 6	Banak	Ju 88D	–	–
3.(F)/SAGr130	Billefjord	Bv 138	8	–
1.(H)/32	Alakurti	Fw 189	12	–
I./SG5	Nautsi	Ju 87D	13	–
TrStFIFhrN	Rovaniemi	Ju 52/3m	5	–
4./TGr20	Kemi	Ju 52/3m	12	–
Sanflugber8	Kemi	Ju 52/3m	3	–
		Fi 156C	4	–
FLIEGERFÜHRER LOFOTEN				
Stab/SAGr130	Tromsø	Ar 196A3	1	–
1.(F)/SAGr130	Tromsø	Bv 138C1	9	–
2.(F)/SAGr130	Tromsø	Bv 138C1	10	–
KüFlSt1/406	Soerreisa	He 115B/C	11	–

*Str = Stärke auf dem Papier *Op = Operationelle Stärke

LUFTFLOTTE 5 (30. NOVEMBER 1943)

Luftwaffen-Einheiten	Basis	Typ	Str*	Op*
FLIEGERFÜHRER NORD (WEST)				
Westa 5	Vaernes	Ju 88D	–	–
1.(F)/22	Vaernes	Ju 88D1	8	–
		Ju 88D5	1	–
3./KG40	Vaernes	Fw 200C	16	–
1.(F)/120	Sola	Ju 88D1	10	–
		Ju 88D5	1	–
		Ju 88A4	2	–
Stab/SAGr131	Sola See	Ar 196A3	1	–
1.(F)/SAGr131	Trondheim	BV138C1	8	–
2.(F)/SAGr131	Sola See	Bv 138C1	6	–
	Bergen	Ar 196A	5	–
BFS Gr 1/196	Aalborg	Ar 196A	12	–
1/VVb OBdL	Aalborg	–	1	–
JAGDFLIEGERFÜHRER NORWEGEN				
Stab, IV./JG5	Lade	Bf 109G2	12	–
10./JG5	Gossen	Bf 109G6	5	–
11./JG5	Sola	Fw 190A	21	–
12./JG5	Herdla	Fw 190A4	2	–
LUFTGAU-KOMMANDO NORWEGEN				
Stab/TGr20	Fornebu	–	–	–
SeeTrFlSt3	Hommelvik	Ju 52See	12	–
2./TGr20	Place	Ju 52	12	–
3./TGr20	Place	Ju 52	12	–
SeeTrFlSt2	Hommelvik	Ju 52See	11	–
SEENOTDIENSTFÜHRER 5 (NORD)				
Seenotstaffel 5	Stavanger	Do 24T3	7	–
		Ar 196A4	4	–
		Ar 196A0	2	–
Seenotstaffel 10	Tromsø	Do 24T3	5	–
		He 115B	2	–

*Str = Stärke auf dem Papier *Op = Operationelle Stärke

den Angriffe wurde. Tatsache blieb also, dass egal wie viele Flugzeuge Deutschland auch produzierte, die Verluste an allen Fronten enorm hoch waren. Darüber hinaus blieb auch, dass man zwar Flugzeuge herstellen konnte, aber es immer mehr an Piloten mangelte. Die Ausbildungszeit verkürzte sich immer mehr. Das wiederum erhöhte die Zahl der Unfälle und so waren 1944 nur mehr 60 Prozent der Besatzungen auch wirklich einsatzreif. Mitte 1944 waren 25 Prozent der Jäger-Stärke der *Luftwaffe* nicht mehr gegeben und alle Versuche, wieder zu alter Stärke zurück zu finden, wurden durch die schweren Rückschläge an allen Fronten wieder zunichte gemacht.

Heimatverteidigung

Während der Jahre 1943 und 1944 zog das Oberkommando der Wehrmacht in zunehmendem Maße auch Teile der *Luftwaffe* von der Ostfront zur Verteidigung des *Reiches* ab. Oftmals wurden auszubildende Piloten von Front-*Gruppen* an der Ostfront in Kampftaktiken eingewiesen, um dann schnell in den Westen zurück verlegt zu werden, wenn sie ihre Ausbildung abgeschlossen und erste Flugerfahrungen gesammelt hatten. Das brachte mit sich, dass etliche *Gruppen* bei vielen Einsätzen nicht mehr als 50 Prozent ihrer Piloten einsatzfähig hatten – und jeder Einsatz neue Verluste mit sich brachte.

Taktische Unterstützung

Es gab große Auseinandersetzungen darüber, was die *Luftwaffe* tun konnte, um sich der Roten Armee entgegenzustellen. Die meisten Anstrengungen wurden gemacht, um die nahe Bodenunterstützung zu stärken und dem verzweifelt kämpfenden Heer so Hilfe zu geben. Seit September 1943 hatte die *Luftwaffe* einen neuen Stabschef, *General der Flieger* Günther Korten, der nach dem Selbstmord von *Generaloberst* Hans Jeschonnek am 19. August in das Amt eingeführt worden war.

Korten war ein altgedienter Frontkämpfer von der Ostfront und wusste sehr genau, dass wenn alles so wie bisher weiterliefe, die *Luftwaffe* ein Opfer der russischen Jäger und der immer effektiver schießenden russischen Flugabwehr werden würde. Korten plädierte deshalb für eine neue strategische Bomberkriegsführung, die nicht mehr in erster Linie am Frontverlauf orientiert war, sondern sich gegen die russische Flugzeug- und Panzerproduktion und Infrastruktur wenden sollte. Und es war ja auch das Fehlen der strategischen Komponente, der *Luftwaffe*, die es den Russen erst ermöglichte, solche riesigen Produktionszahlen zu erreichen.

Korten erhielt die Zustimmung von Hitler, eine strategische Bomberkriegsführung zu planen, allerdings in den engen Grenzen der *Luftwaffe*. Befehle wurden ausgegeben, Flugzeuge der *Luftflotten 4* und *6* nach Westen abzuziehen, um die neuen Aufgaben zu trainieren und den neuen Bombenkrieg im Februar 1944 zu beginnen. Doch solche umfassenden Pläne hatten in dem Kriegsgeschehen keine Aussicht auf Erfolg mehr. Schlimmer noch: An der gesamten Ostfront starteten die Russen neue Offensiven.

I. *GRUPPE*, JG54, BASIS (MAI 1941 – MAI 1945)

Typ	Datum	Basis
Bf 109E/F	Mai 1941	Stolp-Rietz
Bf 109F	Jun 1941	Lindenthal
Bf 109F	Jul 1941	Mietau
Bf 109F	Jul 1941	Alt-Schwaneburg
Bf 109F	Jul 1941	Korovje-Selo
Bf 109F	Jul 1941	Sarudinye
Bf 109F	Sep 1941	Siverskaya
Bf 109F	Dez 1941	Krasnogvardeisk
Bf 109F/Fw 190A	Feb 1943	Heiligenbeil
Fw 190A	Mar 1943	Staraja-Russa
Fw 190A	Mai 1943	Nikolskoye
Fw 190A	Jun 1943	Orel
Fw 190A	Aug 1943	Poltava
Fw 190A	Okt 1943	Vitebsk
Fw 190A	Dec 1943	Orscha
Fw 190A	Jan 1944	Wesenberg
Fw 190A	Jun 1944	Reval-Laksberg
Fw 190A	Jun 1944	Polozk
Fw 190A	Jul 1944	Dünaburg
Fw 190A	Aug 1944	Riga-Skulte
Fw 190A	Sep 1944	Wenden
Fw 190A	Sep 1944	Riga-Spilve
Fw 190A	Okt 1944	Tuckum
Fw 190A/D	Okt 1944	Schrunden
Fw 190A/D	Jan 1945	Zabeln
Fw 190A/D	Mar 1945	Neuhausen
Fw 190A/D	Mai 1945	Flensburg

Die russische Apokalypse

Die russischen Offensiven zwischen Januar und Juli 1944 waren nur mehr der Anfang für immer neue deutsche Niederlagen. Im Norden sprengte eine Umfassung der Leningrad-Front, der Volkhov-Front und der zweiten Baltischen Front den Belagerungsring um Leningrad im Januar auf und zwang die Heeresgruppe Nord zum Rückzug durch die baltischen Staaten. Im Süden stießen fünf russische Armeegruppen westwärts vom Dnjepr vor. Obwohl die Heeresgruppe Süd, die Heeresgruppe A und die Heeresgruppe südliche Ukraine erbittert um jeden Kilometer kämpften, konnten sie nicht verhindern, dass sie auf die östliche Grenze Polens, Ungarns und Rumäniens bis Mitte April bei schwersten Verlusten an Menschen und Material zurückgeworfen wurden. Und als ob die Probleme im Süden noch nicht genug gewesen wären, begannen drei Jahre nachdem die Deutschen in Russland einmarschiert waren, die Russen mit der *Operation Bagration*. Das Ziel war die Zerschlagung der Heeresgruppe Mitte und der Vormarsch von Belorussland in das östliche Polen. Die *Operation Bagration* wurde zu einem einzigen Massaker. Einer sowieso schon geschwächten Heeresgruppe Mitte war es gänzlich unmöglich, den russischen Vormarsch zu stoppen und ganze deutsche Divisionen wurden einfach ausradiert. In weniger als einem Monat wurden mehr als 400.000 Soldaten entweder getötet, verwundet oder gefangen genommen.

LUFTFLOTTE 4 (MAI 1944)

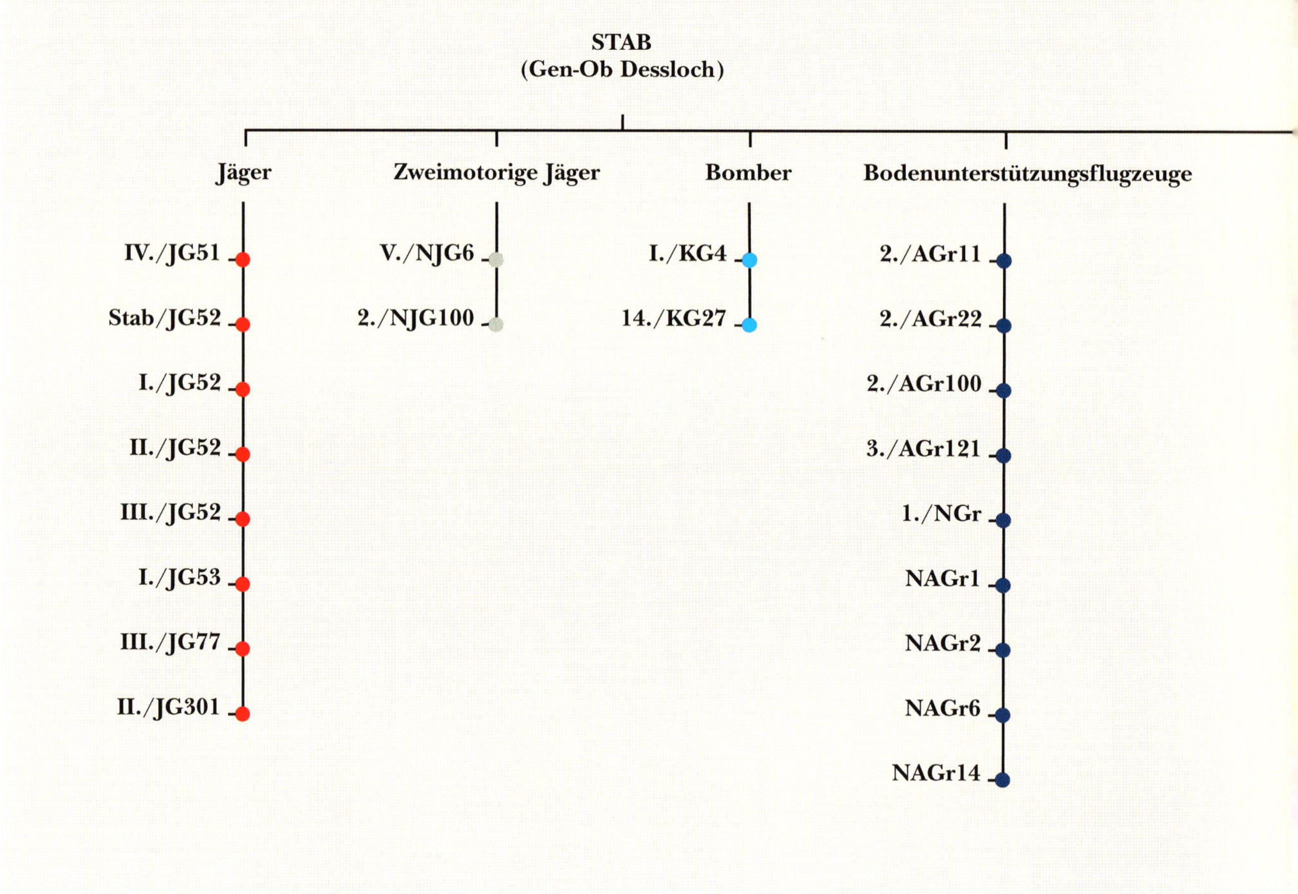

Machtlose Luftwaffe

Wo aber war die *Luftwaffe* bei dieser Katastrophe? Eine Tatsache, der man sich erinnern muss, ist, dass tausende von Mannschaften der *Luftwaffe* ebenfalls am Boden um ihr Überleben kämpften. Das galt sowohl für die Fallschirmjäger-Einheiten, die immer in Notsituationen eingesetzt wurden und enorme Verluste erlitten. Die *9. Fallschirmjäger-Division (9. FJD)* , die im Dezember 1944 aus einer Ansammlung von Bodenpersonal der *Luftwaffe* zusammen gestellt worden war und in drei unterbesetzte Regimenter – FJR 25, 26 und 27 – eingeteilt worden war, sollte den Übergang der Russen über die Oder abwehren. Doch sie wurde beim Vormarsch der Russen auf Berlin komplett aufgerieben.

So hatte die Luftwaffe der Roten Armee auch entlang der gesamten Ostfront keinerlei Schwierigkeiten damit, die Lufthoheit zu erreichen. Sie verfügte über rund 600 Prozent der Kapazitäten, über die die *Luftflotten 1, 6* und die *Luftflotte 4, 6* verfügten. Sie verfügten über nicht mehr als 800 Flugzeuge aller Typen gegenüber 5.000 Flugzeugen auf russischer Seite. Die *Luftflotte 6* verlor darüber hinaus 50 wertvolle Jäger für die Verteidigung des Reiches. Die *Luftflotte 4* war in keinem besseren Zustand. Sie besaß insgesamt 845 Flugzeuge, von denen aber nur 160 einmotorige Jäger und 390 Bodenunterstützungsflugzeuge waren.

Für die Piloten der *Luftwaffe*, die jetzt an der Ostfront flogen, konnte der Kontrast zu den ersten Tagen der *Operation*

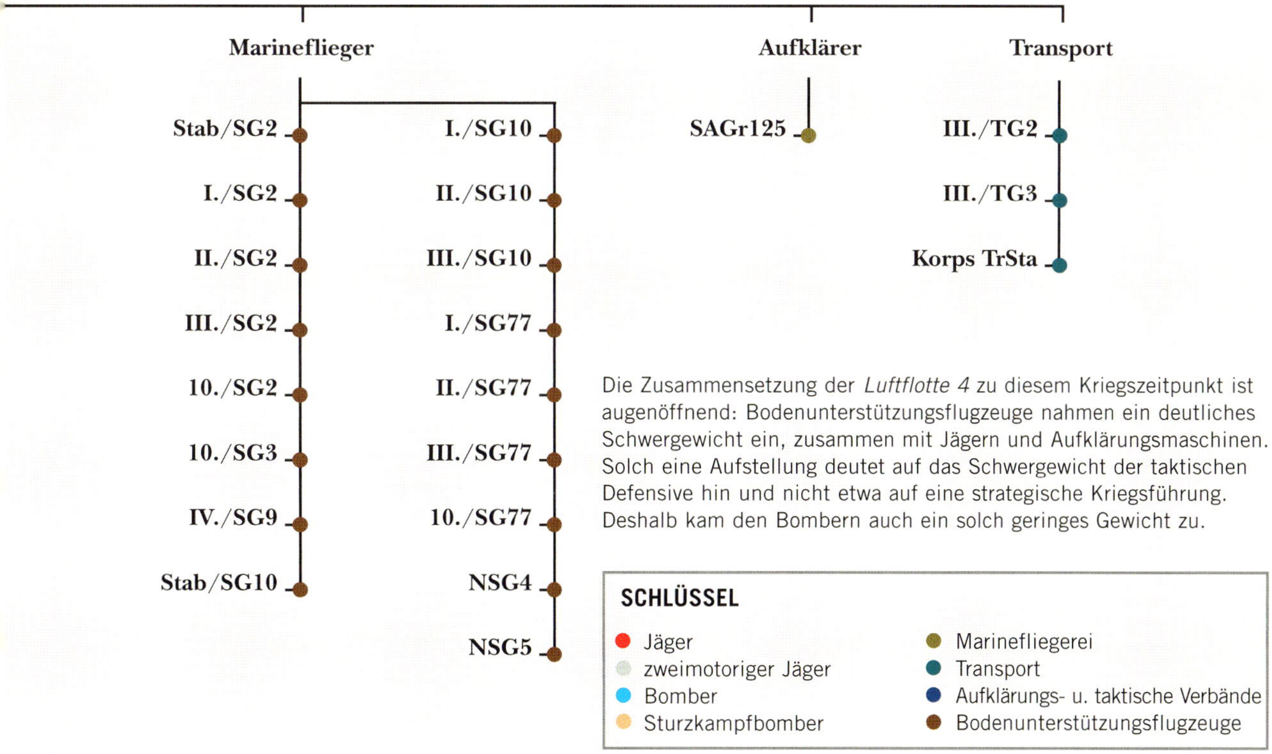

Die Zusammensetzung der *Luftflotte 4* zu diesem Kriegszeitpunkt ist augenöffnend: Bodenunterstützungsflugzeuge nahmen ein deutliches Schwergewicht ein, zusammen mit Jägern und Aufklärungsmaschinen. Solch eine Aufstellung deutet auf das Schwergewicht der taktischen Defensive hin und nicht etwa auf eine strategische Kriegsführung. Deshalb kam den Bombern auch ein solch geringes Gewicht zu.

LUFTFLOTTE 4 (MAI 1944)			
Luftwaffen-Einheiten	**Typ**	**Str***	**Op***
JÄGER			
IV./JG51	Bf 109	30	22
Stab/JG52	Bf 109	1	1
I./JG52	Bf 109	29	10
II./JG52	Bf 109	24	18
III./JG52	Bf 109	23	20
I./JG53	Bf 109	33	31
III./JG77	Bf 109	31	28
II./JG301	Bf 109	11	10
ZWEIMOTORIGE JÄGER			
V./NJG6	Bf 110	27	22
2./NJG100	Bf 110	16	10
BOMBER			
I./KG4	He 111	34	27
14./KG27	He 111	12	7
BODENUNTERSTÜTZUNGSFLUGZEUGE			
Stab/SG2	Ju 87	1	–
I./SG2	Ju 87	47	–
II./SG2	Fw 190	42	–
III./SG2	Ju 87	40	–
10./SG2	Ju 87	12	–
10./SG3	Ju 87	12	–
IV./SG9	Hs 129	67	–
Stab/SG10	Fw 190	5	–
I./SG10	Fw 190	32	–
II./SG10	Fw 190	31	–
III./SG10	Fw 190	40	–
I./SG77	Fw 190	34	–
II./SG77	Fw 190	33	–
III./SG77	Ju 87	39	–
10./SG77	Ju 87	12	–
NSG4	Go 145	30	–
NSG5	Go 145	58	–
	Ar 66	?	–
MARINEFLIEGER			
SAGr125	Bv 138	15	10

***Str = Stärke auf dem Papier *Op = Operationelle Stärke**

LUFTFLOTTE 4 (MAI 1944)			
Luftwaffen-Einheiten	**Typ**	**Str***	**Op***
AUFKLÄRER			
2./AGr11	Ju 88	10	7
2./AGr22	Ju 88	10	8
2./AGr100	Ju 188	11	8
3./AGr121	Ju 188	6	5
1./NGr	Do 217	12	8
	He 111	?	?
NAGr1	Fw 189	12	7
NAGr2	Bf 109	23	15
NAGr6	Fw 189	11	6
NAGr14	Bf 109	29	23
TRANSPORT			
III./TG2	Ju 52	45	43
III./TG3	Ju 52	43	42
Korps TrSta	Ju 52	24	19

***Str = Stärke auf dem Papier *Op = Operationelle Stärke**

Juni–August 1944

Die russische Sommeroffensive 1944 war die größte Einzelmaßnahme des Krieges. Sie wurde drei Jahre nach dem Überfall der deutschen Invasion gestartet und bot die größte Militär maschinerie des Krieges auf: Mehr als 2,7 Millionen Soldaten standen den deutschen Frontlinien gegenüber, über eine Million Soldaten griffen allein die Heeresgruppe Mitte an. Ende August waren die russischen Armeen in den baltischen Staaten, hatten die polnische Grenze überschritten und dabei, in Rumänien einzumarschieren. Von den 97 deutschen Divisionen und 13 unabhängigen Brigaden, die in der deutschen Armee dienten oder sie in der Heeresgruppe Mitte verstärkten, wurden 17 Divisionen und 3 Brigaden komplett zerstört, während mehr als 50 andere Divisionen Verluste von 60 bis 70 Prozent hatten.

OPERATION *BAGRATION*

Barbarossa drei Jahre zuvor deshalb nicht größer sein. Einzelne deutsche Flugzeugbesatzungen sahen sich ganzen Schwärmen von russischen Flugzeugen gegenüber – und das waren keine technisch minderwertigen Flugzeuge. Es gab nicht nur die hochmoderne Yak-3, die 1941 entwickelt worden war und nun in der Massenfertigung hergestellt wurde. Sie war nicht nur wendig, ausdauernd, schwer bewaffnet, sondern hatte auch eine Höchstgeschwindigkeit von mehr als 700 km/h. Beim weiteren Vorrücken der Russen nach Deutschland hinein wurden die Flugplätze für die *Luftwaffe* zu einem immer ernsthafteren Problem, weil bei jedem Vorrücken der Russen das Bodenpersonal der *Luftwaffe* jedes Mal die Flugplätze aufgeben und neue Basen einrichten musste. Das wiederum bedeutete, dass sie tagelang damit beschäftigt waren, neue Flugplätze einzurichten und nicht bereit standen, die eigenen Maschinen zu versorgen. Treibstoff und Ersatzteile wurden immer weniger und etliche Bodenmannschaften fanden sich in den letzten Kriegstagen wieder, als Bodentruppen gegen die anrückenden Russen zu kämpfen.

LUFTFLOTTE 6 (MAI 1944)

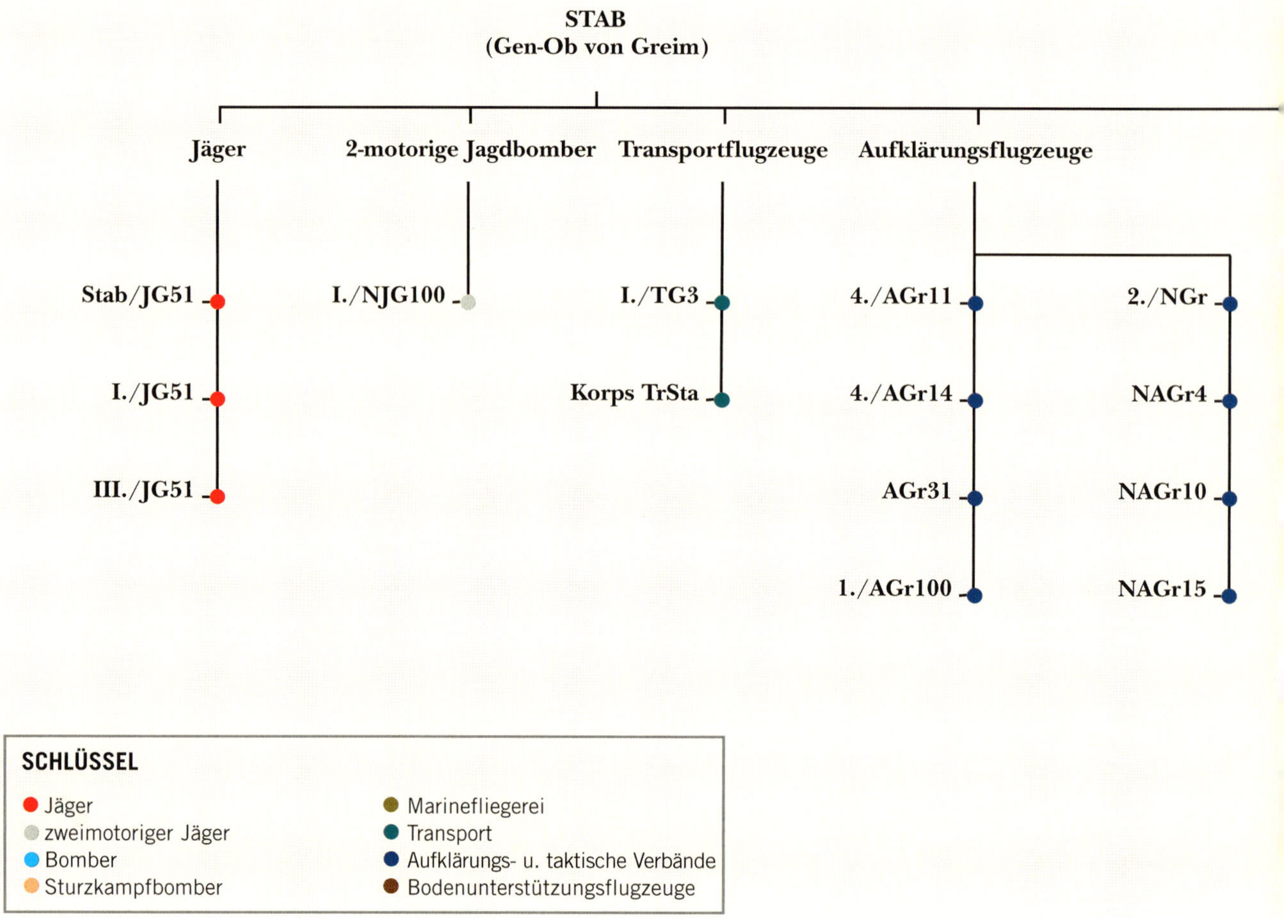

Verluste

Akkurate Zahlen über die Verluste der *Luftwaffe* an der Ostfront ausfindig zu machen ist schwer, weil es ganz einfach in den letzten Kriegstagen keinerlei Aufzeichnungen mehr darüber gegeben hat. Im Juni und Juli wurden trotz einer Verstärkung durch 150 Jäger allein 325 Flugzeuge abgeschossen und denjenigen, die noch fliegen konnten, fehlte es an Ersatzteilen und Treibstoff. Die *Luftwaffe* war vollkommen von den Alliierten an allen Fronten überrannt worden. Es sollte nur mehr wenige Monate bis zur totalen Niederlage dauern und noch immer schaufelte die russische Rüstungsindustrie neue Maschinen auf das Schlachtfeld. Alles in allem baute Russland im gesamten Zweiten Weltkrieg mehr als 125.600 Flugzeuge. Allein im Jahr 1944 waren es 40.000 Flugzeuge.

Der Kampf an der Ostfront war deshalb für die *Luftwaffe* genauso so wenig zu gewinnen, wie für das *Heer*. Ende des Jahres waren die Russen auf einer Linie von Warschau, Budapest und Belgrad vorgerückt. Und im Westen griffen die Alliierten an. Die Hauptaufgabe der *Luftwaffe* war einmal mehr der Schutz der Heimat.

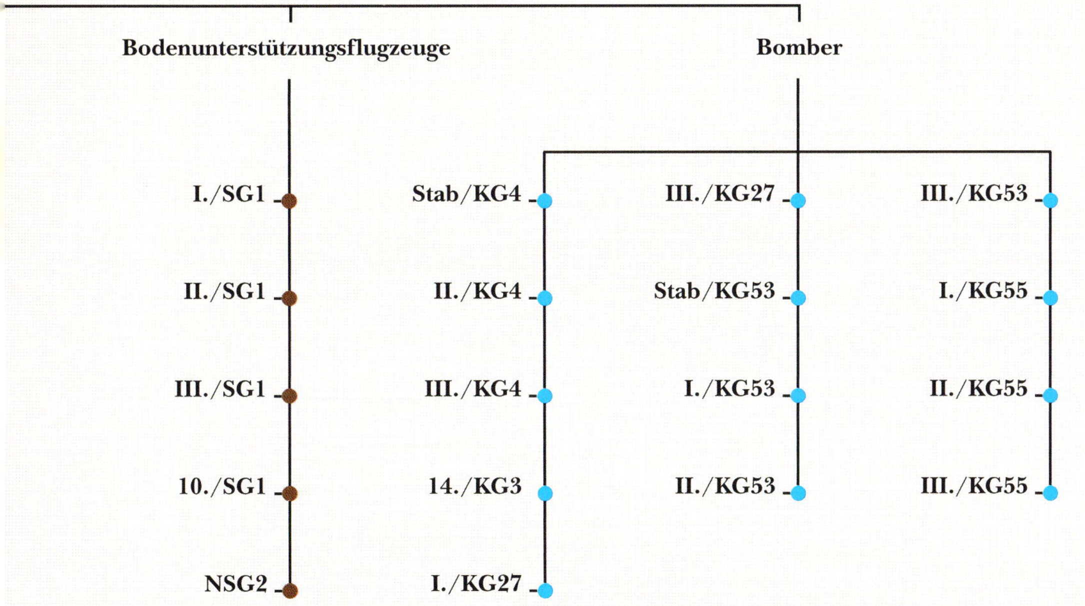

Die *Luftflotte 6* wurde am 5. Mai 1943 aufgestellt. Sie wurde aus den restlichen Bestandteilen des *Luftwaffenkommandos Ost* gebildet und wurde von *Generaloberst* Robert Ritter von Greim kommandiert.

LUFTFLOTTE 6 (MAI 1944)			
Luftwaffen-Einheiten	**Typ**	**Str***	**Op***
BODENUNTERSTÜTZUNGSFLUGZEUGE			
I./SG1	Ju 87	39	35
II./SG1	Ju 87	30	24
	Fw 190	12	2
III./SG1	Fw 190	42	33
10./SG1	Ju 87	12	12
NSG2	Ju 87 Ar 66	75	58
AUFKLÄRER			
4./AGr11	Ju 188 Ju 88	11	7
4./AGr14	Ju 188 Ju 88	8	6
AGr31	Fw 189	5	3
1./AGr100	Ju 88	12	5
2./NGr	Do 217	12	8
NAGr4	Bf 109 Fw 189 Hs 126	38	24
NAGr10	Hs 126 Bf 109 Fw 189	27	20
NAGr15	Fw 189	19	16
TRANSPORTFLUGZEUGE			
I./TG3	Ju 52	48	44
Korps TrSta	Ju 52	22	14

***Str = Stärke auf dem Papier *Op = Operationelle Stärke**

LUFTFLOTTE 6 (MAI 1944)			
Luftwaffen-Einheiten	**Typ**	**Str***	**Op***
JÄGER			
Stab/JG51	Bf 109	4	4
	Fw 190	16	16
I./JG51	Bf 109	44	34
III./JG51	Bf 109	40	32
2-MOTORIGE JÄGER			
I./NJG100	Ju 88 Do 217	32	21
BOMBER			
Stab/KG4	He 111	1	0
II./KG4	He 111	35	28
III./KG4	He 111	37	26
14./KG3	Ju 88	12	8
I./KG27	He 111	37	37
III./KG27	He 111	37	33
Stab/KG53	He 111	1	1
I./KG53	He 111	37	27
II./KG53	He 111	34	28
III./KG53	He 111	37	24
I./KG55	He 111	35	27
II./KG55	He 111	32	20
III./KG55	He 111	34	29

***Str = Stärke auf dem Papier *Op = Operationelle Stärke**

Januar–Mai 1944

Der massive Vormarsch der Sowjets in der Ukraine von Januar bis Mai 1944 zwang Deutschland aus dem Land zurück nach Rumänien. Die Deutschen wurden gegen die Karpaten und anschließend gegen die polnische Ostgrenze zurückgedrängt. Die drei größeren Einheiten, die sich hier den Russen entgegenstellten, waren die Heeresgruppe Süd (Manstein) Heeresgruppe A (Kleist) und Heeresgruppe Südukraine (Schörner). Alle drei Verbände wurden in der zweiten Jahreshälfte 1943 auf dem Rückzug zerrieben und entscheidend geschwächt.

Die russische Offensive wurde ausgeführt von (von Norden nach Süden):
2. Belorussische Front, (Kurochkin),
1. Ukrainische Front (Vatutin, danach Tschukow),
2. Ukrainische Front (Koniew), 3. Ukrainische Front (Malinowski) und die
4. Ukrainische Front (Tolbukhin).

DIE BEFREIUNG DER UKRAINE UND DES KRIM

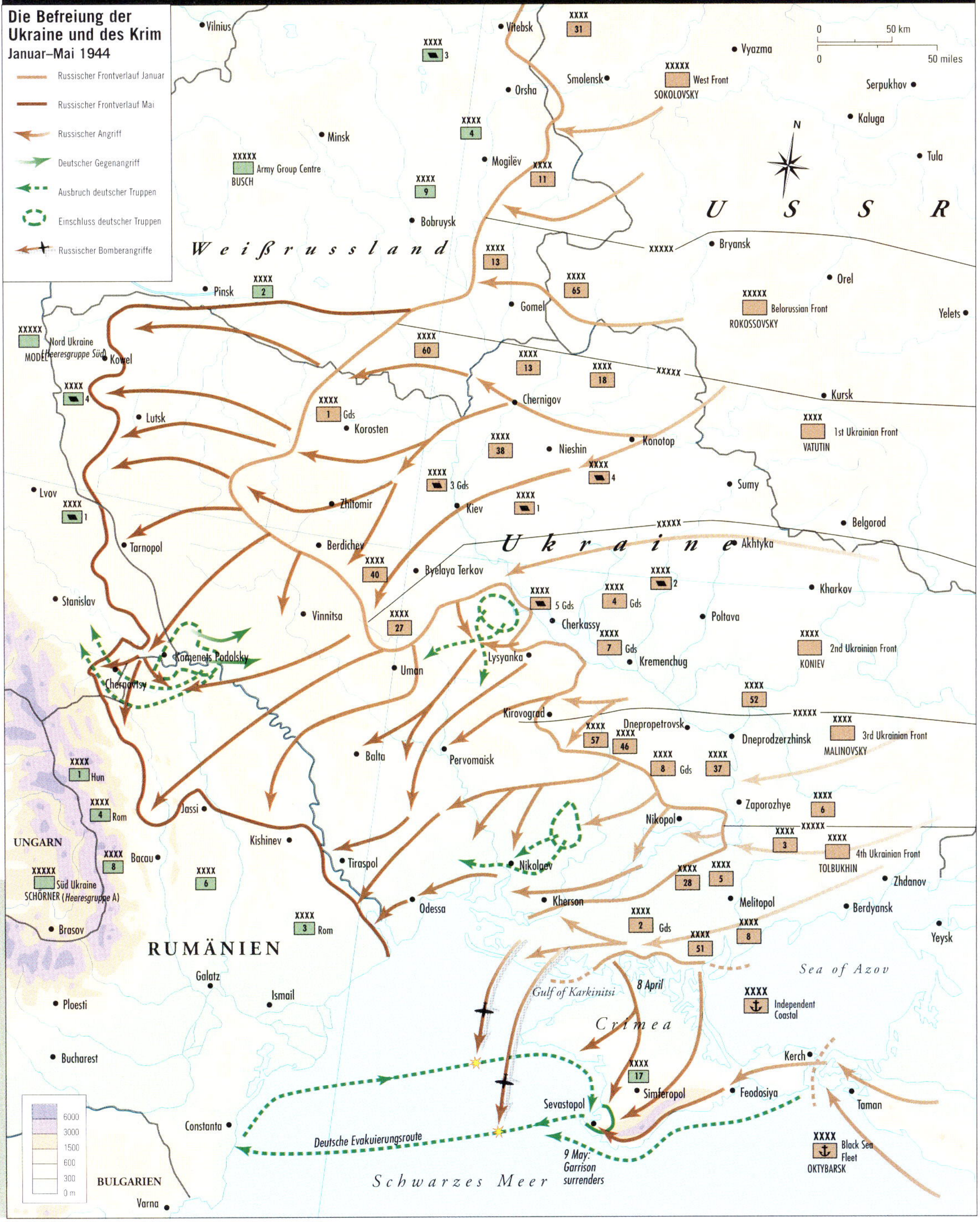

Der Nordwesten Europas: 1942–45

Am 6. Juni 1944, dem *D-Day* der Alliierten, war die *Luftwaffe* vor allem mit dem Kampf an der Ostfront und den Auswirkungen des strategischen Bomberkriegs über Deutschland beschäftigt. Dazu kam jetzt auch noch der Kampf im Westen Europas.

Die Fw 190 war einer der schlagkräftigsten Jäger des Zweiten Weltkriegs, obwohl auch sie die zahlenmäßige Übermacht der Alliierten nicht ausgleichen konnte.

Vom Ende des *Luftkampfs um England* bis zur Invasion in der Normandie litt die *Luftwaffe* im Westen ganz besonders am Mangel an Nachschub. Mit der Intensivierung des alliierten Bomberkriegs gegen das Reich in den Jahren 1943 und 1944 (siehe auch das nächste Kapitel über Deutschlands Kampf gegen den strategischen Bomberkrieg), der oftmals auch Überflüge über Frankreich und die Niederlande beinhaltete, war die Jägerdichte in diesen Ländern mehr als gering.

Stationierung der Streitkräfte

Die beiden Formationen der *Luftwaffe*, die für die Verteidigung Westeuropas und Deutschland verantwortlich waren, waren die *Luftflotte 3* und die *Luftflotte Reich*. Letztere war eine neue Einheit, die im Februar 1944 aus dem *Luftwaffenbefehlshaber Mitte* gebildet worden war. Sie war, wie schon der Name andeutet, zur Verteidigung des Reiches gedacht und der angrenzenden Länder. Die *Luftflotte 3* war dagegen eine ältere Einheit, die auf den Februar 1939 zurück geführt werden konnte und die lange Jahre hindurch eher eine Nebenrolle gespielt hatte. Im Mai 1944 besaß die gesamte *Luftwaffe* nicht mehr als 250 einmotorige Jäger und immer wieder gab es neue Anforderungen von der Ostfront oder dem Kriegsschauplatz im Mittelmeer. Die verfügbaren Flugzeuge waren jedoch gut. Die meisten Jagdflugzeuge der *Luftflotte 3* waren Focke-Wlf Fw 190, zweifelsohne eine der besten Jagdmaschinen des gesamten Krieges, obwohl die Leistungsfähigkeit mit zunehmender Lufthöhe abnahm. Die Fw 190 stärkte somit die Schlagkraft der *Luftflotte 3* beim JG 2 und JG26 und bei einer Staffel des JG54. Ähnlich wie die Briten besaßen auch die Deutschen eine Kette von Radarstationen entlang Westeuropas, obwohl die Koordination der eingehenden Meldungen nicht so straff organisiert war, wie in England.

Mit der Ausdehnung des alliierten Bomberkrieges gegen Deutschland selbst stieg auch die Bedeutung der *Luftflotte 3*. Es war jedoch vollkommen offensichtlich, dass sie mit der Landung der Alliierten in der Normandie nie und nimmer imstande sein würde, die Lufthoheit am Himmel zu erreichen.

Der Krieg gegen die Bomber

Am 30. Mai 1942 startete die RAF den ersten 1.000-Bomber-Angriff gegen ein deutsches Ziel – Köln. Obwohl die Alliierten auch schon früher Deutschland bombardiert hatten, war dieser Angriff doch der eigentliche Beginn des strategischen Bomberkriegs über dem Reich.

Der Kampf der *Luftwaffe* gegen den strategischen Bomberkrieg der Alliierten kann für sich allein schon ganze Bücher füllen. Ähnlich wie der Kampf um England war der Luftkampf über dem *Reich* ein Kampf um Produktionszahlen und Taktik. Taktisch hatte die *Luftwaffe* lange Zeit alle Vorteile auf ihrer Seite und fügte den alliierten Bomberbesatzungen schwere Verluste zu. Doch am Ende sorgte die schiere Masse an Flugzeugen und neue Verteidigungsmaßnahmen, wie ein ausgeweiteter Jagdschutz, für eine Niederlage der *Luftwaffe* und war verantwortlich dafür, dass das *Reich* in Schutt und Asche gelegt wurde. Das RAF- Bomberkommando führte vor allem Nachtangriffe durch. Seit 1942 war der Avro Lancaster-Bomber das Standartflugzeug der RAF, der für die Zerstörung vieler deutscher Städte wie Hamburg im Juli 1943, wo mehr als 40.000 Zivilisten umkamen, verantwortlich war. Deshalb wurden auch große Teile der *Luftwaffe* wieder nach Deutschland zurück verlegt. Damit standen bei Kriegsende nicht mehr als 20 Prozent der Flugzeuge für die Bodenunterstützung an den übrigen Frontabschnitten zur Verfügung. Dazu schützten tausende von Flak-Geschützen wichtige Ziele. 1944 waren mehr als 1,25 Millionen Soldaten in der Flugzeugabwehr eingesetzt.

Die Nachtangriffe

Im Jahr 1945 wurde die Luftwaffe zunehmend erfahrener in der Art und Weise, wie man durch verschiedene Taktiken und Techniken nächtliche Bomberangriffe bekämpfte. Zwischen Paris und Dänemark gab es eine durchgehende Linie

LUFTFLOTTE REICH 1 (MAI 1944)

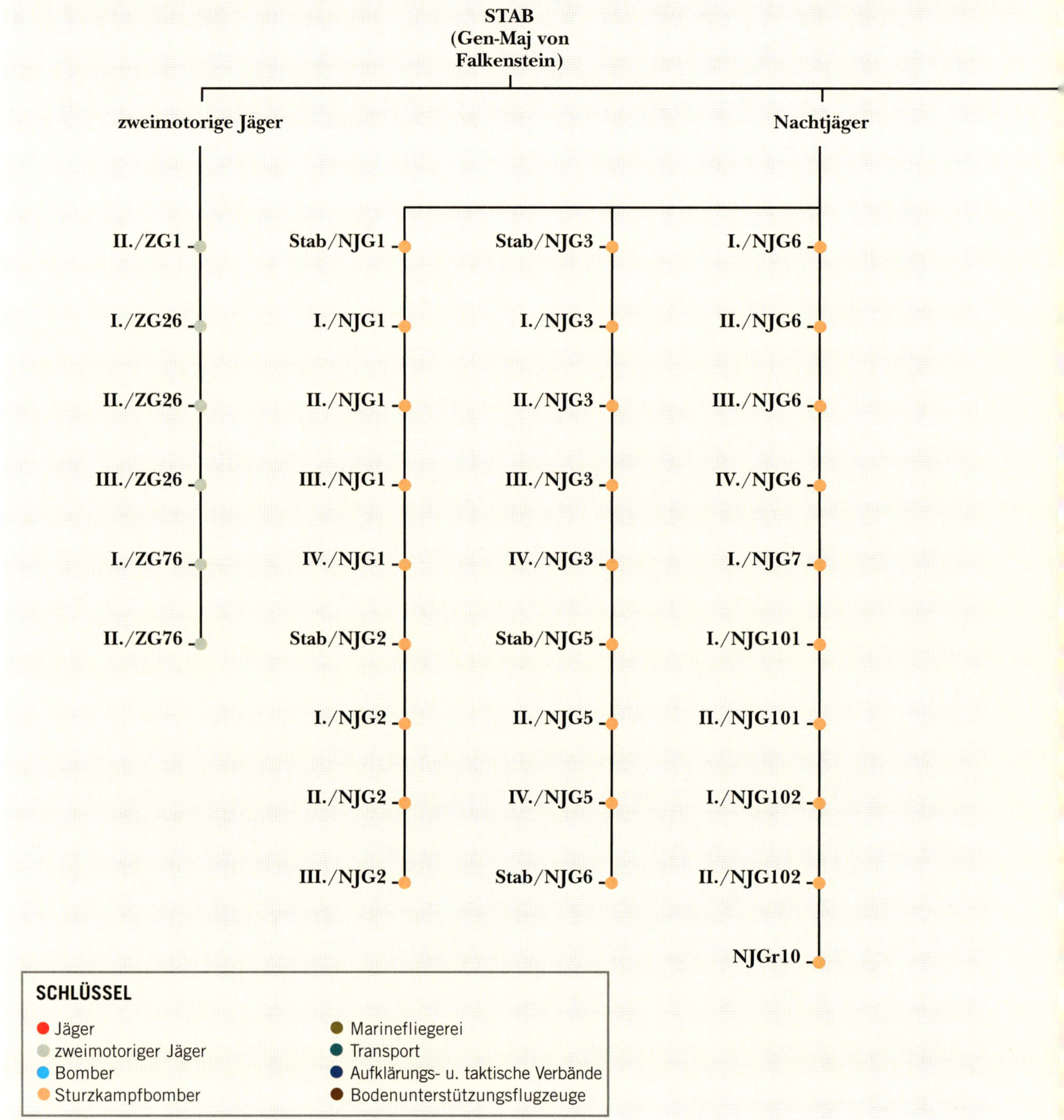

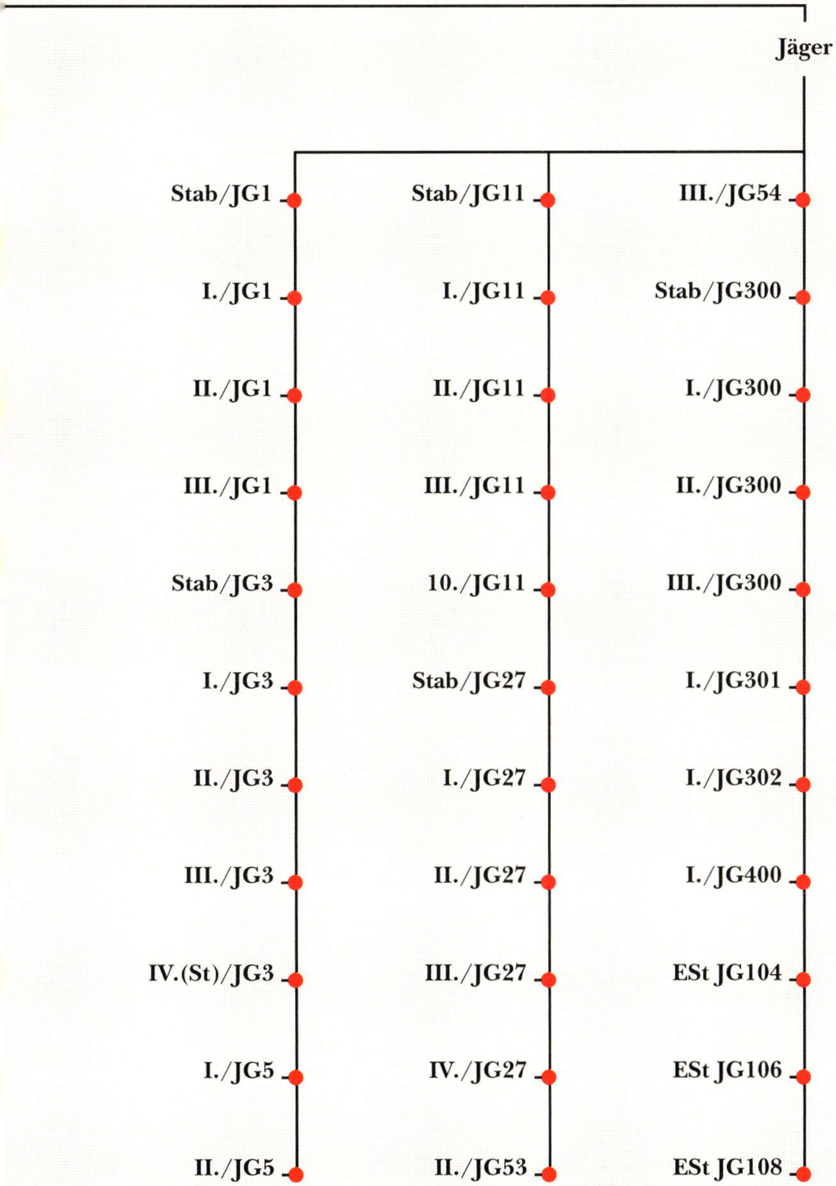

Die *Luftflotte Reich* wurde im Februar 1944 aufgestellt, als die neue organisatorische Einheit, deren Aufgabe die Verteidigung des Reiches war. Was dabei sofort auffällt ist die defensive Aufstellung der *Luftflotte* – sie bestand aus nichts anderem als Jägern (einmotorige und 2-moorige) und Nachtjägern. Zu diesem Zeitpunkt hatte die *Luftflotte* mehr als 2.500 Kampfflugzeuge, obwohl nicht alle von ihnen einsatzbereit waren.

LUFTFLOTTE REICH 2 (MAI 1944)

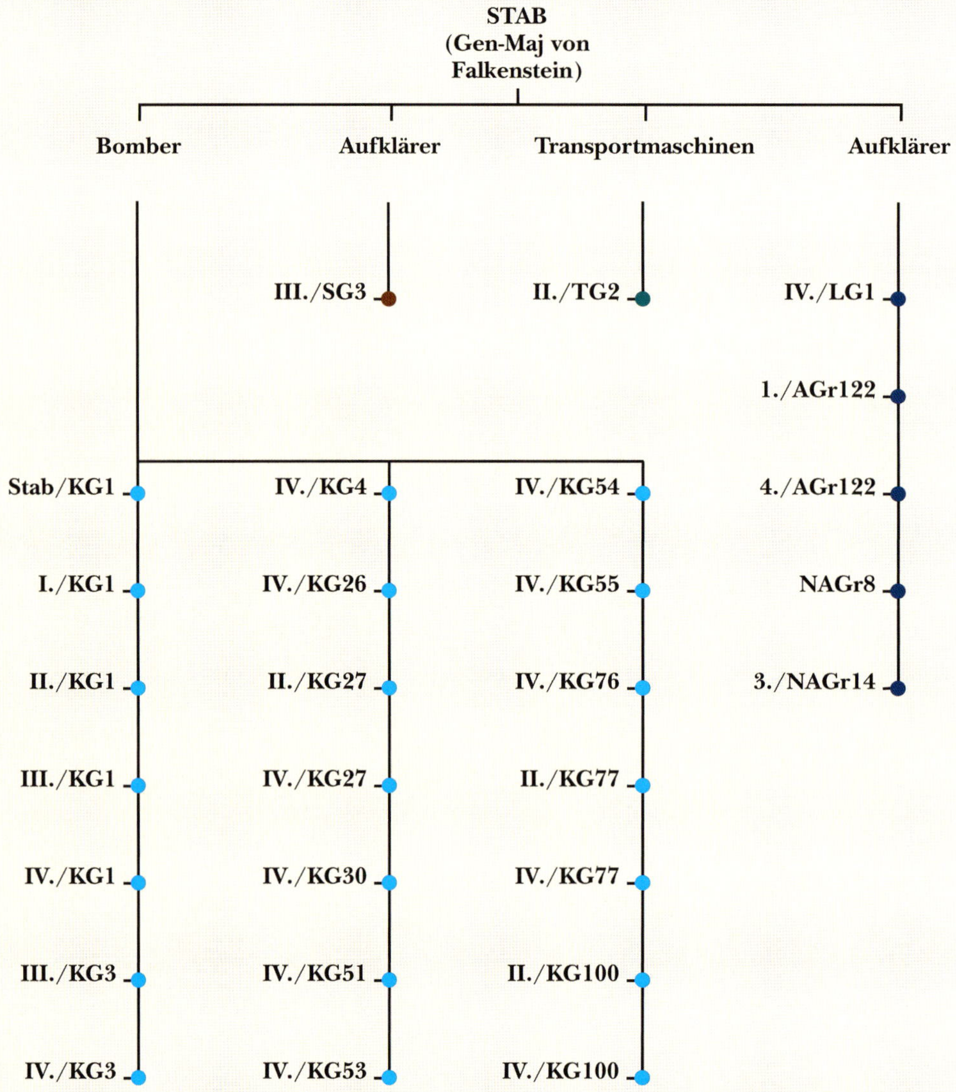

SCHLÜSSEL

- Jäger
- zweimotoriger Jäger
- Bomber
- Sturzkampfbomber
- Marinefliegerei
- Transport
- Aufklärungs- u. taktische Verbände
- Bodenunterstützungsflugzeuge

Die Bomberflotten der *Luftflotte Reich* wurden ausschließlich zur Bodenunterstützung gegen die vorrückenden alliierten Streitkräfte an beiden Fronten eingesetzt. Sie bestanden in der Hauptsache aus He 111 und Ju 88, obwohl das IV./KG51 auch die Me 410 flog, ein schwerer Jäger und als schneller Bomber aus der Me 210 weiterentwickelt.

LUFTFLOTTE REICH **(MAI 1944)**			
Luftwaffen-Einheiten	**Typ**	**Str***	**Op***
JÄGER			
Stab/JG1	Fw 190	2	2
I./JG1	Fw 190	43	15
II./JG1	Fw 190	42	20
III./JG1	Bf 109	48	21
Stab/JG3	Bf 109	4	2
I./JG3	Bf 109	26	9
II./JG3	Bf 109	29	23
III./JG3	Bf 109	31	9
IV.(St)/JG3	Fw 190	54	1
I./JG5	Bf 109	43	36
II./JG5	Bf 109	44	36
Stab./JG11	Bf 109	4	3
I./JG11	Fw 190	28	20
II./JG11	Bf 109	31	14
III./JG11	Fw 190	28	11
10./JG11	Fw 190	10	7
	Bf 109	?	?
Stab/JG27	Bf 109	4	4
I./JG27	Bf 109	44	34
II./JG27	Bf 109	24	12
III./JG27	Bf 109	26	20
IV./JG27	Bf 109	22	16
II./JG53	Bf 109	31	14
III./JG54	Fw 190	23	8
Stab/JG300	Fw 190	2	1
I./JG300	Bf 109	29	19
II./JG300	Fw 190	32	23
III./JG300	Bf 109	27	25
I./JG301	Bf 109	25	21
I./JG302	Bf 109	27	11
I./JG400	Me 163	10	0
ESt JG104	Bf 109	4	4
ESt JG106	Bf 109	5	3
ESt JG108	Bf 109	12	6

***Str = Stärke auf dem Papier *Op = Operationelle Stärke**

LUFTFLOTTE REICH **(MAI 1944)**			
Luftwaffen-Einheiten	**Typ**	**Str***	**Op***
2-motorige JÄGER			
II./ZG1	Bf 110	30	15
I./ZG26	Me 410	20	6
II./ZG26	Me 410	50	24
III./ZG26	Me 262	6	1
	Bf 110	9	9
I./ZG76	Me 410	47	25
II./ZG76	Me 410	33	0
	Bf 110	3	2
NACHTJÄGER			
Stab/NJG1	He 219	2	1
	Bf 110	?	?
I./NJG1	He 219	33	26
	Me 410	?	?
II./NJG1	He 219	21	11
	Bf 110	?	?
III./NJG1	Bf 110	17	17
IV./NJG1	Bf 110	23	14
Stab/NJG2	Ju 88	4	4
I./NJG2	Ju 88	31	21
II./NJG2	Ju 88	33	19
III./NJG2	Ju 88	28	18
Stab/NJG3	Ju 88	3	3
	Bf 110	?	?
I./NJG3	Bf 110	26	22
II./NJG3	Ju 88	37	13
III./NJG3	Bf 110	29	20
IV./NJG3	Ju 88	32	21
	Bf 110	?	?
Stab/NJG5	Bf 110	3	1
II./NJG5	Bf 110	19	13
IV./NJG5	Bf 110	18	8
Stab/NGJ6	Bf 110	2	1
I./NJG6	Bf 110	24	21
	Do 217	?	?
II./NJG6	Bf 110	10	8
III./NJG6	Bf 110	18	13
IV./NJG6	Bf 110	27	22

***Str = Stärke auf dem Papier *Op = Operationelle Stärke**

LUFTFLOTTE REICH **(MAI 1944)**			
Luftwaffen-Einheiten	**Typ**	**Str***	**Op***
NACHTJÄGER			
I./NJG7	Ju 88	21	9
I./NJG101	Bf 110 Ju 88	39	39
II./NJG101	Do 217	38	–
I./NJG102	Bf 110	39	–
II./NJG102	Bf 110	39	–
NJGr10	Bf 109 Fw 190 He 219 Ta 154 Ju 88 Bf 110	23	–
AUFKLÄRER			
IV./LG1	Ju 88	30	18
1./AGr122	Me 410 Bf 110	6 2	0 3
4./AGr122	Ju 188	11	–
NAGr8	Bf109	2	2
3./NAGr14	Bf109	2	0
BODENUNTERSTÜTZUNGSFLUGZEUGE			
III./SG3	Fw 190	34	31
TRANSPORTMASCHINEN			
II./TG2	Ju 52	12	9

***Str = Stärke auf dem Papier *Op = Operationelle Stärke**

LUFTFLOTTE REICH **(MAI 1944)**			
Luftwaffen-Einheiten	**Typ**	**Str***	**Op***
BOMBER			
Stab/KG1	He 177	2	1
I./KG1	He 177	30	11
II./KG1	He 177	29	0
III./KG1	He 177	30	12
IV./KG1	He 177 Ju 88	34 12	12 9
III./KG3	He 111	35	21
IV./KG3	Ju 88	23	14
IV./KG4	He 111	37	22
IV./KG26	Ju 88	34	15
II./KG27	He 111	15	12
IV./KG27	He 111	58	33
IV./KG30	Ju 88	22	12
IV./KG51	Me 410	12	5
IV./KG53	He 111	39	21
IV./KG54	Ju 88	13	9
IV./KG55	He 111	34	17
IV./KG76	Ju 88	28	10
II./KG77	Ju 88	31	21
IV./KG77	Ju 88	38	24
II./KG100	He 177	30	0
IV./KG100	He 177 Do 217	21 17	6 7

***Str = Stärke auf dem Papier *Op = Operationelle Stärke**

von Radarstationen, die als die *Kammhuber-Linie* bekannt wurden, die eine Frühwarnfunktion einnahmen, um speziell ausgerüstete *Nachtjagdgeschwader* zu führen.

Mit Radar ausgestattete Do-217, HS 219, Ju 88 und Bf 110 griffen die feindlichen Bomberschwärme an, deren Piloten sich daraufhin gezwungen sahen, ihre Taktik zu ändern, die Kammhuber-Linie mit größerer Geschwindigkeit durchflogen und dadurch weniger Verluste erlitten.

Als die Angriffe auf Deutschland schwerer wurden, wurden die Flugzeuge, die entlang der Kammhuber-Linie eingesetzt wurden, zunehmend in den Bereich des *Luftwaffenbefehlshabers Mitte*, der die Verteidigung Deutschlands organisierte, zurück gezogen. Über Deutschland experimentierten die Piloten dabei mit verschiedenen Taktiken, einige von ihnen mit großem Erfolg. Mit einem verbesserten Radar wurden die Nachtjäger dabei in die feindlichen Bomberschwärme geführt, um dort ihre eigenen Radargeräte mit geringerer Reichweite zu benutzen und die entsprechenden Ziele zu zerstören. Das verbesserte SN2-Radar vom Oktober 1943 konnte dabei Ziele bis zu einer Entfernung von 6,5 km ausmachen und konnte dabei sogar zwischen Bombern und den Aluminiumstreifen unterscheiden, die die Alliierten in großer Zahl zur Irreführung abwarfen, um den Gegner zu verwirren. Nachtjäger näherte sich so einem feindlichen Bomberschwarm, flogen unter die Zielflugzeuge und benutzten dann ihre *schräge Musik*, eine aufwärts feuernde 20mm-Bordkanone, um direkt in die Benzintanks und die Bombenklappen der feindlichen Bomber zu schießen. All dies führte dazu, dass die Deutschen schon sehr schnell die Oberhand in der

ALLIERTE VERLUSTE NACH JÄGER UND FLAK, 1944–45

Jahr	RAF Bomber Command	USAF 8. Air Force
1944		
Jan	314	203
Feb	199	271
Mar	283	345
Apr	214	420
May	274	376
Jun	305	320
Jul	241	352
Aug	221	331
Sep	137	374
Oct	127	177
Nov	139	209
Dec	119	119
1945		
Jan	133	314
Feb	173	196
Mar	215	266
Apr	73	190

nächtlichen Abwehr feindlicher Bomber errangen. Die Verluste des Bomber Command vervielfachten sich deshalb daraufhin zwischen Januar und März 1944. In diesen drei Monaten verloren die Briten mehr als 796 Bomber. Rund 5.881 Bomber gingen seit Januar 1943 verloren, allein gegen Berlin waren es 492 Flugzeuge. Das alles führte zu einer Pause und zum Nachdenken.

Tageslichtangriffe

Während die Royal Air Force den Bombenkrieg über Deutschland in den Nachtstunden ausführte, ging die amerikanische 8. und 15. Air Force dazu über, Deutschland am Tag anzugreifen. Im Januar 1943 hatten die Alliierten auf der Konferenz von Casablanca beschlossen, einen kombinierten Bomberkrieg gegen Deutschland zu führen. Anfangs flogen die amerikanischen Bomber dabei über die Reichweite ihrer Begleitjäger hinaus und vertrauten dabei auf die schwer gepanzerten und bewaffneten *Fliegenden Festungen*, die B-17 von Boeing.

Das aber war eine trügerische Erfahrung für die Besatzungen. Die deutschen Fw 190 und Bf 109 flogen in die Bomberformationen hinein und beim Angriff gegen Schweinfurt am 14. Oktober 1943 wurden allein 60 von 291 Maschinen abgeschossen und 100 weitere beschädigt. Daraufhin wurde die 8. Air Force gezwungen, ihre Angriffe auf Deutschland zu begrenzen. Doch die Dinge sollten sich ändern. Die *Luftwaffe* stellte sich zwar als ein harter Gegner heraus, aber auch ihre Verluste stiegen an allen Fronten.

***LUFTWAFFE* NACHTJÄGER -ASSE**

Pilot	Nacht	Tag	Total
Maj Heinz-Wolfgang Schnaufer	121	0	121
Obst Helmut Lent	102	8	110
Maj Heinrich-Alexander zu Sayn-Wittgenstein	83	0	83
Obst Werner Streib	67	1	68
Hptm Manfred Meurer	65	0	65
Obst Günther 'Fips' Radusch	64	1	65
Maj Rudolf Schönert	64	0	64
Hptm Heinz Rökker	63	1	64
Maj Paul Zorner	59	0	59
Hptm Martin 'Tino' Becker	58	0	58
Hptm Gerhard Raht	58	0	58
Maj Wilhelm Herget	57	16	73
ObLt Kurt Welter	56	7	63
Hptm Josef Kraft	56	0	56
Hptm Heinz Strüning	56	0	56
ObLt Gustav Francsi	56	0	56
Hptm Hans-Dieter Frank	55	0	55
Ofw Heinz Vinke	54	0	54
Hptm August Geiger	53	0	53
Maj Prinz Egmont zur Lippe-Weissenfeld	51	0	51
Maj Werner Hoffmann	50	1	51
ObstLt Herbert Lütje	50	0	50
Stfw Reinhard Kollak	49	0	49
Hptm Georg-Hermann Greiner	47	4	51
Hptm Johannes Hagner	47	1	48
ObLt Paul Gildner	46	2	48
Maj Paul Semrau	46	0	46

Allein die Verluste an Besatzungen stiegen um 15 Prozent zwischen Januar und März 1944 und die Verluste unter den Nachtjägern allein durch Unfälle waren ein Grund zu großer Sorge. Darüber hinaus führte die USAAF 1944 Mustang-Jäger mit abwerfbaren Tanks ein, die sie in die Lage versetzten, die Bomber selbst bis nach Berlin zu begleiten, dort 20 Minuten lang zu kämpfen und dann immer noch nach Hause zu fliegen. Jetzt kämpften die Alliierten auf einmal auf der gleichen Ebene mit den Deutschen. Ab dem 20. Februar 1944 sollte sich das deutlich auswirken.

Die große Woche

An diesem Tat startete die amerikanische und die britische Luftwaffe das, was später als *die große Woche* in die Geschichte des Luftkriegs eingehen sollte: Eine große, koordinierte Angriffswelle auf die Herstellungsfirmen deutscher Jäger. Dabei zwangen sie auch viele hunderte von Luftwaffen-Jägern in der Luft zu einem Zweikampf mit der phänomenalen North American P-51 Mustang. Die Angriffe kosteten die Alliierten 254 Maschinen, zumeist Bomber, während die Deutschen allerdings mehr als 300 wertvolle Jäger verloren. Die weitere Herstellung von Jägern stoppte für die nächsten zwei Monate. Darüber hinaus verringerten die zunehmenden Verluste der *Luftwaffe* auch die Anzahl der einsatzfähigen Nachtjäger und Ende des Jahres ging das Bomber Command wieder zu nächtlichen Angriffen auf geeignete Ziele über, mit moderaten Verlustzahlen.

Auch ermöglichten es sehr stark verbesserte Bombenzielgeräte an Bord der britischen Flugzeuge, wichtige Ziele wie zum Beispiel Ölraffinerien mit größter Genauigkeit zu treffen. Natürlich griffen sie auch weiterhin Flächenziele an wie in Dresden im Februar 1943, wo die amerikanischen und britischen Piloten zehntausende von Zivilisten töteten. Als die Alliierten durch Frankreich vorrückten und die Rote Armee in Deutschland von Osten her einmarschierte, konnte die Luftwaffe nur mehr wenig gegen die alliierten Luftoffensiven tun. Die Piloten hatten zunehmend weniger Erfahrung und im Januar 1945 verringerte sich der Flugzeugtreibstoff allein um 33 Prozent. Die *Luftwaffe* stellte allerdings bis zuletzt sicher, dass die Bomber am Himmel nie uneingeschränkt machen konnten, was sie wollten. Insgesamt wurden 50.000 Mann an Flugzeugbesatzungen dabei getötet.

TOP *LUFTWAFFE* MUSTANG-ABSCHUSS-ASSE

Pilot	Abschüsse	Total
Maj Wilhelm Steinmann	12	44
Ofw Heinrich Bartels	11	99
ObstLt Heinz Bär	10	221
Hptm Franz Schall	10	133
ObLt Wilhelm Hofmann	10	44
Hptm Emil 'Bully' Lang	9	173
Hptm Walter Krupinski	8	197
Maj Georg-Peter Eder	mindestens 7	78
Maj Jürgen Harder	7	65
ObLt Heinz-Gerhard Vogt	7	48
Lt Hans Fritz	7	12
Maj Erich 'Bubi' Hartmann	mindestens 6	352
Obst Walther Dahl	mindestens 6	128
Hptm Siegfried Lemke	mindestens 6	70

Die Verteidigung der Normandie

Im April 1943 verlegte das britische Bomber Command ihre Angriffsprioritäten von Deutschland auf militärische und infrastrukturelle Ziele in Westfrankreich. Das Signal der Alliierten war klar – die Invasion stand unmittelbar bevor.

Im April 1944 profitierten die alliierten Luftstreitkräfte von der zahlenmäßigen Überlegenheit ihrer Flugzeuge gemessen an der *Luftwaffe*. Wenn man alle Fronten berücksichtigt, besaß Amerika im Juni 1944 19.342 Kampfflugzeuge, England noch einmal 8.339 dazu. Das waren insgesamt mehr als 27.000 Flugzeuge, gemessen an 4.637 Kampfflugzeuge auf deutscher Seite. Obwohl die Produktion von Kampfmaschinen in Deutschland im Jahr 1944 ihren Höhepunkt erreichen sollte, überwogen die Verluste doch die Zahl an neu in Dienst gestellten Maschinen. Wenn wir uns die *Luftflotte 3* ansehen, der Formation, die den D-Day auf deutscher Seite auszufechten hatte, sehen wir, dass nur mehr zwei Geschwader von einsitzigen Kampfmaschinen, rund 170 Maschinen, zur Verfügung standen. Die Bodenunterstützungsflugzeuge und die Bomber waren gestärkt, aber alles in allem gab es nicht mehr als 700 deutsche Maschinen in der Luft, die der Landung der Alliierten in der Normandie Widerstand leisten konnten. An diesem Tag brachten die Alliierten aber 12.000 Flugzeuge

LUFTFLOTTE 3 (JANUAR 1944)

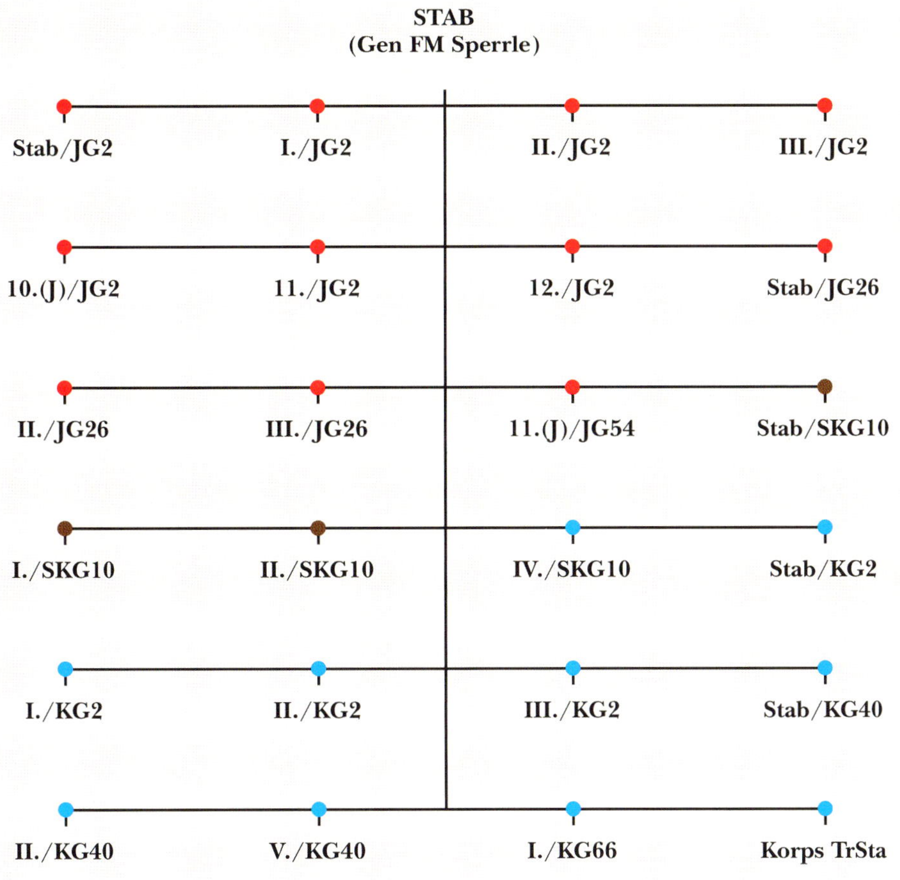

SCHLÜSSEL

- Jäger
- zweimotoriger Jäger
- Bomber
- Sturzkampfbomber
- Marinefliegerei
- Transport
- Aufklärungs- u. taktische Verbände
- Bodenunterstützungsflugzeuge

Im Mai 1943 war die *Luftflotte 3* eine eher kleine Einheit, wenn man sie mit den Verbänden an der Ostfront und im Reich selbst vergleicht. Bemerkenswert ist, das JG2 mit einer Mischung aus Bf 109 und Fw 190 ausgerüstet war, während JG26 und die *Staffel* des JG54 ausnahmslos nur mit der Fw 190 ausgestattet war.

LUFTFLOTTEN – OPERATIONSGEBIETE

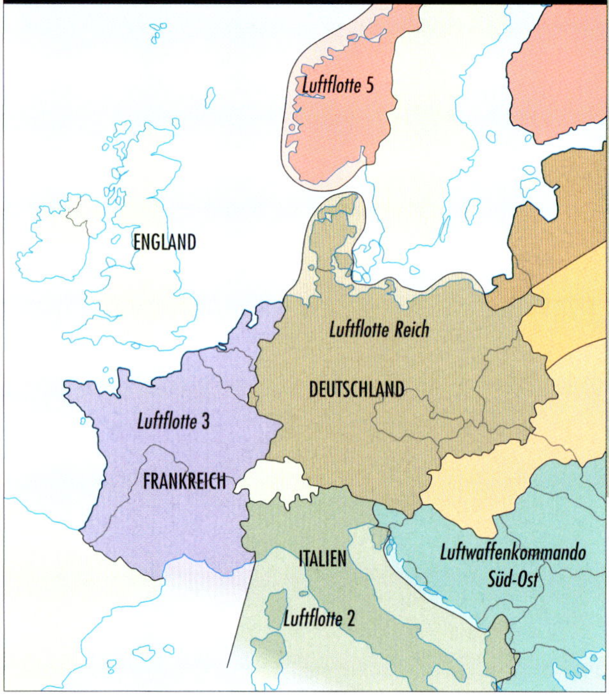

Westeuropa, Mai 1944

Diese Karte zeigt die verschiedenen Operationsgebiete der *Luftflotten* und ihre Zuständigkeiten unmittelbar vor der Invasion in der Normandie im Juni 1944.
Das Operationsgebiet der *Luftflotte 3* umfasste Frankreich, Belgien und die Niederlande – ein riesiges Gebiet, für das die durch Verluste arg reduzierte Luftflotte nur bedingt einsatzfähig war. Ihr schloss sich das Operationsgebiet der *Luftflotte Reich* an (vormals *Luftwaffenbefehlshaber Mitte*), die die groß angelegten Bombenangriffe auf Städte im Reich verhindern sollte.
Die *Luftflotte 5* war immer noch für den Schutz von Skandinavien und Finnland zuständig und war nur mehr von geringer Bedeutung nach der alliierten Landung am 6. Juni 1944. Im Süden stand die *Luftflotte 2*, oder was es noch von ihr gab, und versuchte mit dem Schutz Italiens ein nahezu aussichtsloses Unterfangen gegen die alliierte Luftüberlegenheit. Das *Luftwaffenkommando Süd-Ost* verteidigte den Balkan und die wichtigen Ölfelder in Rumänien.

zum Einsatz. Und die Verluste der *Luftflotte 3* wurden immer schwerer, als die Alliierten im April mit Angriffen auf Frankreich begannen. Im Kampf mit britischen Spitfires und amerikanischen Mustangs verlor die *Luftflotte 3* in jenem Monat rund 24 Prozent ihrer Kampfpiloten. Im nächsten Monat verlor die *Luftwaffe* an allen Fronten über die Hälfte ihrer Piloten in einsitzigen Kampfmaschinen. Übers Jahr gerechnet starben danach alles in allem 2.300 Piloten, denn die Flugplätze der *Luftflotte 3* gehörten zu den Hauptangriffszielen der alliierten Luftstreitkräfte. Die Angriffe brachten es mit sich, dass viele Verbände sich dauernd neu verlegen mussten, was wiederum zu Verwirrung bei der Organisation des Nachschubs führte, die sowieso schon durch die alliierten Angriffe auf Nachschubwege stark eingeschränkt war.
Als der D-Day selbst kam, waren deshalb alle Versuche, die Lufthoheit zu erreichen, ohne jede Aussicht auf Erfolg. Während der Tagesstunden des 6. Juni gelang den Maschinen der *Luftflotte 3* nicht mehr als 100 Einsätze. Die Alliierten brachten es alleine auf 14.000. Von diesem Tag an und während der gesamten Operationen in der Normandie

LUFTFLOTTE 3 (JANUAR 1944)

Luftwaffen-Einheiten	Basis	Typ	Str*	Op*
IX.FLIEGERKORPS				
Stab/KG2	Soesterberg	Do 217E	4	3
I./KG2	Eindhoven	Do 217E	37	35
II./KG2	Münster-Handorf	Ju 188E	37	31
III./KG2	Gilze Rijen	Do 217E	37	36
V./KG2	Athies	Me 410A	37	25
Stab, III./KG6	Melsbroek	Ju 88A	41	40
I./KG6	Chièvres	Ju 188A	41	37
II./KG6	Le Culot	Ju 88A	39	37
Stab, I./KG30	Eindhoven	Ju 88A	41	30
II./KG30	St Trond	Ju 88A	37	31
1./KG40	Châteaudun	He 177A	9	5
Stab, I./KG54	Marx	Ju 88A	41	28
II./KG54	Wittmund	Ju 88A	37	33
I./KG66	Montdidier	Ju 88A He 111H Ju 188E	37 ? ?	12 2 9
4./KG66	Vannes	Ju 188E	12	?
I./KG76	Couvron	Ju 88A	37	31
I./KG100	Châteaudun	He 177A	27	21
I./SKG100	Rosières	Fw 190G	42	20

*Str = Stärke auf dem Papier *Op = Operationelle Stärke

unterdrückten alliierte Kampfbomber jede größere Bewegung von gepanzerten Verbänden, Nachschub und Truppen auf deutscher Seite. Die *Luftflotte 3* bekam jedoch bescheidene Verstärkungen – all das, was nicht bei der *Luftflotte Reich* gebraucht wurde und bei den schnell zusammengewürfelten Verbänden an der Ostfront, wurde nach Westen verlegt. Zwischen dem 6. und 10. Juni bekam die *Luftflotte 3* nicht weniger als 300 zusätzliche Jäger, aber dies war nicht mehr als der berühmte Tropfen auf dem heißen Stein verglichen mit den Flugzeugzahlen der Alliierten.

Steigende Verluste

Die Verluste blieben deshalb auch immer noch größer, als die Verstärkungen. Während der ersten beiden Wochen nach dem *D-Day* verlor die *Luftwaffe* 594 Flugzeuge. Und die Situation der Soldaten am Boden war keinesfalls besser als die der Piloten am Himmel. Die Alliierten waren zwar überrascht über die Kampfmoral der Deutschen und die Verlustzahlen unter den alliierten Frontkämpfern stieg deutlich an und lag weitaus höher als in den großen Landschlachten im Ersten Weltkrieg. So wurde Caen am 18. Juli nur unter größten Verlusten eingenommen, gefolgt von St. Ló Ende des

IX.FLIEGERKORPS (15. JUNI 1944)

Luftwaffen-Einheiten	Basis	Typ	Str*	Op*
IX.FLIEGERKORPS				
Stab, I., II./KG2	Couvron	Ju 188E	75	32
III./KG2	Couvron	Do 217M	37	16
Stab/KG6	Melsbroek	Ju 88A	1	1
I./KG6	Brétigny	Ju 188A	37	11
II./KG6	Villaroche	Ju 188A	37	?
III./KG6	Ahlhorn	Ju 188A	37	11
Stab, II./KG30	Zwischenahn	Ju 88A	38	1
II./KG51	Soesterberg	Me 410A	37	10
Stab, III./KG54	Marx	Ju 88A	38	8
I./KG54	Wittmund	Ju 88A	37	9
I./KG66	Avord	Ju 88S Ju 188E	25 ?	5 ?
Stab, 5./KG76	Melsbroek	Ju 88A	13	9
Stab, I./LG1	Le Culot	Ju 88A	38	15
II./LG1	Chièvres	Ju 88A	37	19
I./SKG10	Dreux	Fw 190F	42	18

***Str = Stärke auf dem Papier *Op = Operationelle Stärke**

Mai 1944

Diese Karte der Luftwaffenbasen entlang der französischen Küste illustriert, wie verwundbar die deutschen Luftwaffenbasen in Frankreich waren, als sie sich der Invasion der Alliierten gegenübersahen.
Als die Alliierten erst einmal aus der Normandie weiter vorrückten, waren die deutschen Luftwaffenstützpunkte gegenüber der britischen Küste in unmittelbarer Gefahr abgeschnitten zu werden. Darüber hinaus verloren die Deutschen auch Bomberstützpunkte im Landesinneren.
Obwohl die Anordnung der deutschen Luftwaffenbasen eigentlich sehr gut aussah, konnte die geringe Zahl der dort stationierten Flugzeuge es in keiner Weise mit den Streitkräften der Alliierten aufnehmen.

LUFTWAFFEN-BASEN (MAI 1944)

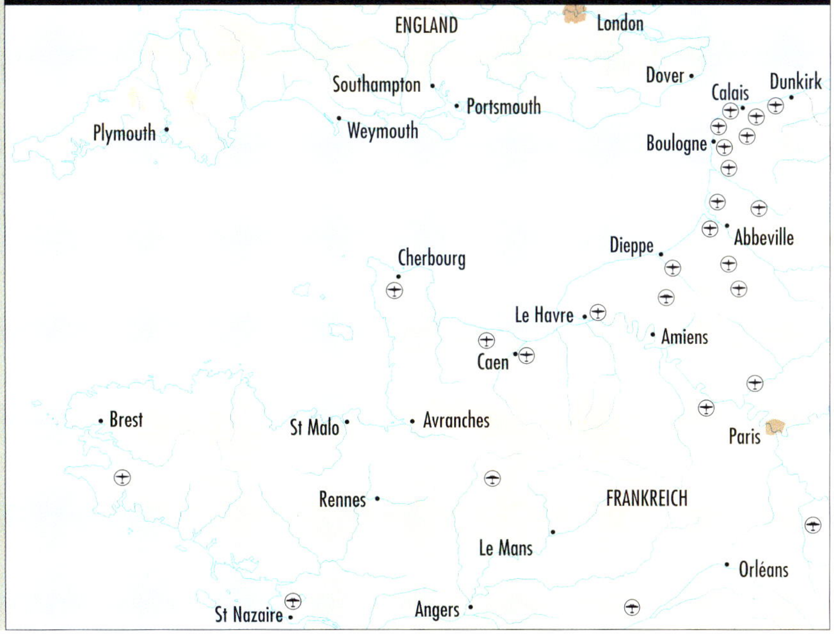

Monats, obwohl die Stadt durch alliierte Luftangriffe dem Erdboden gleichgemacht worden war.

Ausbruch aus der Normandie

Anfang August begann der Ausbruch aus der Normandie und die deutschen Bodentruppen hatten furchtbar unter den alliierten Kanonen und Luftschlägen beim Rückzug aus Falaise zu leiden, wo sie von den anrückenden Briten und Amerikanern eingeschlossen zu werden drohten. Am 25. August war Paris gefallen und der Fokus des Vorstoßes der Alliierten im Westen richtete sich auf den Vormarsch in Richtung Rhein. Die *Luftwaffe* war praktisch wirkungslos und konnte diesen Vormarsch nicht aufhalten. Der erste Streit darüber, wie die Überreste der deutschen Luftstreitkräfte am besten einzusetzen seien, begann. Eine Zeitlang gingen die Jäger dazu über sich auf reine Bodenziele zu konzentrieren, aber die geringen Erfolge ließen sie schon bald wieder zu ihrer eigentlichen Aufgabe, der Luftverteidigung, zurückkehren. Doch dabei konnten sie auch nicht mehr viel ausrichten und die unumschränkte Lufthoheit in der Normandie trug viel zum anschließenden Sieg der Alliierten bei.

IX. *FLIEGERKORPS* (15. JUNI 1944)

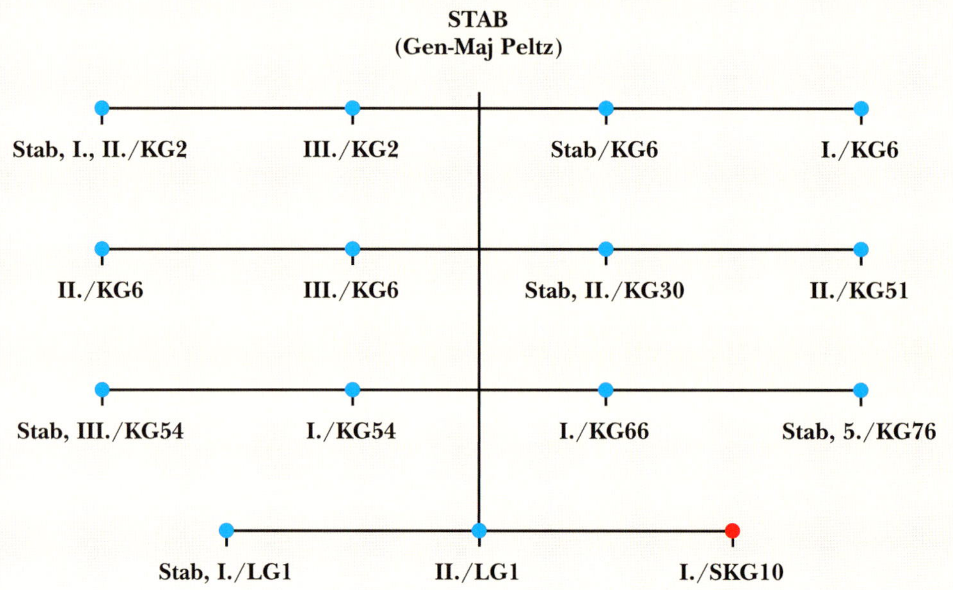

SCHLÜSSEL

- Jäger
- zweimotoriger Jäger
- Bomber
- Sturzkampfbomber
- Marinefliegerei
- Transport
- Aufklärungs- u. taktische Verbände
- Bodenunterstützungsflugzeuge

Das IX. *Fliegerkorps* war während der Invasion eine der größeren Verbände der *Luftflotte 3*. Das betraf vor allem die Bomber, obwohl es auch über etliche Fw 190-Jäger verfügte. Die Einheit wurde zu diesem Zeitpunkt von *Generalmajor* Dietrich Peltz kommandiert.

Die Schlacht von Arnheim

Mitte September hatten die Alliierten Belgien befreit. Sie standen nun unmittelbar an der Grenze zu Deutschland und Feldmarschall Montgomery plante den weiteren Vormarsch mit einer großangelegten Luftoffensive – *Market Garden* – zu begleiten.

Am 17. September wurde die Operation *Market Garden* gestartet. Der Plan sah eine Abfolge von amerikanischen und britischen Luftlandungen bei Veghel, Grave und Arnheim vor, bei der die Fallschirmjäger ihre Ziele halten sollten, während das britische XXX. Korps in ihre Richtung vorrücken sollte und den weiteren Vormarsch über den Rhein so sicherstellen sollte.

Alliierte Rückschläge

Wie uns die Geschichte heute zeigt, war die Operation ein Desaster. Das XXX. Korps kam bis Nijmwegen, weit hinter dem Zeitplan und wurde dort durch den Widerstand der Deutschen gezwungen, die Fallschirmjägereinheiten in Arnheim aufzugeben. Hierbei wirkte auch die *Luftwaffe* mit. Alle Versuche, die eingeschlossenen Fallschirmjäger durch Versorgungsabwürfe aus der Luft zu stärken wurden durch deutsche Messerschmitt Bf 109 und Fw 190 unterbunden, weil die C-47 langsam fliegende Ziele darstellten. Nichtsdestoweniger begleiteten etliche P-51 Begleitjäger die Transportmaschinen, deshalb musste auch die *Luftwaffe* etliche Opfer bringen. An einem einzigen Tag verlor sie allein über Eindhoven-Nijmegen 26 Jagdflugzeuge.

JG26 (1944)

Luftwaffen-Einheiten	Basis	Typ	Str*	Op*
30. JUNI 1944				
Stab	Chaumont	Fw 190A8	4	1
I.Gruppe	Boissy le Bois	Fw 190A8	68	10
II.Gruppe	Guyancourt	Fw 190A8	68	6
III.Gruppe	Villacoublay	Bf 109G6	68	18
31. DEZEMBER 1944				
Stab	Fürstenau	Fw 190A8	4	0
		Fw 190D9	4	1
I.Gruppe	Fürstenau	Fw 190A8	68	0
		Fw 190D9	68	32
II.Gruppe	Nordholm	Fw 190D9	68	32
III.Gruppe	Plantlünne	Bf 109G14	68	7
		Bf 109K4	68	13
		Fw 190D9	68	1
III./JG54	Varrelbusch	Fw 190D9	68	32

*Str = Stärke auf dem Papier *Op = Operationelle Stärke

Ardennen-Offensive

Die Ardennen-Offensive im Winter 1944 war Hitlers letzter, vergeblicher Versuch, das Schicksal an der Westgrenze zu ändern. Obwohl sie am Anfang sehr gute Fortschritte machte und die Alliierten überrascht waren, konnten die Deutschen ihren Plan nicht verwirklichen und wurde noch weit vor ihren Zielen zum Halten gebracht.

Der Plan der Ardennen-Offensive sah vor, dass vier deutsche Heeresgruppen die Linien der Alliierten durchstoßen und die britischen und amerikanischen Streitkräfte trennen sollten, um anschließend durch Belgien hindurch vorzurücken und den Hafen von Antwerpen einzunehmen. Es war ein kühner Plan und Hitler handelte gegen den Ratschlag vieler seiner Wehrmachtsgeneräle. Nichtsdestoweniger wurde er am 16. Dezember 1944 gestartet. Die anfänglichen Erfolge waren vielversprechend. Das VIII. US-Korps wurde zurückgeworfen, dadurch wurden amerikanische Fallschirmjäger in Bastogne abgeschnitten und am 24. Dezember standen die deutschen Truppen kurz vor Dinant, rund 64 km (40 Meilen) von den Ausgangsstellungen entfernt. Luftunterstützung wurde am Anfang kaum geordert, weil – wie Hitler richtig erkannt hatte – das Winterwetter auch die Flüge der Alliierten sehr stark einschränkte, die den Vormarsch der Deut-

OPERATION *BODENPLATTE*			
Ziel	**Einheit**	**Alliierte Streitkräfte**	**Ergebnis**
Antwerpen-Deurne (Flugplatz Ziel B. 70) (Belgien)	JG77	Zumeist Typhoon-Geschwader, 2nd TAF	leichte Schäden
Asch (Belgien)	JG11	Vier Spitfire-Geschwader 2nd TAF; US 352nd Fighter Group (P-51s); US 366th Fighter Group (P-47s)	Minimale Schäden
Brüssel-Evere (B.56)	JG26, J54	Eine große Zahl von US and 2nd TAF Flieger und Bomber	Schwere Schäden
Brüssel-Grimbergen (B.60)	JG26, JG54	Nur sechs Flugzeuge präsent	Mittlere Schäden
Brüssel-Melsbroek (B.58)	JG27, JG54, JG4	Drei Aufklärungsgesachwader, 2nd TAF; drei Bombergeschwader, US Eighth Air Force	Schwere Schäden
Eindhoven (B.78) (Niederlande)	JG3	Acht Typhoon-Geschwader und drei Spitfire-Geschwader, 2nd TAF	Schwere Schäden
Ghent/Sint-Denijs-Westrem (Belgien)	JG1	ThDrei polnische Spitfire-Geschwader (Nos 302, 308 and 317), 2nd TAF	Schwere Schäden; schwere Luftkämpfe
Gilze-Rijen (B.77) (Niederlande)	JG3, KG51	Zwei Boston-Geschwader (Nos 88 and 342), ein Mitchell-Geschwader (No 226), 137 Wing, 2nd TAF	Mittlere Schäden
Heesch (B.88) (Niederlande)	JG6	Fünf Spitfire-Geschwader, 2nd TAF	keine Auswirkung
Le Culot (Belgien)	JG4	Thunderbolt-Geschwader, Ninth Air Force	Flugplatz nicht gefunden; keine Schäden
Maldegem (B.65) (Belgien)	JG1	Spitfire IXs, 485(NZ) Sqn, 2nd TAF	Schwere Schäden
Metz-Frescaty (Frankreich)	JG53	Rund 40 Thunderbolts, 365th Fighter Group, Ninth Air Force	Mittlere Schäden
Ophoven (Belgien)	JG4	Thunderbolt -Geschwader, Ninth Air Force	Leichte Schäden
Sint-Truiden (Belgien)	JG2, JG4, SG4	Thunderbolt squadrons, Ninth Air Force	Mittlere Schäden
Volkel (B.80) (Niederlande)	JG6	56 Geschw., 486(NZ) Sqn, 122 Hawker Tempest Wing, 2nd TAF; 486(NZ) Geschwader in der Luft	Leichte Schäden
Woensdrecht (Niederlande)	JG77	Fünf Spitfire-Geschwader, 2nd TAF; alle in der Luft	keine Auswirkung
Ursel (B.67) (Belgien)	JG1	Spitfire s-Geschwader, 2nd TAF	Mittlere Schäden

schen vielleicht hätten aufhalten können. Nichtsdestoweniger hatte der immer großmäuligere Göring Hitler die Unterstützung von 1.000 Flugzeugen versprochen, um die Offensive zu unterstützen. Diese Zahl wäre rund ein Viertel der insgesamt zur Verfügung stehenden Flugzeuge gewesen, weswegen viele auch eher skeptisch waren. Trotzdem gelang es Göring rund 800 Flugzeuge um sich zu versammeln, dank der Produktionsleistungen von Albert Speer (Speer hatte das Kommando über die Flugzeugproduktion im Jahr 1944 übernommen.) Zusätzlich wurden etliche Flugabwehrkanonen aus dem Reich abgezogen. Vom 17. Dezember an konnte die *Luftwaffe* wieder fliegen und unternahm hunderte von Einsätzen gegen die Alliierten. Doch gutes Wetter am 18. Dezember erlaubte es den amerikanischen Bombern und Begleitflugzeugen ihrerseits, hunderte von Angriffen gegen die Deutschen zu fliegen. 63 deutsche Piloten wurden allein an diesem Tag getötet und am Weihnachtstag war die Lufthoheit wieder ganz klar in den Händen der Alliierten.

Göring war jedoch damit noch nicht besiegt. Am 1. Januar 1945, dem Tag, an dem die Offensive zu Land bereits offensichtlich fehlgeschlagen war, startete der Luftmarschall die Operation *Bodenplatte*. Sie sah einen massiven Bombenangriff von 800 Flugzeugen gegen alliierte Flugplätze in Belgien und den Niederlanden vor, der maßgeblich vom

LUFTWAFFENVERLUSTE, OPERATION *BODENPLATTE*

Einheit	Abgeschossen/ Vermisst	Gefangen-nahme	Verwundet	Eingesetzte Flugzeuge	Verluste Besatzungen
I./JG1	7	3	0		
II./JG1	10	1	1		
III./JG1	1	2	0		
Total	**18**	**6**	**1**	**80**	**31%**
Stab/JG2	0	1	0		
I./JG2	9	6	1		
II./JG2	3	1	1		
III./JG2	10	3	2		
Total	**22**	**11**	**4**	**90**	**31%**
I./JG3	3	5	0		
III./JG3	3	0	2		
IV./JG3	4	1	0		
Total	**10**	**6**	**2**	**70**	**26%**
I./JG4	3	0	0		
II./JG4	8	3	1		
III./JG4	1	0	0		
IV./JG4	6	2	0		
Total	**18**	**5**	**1**	**55**	**42%**
Stab/JG6	0	1	0		
I./JG6	4	1	1		
II./JG6	5	2	0		
III./JG6	6	3	0		
Total	**15**	**7**	**1**	**70**	**33%**
Stab/JG11	2	0	0		
I./JG11	4	0	0		
II./JG11	6	2	0		
III./JG11	9	2	0		
Total	**21**	**4**	**0**	**65**	**38%**

II. Jagdkorps ausgetragen wurde. Der Angriff richtete erheblichen Schaden auf etlichen alliierten Flugplätzen an. 200 alliierte Flugzeuge gingen verloren, doch die Verluste der Deutschen waren größer – 300 Maschinen. Das deutsche Flieger-Ass Adolf Galland schrieb nach der Ardennen-Offensive: „Der deutschen Luftwaffe wurde hier ihr Todesstoss versetzt." Und mit Sicherheit waren die Verlustzahlen für Deutschland tödlich.

LUFTWAFFENVERLUSTE, OPERATION *BODENPLATTE*

Einheit	Abgeschossen/ Vermisst	Gefangen-nahme	Verwundet	Eingesetzte Flugzeuge	Verluste Besatzungen
I./JG26	5	3	2		
II./JG26	4	4	1		
III./JG26	3	1	1		
Total	**12**	**8**	**4**	**160**	**38%**
I./JG27	6	1	0		
II./JG27	1	1	0		
III./JG27	2	0	1		
IV./JG27	2	1	0		
Total	**11**	**3**	**1**	**85**	**18%**
II./JG53	5	2	1		
III./JG53	0	0	2		
IV./JG53	5	2	1		
Total	**10**	**4**	**4**	**50**	**36%**
III./JG54	5	4	1	17	60%
IV./JG54	2	1	0	25	12%
Total	**7**	**5**	**1**	**42**	**32%**
I./JG77	2	1	0		
II./JG77	1	1	0		
III./JG77	3	3	0		
Total	**6**	**5**	**0**	**105**	**10%**
ESt/JG104	0	1	0	3	
Total (day)	**150**	**65**	**19**	**875**	
Stab/SG4	1	0	0		
III./SG4	2	1	0		
Total	**3**	**1**	**0**		
FlüG1	1	0	0		
NJG1	9	2	0		
NJG3	3	1	0		
NJG101	1	0	0		
Total	**13**	**3**	**0**		
KG(J)51	2	0	0		
Total (other)	**19**	**4**	**0**		
Grand Total	**169**	**69**	**19**		

OPERATION *BODENPLATTE*

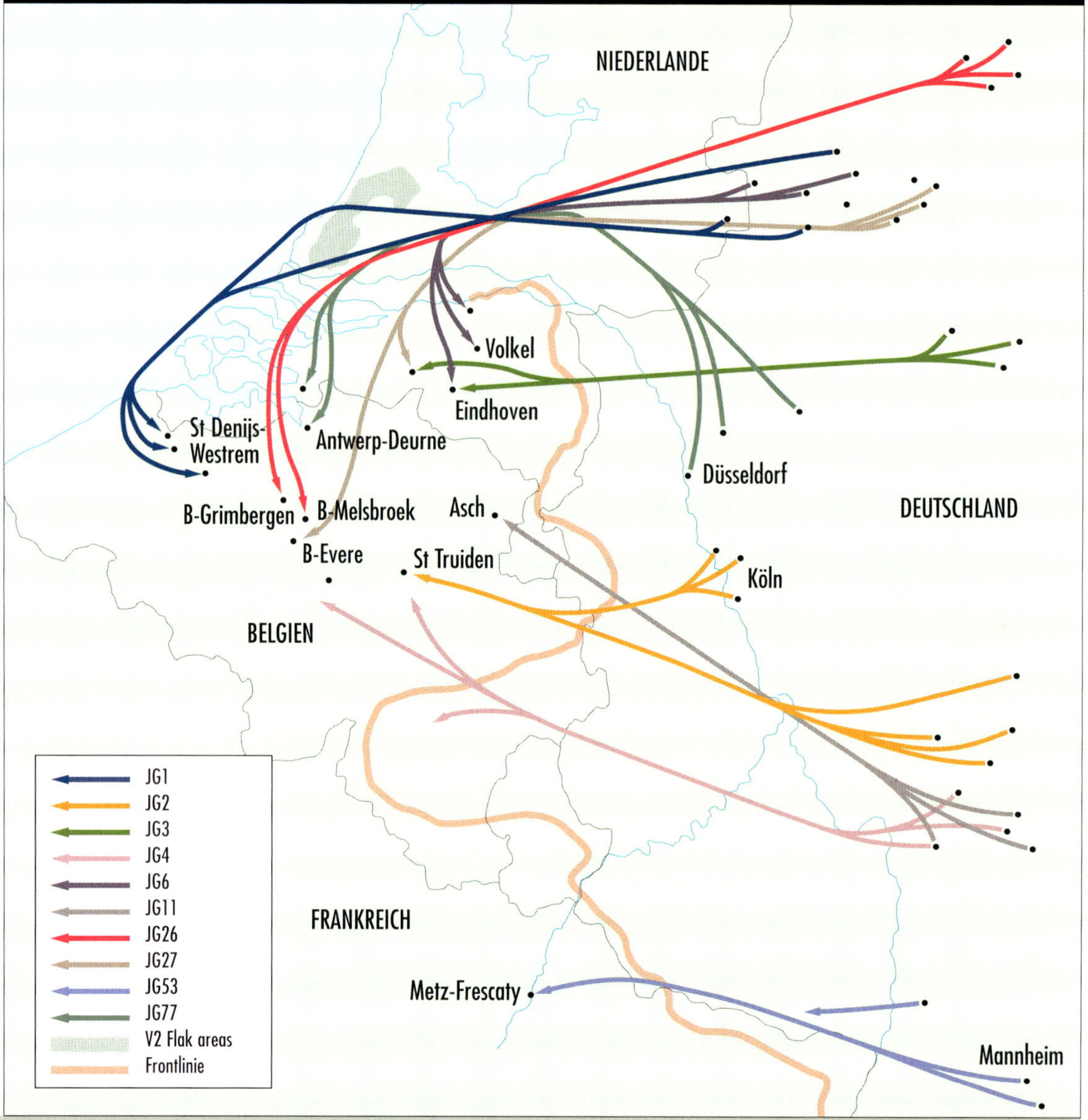

1. Januar 1945

Die O*peration Bodenplatte* richtete sich gegen alliierte Flughäfen in Belgien und den Niederlanden. Eingesetzt wurden die Jäger und Jagdbomber des *II. Jagdkorps*. Die Flughäfen waren Sint Denijs-Westrem, Eindhoven, Volkel, Brussels-Evere, Brussels-Grimbergen, Brussels-Melsbroek, Antwerp-Deurne, Sint Truiden, Asch, Le Culot und Metz-Frescaty. Die Luftwaffe flog in extrem niedriger Höhe an, um das gegnerische Radar zu unterfliegen und erreichte so vollkommene Überraschung. Einige der Anfluglinien brachte die deutschen Jäger jedoch in den Bereich heftiger alliierter Flugabwehrfeuer, und als es den Alliierten erst einmal gelang, ihre Jäger in die Luft zu bringen, wurden die Deutschen durch die schiere quantitative Überlegenheit erdrückt.

JG11 (1. JANUAR 1945)

Diese Darstellung der Kampfkraft vom *Jagdgeschwader 11* während der *Operation Bodenplatte* zeigt eine Einheit, die aus Bf 109 und Fw 190 zusammengesetzt war. Die spezifischen Typen, die geflogen wurden, waren die Fw 190A und Bf 109G, eine der modernsten Typen der Bf 109-Serie. JG11-Kommandeur zu diesem Zeitpunkt war *Major* Günther Specht, ein hoch angesehenes Flieger-Ass. Er starb während der Operation Bodenplatte, wahrscheinlich durch heftiges Flugabwehrfeuer. Er wurde durch *Major* Jürgen Harder ersetzt.

Kampfverband – 30 x Fw 190A, 35 x Bf 109G

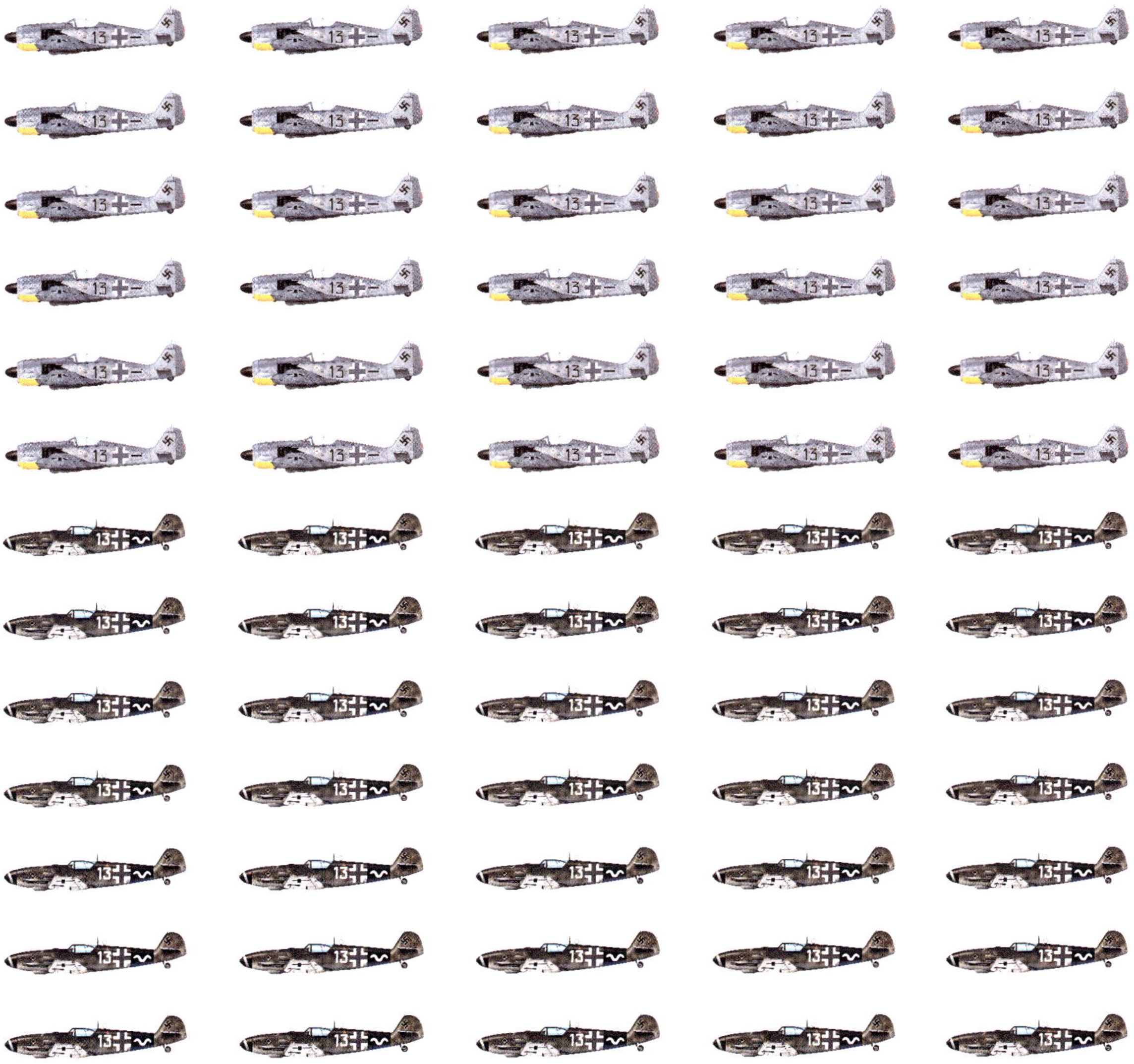

Maritime Operationen: 1939–45

Deutschland war vorwiegend von angrenzenden Ländern umgeben und so war die *Luftwaffe* zögerlicher gewesen, eigene Marinefliegerstreitkräfte aufzubauen. Doch sie wurden immer wichtiger, weil die Eroberungen der Deutschen viele neue Fronten entlang von Küsten schufen.

Die Mannschaft einer Fw 200 Condor bei einer Einsatzbesprechung vor einem Einsatz als Marineflieger.

Am Anfang des Zweiten Weltkriegs beschränkten sich Deutschlands Küstenabschnitte vorwiegend auf den Norden entlang der Nord- und Ostsee. Der Aufbau eigener Marinefliegerstreitkräfte wurde deshalb innerhalb der *Luftwaffe* zuerst keine große Bedeutung geschenkt. Im Gegensatz zu anderen Ländern. Großbritannien zum Beispiel verfügte über eine eigene Marinefliegerei und die Vereinigten Staaten verfügten über etliche Flugzeugträger. Deutschland hatte dem wenig entgegenzustellen. Zum Teil lag dies daran, dass Deutschlands Überwasserstreitkräfte, abgesehen von einigen Großkampfschiffen, nie als strategische Waffen eingesetzt wurden. Auch reichte die deutsche Marine dafür nicht aus. Zwar hatte die deutsche Marine versucht, Flugzeugträger zu bauen, aber keine wurden de facto in Dienst gestellt. Es gab deshalb auch keine speziell entwickelten Flugzeugtypen für sie.

Ein anderer Grund war sehr viel tief gehender. Göring sah die *Luftwaffe* in ihrer maritimen Funktion als eine verlängerte Aufgabe der Luftstreitkräfte an und nicht als einen integralen Bestandteil der Marine. Ähnlich wie die direkte Bodenunterstützung der *Luftwaffe* für das Heer. In seinen Augen war die *Luftwaffe* eine Streitkraft, die über Land eingesetzt wurde und dies sollte ihre Bedeutung innerhalb der Seekriegsführung stark einschränken. Trotzdem wurden etliche Luftwaffenverbände in die Marinestreitkräfte einbezogen und sie verdienen es, gesondert gewürdigt zu werden.

Organisation

Deutschland startete in den Zweiten Weltkrieg mit einer kleinen *Seeluftstreitkraft*. Die Organisation sah mehrere Gruppen von Marinefliegern vor, die in *Küstenfliegergruppen* (KüFlGr) eingeteilt waren.

Während Admiral Raeder spezifische Marinefliegerverbände unter der Kontrolle der *Kriegsmarine* haben wollte, behielt Göring die Marineflieger unter seinem Kommando. In den Strategien, die zwischen 1935 und 1939 entwickelt wurden, wurde deshalb die Rolle der *Marineflieger* auf die Aufklärung und die Kampfunterstützung für Schiffe der *Kriegsmarine*, die auf den Feind gestoßen waren, beschränkt.

Veränderungen in der Struktur

Bis zum April 1939 verfügten die *Seeluftstreitkräfte* über 14 *Küstenfliegerstaffeln* und eine *Bordfliegergruppe* (BFGr.) An diesem Punkt wurden die *Seeluftstreitkräfte* mit dem Näherrücken des Krieges aufgelöst. Stattdessen wurden die Marineflieger nunmehr in der *Fliegerdivision Luft West* und der *Fliegerdivision Luft Ost*, die beide unter dem Kommando des *Generals der Flieger* beim *Oberbefehlshaber der Marine, Generalmajor Hans Ritter* standen, zusammengefasst. Die zwei *Fliegerdivisionen* waren mit dem *Marineoberkommando West* und dem *Marineoberkommando Ost* der *Kriegsmarine* verbunden.

Das eine war – grob gesprochen – für alle Gewässer im Westen von Dänemark zuständig, während das andere östlich

FLIEGERDIVISION LUFT WEST (AUGUST 1940)

Luftwaffen-Einheiten	Basis	Typ	Str*	Op*
FLIEGER-DIVISION LUFT WEST				
Stab/KüFlGr106	Norderney	?	?	?
1.(M)/106	Norderney	He 60	10	10
2.(F)/106	Norderney	Do 18	12	12
3.(M)/106	Borkum	He 59	10	10
3.(M)/706	Norderney	He 59	12	12
Stab/KüFlGr306	Hörnum/Sylt	Do 18	?	?
2.(F)/306	Hörnum/Sylt	Do 18	12	11
2.(F)/506	Hörnum/Sylt	Do 18	12	11
2.(F)/606	Hörnum/Sylt	Do 18	12	9
Stab/KüFlGr406	List/Sylt	Do 18	?	?
1.(M)/406	List/Sylt	He 115	8	8
2.(F)/406	List/Sylt	Do 18	12	10
3.(M)/406	List/Sylt	He 59	9	9
1./BFGr196	Wilhelmshaven	He 60	12	12

***Str = Stärke auf dem Papier *Op = Operationelle Stärke**

entlang der Ostsee bis zu den Gewässern der Arktischen See zuständig war. Doch sie standen immer noch unter dem letzten Oberbefehl der *Luftwaffe* und nicht dem kommandierenden Offizier des *Marineoberkommandos*. Dieser Aufbau in der Befehlskette wurde angesichts der anstehenden Eroberungen und neuer Kampfschauplätze natürlich noch erweitert.

ORGANISATION DER MARINEFLIEGER (AUGUST 1940)

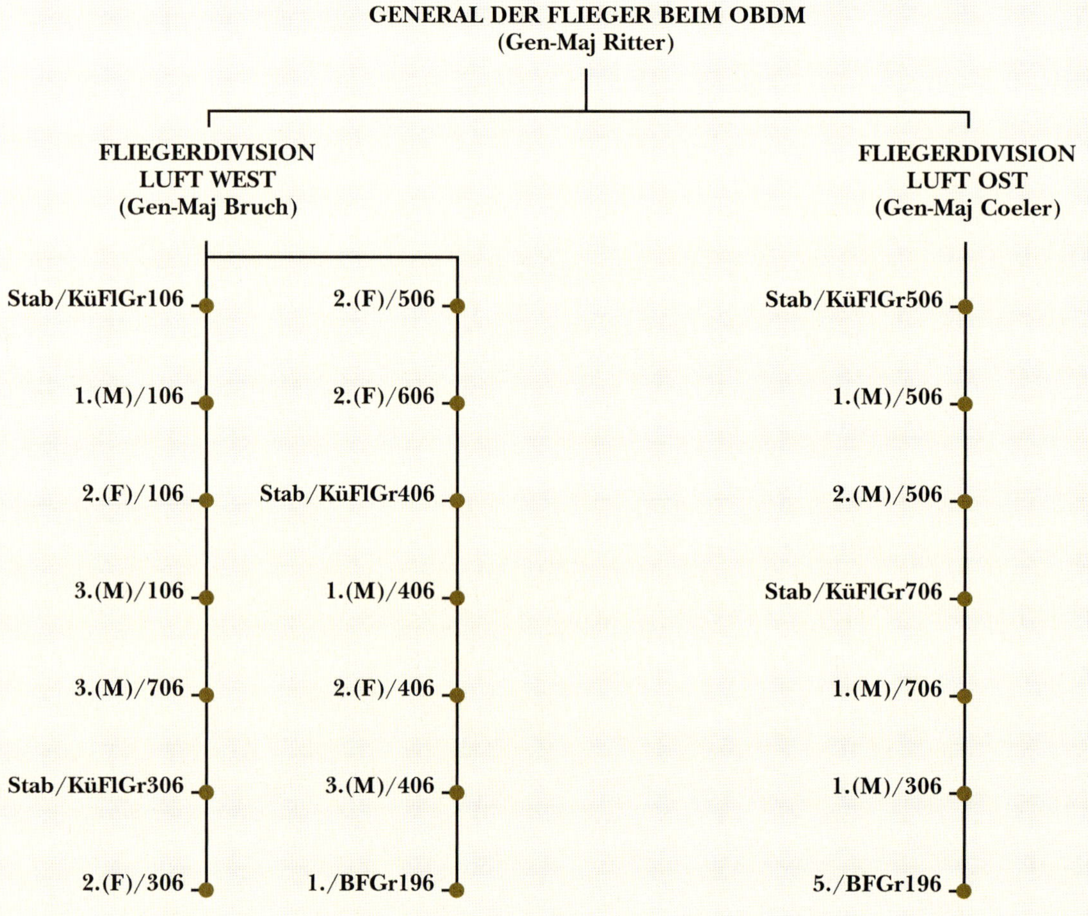

Hier sehen wir den Aufbau der Struktur der deutschen Marineflieger im August 1940. Die Flugzeuge, die in diesen Einheiten Verwendung fanden, waren unter anderem die He 59, He 60 und die Do 18, alles Flugboote oder Schwimmflugzeuge. Vorwiegend wurden sie für Aufklärungszwecke genutzt, konnten aber auch begrenzte Angriffe fliegen.

Die Schlacht im Atlantik

Die Schlacht im Atlantik stellte sehr schnell die Notwendigkeit einer Luftunterstützung für die deutschen U-Boote klar. Darüber hinaus gab es viele Einsätze gegen feindliche Schiffe und beim Abwurf von Minen. 1940 übernahmen Langstreckenflugzeuge der *Luftwaffe* diese Aufgaben.

Mit dem Fall Frankreichs Mitte 1940 wurde es offensichtlich, dass die maritimen Aufgaben der *Luftwaffe* immer dringender wurden, denn von jetzt an waren der Englische Kanal, die Nordsee und der Atlantik wichtige Kampfzonen. Eine neue, auf die Notwendigkeiten der Seekriegsführung ausgerichtete Teilstreitkraft für Aufklärungsaufgaben, Minenlegen und Überwasserangriffe auf Schiffe wurde geschaffen. Das war das *X. Fliegerkorps* unter dem Kommando der *Luftflotte 5*. In ihm gab es die *9. Fliegerdivison*, die die meisten Einsätze flog. Die anfänglichen Operationen bestanden vor allem im Legen von Minen. Es gab allerdings auch etliche Torpedoangriffe. Doch der Befehl oblag zunehmend auch der *Luftflotte 2*, der *Luftflotte 5* und dem *Marineoberkommando West*, durch die die Einsätze koordiniert wurden. Als die Einsätze im Atlantik in den ersten Monaten des Jahres 1941 immer heftiger wurden und das *X. Fliegerkorps* im Dezember 1940 an den Atlantik verlegt wurde, war eine neue Befehlsstruktur notwendig geworden.

Fliegerführer Atlantik

In den ersten Monaten des Jahres 1941 wurde deshalb in Ergänzung zur *Luftflotte 5*, die die Verantwortung für Seeeinsätze über norwegischen Gewässern bis hin zur arktischen See hatte, der *Fliegerführer Atlantik* gegründet. Er wurde zuerst von *Oberstleutnant* Martin Harlinghausen geführt und wies von Beginn an alle Zeichen einer überladenen Führungsstruktur auf, für die die Deutschen im gesamten Zweiten Weltkrieg berühmt waren. Der *Fliegerführer Atlantik* war Teil der *Luftflotte 3* und saß in Lorient, in Frankreich. Er war aus Teilen des *IV. Fliegerkorps* entstanden, dem er sich immer noch eng verbunden fühlte. Er sollte jedoch in erster Linie das *Marineoberkommando West* und den *Befehlshaber der Unterseeboote (BdU)* unterstützen.

Der Einsatz von Flugzeugen des *Fliegerführer Atlantik* machte somit die Absprache zwischen vier größeren Kommandostrukturen notwendig. Solch ein verwickeltes Befehlssystem bedeutete zum Beispiel, dass, wenn ein Aufklärungsflugzeug der *Luftwaffe* einen alliierten Konvoi ausmachte, es durch die umständliche Befehlsstruktur nicht selten schlicht und einfach zu spät war, bis die Informationen bei dem einzel-

FLIEGERFÜHRER ATLANTIK BASES (1940–42)

Luftwaffe Unit	Base
FlFü Atlantik	Lorient
Stab/KG40	Bordeaux
I./KG40	Bordeaux
II./KG40	Cognac
III./KG40	Bordeaux
Stab/KüFlGr106	Amsterdam
3./KüFlGr106	Amsterdam
Stab/KüFlGr406	Brest
2./KüFlGr506	Brest
1./KüFlGr906	Brest
Stab/KüFlGr506	Westerland
1./KüFlGr506	Westerland
3./KüFlGr506	Westerland
2./KüFlGr906	Westerland
Stab/KüFlGr606	Lannion
1./KüFlGr606	Lannion
2./KüFlGr606	Lannion
3./KüFlGr606	Lannion
Stab/KüFlGr906	Aalborg
1./KüFlGr706	Aalborg
3.(F)/122	Amsterdam
1./BFGr196	Wilhelmshafen
5./BFGr196	Brest

nen U-Boot-Kommandanten vor Ort angekommen war. Dieser Nachteil rührte im Wesentlichen daher, dass die *Luftwaffe* nicht bereit war, die Befehlsgewalt über auch nur ein einziges Flugzeug abzugeben. Deshalb konnte die *Kriegsmarine* auch nicht über einen einzigen eigenen Flugverband verfügen.

Darüber hinaus brachte die Nutzung vieler Marineflieger für konventionelle Bombenangriffe auf England und der Abzug vieler Flugzeuge in das Mittelmeer es mit sich, dass der *Fliegerführer Atlantik* nie die Kampfkraft erreichte, die er eigentlich hätte haben sollen. Seit Juni 1941 zog die Ostfront zudem noch weitere Flugzeuge aus dem Westen ab. So wurden im Winter 1942/43 erhebliche Mengen an Fw 200 Condor-Flugzeugen von Operationen im Westen für die Versorgungsflüge nach Stalingrad abgezogen. Eine krasse Fehlnutzung dieses Flugzeugtyps, die zur weiteren Schwächung der *Luftwaffe* als Ganzes beitrug.

Operationen im Atlantik

Die Operationen im Atlantik bedurften eines Langstreckenflugzeugs und das Arbeitspferd für diese Art von Einsätzen war die Focke-Wulf Fw 200 Condor. Die Condor war konzentriert beim KG40, das seit Juni 1940 sein Hauptquartier in Bordeaux-Mérignac hatte. Eine Fw 200C-0 hatte zum Beispiel eine Reichweite von 3.560 km (2212 Meilen) und das war vollkommen ausreichend, um die oberste Aufgabe, die Aufklärung der Gewässer zwischen der Basis in Bordeaux und den Flugplätzen in Norwegen zu gewährleisten. Die Condor flog in einem großen Bogen weit auf den Atlantik hinaus und wenn ein Konvoi ausgemacht wurde,

FLIEGERFÜHRER ATLANTIK (1941)

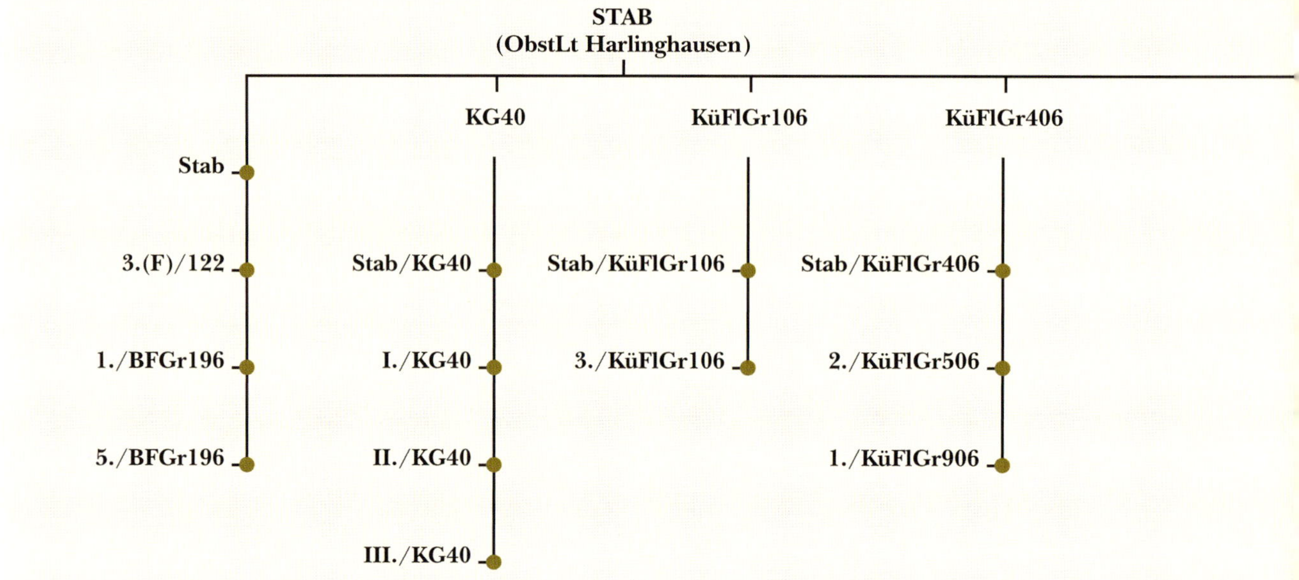

Der *Fliegerführer Atlantik* wurde im März 1941 gegründet und diente besonders der Zusammenarbeit mit den U-Booten. KG40 war die hauptsächliche Einheit für die Fw 200 Aufklärungsflugzeuge, während die anderen Einheiten zusammengesetzt waren aus He 111, Do 217, Do 17, Ju 88 und Arado 196 Schwimmflugzeugen (letztere waren in der BFGr-Einheit).

wurden die Details über Funk zu den U-Boot-Stationen in Frankreich weitergegeben, und der Versuch, die Schiffe abzufangen, begann.
Mit zunehmender Zeit gingen die Condor-Besatzungen aber auch dazu über, selbständig Angriffe in Form von Bombenabwürfen und Raketenangriffen zu starten. Generell griffen sie in erster Linie einzeln fahrende Handelsschiffe an, weil sie dabei durch die Verringerung ihrer Höchstgeschwindigkeit von 360 km/h zu einem verwundbaren Ziel zum Beispiel für bewaffnete Begleitschiffe wurden. Die Bewaffnung einer Fw 200C-1 bestand aus 2.100 kg-Bomben, die in einer Unterbodenaufhängung und unter den Flügeln getragen wurden. Die späteren Typen C-6 und C-8 waren darüber hinaus in der Lage, zwei HS 293 Lenkraketen neben den äußeren Motorengondeln zu transportieren. In Kombination mit weiteren Maschinengewehren und leichten Bordkanonen waren die Condor-Maschinen somit eine ernstzunehmende Bedrohung für die Handelsschifffahrt.
Im Januar und Februar 1941 versenkten die Condors vom KG40 allein 46 Schiffe mit einer Gesamttonnage von 173.000 Tonnen – die gesamten deutschen U-Boote versenkten im gleichen Zeitraum nur mehr zwölf Schiffe zusätzlich.

Marinefliegerflugzeuge

Aber es gab nicht nur die Condor, die dem *Fliegerführer Atlantik* zur Verfügung stand. Die Einsatzberichte vom Ende Dezember 1941 listen neben der Condor folgende Flugzeugtypen bei der Seekriegsführung auf:

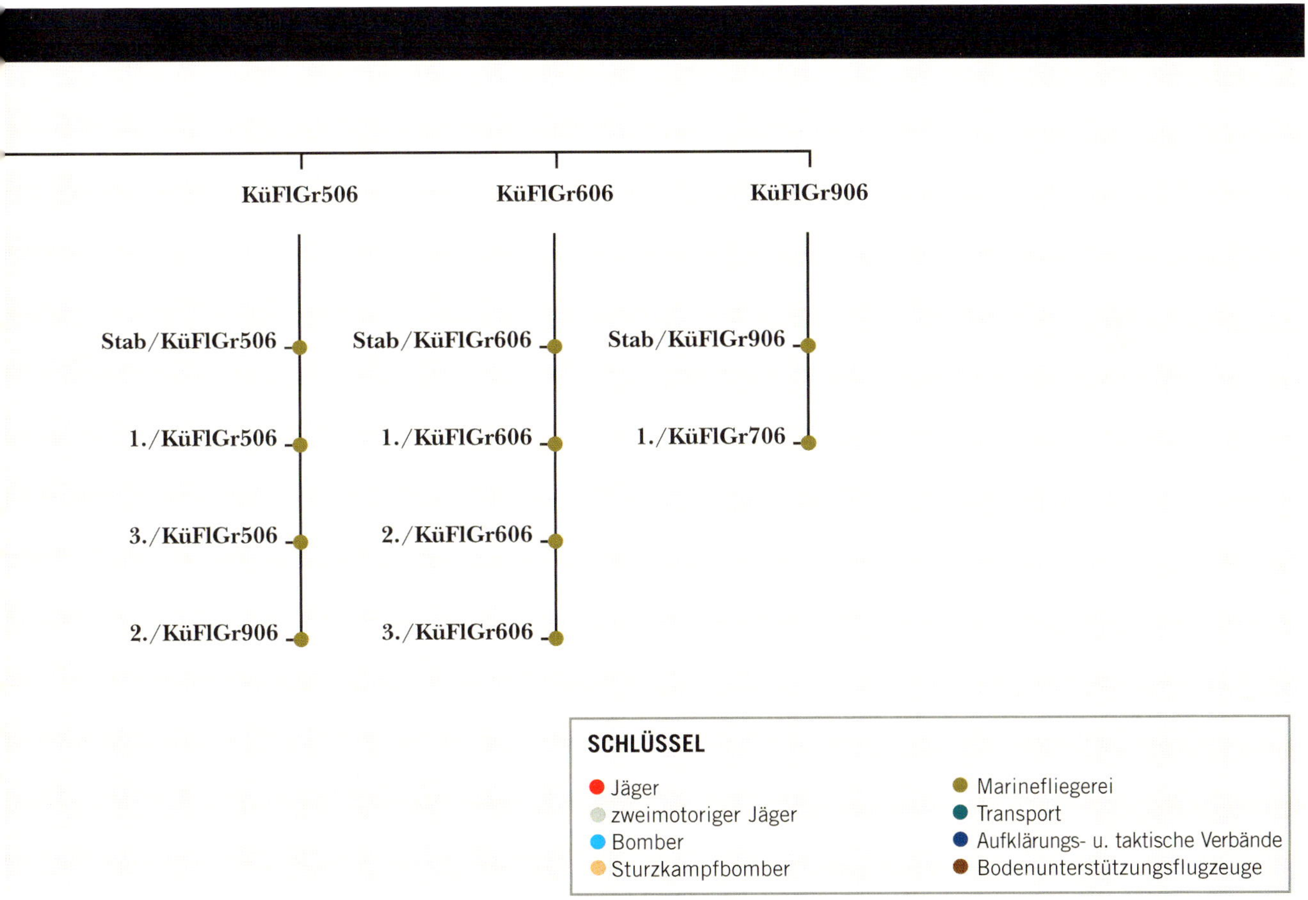

Luftdeckung im Nordatlantik 1941–45

Deutsche Flugbasen in Skandinavien machten Operationen gegen den alliierten Schiffsverkehr in der Nordsee und im Nordatlantik möglich. Die Karte hier zeigt den Operationsradius verschiedener Flugzeugtypen.

Kurzstreckenflugzeuge übernahmen dabei nicht nur die üblichen Aufgaben von Jägern, sondern Schwimmflugzeuge wie die Ar 196 und die Ar 95 dienten vor allem der Aufklärung. Als Mittelstreckenflugzeuge waren die He 111 und die Do 217 in Gebrauch, wie auch die He 115, ein Schwimmflugzeug. Für größere Reichweiten über 3.350 km (2.082 miles) gab es die Flugboote Bv 138, B 222, Do 24 und – natürlich – die Fw 200 Condor.

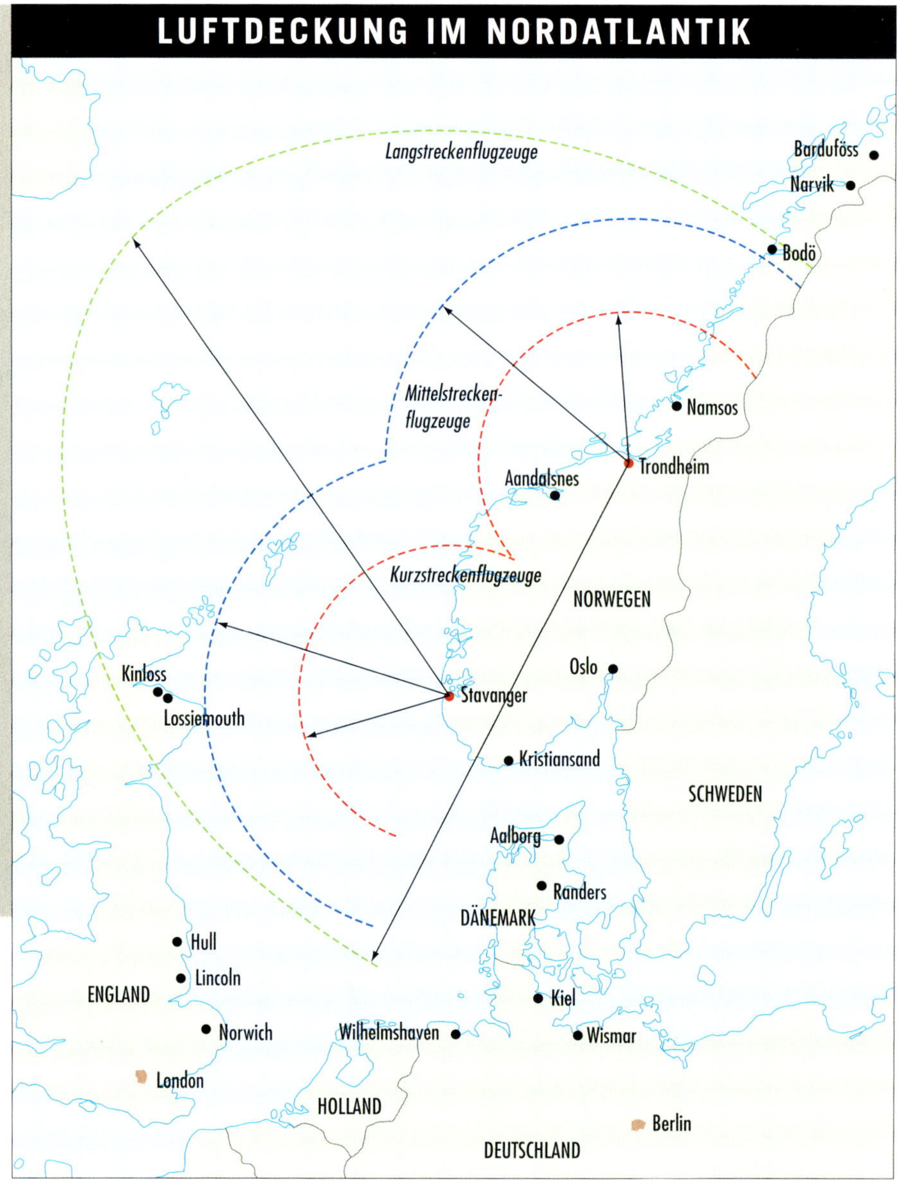

Die He 177 *Greif*, die Ju 290 *Seeadler*, die Ju 88D-1 und Ju A-4, die Blohm und Voss Bv 222 *Wiking*, die Bv 138, die Fw 190 und die Arado Ar 196. Andere Flugzeugtypen, die vom *Fliegerführer Atlantik* zu verschiedenen Zeiten benutzt wurden, waren die He 111, die Do 18, Do 24, Do 217 und die Ju 290. Die große Bandbreite an Flugzeugen machte eine Vielzahl von Einsätzen möglich, die von küstennahen Operationen bis hin zu Einsätzen weit draußen im Atlantik reichten.

Aber es gibt noch zwei weitere wichtige Punkte, die die große Bandbreite von Flugzeugtypen betrafen. Zuerst einmal sind sie ein schlagender Beweis für die Tatsache, dass sich die deutsche Rüstung im Zweiten Weltkrieg verzettelte durch die Indienststellung immer neuer Flugzeugtypen. Der Nachschub und die Ersatzteillieferungen wurden deshalb immer aufwendiger. Und zum zweiten deuten die vielen Flugzeugtypen darauf hin, dass es kein Flugzeug gab, das ausschließlich für den Einsatz als Marinefliegerflugzeug entworfen worden war. Vielmehr wurden sie nur umgerüstet. Die He 111 war zum Beispiel Deutschlands erster Mittelstreckenbomber und die Do 217 war als Ersatz für die Do-17 gedacht. Sie wurde als Nachtkampfjäger, Nachtaufklärer und als Marinekampfbomber (es konnte zwei Torpedos in den Bombenschächten transportieren) eingesetzt.

Das Problem von umgerüsteten Marinefliegerflugzeugen war aber, dass sie eben auch wieder umgerüstet werden konnten – etwas, was zum Beispiel mit einer Do-24 oder einer Bv 222 Flugboot nicht möglich war. Das machte auch die Verlegung von Marinefliegerverbänden an andere Frontabschnitte zu Land so leicht und schwächte so immer wieder den *Fliegerführer Atlantik*.

Aber die Kampfkraft des *Fliegerführers Atlantik* wurde auch durch andere Umstände weiter geschwächt. Während des Jahres 1943 dehnte das RAF Coastal Command ihre Patrouillen durch die zweimotorigen Bristol Beaufighter Langstreckenjäger über der Biskaya-Bucht aus. Sie fügten den deutschen Verbänden schwere Verluste zu. Als Antwort rüstete die KG40 ihre *V. Gruppe* mit der Ju-88C aus, die vor allem U-Boote begleiteten, die die Bucht durchfahren wollten.

Der Verlust des Atlantiks

Während des Jahres 1943 verfügte die *Luftwaffe* über einige wirklich beeindruckende Langstrecken-Marineflieger. Die Ju-290 hatte zum Beispiel eine Reichweite von 6.150 km (3.281 Meilen) und konnte eine große Waffenladung, darunter auch ferngelenkte Raketen, transportieren. Aber es gab – alles in allem – von diesen Maschinen einfach zu wenig und sie kamen zu spät und die Tatsache, dass die Alliierten ihre Konvois immer häufiger durch Flugzeugträger begleiten ließen, bedeutete, dass der *Fliegerführer Atlantik* zunehmend unterlegen war, als die letzten Einheiten im April 1945 dem *X. Fliegerkorps* unterstellt wurden.

LUFTFLOTTE 5 (MAI 1941)

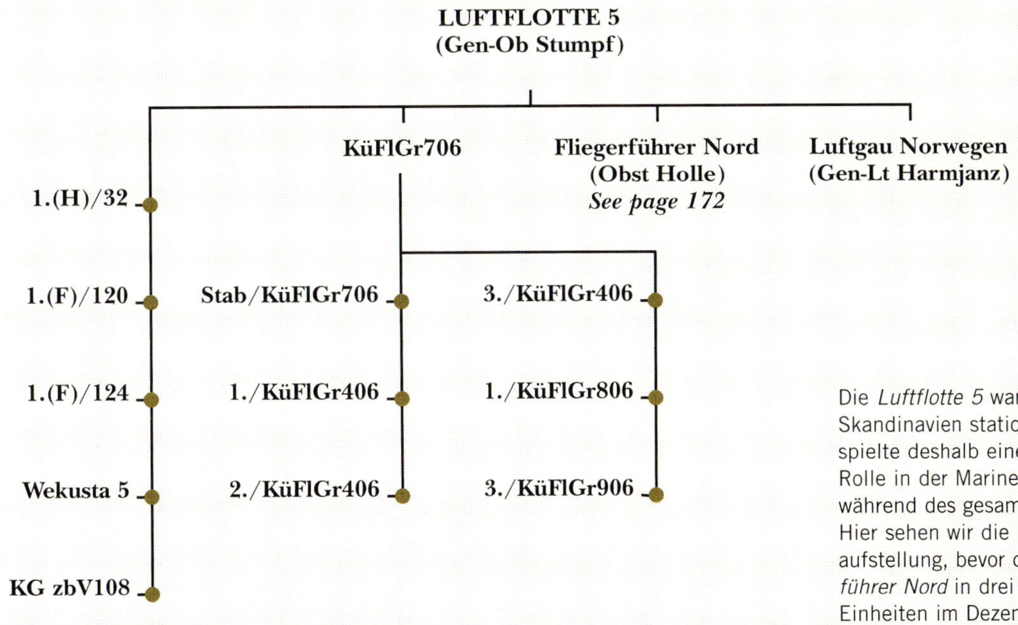

Die *Luftflotte 5* war in Skandinavien stationiert und spielte deshalb eine wichtige Rolle in der Marinefliegerei während des gesamten Krieges. Hier sehen wir die Kampfaufstellung, bevor der *Fliegerführer Nord* in drei verschiedene Einheiten im Dezember 1941 aufgeteilt wurde. Der *Luftgau Norwegen* wurde im Oktober 1944 aufgelöst.

FLIEGERFÜHRER NORD (MAI 1941)

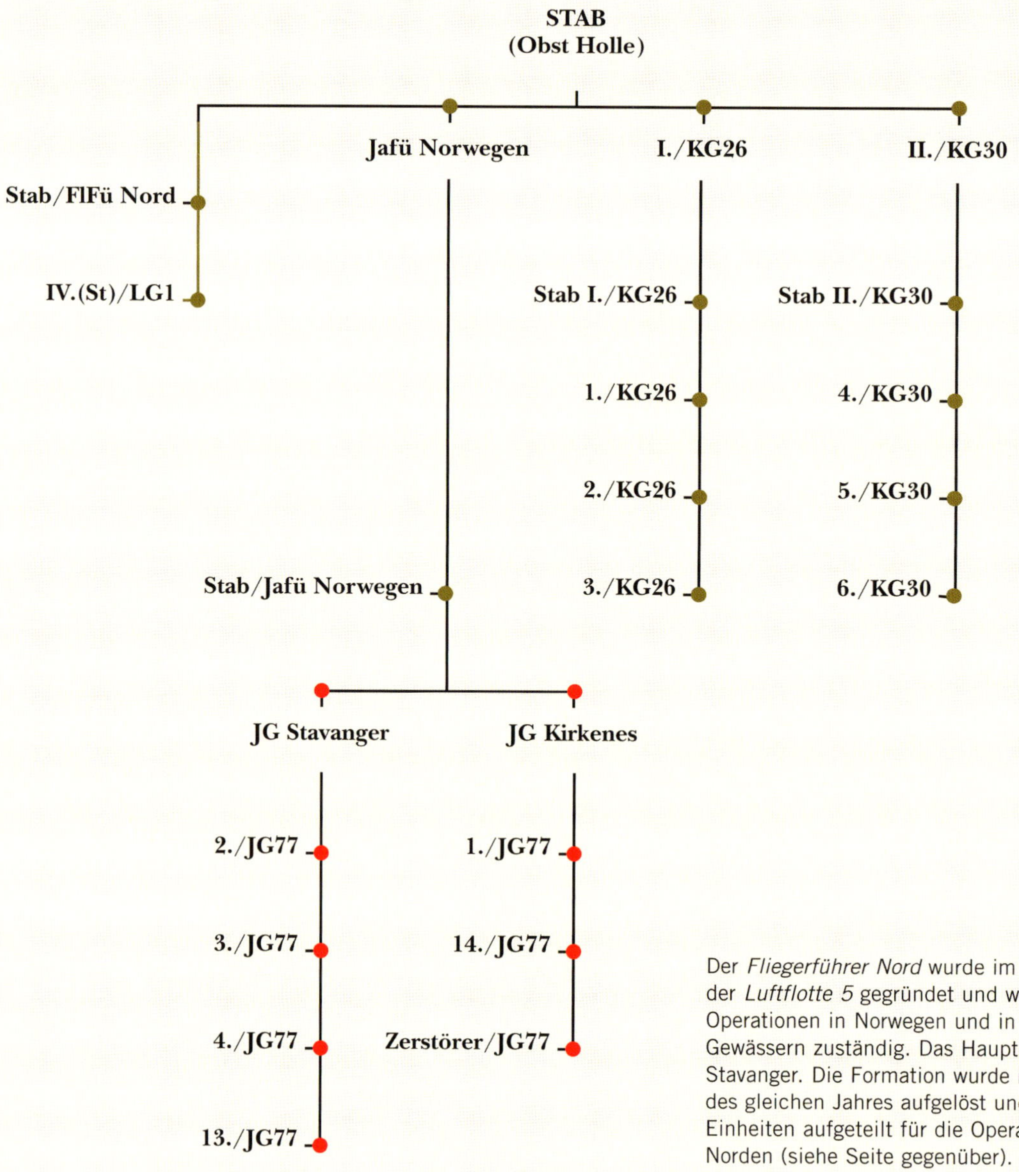

Der *Fliegerführer Nord* wurde im März 1941 in der *Luftflotte 5* gegründet und war besonders für Operationen in Norwegen und in den arktischen Gewässern zuständig. Das Hauptquartier war in Stavanger. Die Formation wurde im Dezember des gleichen Jahres aufgelöst und in drei Einheiten aufgeteilt für die Operationen im Norden (siehe Seite gegenüber).

SCHLÜSSEL

- Jäger
- zweimotoriger Jäger
- Bomber
- Sturzkampfbomber
- Marinefliegerei
- Transport
- Aufklärungs- u. taktische Verbände
- Bodenunterstützungsflugzeuge

Operation im Mittelmeer

Wie wir gesehen haben, war die Kontrolle der Küstenlinien auf den Schlachtfeldern im Mittelmeer wichtig, besonders wegen des Nachschubs für Nordafrika. Die *Luftwaffe* musste hier ausgedehnte Einsätze aller Art ausführen.

Das Kapitel 6 hat bereits erklärt, wie die Kriegsführung im Mittelmeer ablief und so stellte auch die *Luftwaffe* spezielle Marineverbände auf, um neben herkömmlichen Zielen auch über See angreifen zu können. Ju 87 Sturzkampfbomber nahmen deshalb auch an vielen Einsätzen gegen feindliche Schiffe teil, weil sie die Flugzeuge waren, die mit einem gezielten Bombenabwurf ein Schiff, das Ausweichmanöver fuhr, versenken konnten. Im Januar 1941 hatte das *X. Fliegerkorps* drei *Gruppen* mit Ju 87R-1, die mit ihrer größeren Reichweite auch Angriffe auf See durchführen konnten.
Die He 111H-6 wurde als Torpedobomber eingesetzt und natürlich auch als konventioneller Bomber. Die Besatzungen hatten dafür eigens auf einer Torpedoschule in Grossetto in Italien geübt. Die Einheiten, die mit diesem Flugzeugtyp ausgerüstet waren und die die LT F5 und die LT F5W Torpedos unter ihrem Bauch in speziellen Abwurfbehältern trugen, wurden vom 2./KG4 und II./KG26 geflogen.

Spezialwaffen

Der Kampfplatz im Mittelmeer sah auch den ersten Einsatz von ferngelenkten Raketen durch die Deutschen vor. Die Fritz-X und die Henschel Hs 293 waren beides funk-ferngelenkte Raketen (letztere war eigentlich eine Gleitbombe), die in das Ziel durch einen Bombenoffizier an Bord des Flugzeugs durch eine Fernlenkung gesteuert wurden. Eine Handvoll an Schiffen wurde so versenkt, eingeschlossen das italienische Schlachtschiff *Roma* im September 1943. Viele andere wurden auf diese Art schwer beschädigt, aber die Waffe stand nicht in ausreichender Zahl zur Verfügung, damit sie größeren Schaden hätte anrichten können.
Am Ende hatte die Eroberung Nordafrikas und die Nutzung Maltas als Luftbasis die Luftherrschaft der Alliierten über den gesamten Mittelmeerraum sichergestellt und dazu geführt, dass die *Luftwaffe* allein auf Operationen über Italien zurückgeworfen wurde.

Russland und der Ostseeraum 1939–45

Insgesamt fuhren 78 Konvois zwischen den Vereinigten Staaten oder Großbritannien und den russischen Häfen Murmansk und Archangelsk zwischen August 1941 und Kriegsende hin und her. Die *Luftwaffe* versuchte sie zu stoppen.

Das organisatorische Bild der *Luftwaffe* über der arktischen See und der Ostsee war äußerst komplex, wurde aber vornehmlich über den gesamten Verlauf des Krieges durch die *Luftflotte 5* bestimmt. Bei den maritimen Operationen waren zwischen März und Dezember 1941 der *Fliegerführer Nord*, befehligt von Oberst Alexander Holle, zuständig. Ende 1941 wurde der *Fliegerführer Nord* in drei verschiedene Teile geteilt, die jeweils genau fest umrissene Aufgabengebiete hatten. Das war zum einen der *Fliegerführer Nord (West)* mit seinem Hauptquartier in Trondheim, der *Fliegerführer Nord (Ost)* mit dem Hauptquartier in Rovaniemi und danach Kirkenes und am Ende der *Fliegerführer Lofoten* mit dem Hauptquartier in Bardufoss.
Alle weiteren Namens- und Befehlsänderungen wurden Mitte 1944 hinfällig, als die alliierte Invasion in der Normandie die Situation für die *Luftwaffen*-Verbände im Westen drama-

***FLIEGERDIVISION LUFT OST* (SEPTEMBER 1939)**				
Luftwaffen-Einheiten	**Basis**	**Typ**	**Str***	**Op***
FLIEGERDIVISION LUFT OST				
Stab/KüFlGr506	Pillau/Ostpreussen	He 60	?	?
1.(M)/506	Pillau/Ostpreussen	He 60	12	10
2.(M)/506	Pillau/Ostpreussen	He 59	10	9
Stab/KüFlGr706	Kamp/Pommern	He 60	?	?
1.(M)/706	Nest/Pommern	He 60	12	11
1.(M)/306	Nest/Pommern	He 60	12	11
5./BFGr196	Kiel-Holtenau	He 60	10	10

*Str = Stärke auf dem Papier *Op = Operationelle Stärke

tisch veränderten. Der *Fliegerführer Nord (West)* wurde *Fliegerführer 4*, der wiederum dem Kommandierenden General der Deutschen Luftwaffe in Norwegen im September dieses Jahres unterstellt wurde. Als ein Anzeichen für das zunehmende Chaos, das über das Reich hereingebrochen war wurde am Ende des Jahres aus der zuletzt erwähnten Formation das *Stab/Luftgau-Kommando XV. Fliegerführer Nord (Ost)* wurde zum *Fliegerführer Eismeer* im März 1944, danach im Jnui 1944 *Fliegerführer 3*. Aber auch diese Formation wurde zum Jahresende aufgelöst. Am Ende wurde aus dem *Fliegerführer Lofoten* der *Fliegerführer 5* und unterstand dem *Kommandierenden General der Deutschen Luftwaffe in Finnland* für das letzte Viertel des Jahres 1944. In der Ostsee sah das Bild ein

FLIEGERFÜHRER OSTSEE (OKTOBER 1941)

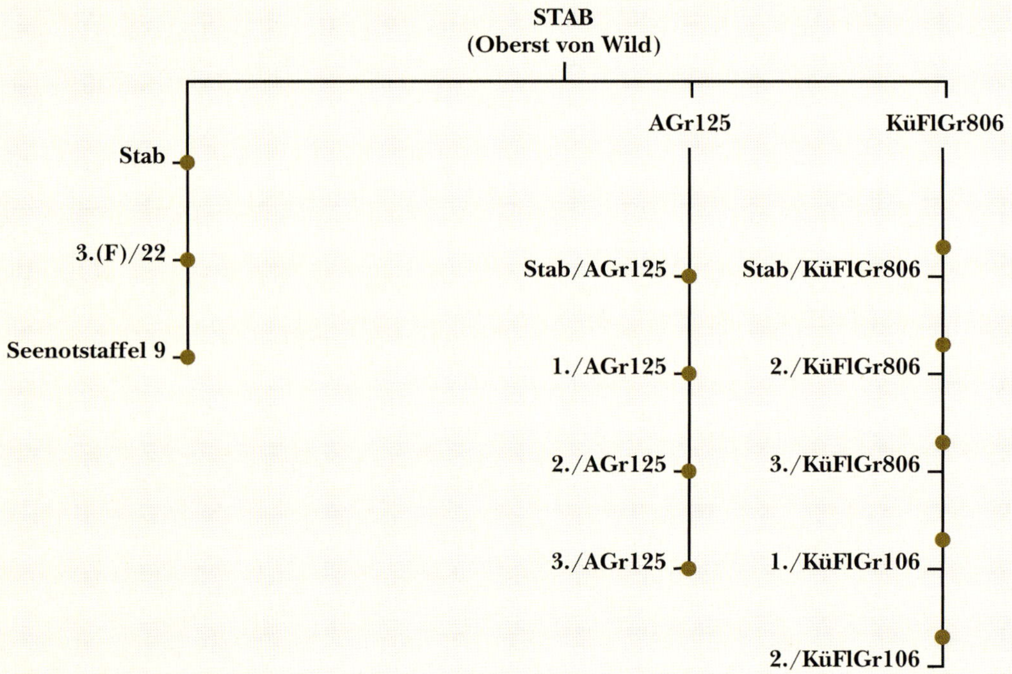

Der *Fliegerführer Ostsee* war eine kurzlebige Formation, die nur mehr für acht Monate zwischen April und Oktober 1941 existierte. Die *KüFlGr* war hauptsächlich mit der He 111 und der Ju 88 ausgerüstet, während die Marine-Aufklärer die He 60, He 114, Bv 138 und Ar 196 flogen.

SCHLÜSSEL

- Jäger
- zweimotoriger Jäger
- Bomber
- Sturzkampfbomber
- Marinefliegerei
- Transport
- Aufklärungs- u. taktische Verbände
- Bodenunterstützungsflugzeuge

wenig anders aus. Im Juni 1941 wurde der *Fliegerführer Ostsee* ins Leben gerufen, um den deutschen Einmarsch in Russland zu koordinieren. Er verfügte über Ju 88A, He-60, He 114 und Ar 95-Flugzeuge. Den *Fliegerführer Ostsee* gab es bis zum 27. Oktober 1941, als aus ihm der *Fliegerführer Süd* gebildet wurde, der im Dezember 1942 zum *Fliegerführer Schwarzes Meer* wurde, bevor er im September 1944 aufgelöst wurde.

Operationen in arktischem Wasser

Die *Luftwaffe* verfügte bereits über einige Erfahrungen in nördlichen Gewässern, als sie sich von 1941 den arktischen Gewässern zuwandte. Als Vorspiel zur *Operation Weserübung* im Jahr 1940 machten Flugzeuge der *Küstenfliegergruppen* Aufklärungsflüge entlang der skandinavischen Küstenlinien, um Seewege und Luftlandezonen auszukundschaften. Gleichzeitig passten Seeaufklärer in der Ostsee auf polnische Marineeinheiten auf und wurden für Transportaufgaben über polnischem Gebiet eingesetzt.

Die zerklüfteten Küstenlinien im Norden machten ausgesprochene Marinefliegerflugzeuge wie zum Beispiel Flugboote nötig. Die He 115 war eine vielseitige, zweimotorige Maschine mit einer Reichweite von 3.350 km und konnte eine Bombenlast von 1.250 kg tragen, was wiederum zuließ, dass die Maschine sowohl für Aufklärungs- als auch für Seekriegsaufgaben genutzt werden konnte. Als größere Einheit konnte das Flugboot Bv 138 mit 5.000 km Reichweite sechs 50 kg Bomben oder 4150 kg-Bomben tragen. KG26 und KG30 waren mit ihnen ausgerüstet und ebenso mit He 111 und Ju 88 Flugzeugen in der Ausrüstung als Torpedobomber. Letztere waren mit dem *Hohentwiel*-Radargerät ausgerüstet.

Frühe Erfolge

All diese Einheiten wirkten im Zusammenspiel mit anderen zusammen – sowohl mit der U-Boot-Waffe als auch mit den Überwasserstreitkräften, um die arktischen Konvois anzugreifen. Nach der Entdeckung und den ersten Angriffen durch Condors und Bv 138-Maschinen griffen, sobald der Konvoi in Reichweite war, die Flugzeuge mit einer kürzeren Reichweite an. Der Erfolg konnte beeindruckend sein. Zwischen dem 26. April und dem 7. Mai 1942 verlor der Konvoi PQ15 drei Schiffe auf Grund von Torpedotreffern von Flugzeugen und im Juni/Juli 1942 wurden acht weitere Schiffe (von 24) versenkt auf Grund von Angriffen aus der Luft. Das waren gute Resultate, aber es gab eben auch die andere Seite. Die Flugzeugverluste auf Grund heftigen Flak-Beschusses waren hoch und die schrecklichen Wetterbedingungen in arktischen Gewässern führten oft dazu, dass die Maschinen nicht aufsteigen konnten, als ein Konvoi vorbeifuhr. Ende 1942 benutzten die Alliierten in großer Zahl Begleitflugzeugträger und die Hurricane-Maschinen, die von ihnen aufstiegen, waren eine echte Gefahr für die langsamen deutschen Seeaufklärer. Wie auf so vielen anderen Kampfplätzen führten die immer weiter voranschreitenden Verluste und die zu großen Anforderungen an den Fronten dazu, das auch die Einsatzfähigkeit im Norden am Ende immer weiter zerrann.

KÜFLGR406 BASEN (1940–42)

Luftwaffen-Einheiten	Datum	Basis
KÜFLGR406		
Stab	-	Brest Sud
1. Staffel	Jul 1940	Stavanger
	Jan 1941	List
	Apr 1941	Tromsø/Søreisa
2. Staffel	Mai 1940	Stavanger
	Okt 1940	Trondheim
	Feb 1941	Hörnum
	Mai 1941	Trondheim
3. Staffel	Mai 1940	Stavanger
	Jul 1940	Hörnum
	Aug 1940	Norderney
	Aug 1940	Vlissingen
	Sep 1940	Schellingwoude
	Feb 1941	Trondheim
	Nov 1941	List
	Dez 1941	Tromsø/Søreisa

***SEEFLIEGERVERBÄNDE* (OSTFRONT 1942)**

Luftwaffen-Einheiten	Typ	Str*	Op*
SEEFLIEGERVERBÄNDE			
1./906	He 115	9	4
GrSt125	He 114	3	2
	Ar 196	?	?
1./125	Bv 138	9	5
3./125	Bv 138	10	3
15./AFGr127(Estl)	He 60	19	5

Das Ende des Reiches: 1945

Selbst dann, wenn die *Luftwaffe* sich wesentlich früher zu einer strategischen Luftmacht entwickelt hätte, ist es nur sehr schwer vorstellbar, das auch der Krieg in der Luft anders verlaufen wäre, als sich Deutschland erst einmal entschlossen hatte, gegen die drei größten Industriemächte der Welt, Großbritannien, die USA und die UdSSR anzukämpfen.

Unterirdische Produktionsanlagen der Heinkel He 162 *Volksjäger* im Frühjahr 1945.

Genauso wie bei den deutschen Landstreitkräften war auch das Bild der *Luftwaffe* gegen Ende des Krieges immer chaotischer. Die Formationen, die ins Leben gerufen wurden, trugen zwar fantastische Namen, aber die Wirklichkeit auf dem Boden sah doch sehr viel anders aus. Während die deutsche Produktion von Kriegsflugzeugen einen wirklichen beeindruckenden Höchststand im Jahr 1944 erreichte, fielen die Zahlen 1945 dramatisch in sich zusammen. 1945 wurden 5.883 Jäger produziert, 1.104 Bodenunterstützungsflugzeuge und 216 Aufklärer aber keine Bomber und auch keine Transportmaschinen. Die Jäger-Produktion hört sich noch beeindruckend an, aber verglichen damit, dass die Alliierten 35.000 Flugzeuge aller Typen produzierten, ist der komplette Verlust der Lufthoheit mehr als verständlich. Alle verfügbaren Flugzeuge der *Luftwaffe* beliefen sich vielleicht auf rund 3.000 Maschinen, aber in den letzten Monate bedeutete einsatzfähig nicht unbedingt auch einsatzbereit. Es fehlte an allen Ecken und Kanten an Piloten und die Ausbildungszeiten für Piloten waren lächerlich kurz geworden. Darüber hinaus kam es Ende 1944/Anfang 1945 durch die Zunahme der alliierten Bombenangriffe gegen die deutschen Treibstoffraffinerien zu einem eklatanten Mangel an Flugbenzin. Mit dem Vorrücken der Alliierten an beiden Fronten nach Deutschland hinein und dem Verlust der Frühwarn-Radarstationen in Frankreich und den Niederlanden an die Alliierten hatte die Luftwaffe dem Niedergang des Reiches nicht mehr viel entgegenzusetzen.

Neuorganisation

Als das Ende in Deutschland immer deutlicher sichtbar war, ergingen sich Hitler und das Oberkommando noch selbst dann in einer Neuorganisation der Formationen, als sich selbst um Berlin der Belagerungsring immer enger zusammenschloss. Im April 1945 blieben von den *Luftflotten*-Verbänden nur mehr die *Luftflotte 4*, die Luftflotte 6 und die *Luftflotte Reich*, die alle vollends damit beschäftigt waren, die Russen vom weiteren Vormarsch im Osten abzuhalten und die alliierten Bombardements zu unterbinden. Die *Luftflotten 2* und *3*, einst die großen Verbände, die die Luftschlacht um England ausgetragen hatten, existierten nicht mehr. *Luftflotte 2* war am 27. September 1944 aufgelöst worden und wurde zum Kommandierenden General der Deutschen Luftwaffe in Italien mit nicht einmal mehr als 70 Flugzeugen. Die *Luftflotte 3* wurde in das *Luftwaffenkommando West* umbenannt und landete anfänglich unter dem Befehl der *Luftflotte Reich*, war aber ab April verantwortlich für den Südwesten Deutschlands und der *Luftflotte 6* unterstellt. Im Norden war die *Luftflotte 1* ein Opfer der vorrückenden Russen im Ostseeraum geworden, wo sie in das *Luftwaffenkommando Kurland* umbenannt wurde. *Luftflotte 5* hatte, wie schon im vorigen Kapitel beschrieben, sich in den *Kommandierenden General der Deutschen Luftwaffe in Norwegen* verwandelt.

Der letzte Atemzug

Es war diese Neuordnung, die genauso auf dem Papier wie in Wirklichkeit überflüssig war, die der *Luftwaffe* im Zweiten Weltkrieg den letzten Atemzug kostete. Es gab einige wenige Anzeichen für auflodernden Widerstand. Bereits 1944 waren die ersten Düsenjäger-Verbände, zumeist mit der Me 262 ausgerüstet, aufgestellt worden und hatten sich den anfliegenden alliierten Bomberverbänden genauso wie die Raketenflugzeuge vom Typ Me 163 entgegengeworfen. Später im Jahr 1944 und 1945 wurden sie durch eine Reihe von neuen Experimentalflugzeugen verstärkt, wie zum Beispiel die exzentrische Mistel – ein unbemanntes Huckepack-Flugzeug vom Typ Ju 88, die als fliegende Bombe ausgerüstet war und über ein Ziel mit einem Jäger auf ihr montiert gebracht wurde. Nachtjäger wie die Fw 189 und die Arado 234 wurden ebenfalls in letzter Sekunde in Dienst gestellt und ein anderer Düsenjet, die He 162A-2 schoss noch in den Himmel, zusammen mit dem weltschnellsten propellergetrieben Flugzeug, der Do 335A-0. Letztere hatte einen Zug-/Druckpropeller, mit dem sie 763 km/h (474 mph) erreichen konnte.

Aber keine dieser technischen Neuerungen reichte aus, um das Mächtegleichgewicht nachhaltig zu beeinflussen und die endgültige Niederlage Deutschlands im Mai 1945 abzuwenden. Und hier kommen wir zum eigentlichen Problem, dass nicht nur die *Luftwaffe* sondern alle bewaffneten Teilstreitkräfte betraf: Letzten Endes verstand der Oberbefehlshaber der deutschen Truppen, Adolf Hitler, nicht die Bedeutung des industriellen Produktionskrieges. Die Kriegserklärung sowohl an Russland als auch die USA brachte Deutschland in Konflikt mit den beiden größten industriellen Weltmächten und es war einfach unmöglich, gegen die schiere Anzahl ihrer Waffensysteme anzuproduzieren. Die *Luftwaffe* 2 verdeutlicht dieses Dilemma mehr als deutlich. Ihre Piloten waren besonders zu Beginn des Kriegs wahrscheinlich die besten Flugzeugführer, aber sie wurden Opfer vor allem durch die Fehlentscheidungen ihres Oberbefehlshabers.

Der Kollaps der Produktion

Zum allgemeinen Erstaunen war es der deutschen Industrie lange Zeit gelungen, die Produktionsraten für Flugzeuge hoch zu halten. Nur im letzten Jahr brachen die Produktionszahlen rapide zusammen, als auch das Reich zunehmend aufhörte zu existieren.

LUFTWAFFENKOMMANDO WEST (JANUAR 1945)

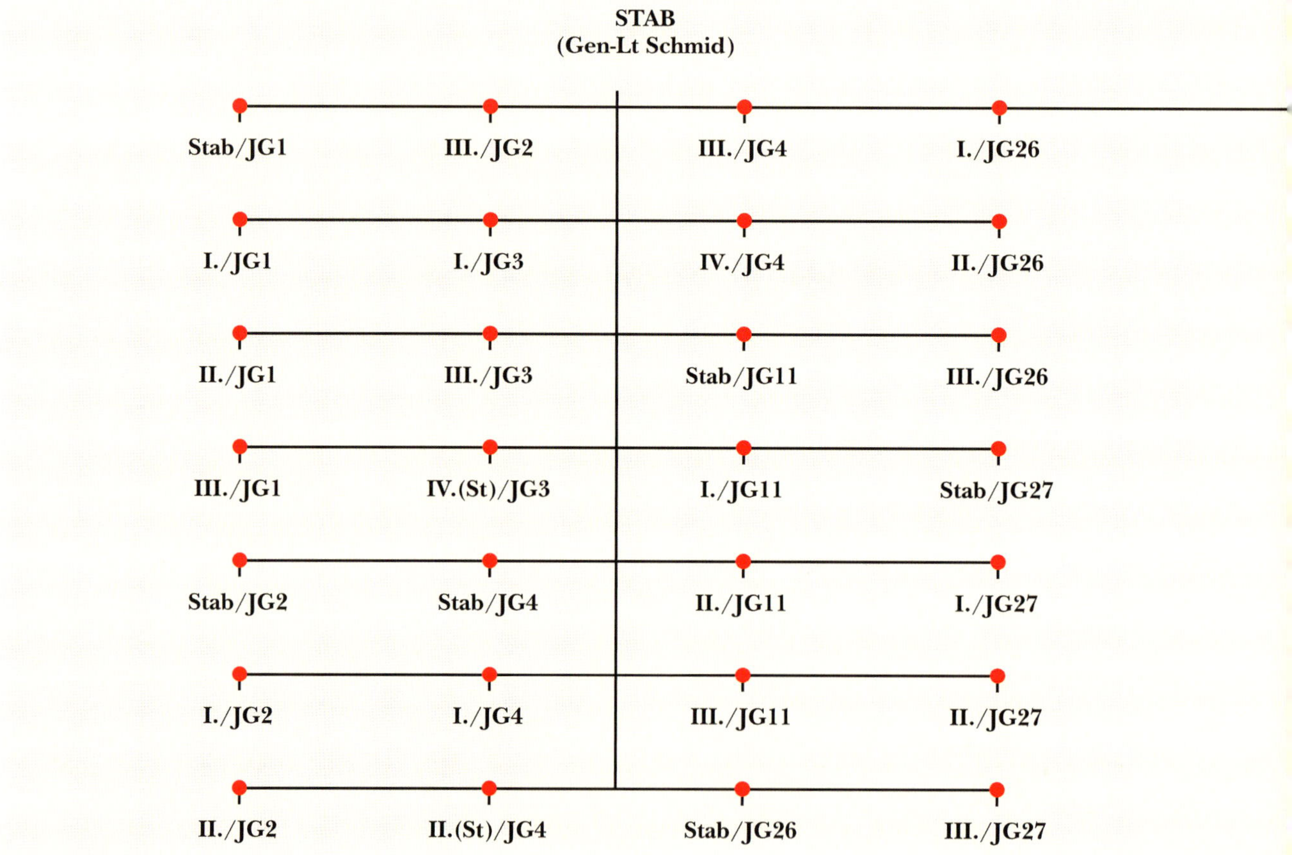

SCHLÜSSEL

- Jäger
- zweimotoriger Jäger
- Bomber
- Sturzkampfbomber
- Marinefliegerei
- Transport
- Aufklärungs- u. taktische Verbände
- Bodenunterstützungsflugzeuge

Das *Luftwaffenkommando West* war die Formation der Luftwaffe, die vor allem für den Schutz der Ardennenoffensive zuständig war und sie wurde für diesen Zweck auch gesondert durch verschiedene Jäger-Einheiten aus der *Luftflotte Reich* verstärkt. Es hatte zehn Jagd-Geschwader und das Jagdgeschwader KG51 flog 37 einsatzfähige Me 262.

Die Zahlen für die Produktion von Flugzeugen im Jahr 1944 sind ein erstaunliches Zeichen für die Widerstandsfähigkeit der Deutschen. Auch die Verdienste Albert Speers muss man in diesem Zusammenhang würdigen, der nach dem Tod von Fritz Todt im Jahr 1942 zum Rüstungsminister und Minister für die Kriegsproduktion aufgestiegen war. In dieser Rolle wuchs Speer über sich hinaus und er erreichte viel, um Deutschland den gleichen Produktionsstand zu verleihen, den die Alliierten hatten. Speer versuchte, die aufgesplitterte deutsche Wirtschaft zu bündeln und sie im Streit der einzelnen Teilstreitkräfte effektiver zu machen. Gerade das letztere Ziel erreichte er nicht, aber er tat zweifelsohne alles, um die Produktion von Waffen und Systemen in bis dahin unerreichte Höhen zu treiben.

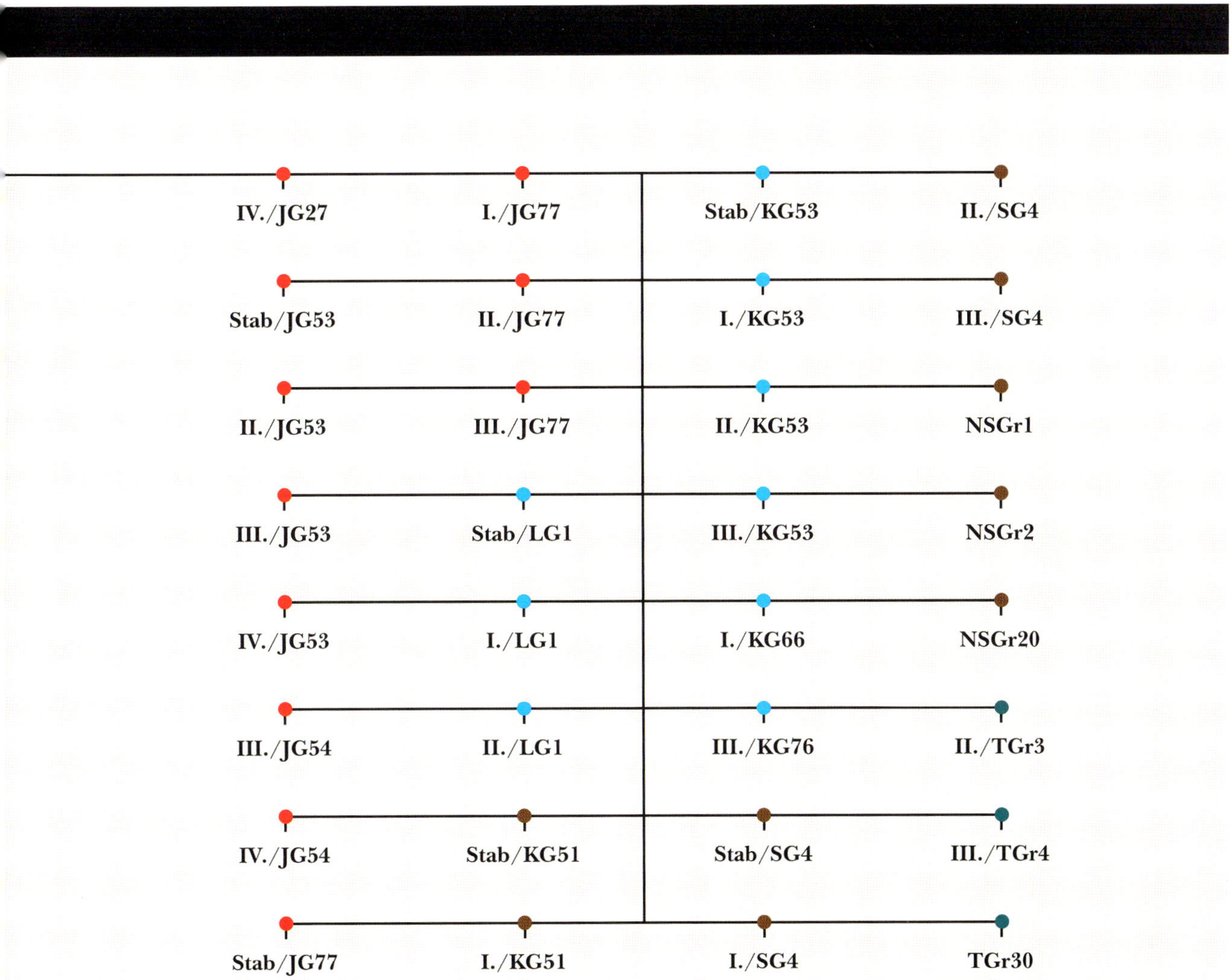

LUFTWAFFENKOMMANDO WEST **(JANUAR 1945)**			
Luftwaffe Unit	**Type**	**Str**	**Op**
Stab/JG1	Fw 190	5	4
I./JG1	Fw 190	27	22
II./JG1	Fw 190	40	30
III./JG1	Fw 190	40	35
Stab/JG2	Fw 190	4	3
I./JG2	Fw 190	28	23
II./JG2	Fw 190	3	2
III./JG2	Fw 190	19	6
I./JG3	Bf 109	31	22
III./JG3	Bf 109	32	26
IV.(St)/JG3	Fw 190A	35	24
Stab/JG4	Fw 190A	2	1
I./JG4	Bf 109	41	33
II.(St)/JG4	Fw 190A	25	18
III./JG4	Bf 109	13	10
IV./JG4	Bf 109	26	17
Stab/JG11	Fw 190	7	6
I./JG11	Fw 190	23	20
II./JG11	Bf 109	37	31
III./JG11	Fw 190	42	26
Stab/JG26	Fw 190	3	3
I./JG26	Fw 190	60	36
II./JG26	Fw 190	64	26
III./JG26	Fw 190	56	28
Stab/JG27	Fw 190	2	2
I./JG27	Bf 109	33	24
II./JG27	Bf 109	25	20
III./JG27	Bf 109	28	23
IV./JG27	Bf 109	24	22
Stab/JG53	Bf 109	4	1
II./JG53	Bf 109	46	29
III./JG53	Bf 109	39	25
IV./JG53	Bf 109	46	34
III./JG54	Fw 190D	47	31
IV./JG54	Fw 190	50	39

LUFTWAFFENKOMMANDO WEST **(JANUAR 1945)**			
Luftwaffe Unit	**Type**	**Str**	**Op**
Stab/JG77	Bf 109	2	1
I./JG77	Bf 109	43	24
II./JG77	Bf 109	32	20
III./JG77	Bf 109	10	7
Stab/LG1	Ju 88A	1	1
I./LG1	Ju 88A	29	25
II./LG1	Ju 88A	34	29
Stab/KG51	Me 262A	1	0
I./KG51	Me 262A	51	37
Stab/KG53	He 111H	1	1
I./KG53	He III/V.1	1	1
II./KG53	He III/V.1	37	25
III./KG53	He III/V.1	30	24
I./KG66	Ju 88A	29	17
III./KG76	Ar 234A	12	11
Stab/SG4	Fw 190F	49	17
I./SG4	Fw 190F	29	24
II./SG4	Fw 190F	40	36
III./SG4	Fw 190F	34	24
NSGr1	Ju 87D	44	37
NSGr2	Ju 87D	39	26
NSGr20	Fw 190	28	21
II./TG3	Ju 52	50	48
III./TG4	Ju 52	51	46
TGr30	He 111H	10	5

So produzierten die deutschen Fabriken zum Beispiel mehr als 26.000 Jagdmaschinen im Jahr 1944 und dazu noch 19.002 Panzer. Warum also sanken die Produktionsziffern so eklatant im Jahr 1945 ab? Der Schlüssel zur Beantwortung dieser Frage liegt in dem riesigem Mangel und Zugang an Rohstoffen. Es gab zum Schluss so gut wie keine Stahlproduktion mehr und Flugtreibstoff wurde zur absoluten Mangelware. So wurden 1945 zum Beispiel 12.000 Tonnen Flugbenzin aufbereitet, aber 114.000 Tonnen eigentlich gebraucht. Solche Missverhältnisse ließ alle Reserveflugzeuge, die am Boden bereitstanden, überflüssig werden. Und aus Treibstoffmangel mussten am Ende auch keine Flugzeuge mehr produziert werden.

I./KG51 (JANUAR 1945)

Im Januar 1945 hatte die *I. Gruppe des Jagdgeschwaders 51* insgesamt 51 M2 262, die zur Bodenunterstützung genutzt wurden. Zu diesem Zeitpunkt des Krieges war *Major* Fritz Losigkeit *Geschwaderkommodore*, Kommandeur der *Gruppe* war *Hauptmann* Günther Schack. Glücklicherweise überlebten beide Offiziere die letzten chaotischen und blutigen Monate des Krieges. Obwohl die Maschinen als Bodenunterstützungsflugzeuge verwendet wurden, war dies eigentlich eine Vergeudung der größten Stärke der Me 262 – ihrer Geschwindigkeit. 12 Flugzeuge der I./JG51 gingen allein in zwei Wochen verloren.

I.*Gruppe* Kampfstärke – 51 x Me 262 (wahlweise 37)

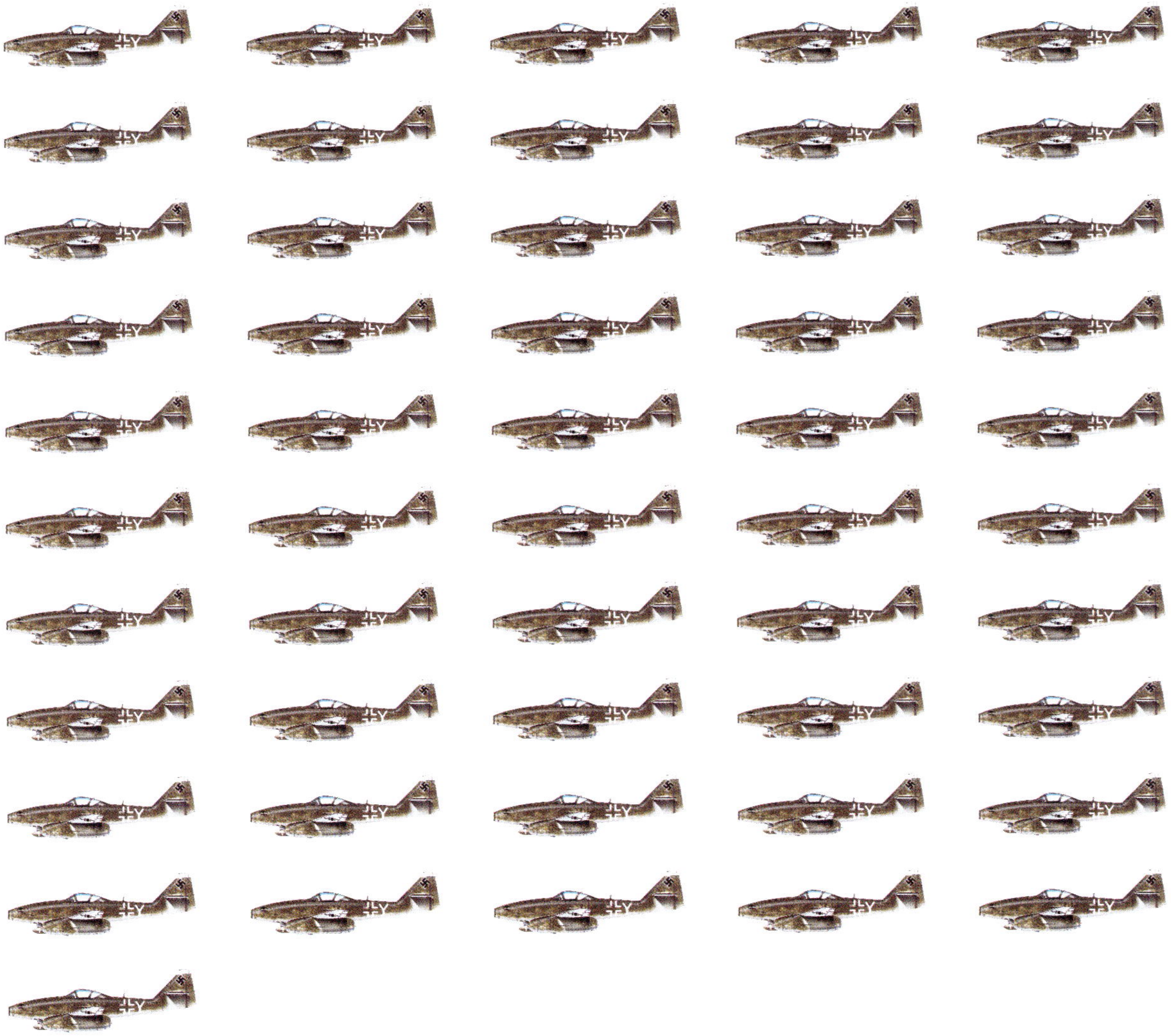

Neue Technologien, letzte Tage

Die *Luftwaffe* kämpfte bis zum letzten Tag des Krieges und versuchte bis zuletzt, den zahlenmäßig bei weitem überlegenen Alliierten die Lufthoheit streitig zu machen. Dazu zählte zum Beispiel die Indienststellung von Düsenflugzeugen, die den Gegner zwar irritierten, aber keinesfalls schlagen konnten.

Es gehört zu der Ironie der deutschen Kriegstechnik, dass obwohl ihre Luftwaffe am Ende vollkommen geschlagen war, die deutschen Piloten einige der am fortschrittlichsten Maschinen flogen. Die Fortschritte der Deutschen bei der Entwicklung von Raketenmotoren und Düsentriebwerken mündete in der Fertigstellung flugfähiger Kampfmaschinen im letzten Kriegsjahr und viele von ihnen dienten anschließend als Grundlage für die Nachkriegsentwicklung neuer Flugzeuge.

Frühe Erfolge

Noch in den siegreichen Jahren begannen die Deutschen mit der Entwicklung von Raketenmotoren und Düsentriebwerken.

LUFTFLOTTE REICH (JANUAR 1945)

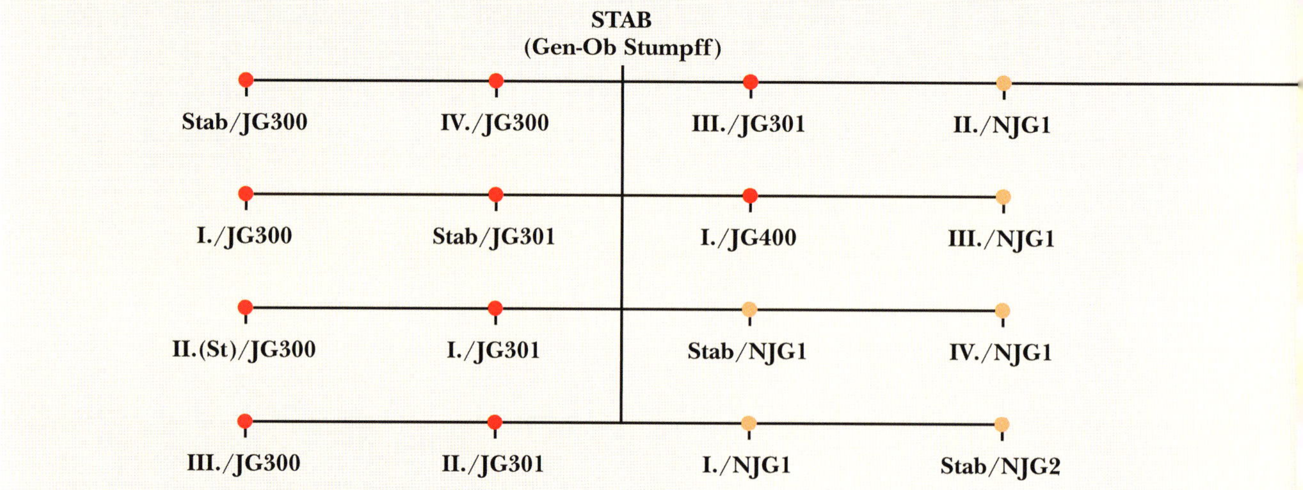

SCHLÜSSEL

- Jäger
- zweimotoriger Jäger
- Bomber
- Sturzkampfbomber
- Marinefliegerei
- Transport
- Aufklärungs- u. taktische Verbände
- Bodenunterstützungsflugzeuge

Zu diesem Zeitpunkt hatte die *Luftflotte Reich* etliche Jäger-Gruppen an die *Luftflotte 3* in den Ardennen verloren. Die Bedeutung von Nachtjägern ist offensichtlich. Es gab nicht weniger als 25 Nachtjäger-Gruppen und dem Stab zugeordnete Gruppen, obwohl viele der Maschinen auch tagsüber im Einsatz waren.

Heinkel schlug diesen Weg in den späten 30er Jahren mit der He 178, der Welt erstes Strahltriebflugzeug, ein, die bereits 1939 erfolgreich flog, wenige Tage vor dem Einmarsch in Polen. Die He 178 erfuhr nur eher beiläufiges Interesse, doch unbeeindruckt davon demonstrierte Heinkel mit der zweimotorigen He 280 1941 ein weiteres Strahlflugzeug. Das Flugzeug konnte erstaunliche 900 km/h (559 mph) erreichen, aber Fehlentwicklungen führten wiederum dazu, dass das Flugzeug nicht in die Massenproduktion ging.

Das Jahr 1943 scheint das Wendejahr bei der Entwicklung von Düsenflugzeugen für die *Luftwaffe* gewesen zu sein. Natürlich erreichte die Entwicklung von Jet-Flugzeugen nie das Ausmaß der Produktion von Propellerflugzeugen, aber von Mitte des Krieges an wurde Hitler immer interessierter an neuartigen Entwicklungen, die vielleicht das Kriegsglück noch entscheidend, vor allem im Kampf gegen die schieren Massen an alliierten Flugzeugen in der Luft, wenden könnten. So erschienen 1943 und 1944 neuartige Jet- und raketengetriebene Flugzeuge bei der *Luftwaffe*, allerdings in kleiner Stückzahl. Das schloss die Arado Ar 234, ein zweimotoriges Strahltriebflugzeug, das am Ende des Jahres 1944 als Langstrecken-Fernaufklärer in Dienst gestellt wurde, aber nachträglich auch als Nachtjäger und Bodenunterstützungsflugzeug umgerüstet wurde. Dann gab es noch die He-162 *Salamander* oder auch *Volksjäger*, der ein Strahltriebwerk auf dem Tank befestigt hatte und eine schwere Kanone vorne im Bug. Dieses Flugzeug kam viel zu spät zum Einsatz, um noch entscheidend Einfluss nehmen zu können. Die ersten 275 Flugzeuge kamen erst im Februar 1945 in Dienst, kurz nachdem ihre Flughäfen und Herstellungsfirmen durch die

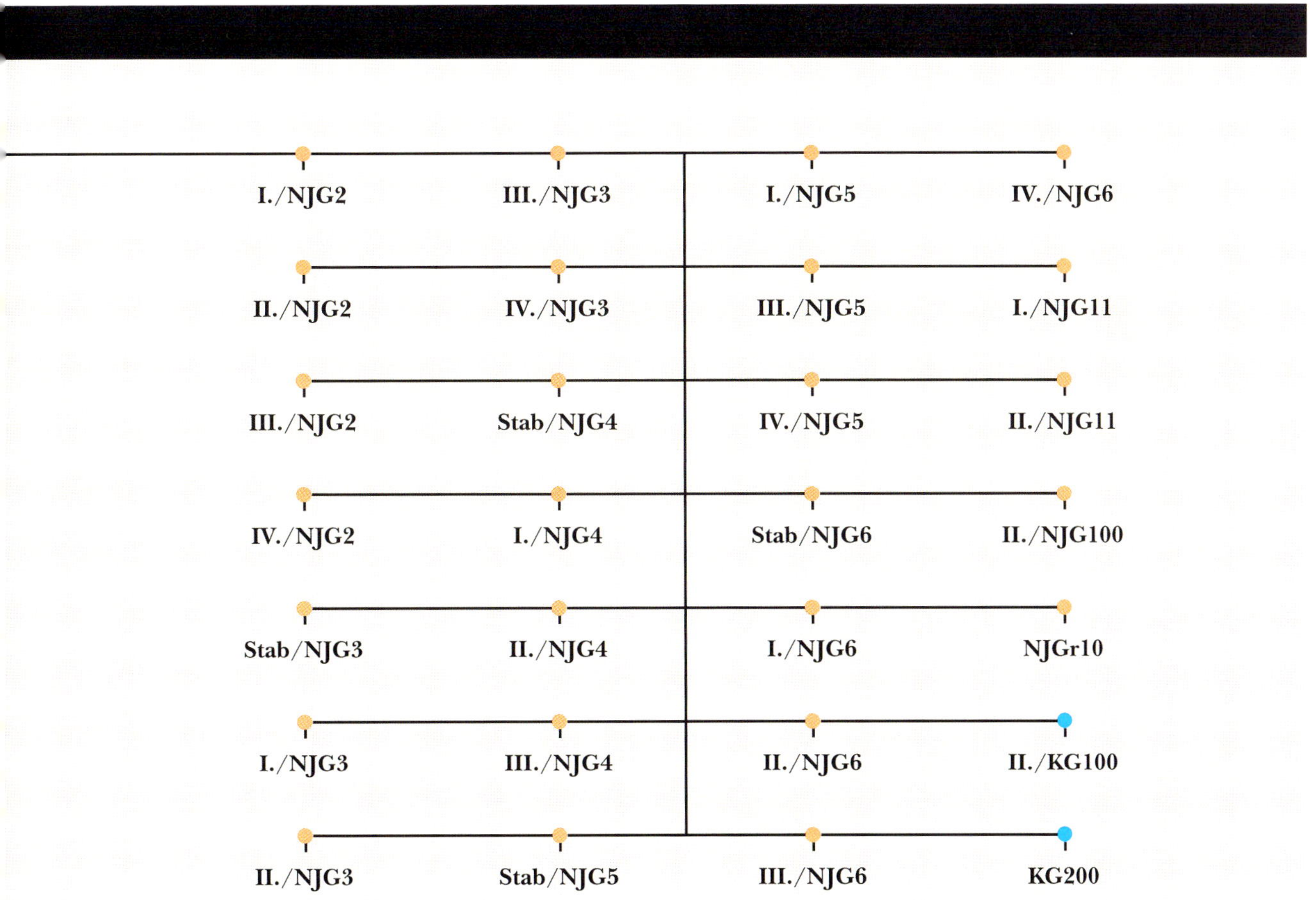

Alliierten besetzt wurden. Dann gab es noch Projekte, die nahe am bizarren waren. Die Bachem Ba 349 war ein eher verzichtbarer Abfangjäger, der auf die alliierten Bomberverbände abgefeuert werden sollte, um dort seine 24 Raketen von 7,3 cm abzuschießen, bevor ihm sein Benzin ausging und der Piloten wieder nach unten segeln konnte, um am Ende in einer von einem Fallschirm gehaltenen Kapsel aufzuschlagen. Nur mehr 20 wurden produziert und wurden im Kampf nicht erprobt, aber das Prinzip eines raketengetriebenen Abfangjägers fand ebenfalls seine Anwendung in der Me-163 *Komet*. Der *Komet* operierte auf ähnliche Art und Weise wie die *Natter* und war ausgelegt, am Ende wieder, wenn sein Treibstoff ausgegangen war, zu Boden zu gleiten. Taktisch begann sein Angriff mit dem Aufsteigen in eine Höhe von 9.144 Metern (30.000 ft.), dann ließ sich das Flugzeug aus dieser Höhe auf die alliierten Bomber fallen und beschoss sie mit seinen beiden Zwillingskanonen von 30mm Kaliber (Mk 108). Dreihundert Maschinen dieses Typs wurden gebaut und sie griffen im August 1944 mit dem I./JG400 in die Kämpfe ein. (Am Ende des Tages wurden die beiden anderen *Gruppen* von JG400 mit der Me 163 ausgerüstet.) Alles in allem schossen die Maschinen des JG400 neun

LUFTFLOTTE REICH (JANUAR 1945)

Luftwaffen-Einheiten	Typ	Str*	Op*
LUFTFLOTTE REICH			
Stab/JG300	Fw 190	6	4
I./JG300	Bf 109	57	37
II.(St)/JG300	Fw 190A	41	28
III./JG300	Bf 109	44	38
IV./JG300	Bf 109	53	39
Stab/JG301	Fw 190	5	5
I./JG301	Fw 190	38	2
II./JG301	Fw 190	40	38
III./JG301	Fw 190	26	20
I./JG400	Me 163A	46	19
Stab/NJG1	Bf 110G	20	18
	He 219A	–	–
I./NJG1	He 219A	64	45
II./NJG1	Bf 110G	37	24
III./NJG1	Bf 110G	37	7
IV./NJG1	Bf 110G	33	26
Stab/NJG2	Ju 88G	8	7
I./NJG2	Ju 88G	41	26
II./NJG2	Ju 88G	28	20
III./NJG2	Ju 88G	49	26
IV./NJG2	Ju 88G	36	29
Stab/NJG3	Ju 88G	6	3
I./NJG3	Bf 110G	48	40
II./NJG3	Ju 88G	30	23
III./NJG3	Ju 88G	37	22

***Str = Stärke auf dem Papier *Op = Operationelle Stärke**

LUFTFLOTTE REICH (JANUAR 1945)

Luftwaffen-Einheiten	Typ	Str*	Op*
LUFTFLOTTE REICH			
IV./NJG3	Ju 88G	37	19
Stab/NJG4	Ju 88G	5	5
	Bf 110G	–	–
I./NJG4	Ju 88G	34	17
II./NJG4	Ju 88G	23	18
III./NJG4	Ju 88G	28	19
Stab/NJG5	Ju 88G	10	8
I./NJG5	Ju 88G	43	29
III./NJG5	Bf 110G	66	60
IV./NJG5	Ju 88G	51	24
Stab/NJG6	Bf 110G	29	23
I./NJG6	Bf 110G	26	12
II./NJG6	Ju 88G	26	18
III./NJG6	Ju 88G	23	19
	Bf 110G	–	–
IV./NJG6	Ju 88G	37	29
	Bf 110G	–	–
I./NJG11	Bf 109G	43	20
	Ju 88G	–	–
II./NJG11	Bf 109G	41	23
	Ju 88G	–	–
II./NJG100	Ju 88G	25	18
NJGr10	Ju 88G	17	14
II./KG100	He 177A	44	32
KG200	Various	295	206

***Str = Stärke auf dem Papier *Op = Operationelle Stärke**

LUFTFLOTTEN 1 & 6 (JANUAR 1945)

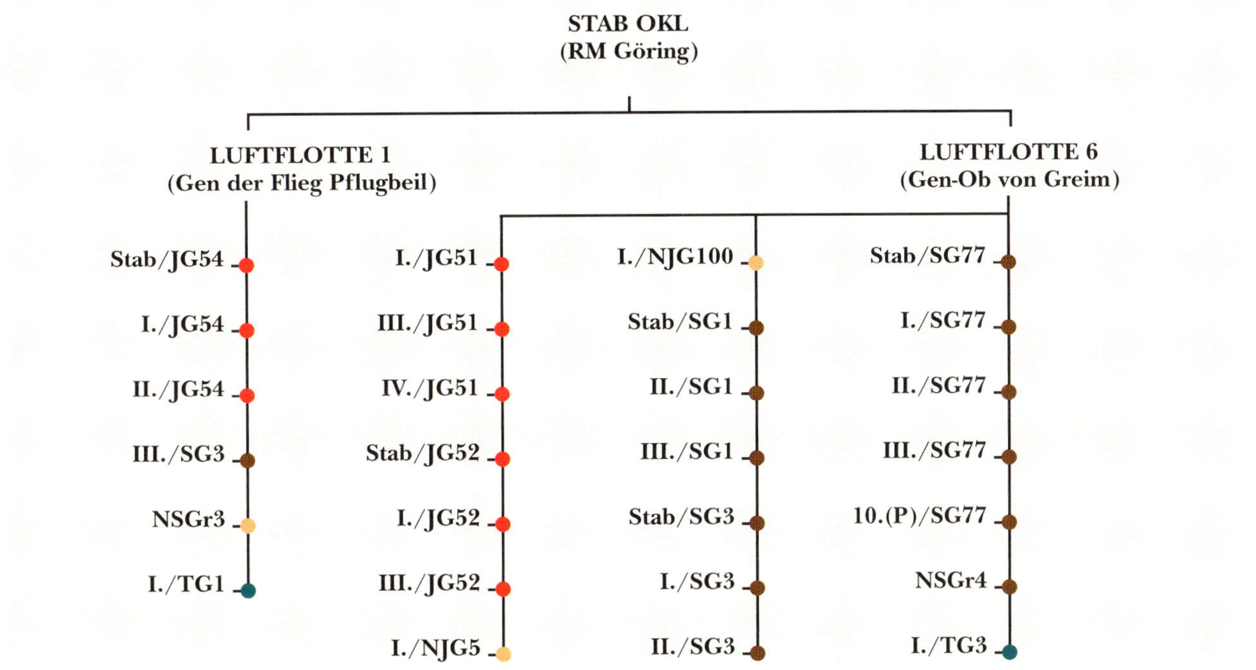

SCHLÜSSEL

- Jäger
- zweimotoriger Jäger
- Bomber
- Sturzkampfbomber
- Marinefliegerei
- Transport
- Aufklärungs- u. taktische Verbände
- Bodenunterstützungsflugzeuge

Hier sehen wir den Gegensatz zwischen einer der stärksten und einer der schwächsten Luftwaffe-Formationen an der Ostfront. Die *Luftflotte 1* war zu diesem Zeitpunkt bereits im Kurland in Litauen eingeschlossen und konnte nur mehr vom Boden operieren, während die *Luftflotte 6* von Flughäfen in Ostpreußen und in Polen operieren konnte.

LUFTFLOTTE 1 (JANUAR 1945)

Luftwaffen-Einheiten	Typ	Str*	Op*
LUFTFLOTTE 1			
Stab/JG54	Bf 109G	20	16
	Fw 190A	1	1
I./JG54	Fw 190A	35	32
II./JG54	Fw 190A	41	40
III./SG3	Fw 190F	39	35
NSGr3	Go 145	34	26
	Ar 66	–	–
I./TG1	Ju 52	45	42

*Str = Stärke auf dem Papier *Op = Operationelle Stärke

alliierte Flugzeuge durch Me-163 ab, aber die Unfallrate des Flugzeuges war hoch und während der Gleitphase waren sie extrem anfällig für gegnerische Begleitjäger. Wie viele andere Jets und Raketenflugzeuge war auch die Me 163 eine reine Verschwendung von Ressourcen zu einer Zeit wachsender Verzweiflung.

Jet-Krieg

Es gab jedoch einen Jet-Jäger, der spät in den Krieg eintrat, aber vielleicht noch die Fähigkeit und das Potenzial gehabt hätte, die Machtbalance im deutschen Luftraum zu verändern. Das Flugzeug war die berühmte Me 262, deren erste Entwicklung bereits auf das Jahr 1938 zurückging. Die ersten Flüge setzten 1942 ein. Als die Me-262A-1a Ende des Jahres 1944 in Erscheinung trat, musste man sehr mit ihr rechnen. Angetrieben durch zwei Junkers Jumo 109-004B-4 Turbojets, die jeweils 900 kg (19984 lb) Schubkraft entwickelten, erreichte das Flugzeug eine Höchstgeschwindigkeit von 870 km/h (541 lb) und eine Steigrate von 1.200m (3.937 ft) in der Minute. Die Bewaffnung bestand aus vier 30mm (1,18in) Mk 108 Kanonen, die in der Lage waren, jedes Flugzeug vom Himmel zu schießen. Die alliierten Mustangs konnten sie nicht erreichen.

Trotz seiner Versprechungen war die Me-262 auch ein klassisches Beispiel dafür, wie Hitlers Einmischungen ein wirklich vielversprechendes Projekt zunichte machen konnten. Zuerst zeigten weder Hitler noch Göring für das Projekt großes Interesse, trotz aller Förderungen, die das Projekt von Flieger-Assen wie Adolf Galland bekam, der voller Enthusiasmus von seinem ersten Probeflug mit dem Flugzeug zurück kam. Ende 1943, als sich der Krieg gegen Deutschland wandte, veränderte sich auch Hitlers Interesse dem Flugzeug gegenüber, aber mit einer merkwürdigen Richtung: Die Me-262 sollte die Bodentruppen gegen die Alliierten unterstützen. Das war sicherlich nötig, aber die Ausrüstung mit Bomben verringerte die Höchstgeschwindigkeit um bis zu 193 km/h (120 mph).

Und die Höchstgeschwindigkeit war die größte Stärke der Me-262. Alle Gegenargumente von erfahrenen Piloten stießen bei Hitler auf taube Ohren und die ersten Me-262 Kampfbomber erschienen zum ersten Mal Mitte 1944 auf dem

LUFTFLOTTE 4: ÖSTERREICH, UNGARN UND DER BALKAN (JAN. 1945)

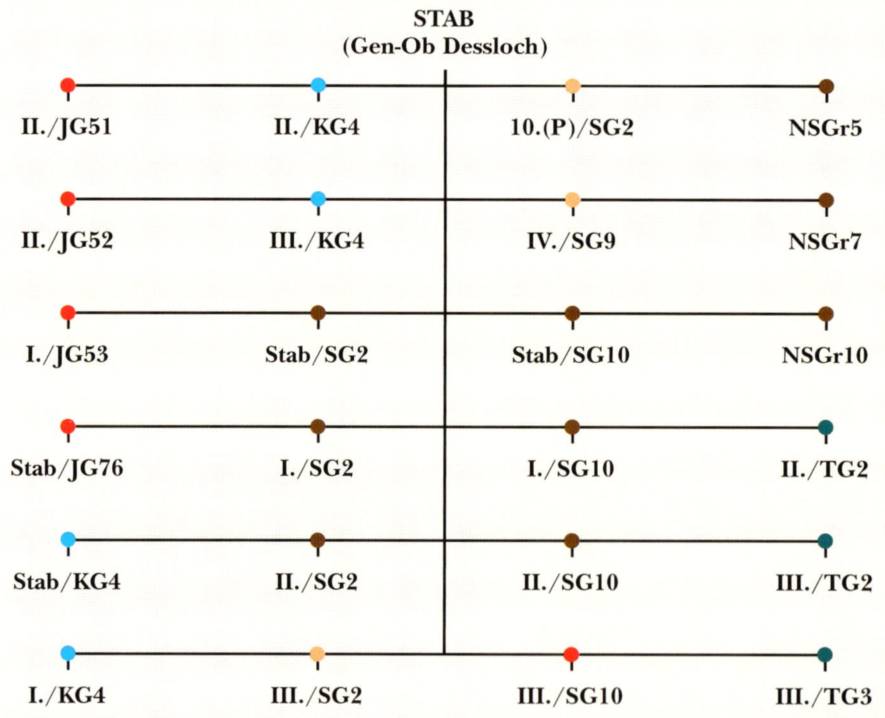

SCHLÜSSEL

- Jäger
- zweimotoriger Jäger
- Bomber
- Sturzkampfbomber
- Marinefliegerei
- Transport
- Aufklärungs- u. taktische Verbände
- Bodenunterstützungsflugzeuge

In diesen letzten Kriegsmonaten waren alle verfügbaren Jagdflugzeuge über dem Reich und an der Ostfront im Einsatz. Das bedeutete für die *Luftflotte 4* vor allem die Restaufgabe der unmittelbaren Bodenunterstützung.

Schlachtfeld. Die weitere Entwicklung des Flugzeugs hatte sich durch Hitlers Änderungswünsche erheblich verzögert. Im Frühjahr 1945 wurde es auch für Hitler immer deutlicher, dass der Einsatz der Me-262 als Bodenunterstützungsflugzeug eine Verschwendung war und die Maschinen wurde wieder als Jäger benutzt und sogar als Nachtjäger mit Radar ausgestattet. In dieser Rolle leistete sie hervorragende Arbeit und die Me-262 wurden am Ende in drei Kampfgruppen aufgeteilt: JG 7, I./JG54 und *Jagdverband 44 (JV44)*. Der hauptsächliche Einsatz der Me 262 begann im März 1945 mit vielversprechenden Ergebnissen – bei einem Einsatz schossen die Jäger allein 12 Bomber ab und eine Jagdmaschine bei nur mehr drei eigenen Verlusten. Ein Me-262-Flieger-Ass, *Hauptmann* Franz Schall, schoss dabei 17 alliierte Flugzeuge, darunter zehn Mustang-Jäger, ab. Andere Flieger-Asse hatten ähnliche Resultate.

Die letzten Tage

Alles in allem wurden vor dem totalen Zusammenbruch Deutschlands im Mai 1945 1.433 Me-262 produziert. Auf Grund Hitlers Einmischungen kamen von diesen Flugzeugen allerdings nur mehr 100 wirklich zum Einsatz. Wäre die Me-262 in ausreichender Stückzahl produziert worden und als Jäger an die Front gegangen, hätte sie vielleicht die Chance gehabt, die Mächtebalance am Himmel über Deutschland zu beeinflussen.

Aber man muss sich auch vergegenwärtigen, dass Ende 1944 einfach viel zu viele Entwicklungen zu Ungunsten von Deutschland liefen. Das Schicksal des Krieges hätte sich nicht mehr abwenden lassen. Obwohl die Alliierten in der Luft alles daran setzten, die Me-262 abzuschießen, machten sie als erstes die Flughäfen der Jets aus und zerbombten sie gnadenlos am Boden mit Angriffen von Mittelstreckenbombern. Die deutsche Flak forderte zwar etliche Verluste bei den Angreifern, aber die Angriffe dezimierten auch schonungslos die Anzahl der zur Verfügung stehenden Maschinen dieses bemerkenswerten Typs. Am Ende konnte auch die neue Technik Deutschland nicht vor dem Untergang bewahren. Eine Tatsache, die auch Hermann Göring erkannte. Der Mann, der die ganze Zeit der *Luftwaffe* als Befehlshaber vorangestanden hatte, wurde am 26. April 1945 von Hitler entlassen und aus der Nazi-Partei ausgeschlossen. Nach der endgültigen Niederlage Deutschlands wurde Göring zum Tod im Nürnberger Kriegsverbrecherprozess im Jahr 1946 verurteilt, einem Urteil, dem er dadurch zuvorkam, das er am 15. Oktober in seiner Gefängniszelle eine Zyankali-Kapsel schluckte. Göring und alle anderen Befehlshaber haben große Verantwortung getragen. Während der Luftkrieg der Deutschen mit den größten und modernsten Flugzeugen begann, die von einigen der besten Piloten gelenkt wurden, endete der Luftkrieg über Deutschland mit isolierten Flugzeugen, die von schlecht ausgebildeten Piloten geflogen wurden, die mehr oder minder Selbstmord-Einsätze über den Ruinen deutscher Städte flogen.

LUFTLOTTE 4 (JANUAR 1945)

Luftwaffen-Einheiten	Typ	Str*	Op*
LUFTFLOTTE 4			
II./JG51	Bf 109	36	26
II./JG52	Bf 109	34	30
I./JG53	Bf 109	19	18
Stab/JG76	Bf 109	4	4
Stab/KG4	He 111H	1	1
I./KG4	He 111H	25	22
II./KG4	He 111H	23	12
III./KG4	He 111H	24	11
Stab/SG2	Ju 87D	10	7
	Fw 190F	–	–
I./SG2	Fw 190F	32	23
II./SG2	Fw 190F	34	29
III./SG2	Ju 87D	35	29
10.(P)/SG2	Ju 87G	10	9
IV./SG9	Hs 129B	59	45
Stab/SG10	Fw 190F	3	1
I./SG10	Fw 190F	22	17
II./SG10	Fw 190F	23	19
III./SG10	Fw 190F	21	20
NSGr5	Go 145	47	39
	Ar 66	–	–
NSGr7	Hs 126	54	37
	CR.42LW	–	–
NSGr10	Ju 87D	30	25
II./TG2	Ju 52	11	11
III./TG2	Ju 52	28	16
III./TG3	Ju 52	31	22

***Str = Stärke auf dem Papier *Op = Operationelle Stärke**

Verzeichnis der gebräuchlisten Abkürzungen

Beachte: *Geschwader* ist das Gegenstück zu einer alliierten *Gruppe*, während die *Gruppe* das Gegenstück zu einem alliierten *Wing* ist.

AG	Aufklärungsgruppe
BF	Bordflieger
F	Fern-
FJD	Fallschirmjägerdivision
FJR	Fallschirmjäger-Regiment
Gen. d. Flieger	General der Flieger
GenFelm	Generalfeldmarschall
GenLeut	Generalleutnant
GenMaj	Generalmajor
GenOb	Generaloberst
JaFü	Jagdfliegerführer
JG	Jagdgeschwader
KG	Kampfgeschwader
KGzbV	Kampfgeschwader zur besonderen Verwendung
KüFl	Küstenflieger
KüFlGr	Küstenfliegergruppe
LG	Lehrgeschwader
NG	Nahaufklärungsgruppe
NJG	Nachtjagdgeschwader
NSGr	Nachtschlachtgruppe
OKL	Oberkommando der Luftwaffe
OKW	Oberkommando der Wehrmacht
SAGr	Seeaufklärungsgruppe
SG	Schlachtgeschwader
StG	Sturzkampfgeschwader
TG	Transportgeschwader
ZG	Zerstörergeschwader

Quellenverzeichnis

Die Zahlen in diesem Buch sind aus einer ganzen Reihe unterschiedlicher Quellen zusammengestellt worden. Wichtige und nützliche Sekundärquellen sind hier aufgelistet, sowie andere grundlegende Titel zum Thema der Luftwaffe im Zweiten Weltkrieg empfohlen.

Bücher

Price, Dr Alfred. **The Luftwaffe Data Book** (Stackpole Books, 1997)

Bishop, Chris. **Luftwaffe Squadrons 1939–45** (Spellmount, 2006)

Becker, Cajus. **The Luftwaffe War Diaries** (Da Capo, 1994)

Killen, John. **The Luftwaffe** (Sphere, 1970)

Murray, Williamson. **Strategy for Defeat – The Luftwaffe 1939–1945** (Eagle Editions, 2000)

Ellis, John. **The World War II Data Book** (Aurum, 1993)

Hyland, Gary and Anton Gill. **Last Talons of the Eagle** (Headline, 1998)

Websites

Die aufgelisteten Webseiten sind äußerst wichtige Quellen für Zahlenangaben über die Luftwaffe und ihre Kampfaufstellung und werden kontinuierlich aktualisiert.

World War II Armed Forces – Orders of Battle and Organizations *Dr Leo Niehorster* – http://niehorster.orbat.com/

The Luftwaffe 1933–45 *Michael Holm* – http://www.ww2.dk/

Axis History Factbook *Marcus Wendel* – http://www.axishistory.com/

Sturmvogel *Jason Long* – http://www.geocities.com/CapeCanaveral/2072/index.html

Luftwaffe Resource Center – http://www.warbirdsresourcegroup.org/LRG/index.html

Feldgrau.com *Jason Pipes* – http://www.feldgrau.com/

Verzeichnis der Einheiten (Luftwaffeneinheiten)

Seitenzahlen in *Kursiv-Schrift* verweisen auf Abbildungen und Tabellen.

Register

Seitenzahlen in *Kursiv-Schrift* verweisen auf Abbildungen und Tabellen.